权威·前沿·原创

皮书系列为
"十二五""十三五"国家重点图书出版规划项目

文化蓝皮书
BLUE BOOK OF CHINA'S CULTURE

中国公共文化投入增长测评报告（2018）

ANNUAL EVALUATION REPORT ON THE GROWTH OF CHINA'S PUBLIC CULTURE INVESTMENT (2018)

主　　编／王亚南
联合主编／向　勇　祁述裕　张晓明
副 主 编／方　彧　刘　婷　魏海燕

社会科学文献出版社
SOCIAL SCIENCES ACADEMIC PRESS (CHINA)

图书在版编目（CIP）数据

中国公共文化投入增长测评报告.2018/王亚南主编.--北京：社会科学文献出版社，2018.3
（文化蓝皮书）
ISBN 978-7-5201-2478-2

Ⅰ.①中… Ⅱ.①王… Ⅲ.①公共管理-文化工作-资金投入-研究报告-中国-2018 Ⅳ.①G123

中国版本图书馆CIP数据核字（2018）第054092号

文化蓝皮书
中国公共文化投入增长测评报告（2018）

主　　编／王亚南
联合主编／向　勇　祁述裕　张晓明
副 主 编／方　彧　刘　婷　魏海燕

出 版 人／谢寿光
项目统筹／邓泳红　吴　敏
责任编辑／张　超

出　　版／	社会科学文献出版社·皮书出版分社（010）59367127
	地址：北京市北三环中路甲29号院华龙大厦　邮编：100029
	网址：www.ssap.com.cn
发　　行／	市场营销中心（010）59367081　59367018
印　　装／	北京季蜂印刷有限公司
规　　格／	开本：787mm×1092mm　1/16
	印张：21.25　字数：324千字
版　　次／	2018年3月第1版　2018年3月第1次印刷
书　　号／	ISBN 978-7-5201-2478-2
定　　价／	99.00元

皮书序列号／PSN B-2014-435-10/10

本书如有印装质量问题，请与读者服务中心（010-59367028）联系

▲ 版权所有 翻印必究

本项研究获得以下机构及其项目支持

中共云南省委宣传部云南省哲学社会科学创新工程

云南省社会科学院中国人文发展研究与评价重点实验室

发 布 机 制	中国人文发展研究与评价实验室
合 作 单 位	云南省社会科学院文化发展研究中心
	北京大学文化产业研究院
	中国社会科学院文化研究中心
	国家行政学院社会和文化教研部
	社会科学文献出版社
	光明日报文化产业研究中心
联 盟 单 位	上海交通大学国家文化产业创新与发展研究基地
	武汉大学国家文化创新研究中心
	中国传媒大学文化产业研究院
顾　　　问	王伟光　周文彰　赵　金
首席科学家	王亚南　张晓明　祁述裕　向　勇
学术委员会	（以姓氏笔画为序）：

王亚南	王国华	毛少莹	尹　鸿	邓泳红
包霄林	边明社	朱　岚	向　勇	刘　巍
刘玉珠	齐勇锋	祁述裕	花　建	李　涛
李向民	李康化	杨　林	杨正权	何祖坤
宋建武	张晓明	张瑞才	陈少峰	范　周
金元浦	周庆山	孟　建	胡惠林	殷国俊
高书生	崔成泉	章建刚	傅才武	童　怀
谢寿光	蒯大申	熊澄宇		

主　　　编	王亚南
联 合 主 编	向　勇　祁述裕　张晓明
副　主　编	方　彧　刘　婷　魏海燕

编　　　委（以姓氏笔画为序）：

邓云斐（执行）　冯　瑞　曲晓燕　吴　敏
汪　洋（执行）　沈宗涛（执行）　张　超
纳文汇　赵　娟（执行）　袁春生（执行）
郭　娜（执行）　董　棣　惠　鸣　温　源
谢青松　意　娜　窦志萍

撰　　　著

总　报　告	王亚南　方　彧　袁春生
技 术 报 告	王亚南　刘　婷　汪　洋　魏海燕
差距检测报告	王亚南　赵　娟　郭　娜　孙　瑞
测评排行报告	方　彧　魏海燕　邓云斐　王亚南
增长测算报告	刘　婷　赵　娟　沈宗涛　王亚南

子　报　告（以文序排列）：

孔志坚　李汶娟　王国爱　宫　珏　李　雪
代　丽　殷思华　刘娟娟　朱　可　崔　宁
李毅亭　马文慧

主要编撰者简介

王亚南 云南省社会科学院研究员,文化发展研究中心主任,中国人文发展研究与评价实验室首席科学家,云南省中青年社会科学工作者协会会长。主要学术方向为民俗学、民族学及文化理论、文化战略和文化产业研究。主要学术贡献有:①1985年首次界定"口承文化"概念,随后完成系统研究,提出口承文化传统为人类社会的文明渊薮,成文史并非文明史起点;②1988年解析人生仪礼中"亲长身份晋升仪式",指出中国传统"政亲合一"社会结构体制和"天赋亲权"社会权力观念;③1996年开始从事文化战略和文化产业研究,提出"高文化含量"的"人文经济"论述,概括出中心城市以外文化产业发展的"云南模式";④1999年提出"现代中华民族是56个国内民族平等组成的国民共同体"和"中国是国内多民族的统一国家"论点,完成国家社会科学基金项目"中华统一国民共同体论";⑤2006年来致力于人文发展量化分析检测评价体系研创,相继主持撰著《中国文化消费需求景气评价报告》(2011年)、《中国文化产业供需协调检测报告》(2013年)、《中国公共文化投入增长测评报告》(2015年)、《中国人民生活发展指数检测报告》(2016年)。

方 彧 中国老龄科学研究中心副研究员,中国社会科学院博士。主要学术方向为口头传统、老龄文化和文化产业研究。全程参与研创"中国人文发展量化分析检测评价系列",合作发表《中国文化产业新十年路向——基于文化需求和共享的考量》《中国文化产业发展空间:4万亿消费需求透析》《深化文化体制改革机制创新的若干现实问题透析》等论文和研究报告,参与组织撰著"中国人文发展量化分析检测评价系列"年度报告,负责文稿统改及英译审校。

刘　婷　云南省社会科学院研究员,博士,文化发展研究中心秘书长,云南省中青年学术带头人后备人才,《云南文化发展蓝皮书》副主编,云南省中青年社会科学工作者协会秘书长。主要学术方向为文化人类学,代表作《民俗休闲文化论》,独立承担国家社会科学基金一般项目"韧性理论视角下的哈尼族异地搬迁与社区重构研究"、西部项目"云南少数民族民俗文化保护的新思路"。全程参与研创"中国人文发展量化分析检测评价系列",合作发表《面向协调增长的中国文化消费需求——"十五"以来分析与"十二五"测算》《中国文化产业未来十年发展空间——以扩大文化消费需求与共享为目标》《各省域文化产业未来十年增长空间——基于需求与共享的测算排行》等论文和研究报告,参与组织撰著"中国人文发展量化分析检测评价系列"年度报告,负责人员组织和撰稿统筹。

赵　娟　云南省社会科学院文化发展研究中心副研究员,《云南文化发展蓝皮书》副主编,云南省中青年社会科学工作者协会秘书处主任。主要学术方向为古典文学、民族文化和文化产业研究,合著出版《经典阅读与现代生活》。全程参与研创"中国人文发展量化分析检测评价系列",合作发表《以国家统计标准分析各地文化产业发展成效》《中国文化产业未来十年发展空间——以扩大文化消费需求与共享为目标》《各省域文化产业未来十年增长空间——基于需求与共享的测算排行》等论文和研究报告,参与组织撰著"中国人文发展量化分析检测评价系列"年度报告,负责文稿统改。

摘　要

2000~2016年，全国文化投入总量由300.29亿元增至3163.08亿元，年均增长15.85%。文化投入增长较明显高于产值增长，略微低于财政收入、财政支出增长；明显低于教育投入增长，显著低于科技、卫生投入增长。文化投入占财政收入比明显低于文化消费占居民收入比，占财政支出比更明显低于文化消费占居民支出比，公共文化投入增长明显滞后于居民文化消费需求变动。

2016年，全国5个省域文化投入总量增长超过15%，其中4个省域总量增长超过20%；5个省域文化投入人均值增长超过15%，其中3个省域人均值增长超过20%。云南、湖南、陕西、宁夏、广东为年度总量、人均值增长前5位。各省域文化投入增长综合评价排行：无差距理想值横向测评，西藏、北京、青海、陕西、甘肃为"2016年度综合指数排名"前5位；自身基数值纵向测评，青海、湖南、陕西、重庆、四川为"2000~2016年综合指数提升"前5位；青海、西藏、陕西、海南、湖南为"2005~2016年综合指数提升"前5位；湖南、福建、贵州、湖北、青海为"2010~2016年综合指数提升"前5位；湖南、云南、广东、湖北、陕西为"2015~2016年综合指数提升"前5位。

以消解发展不平衡不充分为最终目标，测算2020年全国文化投入预期增长目标：按照2000~2016年平均增速"自然增长"，可达到5698.39亿元；实现产值—财政支出—教科文卫综合投入—文化投入历年各项最佳比值"应然增长"，应达到10097.75亿元；进而实现文化投入与消费同构占比平衡"民生增长"，应达到13950.08亿元；最终实现文化投入各地人均值均等化"理想增长"，将达到23799.93亿元。以到2020年所需年均增长率衡

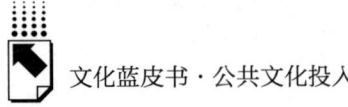

量各类增长目标距离，分别测算各省域排行：北京、辽宁、上海、海南、青海排在最佳比值增长目标前5位，西藏、陕西、吉林、浙江、新疆排在同构占比增长目标前5位，西藏、北京、青海、上海、宁夏排在均等化增长目标前5位。

目 录

Ⅰ 总报告

B.1 中国公共文化投入综合评价及其增长目标
　　——2000~2016年检测与至2020年测算
　　　……………………………… 王亚南　方　彧　袁春生 / 001
　一　全国文化投入及其相关背景基本态势 ……………… / 003
　二　全国文化投入相关协调性态势 ……………………… / 009
　三　2016年全国文化投入纵横向双重测评 ……………… / 015
　四　全国文化投入协调增长差距分析 …………………… / 018
　五　至2020年全国文化投入增长目标测算 ……………… / 024

Ⅱ 技术报告与综合分析

B.2 中国公共文化投入增长测评体系技术报告
　　——兼2000~2016年基本态势分析
　　　………………… 王亚南　刘　婷　汪　洋　魏海燕 / 028
B.3 中国公共文化投入应然增长差距检测
　　——2016年相关协调性、均衡性分析
　　　………………… 王亚南　赵　娟　郭　娜　孙　瑞 / 061

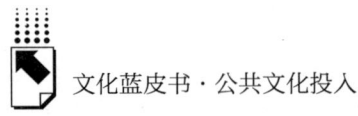

B.4 全国省域公共文化投入增长综合评价排行
——2000年以来纵向与2016年度横向测评
　　　　　　　　　　方 彧　魏海燕　邓云斐　王亚南 / 090

B.5 全国省域公共文化投入增长的应然目标
——2017～2020年预期增长测算
　　　　　　　　　　刘 婷　赵 娟　沈宗涛　王亚南 / 125

Ⅲ 省域报告

B.6 西藏：2016年度综合指数排名第1位 …………… 孔志坚 / 159
B.7 青海：2000～2016年综合指数提升第1位 ……… 李汶娟 / 172
B.8 湖南：2010～2016年综合指数提升第1位 ……… 王国爱 / 185
B.9 北京：2016年度综合指数排名第2位 …………… 宫　珏 / 198
B.10 福建：2010～2016年综合指数提升第2位 ……… 李　雪 / 211
B.11 云南：2015～2016年综合指数提升第2位 ……… 代　丽 / 224
B.12 广东：2015～2016年综合指数提升第3位 ……… 殷思华 / 237
B.13 重庆：2000～2016年综合指数提升第4位 ……… 刘娟娟 / 250
B.14 湖北：2010～2016年综合指数提升第4位 ……… 朱　可 / 263
B.15 宁夏：2016年度综合指数排名第6位 …………… 崔　宁 / 276
B.16 吉林：2016年度综合指数排名第9位 …………… 李毅亭 / 289
B.17 河北：2010～2016年综合指数提升第10位 …… 马文慧 / 302

Abstract …………………………………………………………… / 315
Contents …………………………………………………………… / 317

总报告

General Report

B.1
中国公共文化投入综合评价及其增长目标
—— 2000~2016年检测与至2020年测算

王亚南 方彧 袁春生*

摘 要： 2000~2016年，全国文化投入总量由300.29亿元增至3163.08亿元，年均增长15.85%，进展较为显著。各个五年规划期以来纵向测评的综合指数最高值大多出现在2016年，但逐年增长检测却显得起伏不定，并非连年持续向好；横向测评距离理想值的差距一向非常明显，综合指数不时略有下降。深入检测文化投入与经济、财政相关背景，与教

---

* 王亚南，云南省社会科学院研究员，文化发展研究中心主任；方彧，中国老龄科学研究中心副研究员；袁春生，云南省社会科学院科研处副处长、副研究员，主要从事民族文化和政治社会学研究。

育、科技、卫生投入相邻关系，与居民文化消费同构关联的协调性，检测各类数据人均值演算的地区之间的均衡性，可以揭示其间进展与差距。①文化投入增长较明显高于产值增长，但略微低于财政收入、财政支出增长；同时明显低于教育投入增长，也显著低于科技、卫生投入增长。②除文化投入以外，其余各类数据的地区差皆呈现缩小态势。全国各地经济、财政"协调增长"，教育、科技、卫生事业投入"均等增长"，正在逐渐成为现实，而不再仅仅是一种追求中的理想。文化投入人均值地区差却扩大6.98%。③文化投入占财政收入比较明显低于文化消费占居民收入比，占财政支出比更明显低于文化消费占居民支出比，公共文化投入增长明显滞后于居民文化消费态势所体现的需求变动。

关键词： 公共文化投入　综合评价　差距检验　增长目标

近年国家相继公布的《中华人民共和国公共文化服务保障法》《"十三五"推进基本公共服务均等化规划》确定基本公共文化服务均等化目标，研究制定全国统一的基本公共文化服务均等化标准细目。落实均等化目标必然涉及服务范围和内容、服务质量和条件等方面，在任何一个基本公共服务领域，服务范围和内容、条件和质量的均等化都需要公共财政投入的均等化作为基础保障。

公共文化服务是公共服务的一个重要部分，公共文化投入是公共财政投入的一个重要方面。公共文化投入与公共教育投入、公共卫生投入同为公共服务体系的基础保障范围，各类公共服务同属宪法保障社会权利"国民待遇"范畴。在"以人民为中心的发展思想"指导下，国家明确并推进"基本公共服务均等化"目标势在必行，与之配套的公共财政国策必然是公共文化投入与公共教育投入、公共卫生投入均等化。

公共文化投入属于文化供给侧，深化文化供给侧改革，势必涉及公共文化投入。实现公共文化投入与产值、财政收入和财政支出的协调增长，实现公共文化投入与公共教育投入、科技投入、卫生投入的同步增长，实现公共文化投入与居民文化消费同构协调的平衡关系，有利于积极推进、早日达到基本公共文化服务均等化目标。

衡量公共文化投入增长首先当然看总量增长，总量增长具有规模扩增效应。其次要看人均值增长，在各地之间人均值才具有可比性。这两点已经成为常识，但远远不够。再次更需要放到经济及公共财政发展的相关社会背景中，放到教科文卫投入增长的相邻同步关系中，放到居民文化消费占收入、支出比的同构可比关联中加以检验，形成多重关系交叉定位。最后还应该基于产值、财政收入、财政支出及教科文卫投入各类人均值演算地区差指数，这对于检验公共财政投入、公共文化服务的均等化成效至关重要。本项研究测评已经实现了这一应检测演算，基础数据来源为国家统计局《中国统计年鉴》历年卷。因基础数据未提供文化投入的城乡投向，故缺反映"中国现实"极为重要的城乡比指标，留下遗憾。城乡差距、地区差距正是我国"不平衡不充分的发展"最具代表性的方面。

一 全国文化投入及其相关背景基本态势

公共文化投入增长检测不能孤立进行，应从全国经济、财政背景分析开始。

（一）经济财政基本面背景状况

2000年以来全国文化投入总量增长及相关背景关系态势见图1。

2000~2016年，全国产值总量由100280亿元增至744127亿元，总增长642.05%，年均增长13.34%。同时，财政收入总量总增长1091.53%，年均增长16.75%；财政支出总量总增长1081.82%，年均增长16.69%；教科

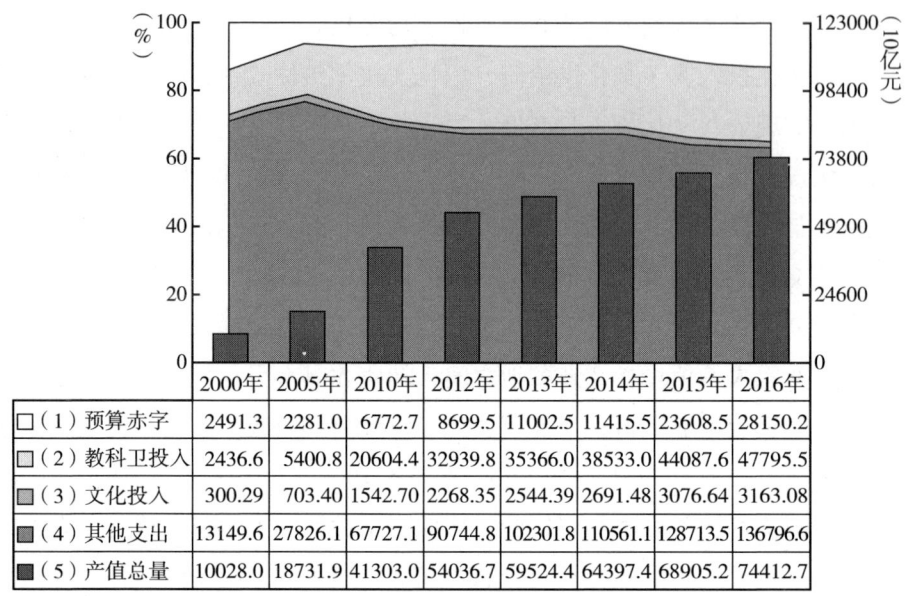

图1　2000年以来全国文化投入总量增长及相关背景关系态势

左轴面积：预算赤字（国债等）、教科卫投入、文化投入、其他支出总量（亿元转换为%），(2)+(3)+(4)=财政支出总量，(2)+(3)+(4)-(1)=财政收入总量，各项数值呈直观比例。右轴柱形：产值总量（10亿元，增长演算取亿元）。限于制图空间省略若干年度，后台演算历年增长变化包括省略年度，后同。

文卫综合投入（图1中教科卫投入与文化投入之和，后同）总量总增长1761.86%，年均增长20.05%；教科文卫综合投入之外财政支出统归为"其他支出"，其总量总增长940.28%，年均增长15.76%。[①]

在此期间，全国财政收入总量年均增长高于产值总量年增3.41个百分点。这是居民收入增长赶不上产值（体现社会总财富）增长的一部分原因，另一部分原因在于企业利润总收益增长高于总产值增长，由此必然挤压了居民收入增长应有的初次分配"蛋糕"份额。全国财政支出总量年均增长高于产值总量年增3.35个百分点。这是公共财政支出持续加大的体现，其间包括公共服务投入持续加大，属于二次分配再转向民生。同期，全国其他支

---

① 本项检测演算数据库每一次运算均无限保留小数，难免会与按稿面整数或两位小数演算产生的小数有出入，此属机器比人工精细之处，并非误差。全书同。

出总量年均增长高于产值总量年增 2.42 个百分点。

在此期间,全国教科文卫综合投入总量年均增长高于产值总量年增 6.71 个百分点,同时高于财政收入总量年增 3.30 个百分点,亦高于财政支出总量年增 3.36 个百分点,也高于其他支出总量年增 4.29 个百分点。可见,"十五"以来,全国教科文卫建设作为公共服务的一个重要方面,确实处于一种极为特殊的优先发展地位。尤其应当注意,"十一五"以来,全国教科文卫综合投入总量增长高于产值、财政收入和支出,以及其他支出总量增长的情况更加明显。

(二) 文化投入总量增长状况

文化投入总量增长有利于宏观把握总体情况。但是,各地存在省域大小、人口多少的差异,地区经济规模、产业基础等也都有巨大差距。因此,总量数据在各地之间不具备很好的可比性。本项研究主要在全国层面考察文化投入总量增长及教科文卫相邻关系变动态势,对于各地则侧重于分析其所占全国份额变动情况。

2000 年以来全国文化投入总量增长及相邻关系变动态势见图 2。

2000~2016 年,全国文化投入总量由 300.29 亿元增至 3163.08 亿元,总增长 953.34%,年均增长 15.85%。其中,在 2001~2002 年、2004~2006 年、2008~2009 年、2011~2012 年 9 个年度超过 15%,在 2001 年、2008~2009 年、2011 年 4 个年度超过 20%。最高增长年度为 2009 年,增长 27.14%;最低增长年度为 2016 年,增长 2.81%。

在此期间,全国文化投入总量年均增长高于产值总量年增 2.51 个百分点,低于财政收入总量年增 0.90 个百分点,亦低于财政支出总量年增 0.84 个百分点。检测其间历年增长相关系数,文化投入与产值增长之间为 0.1446,与财政收入增长之间为 0.2397,与财政支出增长之间为 0.5623,即分别在 14.46% 程度上成正比,23.97% 程度上成正比,56.23% 程度上成正比,同步增长相关性较低。这表明,全国产值、财政收入、财政支出与文化投入增长之间尚未形成良好的多重"协调增长"关系。

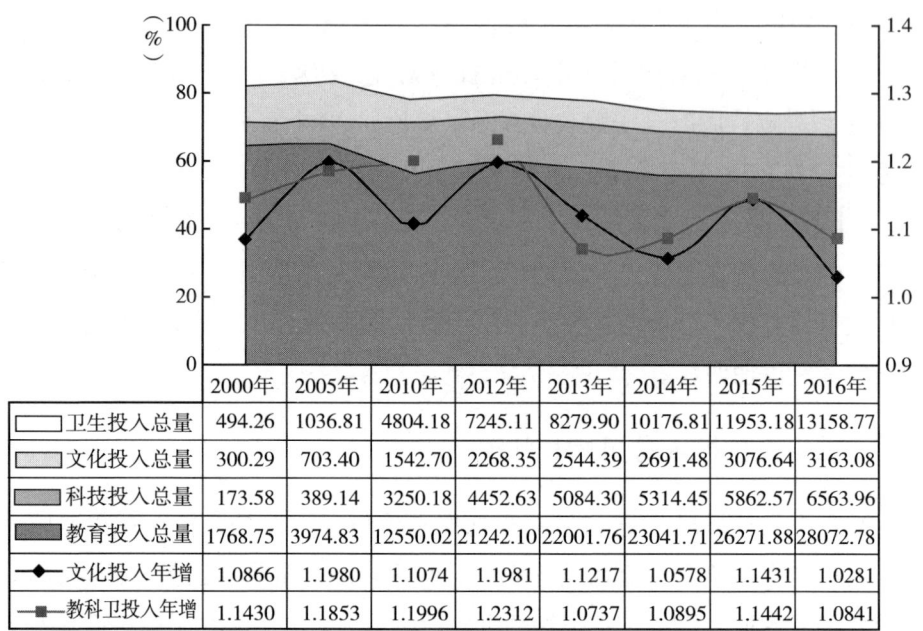

图2 2000年以来全国文化投入总量增长及相邻关系变动态势

左轴面积：教育、科技、文化、卫生投入总量（亿元转换为%），各项数值呈直观比例。
右轴曲线：文化、教科卫投入年增指数（上年=1，保留4位小数，正文转换为2位小数增长百分比，后同）。后台数据库包含未出现的1999年数据，以测算2000年增长变化，后同。

同期，全国教科卫三项投入总量总增长1861.57%，年均增长20.44%。进一步细分来看，教育投入总量总增长1487.11%，年均增长18.86%；科技投入总量总增长3681.11%，年均增长25.49%；卫生投入总量总增长2562.11%，年均增长22.77%。

在此期间，全国教科卫三项投入总量年均增长高于产值总量年增7.10个百分点，高于财政收入总量年增3.69个百分点，高于财政支出总量年增3.75个百分点，也高于其他支出总量年增4.68个百分点。

与之相比，全国文化投入总量年均增长低于教科卫三项投入总量年增4.59个百分点。显而易见，在2000年以来全国教科文卫综合投入优先高增长当中，文化投入增长处于严重失衡状态，文化投入增长与教科卫投入增长之间的差距十分显著。从图2亦可清楚、直观地看出，文化投入所占面积呈逐渐收窄之势，表明其在教科文卫综合投入中的比例份额持续降低。

还需要重点检测2007年以来文化投入增长情况。中共十七大做出"推动社会主义文化大繁荣大发展、兴起社会主义文化建设新高潮"重大决策，中国特色社会主义文化建设由此进入一个新的阶段。2007年以来9年里，全国文化投入总量年均增长达到15.01%，高于产值总量年增3.10个百分点，高于财政收入总量年增1.57个百分点，低于财政支出总量年增0.88个百分点，低于其他支出总量年增0.29个百分点，文化投入增长的失衡状态出现好转，但仍低于同期教科卫三项投入总量年增2.85个百分点。

（三）人均值增长及其地区差变动状况

文化投入人均值演算结果是衡量均等化的重要基准，只有基于人均值才能检测各地文化投入高低，进而得出各地之间的地区差指数。更为重要的是，逐步缩小直至消除文化投入（人均值）地区差距，实现公共文化投入、公共文化服务均等化势在必行，唯有实现文化投入人均值的均等化，才谈得上文化服务条件和服务质量的均等化。

2000年以来全国文化投入人均值增长及其地区差变动态势见图3。

2000~2016年，全国文化投入人均值由23.78元增至229.43元，总增长864.80%，年均增长15.22%，其中在2001~2002年、2004~2006年、2008~2009年、2011~2012年9个年度超过15%，在2008~2009年、2011年3个年度超过20%。最高增长年度为2009年，增长26.49%；最低增长年度为2016年，增长2.25%。

与此同时，全国文化投入人均值地区差由1.4571扩大至1.5588，扩大6.98%。全国文化投入人均值地区差指数历年起伏变化，2000~2006年、2008年、2010~2011年、2013年、2015~2016年13个年度地区差缩小，2007年、2009年、2012年、2014年4个年度地区差扩大，前后对比总体处于扩大态势。最小地区差为2006年的1.3748，最大地区差为2007年的1.6581。

如此细致检测全国文化投入人均值地区差变动状况，并非一种奢望的空

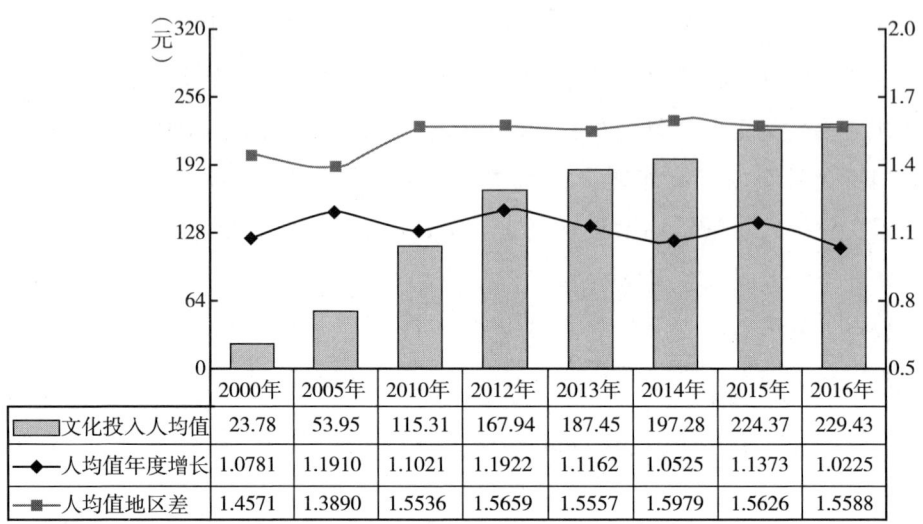

图3　2000年以来全国文化投入人均值增长及其地区差变动态势

左轴柱形：文化投入人均值（元）。右轴曲线：人均值年度增长指数（上年=1，由于历年人口增长，人均值年增指数略低于总量年增指数）；文化投入人均值地区差指数（无差距=1，保留4位小数检测细微差异，后同）。

谈。实际上，自2000年以来，在"全面建成小康社会"进程中，国家、各级政府及其公共财政已经做出了应有努力，并且取得了实质性的重大进展。就以此处涉及的产值、财政收入和支出，以及教科卫投入数据展开分析。

2000~2016年，在文化投入相关背景方面，全国产值人均值地区差前后对比总体呈现为缩小态势；财政收入人均值地区差前后对比总体呈现为缩小态势；财政支出人均值地区差前后对比总体呈现为缩小态势。在文化投入的相邻关系方面，全国教育投入人均值地区差前后对比总体呈现为缩小态势；科技投入人均值地区差前后对比总体呈现为缩小态势；卫生投入人均值地区差前后对比总体呈现为缩小态势。

全国产值、财政收入和支出以及教科文卫投入各类人均值地区差变动态势全面检测结果：除了文化投入以外，其余各类数据的地区差皆呈现为缩小态势。全国各地经济、财政"协调增长"，教育、科技、卫生事业投入"均等增长"，正在逐渐成为现实，而不再仅仅是一种追求中的理想。很明显，文化投入增长的差距不但表现在数量的可比性之上，而且表现在质量的可比性之上。以人均值来衡量的公共文化投入均等化尚无实际进展，而这是公共文化服务均等化的基础。

按照本项检测的推演测算，2020年，全国文化投入人均值地区差应为1.6168，相比当前将进一步较明显扩增。

二 全国文化投入相关协调性态势

（一）文化投入相关背景变动状况

文化投入增长的协调性检测首先在于与经济、财政相关背景关系的考察。历年文化投入究竟处于什么位置，在文化投入绝对值及其增长基础上，文化投入与产值、财政收入和支出的历年相对比值起到决定性作用。

2000年以来全国文化投入相关背景比值变动态势见图4。

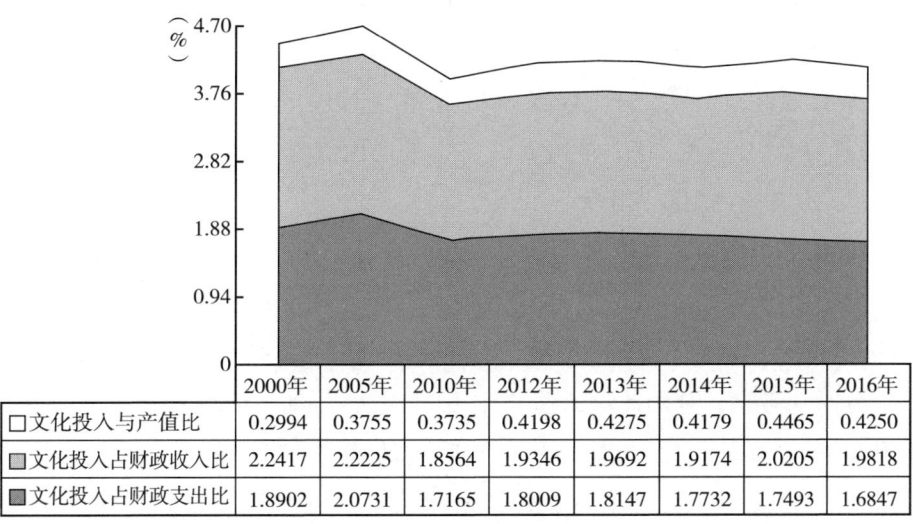

图4 2000年以来全国文化投入相关背景比值变动态势

左轴面积：文化投入与产值比、占财政收入和支出比（％），各项比值历年升降呈直观比例叠加。比值过小保留4位小数演算，正文按惯例保留2位小数。

1. 文化投入与产值比

2000~2016年，全国文化投入总量年均增长高于产值年增2.51个百分点。由历年二者不同增长关系变化所致，全国文化投入与产值比从0.30%增高至0.43%，上升程度为41.95%，上升0.13个百分点。

分时期考察，全国此项比值"十五"前后（2000年与2005年）对比，上升0.08个百分点；"十一五"前后（2005年与2010年）对比，下降0.0020个百分点（用4位小数分析细微变化）；"十二五"以来（2016年与2010年）对比，上升0.05个百分点。最高比值为2015年的0.45%，最低比值为2000年的0.30%。

2. 文化投入占财政收入比

2000~2016年，全国文化投入总量年均增长低于财政收入年增0.90个百分点。由历年二者不同增长关系变化所致，全国文化投入占财政收入比从2.24%降低至1.98%，下降程度为11.59%，下降0.26个百分点。

分时期考察，全国此项比值"十五"前后（2000年与2005年）对比，下降0.02个百分点；"十一五"前后（2005年与2010年）对比，下降0.37个百分点；"十二五"以来（2016年与2010年）对比，上升0.13个百分点。最高比值为2002年的2.27%，最低比值为2007年的1.75%。

3. 文化投入占财政支出比

2000~2016年，全国文化投入总量年均增长低于财政支出年增0.84个百分点。由历年二者不同增长关系变化所致，全国文化投入占财政支出比从1.89%降低至1.68%，下降程度为10.87%，下降0.21个百分点。

分时期考察，全国此项比值"十五"前后（2000年与2005年）对比，上升0.18个百分点；"十一五"前后（2005年与2010年）对比，下降0.36个百分点；"十二五"以来（2016年与2010年）对比，下降0.03个百分点。最高比值为2006年的2.08%，最低比值为2016年的1.68%。

以上分析检测表明，2000年以来，全国文化投入增长较明显高于产值增长，但略微低于财政收入、财政支出增长，文化投入与经济、财政"背景协调增长"尚未得到充分体现。

（二）文化投入相邻关系变动状况

文化投入增长的协调性检测其次也在于与教育、科技、卫生投入增长相邻关系的考察。教科文卫本身就可视为一个整体，文化投入的重要性究竟如何，与教育、科技、卫生投入的历年相对比值具有重要的参照意义。

2000年以来全国文化投入相邻关系比值变动态势见图5。

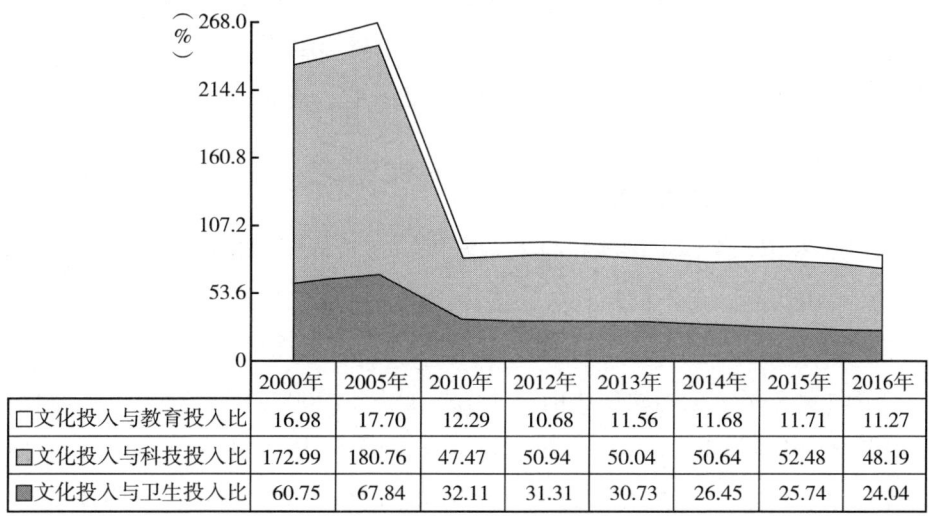

图5　2000年以来全国文化投入相邻关系比值变动态势

左轴面积：文化投入与教育、科技、卫生投入比（％），各项比值历年升降呈直观比例叠加。

1. 文化投入与教育投入比

2000～2016年，全国文化投入总量年均增长低于教育投入年增3.01个百分点。由历年二者不同增长关系变化所致，全国文化投入与教育投入比从16.98%降低至11.27%，下降程度为33.63%，下降5.71个百分点。

分时期考察，全国此项比值"十五"前后（2000年与2005年）对比，上升0.72个百分点；"十一五"前后（2005年与2010年）对比，下降5.41个百分点；"十二五"以来（2016年与2010年）对比，下降1.02个百分点。最高比值为2005年的17.70%，最低比值为2012年的10.68%。

2. 文化投入与科技投入比

2000~2016年，全国文化投入总量年均增长低于科技投入年增9.64个百分点。由历年二者不同增长关系变化所致，全国文化投入与科技投入比从172.99%降低至48.19%，下降程度为72.14%，下降124.80个百分点。

分时期考察，全国此项比值"十五"前后（2000年与2005年）对比，上升7.77个百分点；"十一五"前后（2005年与2010年）对比，下降133.29个百分点；"十二五"以来（2016年与2010年）对比，上升0.72个百分点。最高比值为2005年的180.76%，最低比值为2010年的47.47%。

3. 文化投入与卫生投入比

2000~2016年，全国文化投入总量年均增长低于卫生投入年增6.92个百分点。由历年二者不同增长关系变化所致，全国文化投入与卫生投入比从60.75%降低为24.04%，下降程度为60.43%，下降36.71个百分点。

分时期考察，全国此项比值"十五"前后（2000年与2005年）对比，上升7.09个百分点；"十一五"前后（2005年与2010年）对比，下降35.73个百分点；"十二五"以来（2016年与2010年）对比，下降8.07个百分点。最高比值为2004年的68.70%，最低比值为2016年的24.04%。

以上分析检测表明，2000年以来，全国文化投入增长明显低于教育投入增长，也显著低于科技、卫生投入增长，教科文卫投入"相邻协调增长"未得到应有体现。

此外，对照图4中文化投入占财政支出比与图5三项比值，分别推算其间商值百分值，即得出教育、科技、卫生投入各占财政支出比。这样就可以检测教科文卫各项投入占财政支出比历年变化相关系数：教育投入占比与科技投入占比之间为0.9136，与卫生投入占比之间为0.8722，与文化投入占比之间为-0.7794，即分别在91.36%程度上成正比，87.22%程度上成正比，77.94%程度上成反比。对此不妨简化理解为，教育投入与文化投入二者之间占财政支出比历年变化在77.94%程度上呈逆向关系，其余类推。这表明，全国教科卫投入各占财政支出比之间协调性较好，而与文化投入占财政支出比之间协调性很差。

（三）文化投入同构占比变动状况

文化投入增长的协调性检测最后还在于与文化消费占居民收入和支出比同构关联的考察。文化投入面向公共文化服务需求，文化消费体现居民日常精神生活需求，这两个方面形成同构可比关联。在文化投入占财政收入、支出比与文化消费占居民收入、支出比之间，构成了历年比值差异变化，可以直接作为检测演算指数。

2000年以来全国文化消费与投入同构占比倍差变动态势见图6。

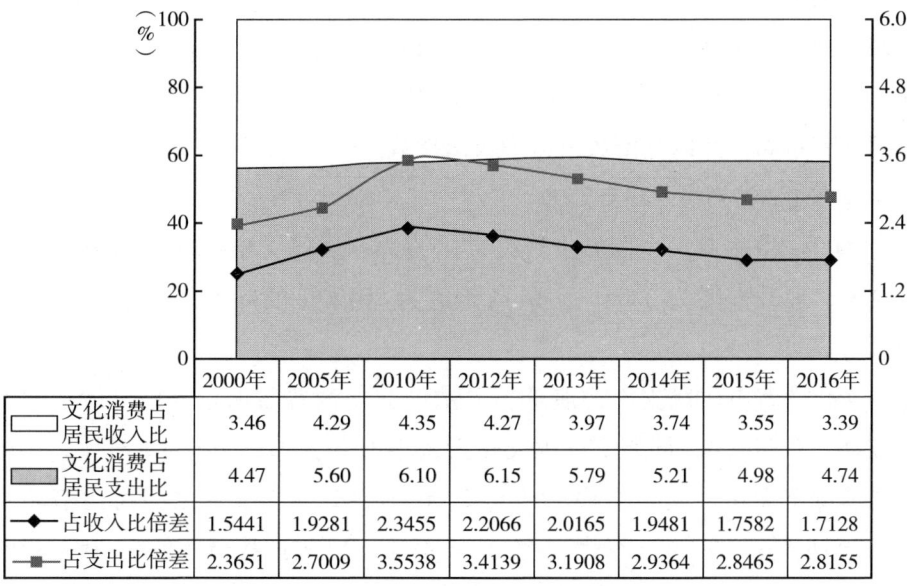

图6 2000年以来全国文化消费与投入同构占比倍差变动态势

左轴面积：文化消费占居民收入、居民总消费支出比（%），两项比值历年升降呈直观比例叠加。右轴曲线：文化消费占居民收入比与文化投入占财政收入比、文化消费占居民支出比与文化投入占财政支出比倍差指数（无差距＝1，保留4位小数检测细微差异）。另需说明，2014年以来年鉴始发布城乡人均值民生数据，与总量数据之间存在演算误差，与对应产值人均值和总量分别演算居民收入比、消费率有出入，本文恢复采用自行演算城乡人均值展开文化消费占居民收入、支出比测算。

1. 文化消费与投入占收入比

2000～2016年,全国城乡居民文化消费占居民收入比从3.46%降低至3.39%,下降程度为2.02%。最高比值为2010年的4.35%,最低比值为2001年的3.30%。

文化消费占居民收入比演算与"中国文化消费需求景气评价体系"形成互动。对照图4,同期,全国文化投入占财政收入比下降11.59%,2016年比值低于文化消费占居民收入比1.41个百分点。二者之间占比倍差由1.5441增大至1.7128,增大程度为10.93%。倍差指数最小值为2001年的1.4962,最大值为2007年的2.4576。

应当看到,文化消费占居民收入比与文化投入占财政收入比之间,不仅形式上同构,而且实质上可同比。居民文化消费占用家庭收入一定比例,正体现精神文化生活应有的位置和分量,家庭和个人如此,国家及地区亦当如此。因此,此项检验指标直接测算二者之间商值即占比倍差指数,就此衡量其间既有距离,并以其倒数值作为权衡指数。

2. 文化消费与投入占支出比

2000～2016年,全国城乡居民文化消费占居民支出比从4.47%增高至4.74%,上升程度为6.04%。最高比值为2012年的6.15%,最低比值为2001年的4.34%。

文化消费占居民支出比演算与"中国文化消费需求景气评价体系"形成互动。对照图4,同期,全国文化投入占财政支出比下降10.87%,2016年比值低于文化消费占居民支出比3.06个百分点。二者之间占比倍差由2.3651增大至2.8155,增大程度为19.04%。倍差指数最小值为2001年的2.2717,最大值为2010年的3.5538。

必须注意,文化消费占居民支出比与文化投入占财政支出比之间,仅在形式上同构,实质上却不同比。居民消费与收入间可能出现剩余成为积蓄,即消费总量小于收入总量,于是特定消费占支出比必定高于占收入比;而财政支出与收入间可以出现预算赤字,即支出总量大于收入总量,于是特定投入占支出比可能低于占收入比。对照图4可见,文化消费与文化投入各占收入、支出比的对应关系形成交叉，文化消费占支出比大于占收入比，而文化投入占支出比小于占收入比，其间的反差应予合理化解。理想化检测提出一种假定：财政预算赤字"超支"部分应以同等比例用于文化投入，即占财政收入、支出比可自身平衡。因此，此项检验指标继续推演，对文化消费与投入各占收入、支出比两项同构倍差指数再做平衡，测算其间商值即占收支比倍差之间再次形成倍差指数，就此衡量其间既有距离，并以其倒数值作为权衡指数。

以上分析检测显示，2000年以来，全国文化消费占居民收入比略微下降，文化投入占财政收入比也明显下降，二者同构占比倍差指数明显增大；文化消费占居民支出比较明显上升，文化投入占财政支出比却明显下降，二者同构占比倍差指数明显增大。这表明，全国公共文化投入增长占比变动滞后于居民文化消费需求变化态势的差距继续扩大。

三 2016年全国文化投入纵横向双重测评

综合以上分析，2000年以来全国文化投入总量年均增长15.85%，人均值地区差扩大6.98%；文化投入增长较明显高于产值增长，但略微低于财政收入、财政支出增长；同时明显低于教育投入增长，也显著低于科技、卫生投入增长；文化投入占财政收入比较明显低于文化消费占居民收入比，占财政支出比更明显低于文化消费占居民支出比。这些都集中体现在文化投入增长综合指数测评演算之中。

2000年以来全国文化投入增长综合指数变动态势见图7。基于不同时间段、不同基准值的各类综合指数测评结果均落实在2016年之上。综合指数取百分制，以便横向衡量百分点高低，纵向衡量百分比升降。

（一）各年度横向测评综合指数

以文化投入人均值地区无差距、文化消费与投入同构占比无差距状态为"理想值"100，2016年全国文化投入增长状况此项综合指数为81.36，低

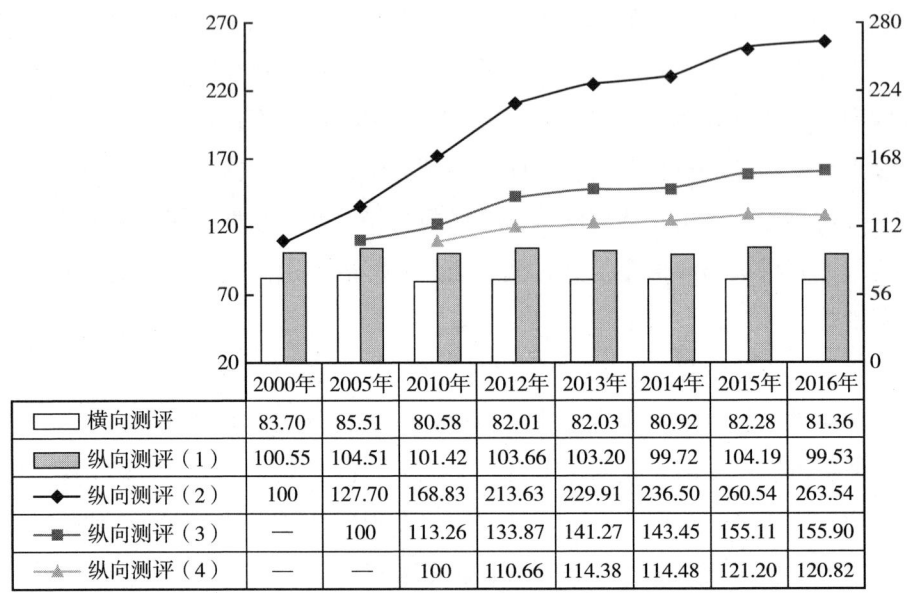

图 7　2000 年以来全国文化投入增长综合指数变动态势

左轴柱形：横向测评（无差距理想值＝100）；纵向测评（1），上年＝100。右轴曲线：纵向测评（起点年基数值＝100），（2）以 2000 年为起点，（3）以 2005 年为起点，（4）以 2010 年为起点。

于无差距理想值 18.64%，也低于上年测评指数 0.92 个点。

各年度（包括图中省略年度）此项综合指数对比，全部各个年度均低于无差距理想值 100；2001 年、2004 年、2008～2009 年、2011～2013 年、2015 年 8 个年度高于上年指数值。其中，最高值为 2004 年的 85.60，最低值为 2007 年的 76.20。

在此项测评中，全国总体的总量份额值、人均值、各项背景关系比值、相邻关系比值作为各地基准"定盘星"，同样自为基准不"加分"也不"减分"，人均值地区差、同构关联占比倍差就成为变化衡量指标，全国总体"失分"全部来自人均值地区差、同构关联占比倍差的存在及其扩大。只要人均值地区差、同构占比倍差缩小，全国总体综合指数就能够上升；只有彻底消除人均值地区差、同构占比倍差，全国总体综合指数才能够达到"理想值"100。

（二）逐年度纵向测评综合指数

在此项测评中，文化投入总量份额值、人均值，各项背景关系比值、相邻关系比值，文化消费与投入占收入、支出比同构关联倍差，文化投入人均值地区差，各项增长率比差，一概以自身上一年度相应演算数值为基数值加以衡量。无论是全国总体还是各地，各项指标测算值优于上一年度"加分"，逊于上一年度"减分"，最终加权平衡各项指标间分值升降得失。这样有利于检测对比各地在不同时间段综合测评指数的提升程度，使"基数低而进步快"的欠发达或次发达地区有多种机会登上排行榜前列。以下各类纵向测评同理，区别仅在于起始年度不同。

以上一年 2015 年为起点基数值 100，2016 年全国文化投入增长状况此项综合指数为 99.53，低于 2015 年起点基数 0.47%，也低于上年基于 2014 年基数值的测评指数 4.66 个点。

逐年度此项景气指数对比，2000~2006 年、2008~2013 年、2015 年 14 个年度高于自身上年起点基数值 100；2001 年、2004 年、2008~2009 年、2011 年、2015 年 6 个年度高于上年指数值。其中，最高值为 2009 年的 106.11，最低值为 2007 年的 87.49。

（三）"十五"以来纵向测评综合指数

以"九五"末年 2000 年为起点基数值 100，2016 年全国文化投入增长状况此项综合指数为 263.54，高出 2000 年起点基数 163.54%，也高出上年测评指数 3.00 个点。

"十五"以来各年度此项综合指数对比，全部各个年度均高于 2000 年起点基数值 100；2002~2006 年、2008~2016 年 14 个年度高于上年指数值。其中，最高值为 2016 年的 263.54，最低值为 2001 年的 104.96。

（四）"十一五"以来纵向测评综合指数

以"十五"末年 2005 年为起点基数值 100，2016 年全国文化投入增长

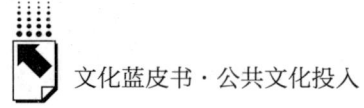

状况此项综合指数为155.90，高出2005年起点基数55.90%，也高出上年测评指数0.79个点。

"十一五"以来各年度此项综合指数对比，2006年、2008~2016年10个年度高于2005年起点基数值100；2008~2016年9个年度高于上年指数值。其中，最高值为2016年的155.90，最低值为2007年的91.53。

（五）"十二五"以来纵向测评综合指数

以"十一五"末年2010年为起点基数值100，2016年全国文化投入增长状况此项综合指数为120.82，高出2010年起点基数20.82%，但低于上年测评指数0.38个点。

"十二五"以来各年度此项综合指数对比，全部各个年度均高于2010年起点基数值100；2012~2015年4个年度高于上年指数值。其中，最高值为2015年的121.20，最低值为2011年的105.94。

2000年以来，全国文化投入增长进展较为显著。各个五年规划期以来纵向测评的综合指数最高值大多出现在2016年，但逐年增长检测却显得起伏不定，并非连年持续向好，文化投入增长的协调性欠佳是其主要原因；横向测评距离理想值的差距一向非常明显，综合指数不时略有下降，原因在于文化投入人均值地区差扩大，文化消费与投入同构关联占比倍差增大，文化投入增长的均衡性欠佳。

四　全国文化投入协调增长差距分析

按照各项数据增长及其间各类关系值变动，已对全国文化投入增长的"实然"状况做出综合评价，但这还不是此项研究测评的最终意图。由此发现增长效益可能存在的不足，深入检测数据背后的现实问题及其"应然"差距，依据2000年以来相关方面增长的基本态势，推演测算直至2020年的各种"或然"的、"应然"的和"理想"的增长目标，直指目标提出此项研究测评的应对策略。

（一）文化投入增长系数检测

在相关的众多数据组里，首先需要提取全国文化投入历年数据与教科文卫综合投入历年数据加以比较，检测2000～2016年文化投入占教科文卫综合投入比变动态势，并将此项比值界定为"文化投入增长系数"。

确定文化投入的应有地位和分量必须寻找事实依据，文化投入与教育、科技、卫生投入的相邻关系就是最好的参照系。一来教科文卫诸方面具有人所共知的相邻可比性，若出现"厚此薄彼"的情况很容易看出来；二来文化投入在教科文卫综合投入中所占分量形成历年变化，从中可以看到"应然"与否的"第一手"取舍。

2000年以来全国文化投入占教科文卫综合投入比变动态势见图8。

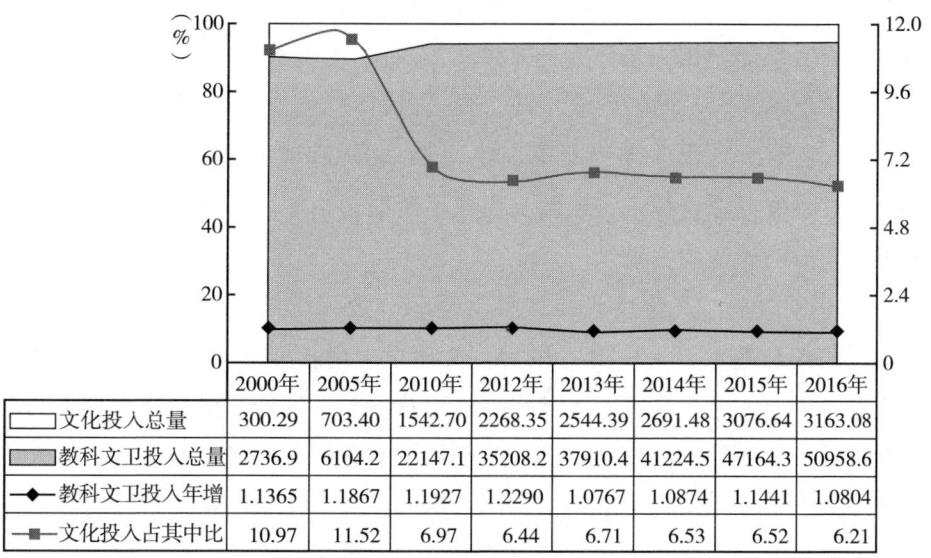

图8　2000年以来全国文化投入占教科文卫综合投入比变动态势

左轴面积：文化投入总量、教科文卫综合投入总量（亿元转换为%），二者历年变动呈直观比例。右轴曲线：教科文卫综合投入年增指数（上年=1）；文化投入占教科文卫综合投入比（%）。

2000～2016年，全国教科文卫综合投入总量由2736.9亿元增至50958.6亿元，总增长1761.86%，年均增长20.05%。最高增长年度为

2007年，增长58.82%；最低增长年度为2013年，增长7.67%。

在此期间，全国文化投入总量年均增长低于教科文卫综合投入年增4.20个百分点。由历年二者不同增长关系变化所致，全国文化投入占教科文卫综合投入比从10.97%降低至6.21%，下降程度为43.39%，下降4.76个百分点。

分时期考察，全国此项比值"十五"前后（2000年与2005年）对比，上升0.55个百分点；"十一五"前后（2005年与2010年）对比，下降4.55个百分点；"十二五"以来（2016年与2010年）对比，下降0.76个百分点。最高（最佳）比值为2005年的11.52%，最低比值为2016年的6.21%。

对照图4中文化投入占财政支出比与图8中文化投入占教科文卫综合投入比，推算其间商值百分值，即得出教科文卫综合投入占财政支出比（亦可见随后图9）。这样就可以检测教科文卫综合投入与文化投入各占财政支出比之间历年变化相关系数为-0.8438，即在84.38%程度上成反比。对此不妨简化理解为，虽然教科文卫综合投入占财政支出比历年稳步上升，其中文化投入占财政支出比却反而呈现年均84.38%程度的逆向下降。这表明，在全国教科文卫综合投入占财政支出比不断提升当中，文化投入所占比重呈现不合理的明显逆向变动。

2000年以来，文化投入在教科文卫综合投入增长中处于相对"弱势"地位，尤其是进入"十一五"以后，文化投入增长相对"弱势"的状况十分明显。十七大之后全国及各地出现文化建设与发展新高潮，文化投入的重要性及其持续增长的必要性受到应有重视，文化投入占教科文卫综合投入比显著降低之势在一定程度上得到抑制。然而，在多年来教科文卫综合投入优先增长格局中，文化投入增长明显滞后是一个不争的事实。

就此不妨假定，如果全国文化投入占教科文卫综合投入比在2005年出现的最佳比值11.52%得以持续保持，那么2016年全国文化投入总量应为现有实际值3163.08亿元的185.64%，达到5872.09亿元。在假设文化投入实现教科文卫相邻关系中"协调增长"的情况下，这就是2016年全国文化投入增长的应然差距。

（二）教科文卫投入增长系数检测

在相关的众多数据组里，其次需要提取全国教科文卫综合投入历年数据与财政支出历年数据加以比较，检测2000~2016年教科文卫投入占财政支出比变动态势，并将此项比值界定为"教科文卫投入增长系数"。

确定教科文卫综合投入的应有地位和分量也必须寻找事实依据，多年以来国家发展教科文卫事业的政策、公共财政支出就此形成的历年分配比重就是最好的参照系。何况，本项研究测评的分析已经表明，2000年以来教科文卫综合投入已经在公共财政支出分配中占据了优先增长地位，以此作为"第一手"依据理所当然。

2000年以来全国教科文卫投入占财政支出比变动态势见图9。

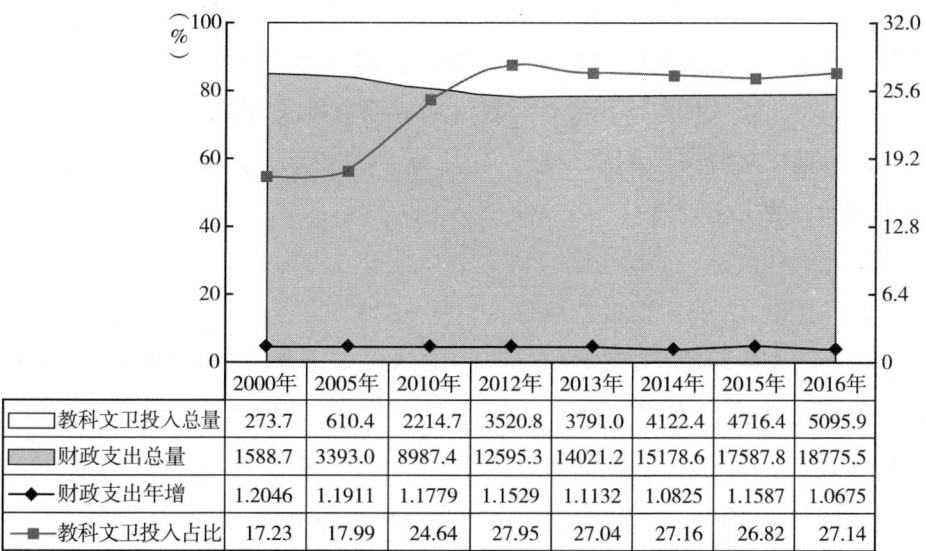

图9　2000年以来全国教科文卫投入占财政支出比变动态势

左轴面积：教科文卫综合投入总量、财政支出总量（10亿元转换为%，增长演算取亿元），二者历年变动呈直观比例。右轴曲线：财政支出年增指数（上年=1）；教科文卫综合投入占财政支出比（%）。

2000~2016年，全国财政支出总量由15887亿元增至187755亿元，总增长1081.82%，年均增长16.69%。最高增长年度为2008年，增长

25.74%；最低增长年度为2016年，增长6.75%。

在此期间，全国教科文卫综合投入总量年均增长高于财政支出年增3.36个百分点由历年二者不同增长关系变化所致，全国教科文卫综合投入占财政支出比从17.23%增高至27.14%，上升程度为57.52%，上升9.91个百分点。

分时期考察，全国此项比值"十五"前后（2000年与2005年）对比，上升0.76个百分点；"十一五"前后（2005年与2010年）对比，上升6.65个百分点；"十二五"以来（2016年与2010年）对比，上升2.50个百分点。最高（最佳）比值为2012年的27.95%，最低比值为2000年的17.23%。

2000年以来，教科文卫综合投入增长处于十分明确的优势地位，尤其是进入"十一五"以后，教科文卫综合投入增长的优势地位更加显著。还应当注意到，十七大之后我国进入公共服务和社会保障体系建设、民生发展新阶段，文化投入加快增长势必对教科文卫综合投入增长起到了推动作用。在一段时期以来我国公共财政支出当中，教科文卫综合投入优先增长已是一个显而易见的事实。

就此同样假定，如果全国教科文卫综合投入占财政支出比在2012年出现的最佳比值27.95%得以持续保持，那么2016年全国教科文卫综合投入总量应为现有实际值50958.59亿元的102.99%，达到52484.04亿元；再假设文化投入占教科文卫综合投入比实现2005年最佳比值11.52%，那么2016年全国文化投入总量应为现有实际值3163.08亿元的191.20%，达到6047.87亿元。在假设文化投入在教科文卫相邻关系中、教科文卫综合投入在财政支出中保持"协调增长"的情况下，这就是2016年全国文化投入增长的应然差距。

（三）财政支出增长系数检测

在相关的众多数据组里，最后需要提取全国财政支出历年数据与产值历年数据加以比较，检测2000~2016年财政支出与产值比变动态势，并将此项比值界定为"财政支出增长系数"。

确定财政支出对于产值（国民总收入近似值）的应有分量比重同样必须寻找事实依据，这里把历年财政支出与产值的实际相对比值当作重要参照系，以此作为"第一手"依据顺理成章。多年以来我国中央财政及地方财政在绝大部分年度皆出现赤字，即财政支出大于财政收入，财政预算平衡的复杂问题留给相关部门及相应专家，在此不涉及。

2000年以来全国财政支出与产值比变动态势见图10。

2000～2016年，全国产值总量由100280亿元增至744127亿元，总增长642.05%，年均增长13.34%。最高增长年度为2007年，增长23.15%；最低增长年度为2015年，增长7.00%。

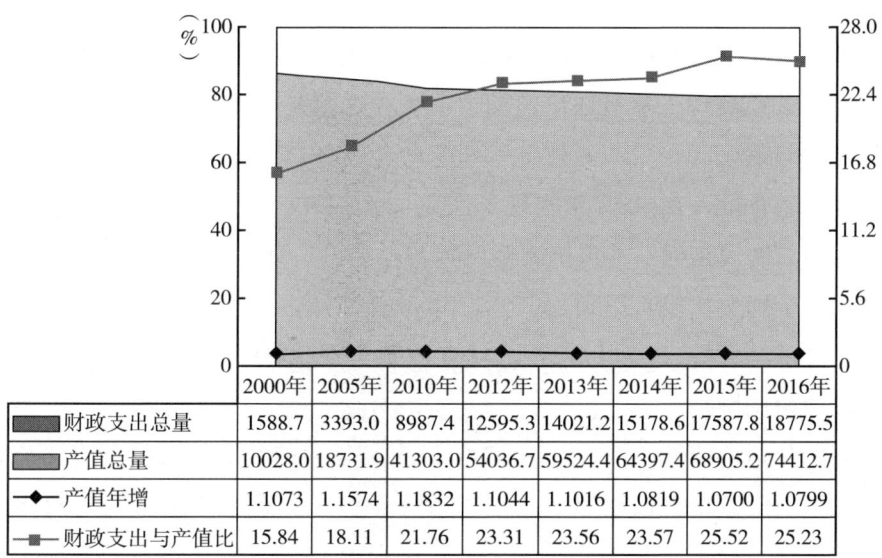

图10　2000年以来全国财政支出与产值比变动态势

左轴面积：财政支出总量、产值总量（10亿元转换为%，增长演算取亿元），二者历年变动呈直观比例。右轴曲线：产值年增指数（上年=1）；财政支出与产值比（%）。

在此期间，全国财政支出总量年均增长高于产值年增3.35个百分点。由历年二者不同增长关系变化所致，全国财政支出与产值比从15.84%增高至25.23%，上升程度为59.28%，上升9.39个百分点。

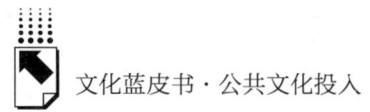

分时期考察，全国此项比值"十五"前后（2000年与2005年）对比，上升2.27个百分点；"十一五"前后（2005年与2010年）对比，上升3.65个百分点；"十二五"以来（2016年与2010年）对比，上升3.47个百分点。最高（最佳）比值为2015年的25.52%，最低比值为2000年的15.84%。

就此继续假定，如果全国财政支出与产值比在2015年出现的最佳比值25.52%得以持续保持，那么2016年全国财政支出总量应为现有实际值187755.21亿元的101.16%，达到189935.56亿元；再假设教科文卫综合投入占财政支出比实现2012年最佳比值27.95%，继续假设文化投入占教科文卫综合投入比实现2005年最佳比值11.52%，那么2016年全国文化投入总量应为现有实际值3163.08亿元的193.42%，达到6118.10亿元。在假设文化投入与教科文卫相邻关系、教科文卫综合投入与财政支出关系、财政支出与产值关系实现三重最佳比值的情况下，这就是2016年全国文化投入增长的应然差距。

全国教育投入在2012年实现了法定"产值4%"的指标要求，文化投入能否形成法规指标？本项检测至此其实已经得出具有关联性的系列参考指标建议：全国文化投入达到与产值比0.82%，或占财政支出比3.22%，或占教科文卫综合投入比11.52%，就有可能实现2000年以来历年相关各项最佳比值协调增长。

假如各地均能够实现各自2000年以来最佳比值协调增长，那么文化投入人均值地区差将普遍明显缩小，为下一步追求文化投入地区均等打下基础。促成经济增长、财政增收、财政支出增多与公共文化投入增高很好协调的约束机制，推进公共文化投入、公共文化服务地区均等、促进民生的可行机制和必要体制，正是本项研究测评的最终目的。

五 至2020年全国文化投入增长目标测算

检测出当前数据年度全国文化投入增长的应然差距只是一个铺垫，目的是要据此推演至2020年全国文化投入增长的应然目标。这样一来，就可以测算达到增长目标所需的年均增长率，以此作为指标衡量达到增长目标的距离，实质上就是消除差距的增长难易程度，从而在各地之间进行排行比较。

2016~2021年全国文化投入预期增长测算见图11。

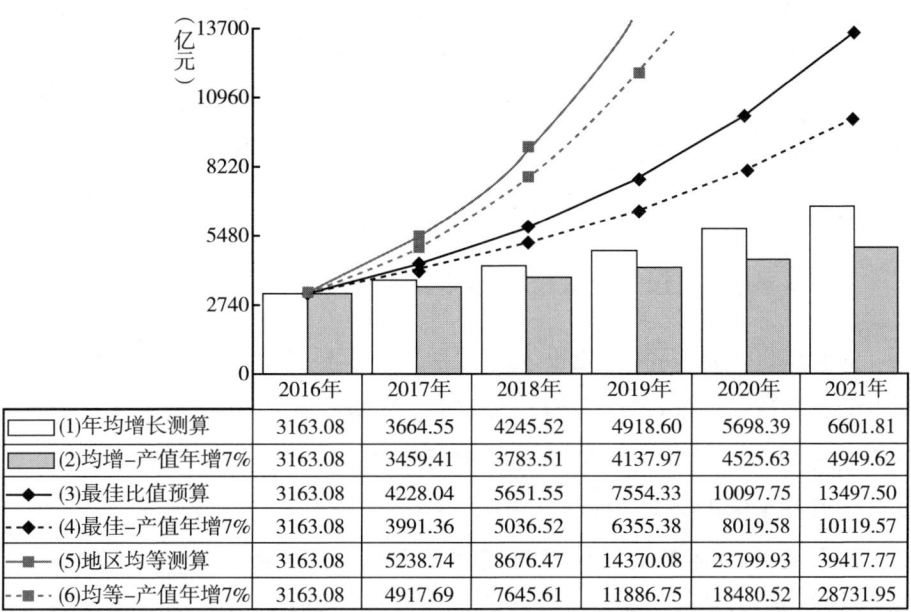

图11　2016~2021年全国文化投入预期增长测算

左轴：假定情况下文化投入增长总量（亿元）。假设各类数值按2000~2016年年均增长率持续至2020年，则所需年均增长（1）15.85%，（3）33.67%，（5）65.62%；假设产值增长率取7%持续至2020年，则所需年均增长（2）9.37%，（4）26.19%，（6）55.47%。

（一）保持既往年均增长率测算

按照2000~2016年年均增长率进行"自然"推算，到2020年全国文化投入总量将达到5698.39亿元，所需年均增长率自然同前一样为15.85%。

如果至2020年产值年均增长控制在7%，再假设文化投入与产值比维持既往互动关系不变，那么全国文化投入总量将达到4525.63亿元，所需年均增长率仅为9.37%，低于既往年均增速则更易于实现。

此项测算属于"自然增长"测算，即基于此前历年各项数据年均增长率，不予加权地"顺延平推"未来年度增长目标。实际说来，这是未来年度或然增长概率最高的一种预测，既往年度数据积累越多，用于预测未来年度增长的准确率越高。

不妨以气象记录及其灾害预测来做说明。常见有某种灾害"多少年一遇"之言，那就是"多少年"统计累积才得一见的极端情况。此处的测算正好相反，取"多少年"平均，符合统计概率的"大数规律"。这就如同抽样调查样本大小直接影响抽查结果的置信度和精确性一样，作为演算基础的数组范围越庞大，所得出的平均值越精准。

（二）多重最佳比值增长目标测算

依据2000~2016年文化投入增长系数、教科文卫投入增长系数、财政支出增长系数三项最佳比值进行"应然"推算，到2020年全国文化投入总量应达到10097.75亿元，所需年均增长率为33.67%，以此衡量增长"难度"为既往增速的212.37%。

如果至2020年产值年均增长控制在7%，再假设文化投入与产值比维持既往互动关系不变，那么全国文化投入总量应达到8019.58亿元，所需年均增长率为26.19%，即既往年均增速的165.17%。

此项测算属于"应然增长"测算，即基于此前相关数据历年最佳比值，以"理当如此"的推理加权方式演算未来年度增长目标。严格地说，这是未来年度增长有必要尽快实现的"应然目标"测算，据以展开推导演算的最佳比值皆来源于自身历年实然数据，以往曾经做到，目前未能做到已属"亏欠"，今后理应及时做到。

事实上，在多重最佳比值检测当中，就全国和绝大部分地区而言，仅有文化投入增长系数发生"亏欠"，而教科文卫投入增长系数、财政支出增长系数均呈向好发展之势，已经、正在并将继续逐渐化解、最终抵消前者的"亏欠"程度。这就是说，对于全国和绝大部分地区来说，三项最佳比值增长测算实则仅归结为一项，另外两项反过来起到缓解调节作用。

(三)人均值地区均等增长目标测算

在2000~2016年多重最佳比值测算基础上,再依照北京文化投入人均测算值进行地区均等"理想"推算,到2020年全国文化投入总量应达到23799.93亿元,所需年均增长率为65.62%,以此衡量增长"难度"为既往增速的413.91%。

如果至2020年产值年均增长控制在7%,再假设文化投入与产值比维持既往互动关系不变(其实出现微小误差,由取北京人均值反推全国均等测算所致,未能涉及未来人口基数增长及其分布变化),那么全国文化投入总量应达到18480.52亿元,所需年均增长率为55.47%,即既往年均增速的349.89%。

此项测算属于"理想增长"测算,即基于"基本公共服务均等化"的理念,以"理想化"设想或"理论值"方式演算未来年度增长目标。实事求是地说,这是未来很长一段时期努力追求的"理想目标"测算,主要是为了衡量全国及各地现实与理想的差距,并不意味着至2020年就能够实现。

现实状况已经显示,2000年以来,全国和绝大部分地区文化投入人均值地区差指数虽有起伏变化,但总体呈现为增大态势,不能期待到2020年已不多的几年之内彻底弥合差距。应该承认,尽快扼制文化投入人均值地区差"逆动"扩大之势,有效缩小地区之间的增长差距,争取使地区差指数"回归"2000年以来最小值,这样的期待或许更为符合实际。

技术报告与综合分析

Technical Report and Comprehensive Analysis

B.2
中国公共文化投入增长测评体系技术报告
——兼2000~2016年基本态势分析

王亚南　刘婷　汪洋　魏海燕*

摘　要： 本文作为"中国公共文化投入增长测评体系"技术报告，基于所能利用的2000~2016年相关数据，对基础数据来源、数据推演方法、相应数值关系、测评体系构思、具体指标测算加以说明，对各类数据所反映的全国及各地文化投入增长相关态势进行分析。测评体系意在把文化投入增长放到经济、财政增长相关背景中，放到教科文卫投入增长的相邻关系中，

---

* 王亚南，云南省社会科学院研究员，文化发展研究中心主任；刘婷，云南省社会科学院研究员，文化发展研究中心秘书长；汪洋，云南省社会科学院信息中心副主任、副研究员，主要从事民族文化、社会经济研究；魏海燕，云南省政协信息中心主任编辑，主要从事传媒信息分析研究。

放到与居民文化消费占比的同构关联中，放到文化投入人均值地区差的差距检测中，全面检验各方面增长的协调性和均衡性，从而得出现行统计制度下适用的综合评价指数，并实现演算过程的通约性和演算结果的可比性，可供重复验证。

关键词： 文化投入　增长态势　综合测评　指标与方法

本文系"中国公共文化投入增长测评体系"技术报告。本系列研究从"文化消费需求景气评价"起步，经"文化产业供需协调检测"延伸，到"公共文化投入增长测评"拓展，大致已形成相对自成一体的系列。当初研创"文化消费需求景气评价"，面对的是亿万城乡生民，从无到有填空补缺；随后研创"公共文化投入增长测评"，面对的是各级政府财政，众目关注难以把握。为此，本项测评体系演算数据库早已建成，试运行一年有余方于2015年首次出版书稿，现为第4个年度卷。

必须承认，凭借已有"中国文化消费需求景气评价体系""中国文化产业供需协调检测体系"多年积累的方法论基础和技术性经验，"中国公共文化投入增长测评体系"的构思设计相应少了一些冥思苦想的周折，多了一些参考移植的便当，当然，更希望从一开始就显得较为成熟。

一　基础数据来源及其演算方法

本项测评体系采用的基础数据包括：全国和各地产值、财政收入与支出；全国和各地教育、科技、文化、卫生投入，以及教科文卫四个方面合计的综合投入（早年统计即为"文教、科学、卫生事业费"）；所有这些数据的人均值演算结果，用以检验全国和各地这些方面增长的协调性、均衡性；最后与"中国文化消费需求景气评价体系"形成互动，调用居民收入与总消费、文化消费数据，对应检测文化消费与投入占居民收入、支出比的同构可比关系。

本项研究不涉及财政、预算、会计、统计诸学科的理论和方法，按照公众知识对于"公器常理"的认知逻辑进行推演，同时避免使用数理分析的符号和公式，字面上立足于日常使用的"自然语言"，力求让接受过义务教育的普通公民能够看明白。这就需要把数理逻辑梳理、数据关系分析、指标系统运算置于后台数据库之中，转变为数据库运行的程序语言和演算函数，交给恪守"机械逻辑"的计算机去处理。

"中国公共文化投入增长测评体系"数据来源、具体出处及相关演算见表1。

表1　"中国公共文化投入增长测评体系"数据来源、具体出处及相关演算

序号	数据内容	数据来源	全国数据出处	省域数据出处
1	产值总量及其人均值	《中国统计年鉴》历年卷	三、国民经济核算,3-1国内生产总值	三、国民经济核算,3-9地区生产总值和指数,3-10人均地区生产总值和指数
2	财政收入总量		七、财政,7-2中央和地方一般公共预算主要收入项目	七、财政,7-5分地区一般公共预算收入
3	财政支出总量		七、财政,7-3中央和地方一般公共预算主要支出项目	七、财政,7-6分地区一般公共预算支出
4	教育投入总量			
5	科技投入总量			
6	文化投入总量			
7	卫生投入总量			
8	教科文卫综合投入总量		第4~7类数据之和，早年统计项即为"文教、科学、卫生事业费"同一个大类	
9	东、中、西部和东北整体数据		引入相应所属省域人口参数，用于全部各类数据演算	
10	以上第2~9类数据人均值		引入人口参数演算，使各地之间更具可比性，并测算人均值地区差指数	
11	文化消费占居民收入、支出比		与"文化消费需求景气评价体系"同步互动，检测与文化投入占财政收入、支出比倍差指数	

注：①数据具体出处章号章名、表号表名以《中国统计年鉴》2015年卷（2014年统计数据）为准；②文化投入数据项为"文化体育与传媒"，涵括现行文化、新闻出版广电、体育三个行政管理系统投入；③省域指除港澳台外31个省份；④另需说明相关后台演算：2014年以来年鉴始发布城乡综合演算民生人均值数据，经两年使用验证，此类人均值与总量数据之间存在演算误差，对应产值人均值和总量（同为年鉴发布）分别演算居民收入比、消费率均有出入，因而本项检测回归采用自行演算城乡人均值展开文化消费占居民收入、支出比测算，以保证数据库测算模型的规范性及其历年通行测评的标准化。

鉴于相关细节已在表中交代得十分清楚，尚需补充说明的是，演算各项数据的基本方法和程序，包括演算各类人均值必需的人口参数处理，特别是本项研究独创的地区差指数演算方式，可见《中国文化消费需求景气评价报告》一书技术报告。

借助本项测评体系强大的后台数据库演算功能，本文将对全国及各地2000~2016年文化投入增长相关基本态势同时展开全面分析，方法论和技术性阐释尽量从简，而主要通过实际分析应用具体体现出来。与早年"从头起步"探索建立"文化消费需求景气评价"和"文化产业供需协调检测"数据库相比，而今"举一反三"改进新建"公共文化投入增长测评"数据库更加突出应用性和实用性。力避以往文化研究的"纯"人文风格"言辞意蕴"，力求贴近数理科学的"准"精密方法"标准检测"，正是本项研究与评价奉行的宗旨。

二 数量指标子系统及其测算方式

全国及各地文化投入总量、人均绝对值为基础数据，不仅本身数值高低具有决定性意义，而且影响到随后一切列联分析、加权分析衍生数值的高低。文化投入总量数据转换为占全国份额值进行演算，人均值则直接进入演算，并且成为地区差指数演算的依据。

（一）文化投入总量（份额）值

2000~2016年全国文化投入总量及北京份额变动态势见图1。为了方便阐释全国总量与各地份额值关系，图1中举例附加北京数据。

2000~2016年，全国文化投入总量总增长953.34%，年均增长15.85%。其中，"十五"期间，全国总量总增长134.24%，年均增长18.56%；"十一五"期间，全国总量总增长119.32%，年均增长17.01%；"十二五"以来，全国总量总增长105.04%，年均增长12.71%。全国文化投入总量最高增长年度为2009年，增长率27.14%；最低增长年度为2016年，增长率2.81%。

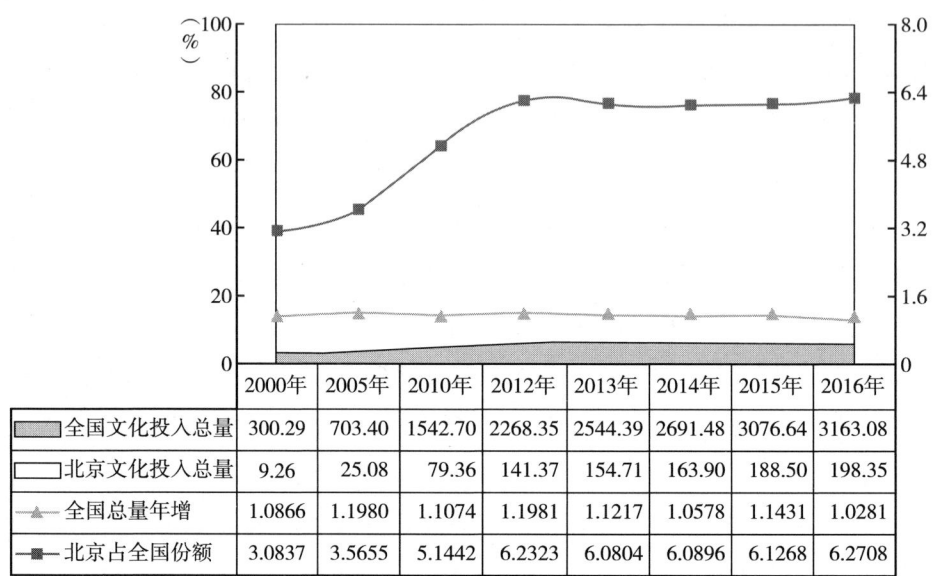

图1 2000~2016年全国文化投入总量及北京份额变动态势

左轴面积：全国、北京文化投入总量（亿元转换为%），二者历年变动呈直观比例。右轴曲线：全国总量年度增长（上年＝1，保留4位小数，正文转换为2位小数增长百分比，后同）；北京占全国份额（%，保留4位小数）。图中省略若干年度，后台数据库演算包括省略年度及未出现的1999年相关数据，以测算历年增长变化，后同。

各地文化投入总量绝对值本身可比性不强，但总量增长幅度及其占全国份额变化则可比性较强，而总量年均增长与份额增减变化是联系在一起的。各地文化投入总量占全国份额升降变化，取决于全国与当地两个方面的增长差异。图1里以北京为例。

同期，北京文化投入总量总增长2042.01%，年均增长21.11%，高于全国年均增长5.26个百分点。2000年以来，北京文化投入总量占全国份额由3.08%上升为6.27%。其中，"十五"期间，北京总量总增长170.84%，年均增长22.05%；"十一五"期间，北京总量总增长216.43%，年均增长25.91%；"十二五"以来，北京总量总增长149.94%，年均增长16.49%。北京文化投入总量最高增长年度为2007年，增长率72.74%；最低增长年度为2016年，增长率5.23%。

此项指标测算中，全国文化投入总量自为基准（横向与纵向测评全国皆为100，使用百分制便于正文按惯例保留2位小数表达），各地以自身总量占全国份额及其历年变化来衡量。

各年度横向测评以全国总量为基准100。2016年测算东部为40.58，东北为6.64，中部为17.77，西部为27.17（另中央本级财政为7.84）。31个省域总量份额高低依次为广东、北京、江苏、浙江、四川、湖南、山东、陕西、上海、河南、湖北、内蒙古、河北、辽宁、安徽、福建、云南、新疆、山西、吉林、广西、江西、贵州、甘肃、天津、黑龙江、重庆、西藏、青海、海南、宁夏。其中，广东处于首位，份额指标测算值为7.26；宁夏处于末位，份额指标测算值为0.80。

此项指标的横向测评好比"不论年龄比高矮"，人口大省和先发强省占据优势。

各时段纵向测评以起点年自身指标数值为基数。当前数据年度测评各自以上一年为100，至2016年东部为100.67，东北为95.08，中部为102.88，西部为102.17。12个省域总量增长高于全国平均水平，份额上升而测算值"加分"；19个省域总量增长低于全国平均水平，份额下降而测算值"减分"。其中，云南处于首位，份额指标测算值为122.93；广西处于末位，份额指标测算值为87.52。

此项指标的纵向测评好比"不论高矮比成长"，大省与小省、先发地区与后发地区自比既往年度。

（二）文化投入人均值

2000～2016年全国文化投入人均值及重庆地区差变动态势见图2。为了方便阐释全国与各地人均值关系，图中举例附加重庆数据。

2000～2016年，全国文化投入人均值总增长864.80%，年均增长15.22%。其中，"十五"期间，全国人均值总增长126.87%，年均增长17.80%；"十一五"期间，全国人均值总增长113.73%，年均增长16.41%；"十二五"以来，全国人均值总增长98.97%，年均增长12.15%。全国文化投入人均值最高增长年度为2009年，增长率26.49%；最低增长年度为2016年，增长率2.25%。

各地文化投入人均值具有很强的可比性，当今追求"公共文化服务均等化"理想，公共文化投入的均等化应当成为重要前提，而这一点有必要以人均值来衡量。各地文化投入人均值升降变化，同样需要与全国人均值形成对比。图2里以重庆为例。

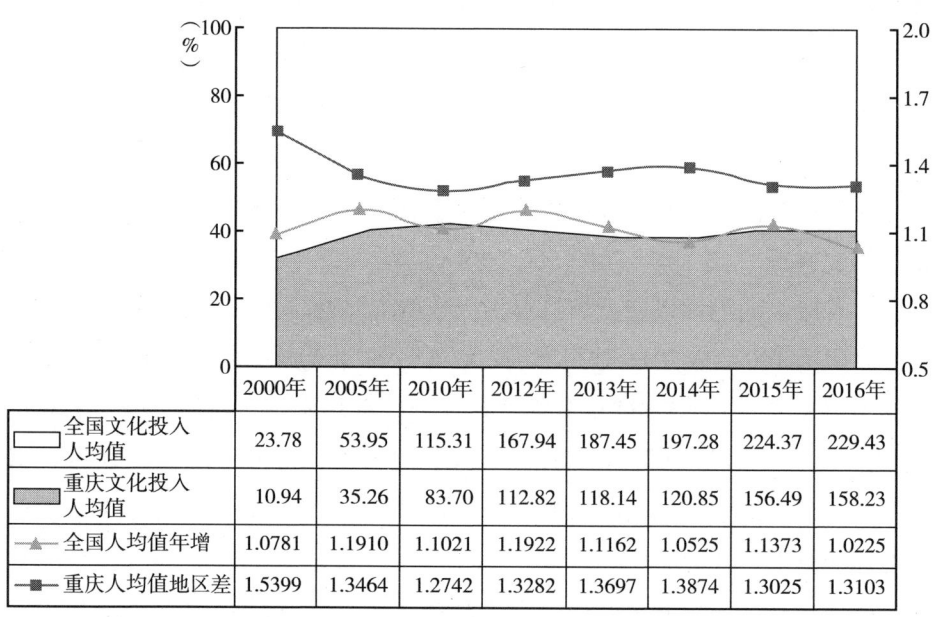

图2　2000~2016年全国文化投入人均值及重庆地区差变动态势

左轴面积：全国、重庆文化投入人均值（元转换为%），二者历年变动呈直观比例。右轴曲线：全国人均值年度增长（上年=1，由于历年人口增长，人均值年增指数略低于总量年增指数）；重庆人均值地区差指数（无差距=1，保留4位小数检测细微差异，后同）。

同期，重庆文化投入人均值总增长1346.34%，年均增长18.17%，高于全国年均增长2.95个百分点。2000年以来，重庆文化投入人均值与全国人均值之比由46.01%上升为68.97%，地区差由1.5399缩小为1.3103。其中，"十五"期间，重庆人均值总增长222.30%，年均增长26.37%；"十一五"期间，重庆人均值总增长137.38%，年均增长18.87%；"十二五"

以来，重庆人均值总增长89.04%，年均增长11.20%，各时段增长率未能保持稳定。重庆文化投入人均值最高增长年度为2008年，增长率55.50%；最低增长年度为2007年，负增长13.12%。

各年度横向测评以全国人均值为基准100。2016年测算东部为106.10，东北为83.73，中部为66.93，西部为100.51。14个省域人均值高于全国人均值，测算值"加分"；17个省域人均值低于全国人均值，测算值"减分"。其中，西藏处于首位，人均值指标测算值为463.83；河南处于末位，人均值指标测算值为44.63。

由于中央财政专项转移支付的倾斜政策，此项指标的横向测评并非先发的强省占据优势。然而，应当注意到，以文化投入人均值加以检验，中部"文化塌陷"凸显出来。

各时段纵向测评以起点年自身指标数值为基数。当前数据年度测评各自以上一年为100，至2016年全国为102.25，东部为102.73，东北为98.05，中部为105.12，西部为104.24。12个省域人均值增长高于全国平均水平，测算值"加分"高于全国总体；19个省域人均值增长低于全国平均水平，测算值"加分"低于全国总体。其中，云南处于首位，人均值指标测算值为125.63；广西处于末位，人均值指标测算值为89.19。

由于全国及各地文化投入普遍显著增长，以人均值来衡量尤其明显，此项指标的纵向测评多为明显"加分"，只有个别地区在某一时段例外，当然各地之间还存在较大差异。

三 质量指标子系统及其测算方式

无论是文化投入总量值，还是文化投入人均值，均为绝对值，绝对值的可比性毕竟不如关系值。一般说来，绝对值只能对比数量差距，而关系值往往能够揭示质量差异。在本项研究中，重视关系值一向甚于绝对值。

（一）文化投入背景关系值

文化投入增长的背后，无疑是经济增长和财政收入、支出增长，因此文化投入数据需要放到产值和财政收支数据的背景关系中开展考察,于是就有了背景关系值列联分析的相应衍生数据,从中检验文化投入增长与产值增长、财政收支增长之间的协调性。

1. 文化投入与产值比

2000~2016年全国文化投入与产值关系变动态势见图3。图中将全国历年产值总量、文化投入总量绝对值转换为图形面积直观比例,并设置动态曲线标明文化投入与产值比值历年变动态势,另附产值人均值地区差指数历年变化状况。

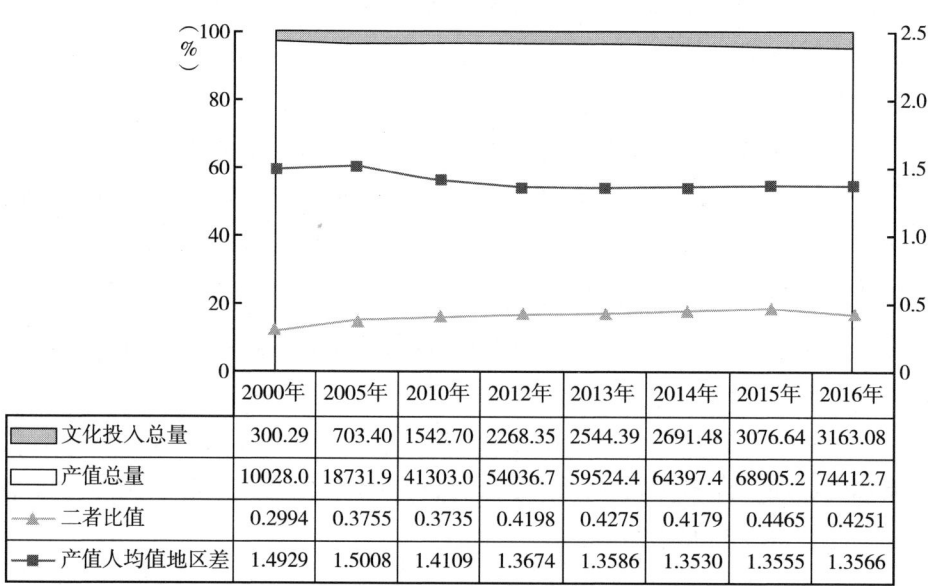

图3 2000~2016年全国文化投入与产值关系变动态势

左轴面积:全国文化投入总量(亿元)、产值总量(10亿元,增长演算取亿元)(绝对值转换为%),二者历年变动呈直观比例(文化投入图形比例放大至10倍以便显示)。右轴曲线:二者相对比值(%),比值过小保留4位小数(后同);产值人均值地区差指数(无差距=1)。

2000~2016年,全国产值总量总增长642.05%,年均增长13.34%,低于文化投入年增2.51个百分点。其中,全国产值总量"十五"期间总增长86.80%,年均增长13.31%;"十一五"期间总增长120.50%,年均增长17.13%;"十二五"以来总增长80.16%,年均增长10.31%。全国产值总量最高增长年度为2007年，增长率23.15%；最低增长年度为2015年，增长率7.00%。

产值人均值地区差指数检验全国各地之间经济增长的均衡性。2000年以来，全国产值人均值地区差由1.4929缩小为1.3566。产值人均值地区差指数最大值为2003年的1.5023，最小值为2014年的1.3530，这表明全国各地之间经济增长的均衡性提升。

全国文化投入与产值比升降变化，取决于产值总量与文化投入总量两个方面的历年增长差异。对照图1全国文化投入总量历年增长动态，可以准确把握文化投入与产值之间相关性比值的变化态势。

同期，全国文化投入与产值比由0.30%上升为0.43%，提高了0.13个百分点。其中，"十五"期间提高0.08个百分点，"十一五"期间降低0.0020个百分点，"十二五"以来提高0.05个百分点。这表明，2000年以来全国文化投入增长超越了经济增长。全国文化投入与产值比最低值为2000年的0.30%，最高值为2015年的0.45%。

各年度横向测评以全国总体比值为基准100。2016年测算东部为73.63，东北为94.24，中部为82.30，西部为128.93。15个省域此项比值高于全国总体比值，测算值"加分"；16个省域此项比值低于全国总体比值，测算值"减分"。其中，西藏处于首位，此项比值指标测算值为712.05；山东处于末位，此项比值指标测算值为47.54。

由于中央财政支持经济增长滞后地区的专项转移支付政策，在此项指标的横向测评中，经济增长"领先"的强省并不一定占据优势。

各时段纵向测评以起点年自身指标数值为基数。当前数据年度测评各自以上一年为100，至2016年全国为95.20，东部为94.11，东北为107.83，中部为96.75，西部为97.14。仅有8个省域此项比值上升，测算值"加分"；23个省域此项比值下降，测算值"减分"。其中，辽宁处于首位，此项比值指标测算值为123.21；广西处于末位，此项比值指标测算值为82.54。

由于全国及各地文化投入增长普遍超越了经济增长，此项指标的纵向测评多为"加分",少数地区则为"减分"。

2. 文化投入占财政收入比

2000~2016年全国文化投入与财政收入关系变动态势见图4。图中将全国历年财政收入总量、文化投入总量绝对值转换为图形面积直观比例,并设置动态曲线标明文化投入占财政收入比值历年变动态势,另附财政收入人均值地区差指数历年变化状况。

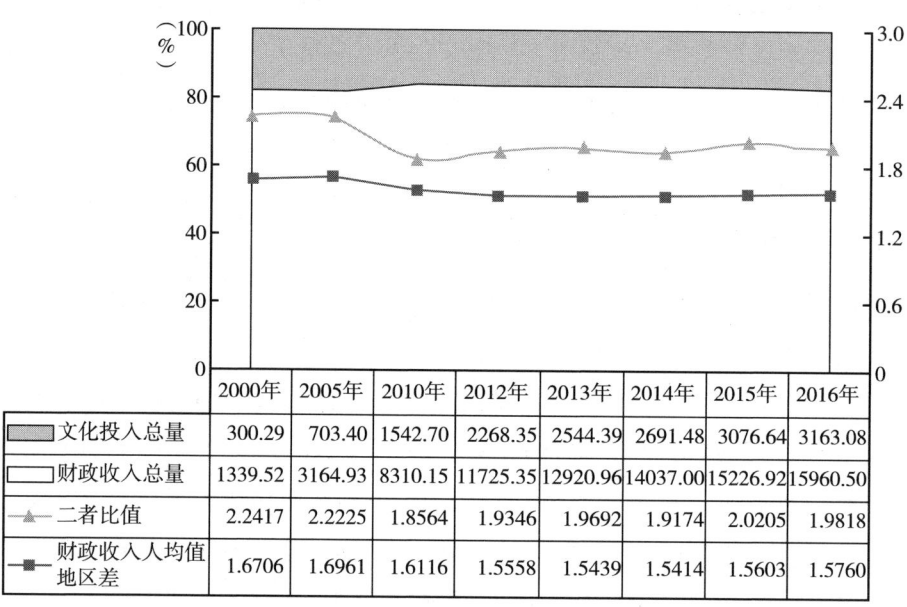

	2000年	2005年	2010年	2012年	2013年	2014年	2015年	2016年
文化投入总量	300.29	703.40	1542.70	2268.35	2544.39	2691.48	3076.64	3163.08
财政收入总量	1339.52	3164.93	8310.15	11725.35	12920.96	14037.00	15226.92	15960.50
二者比值	2.2417	2.2225	1.8564	1.9346	1.9692	1.9174	2.0205	1.9818
财政收入人均值地区差	1.6706	1.6961	1.6116	1.5558	1.5439	1.5414	1.5603	1.5760

图4 2000~2016年全国文化投入与财政收入关系变动态势

左轴面积:全国文化投入总量(亿元)、财政收入总量(10亿元,增长演算取亿元)(绝对值转换为%),二者历年变动呈直观比例(文化投入图形比例放大至10倍以便显示)。右轴曲线:二者相对比值(%);财政收入人均值地区差指数(无差距=1)。

2000~2016年,全国财政收入总量总增长1091.53%,年均增长16.75%,高于文化投入年增0.90个百分点。其中,全国财政收入总量"十五"期间总增长136.27%,年均增长18.76%;"十一五"期间总增长162.57%,年均增长21.30%;"十二五"以来总增长92.06%,年均增长11.49%。全国财政收入总量最高增长年度为2007年,增长率32.41%;最低增长年度为2016年，增长率4.82%。

财政收入人均值地区差指数检验全国各地之间财政收入增长的均衡性。2000年以来，全国财政收入人均值地区差由1.6706缩小为1.5760。地区差指数最大值为2004年的1.7037，最小值为2014年的1.5414，这表明全国各地之间财政收入增长的均衡性提升。

全国文化投入占财政收入比升降变化，取决于财政收入总量与文化投入总量两个方面的历年增长差异。对照图1全国文化投入总量历年增长动态，可以准确把握文化投入与财政收入之间相关性比值的变化态势。

同期，全国文化投入占财政收入比由2.24%下降为1.98%，降低了0.26个百分点。其中，"十五"期间降低0.02个百分点，"十一五"期间降低0.37个百分点，"十二五"以来提高0.13个百分点。这表明，2000年以来全国文化投入增长滞后于财政收入增长。全国文化投入占财政收入比最高值为2002年的2.27%，最低值为2007年的1.75%。

各年度横向测评以全国总体比值为基准100。2016年测算东部为129.48，东北为229.66，中部为184.92，西部为251.19。30个省域此项比值高于全国总体比值，测算值"加分"；仅有1个省域此项比值低于全国总体比值，测算值"减分"。其中，西藏处于首位，此项比值指标测算值为1127.31；上海处于末位，此项比值指标测算值为89.27。

由于中央财政支持财政收入增长滞后地区的专项转移支付政策，在此项指标的横向测评中，财政收入"领先"增长的先发地区并不一定占据优势。

各时段纵向测评以起点年自身指标数值为基数。当前数据年度测评各自以上一年为100，至2016年全国为98.08，东部为96.13，东北为95.84，中部为102.08，西部为104.73。15个省域此项比值上升，测算值"加分"；16个省域此项比值下降，测算值"减分"。其中，陕西处于首位，此项比值指标测算值为137.12；浙江处于末位，此项比值指标测算值为87.07。

由于全国及各地文化投入增长普遍滞后于财政收入增长，此项指标的纵向测评多为"减分"，少数地区则为"加分"。

3. 文化投入占财政支出比

2000~2016年全国文化投入与财政支出关系变动态势见图5。图中将全国历年财政支出总量、文化投入总量绝对值转换为图形面积直观比例，并设置动态曲线标明文化投入占财政支出比值历年变动态势，另附财政支出人均值地区差指数历年变化状况。

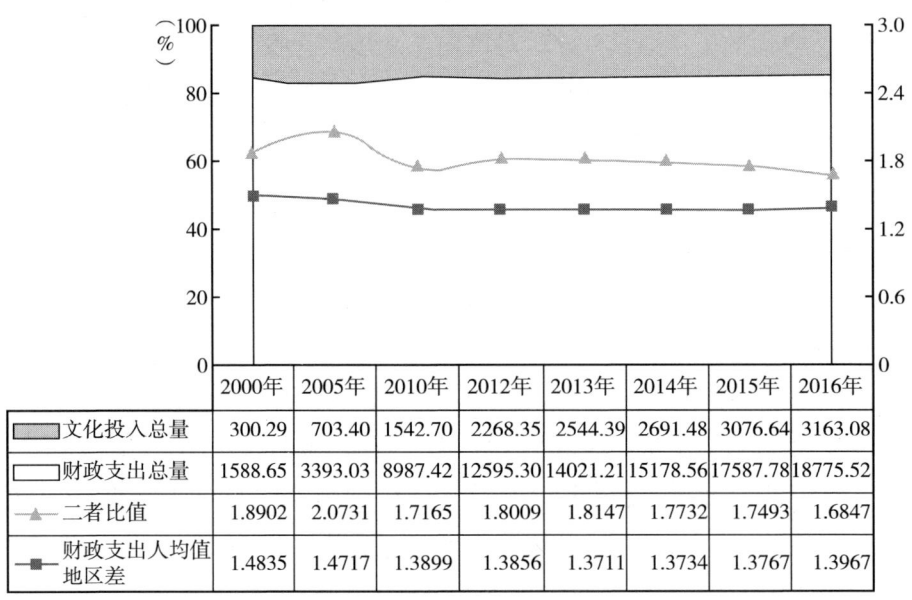

图5　2000~2016年全国文化投入与财政支出关系变动态势

左轴面积：全国文化投入总量（亿元）、财政支出总量（10亿元，增长演算取亿元）（绝对值转换为%），二者历年变动呈直观比例（文化投入图形比例放大至10倍以便显示）。右轴曲线：二者相对比值（%）；财政支出人均值地区差指数（无差距=1）。

2000~2016年，全国财政支出总量总增长1081.82%，年均增长16.69%，高于文化投入年增0.84个百分点。其中，全国财政支出总量"十五"期间总增长113.57%，年均增长16.39%；"十一五"期间总增长164.88%，年均增长21.51%；"十二五"以来总增长108.91%，年均增长13.06%。全国财政支出总量最高增长年度为2008年，增长率25.74%；最低增长年度为2016年，增长率6.75%。

财政支出人均值地区差指数检验全国各地之间财政支出增长的均衡性。2000年以来,全国财政支出人均值地区差由1.4835缩小为1.3967。地区差指数最大值为2002年的1.5040,最小值为2013年的1.3711,这表明全国各地之间财政支出增长的均衡性提升。

全国文化投入占财政支出比升降变化,取决于财政支出总量与文化投入总量两个方面的历年增长差异。对照图1全国文化投入总量历年增长动态,可以准确把握文化投入与财政支出之间相关性比值的变化态势。

同期,全国文化投入占财政支出比由1.89%下降为1.68%,降低了0.21个百分点。其中,"十五"期间提高0.18个百分点,"十一五"期间降低0.36个百分点,"十二五"以来降低0.03个百分点。这表明,2000年以来全国文化投入增长滞后于财政支出增长。全国文化投入占财政支出比最高值为2006年的2.08%,最低值为2016年的1.68%。

各年度横向测评以全国总体比值为基准100。2016年测算东部为112.25,东北为100.57,中部为98.74,西部为110.21。18个省域此项比值高于全国总体比值,测算值"加分";13个省域此项比值低于全国总体比值,测算值"减分"。其中,北京处于首位,此项比值指标测算值为183.77;重庆处于末位,此项比值指标测算值为71.17。

由于中央财政支持欠发达地区的转移支付政策(计入当地财政支出),在此项指标的横向测评中,发达地区与欠发达地区并无泾渭分明的差异。

各时段纵向测评以起点年自身指标数值为基数。当前数据年度测评各自以上一年为100,至2016年全国为96.31,东部为96.73,东北为92.45,中部为99.35,西部为98.56。仅有7个省域此项比值上升,测算值"加分";24个省域此项比值下降,测算值"减分"。其中,陕西处于首位,此项比值指标测算值为121.71;广西处于末位,此项比值指标测算值为82.35。

由于全国及各地文化投入增长普遍滞后于财政支出增长,此项指标的纵向测评多为"减分",少数地区则为"加分"。

（二）文化投入相邻关系值

在财政预算里，教科文卫投入具有密切的相邻关系，甚至早年直接作为财政支出的一个综合大类。鉴于文化投入与教育、科技、卫生投入的这种相邻关系，其间的"毗邻可比性"抑或可曰"兄弟可比性"强于其他任何方面。

1. 文化投入与教育投入比

教育事业的最大基底是义务教育，国家有义务面向全体国民举办基础教育，当前全国统一政策范围涵括小学和初中。2000年以来在全国范围让乡镇以下农村所谓"民办教育"回归为"公办"，2012年全国教育投入首次达到法定"与产值比4%"，都是国家义务的基本要求，距离义务教育阶段教学条件和质量均等化、各地城乡中小学生享受公平教育的目标还差得很远。今后有必要进一步继续加大投入，向全覆盖、均等化的薄弱环节倾斜，早日建成覆盖全国城乡的公平教育体系。与教育投入"硬指标"相比，文化投入或许只是一项"软指标"。

2000~2016年全国文化投入与教育投入关系变动态势见图6。图中将全国历年教育投入总量、文化投入总量绝对值转换为图形面积直观比例，并设置动态曲线标明文化投入与教育投入比值历年变动态势，另附教育投入人均值地区差指数历年变化状况。

2000~2016年，全国教育投入总量总增长1487.11%，年均增长18.86%，高于文化投入年增3.01个百分点。其中，全国教育投入总量"十五"期间总增长124.72%，年均增长17.58%；"十一五"期间总增长215.74%，年均增长25.85%；"十二五"以来总增长123.69%，年均增长14.36%。全国教育投入总量最高增长年度为2007年，增长率48.99%；最低增长年度为2013年，增长率3.58%。

教育投入人均值地区差指数检验全国各地之间教育投入增长的均衡性。2000年以来，全国教育投入人均值地区差由1.4524缩小为1.2680。地区差指数最大值为2000年的1.4524，最小值为2012年的1.2497，这表明全国

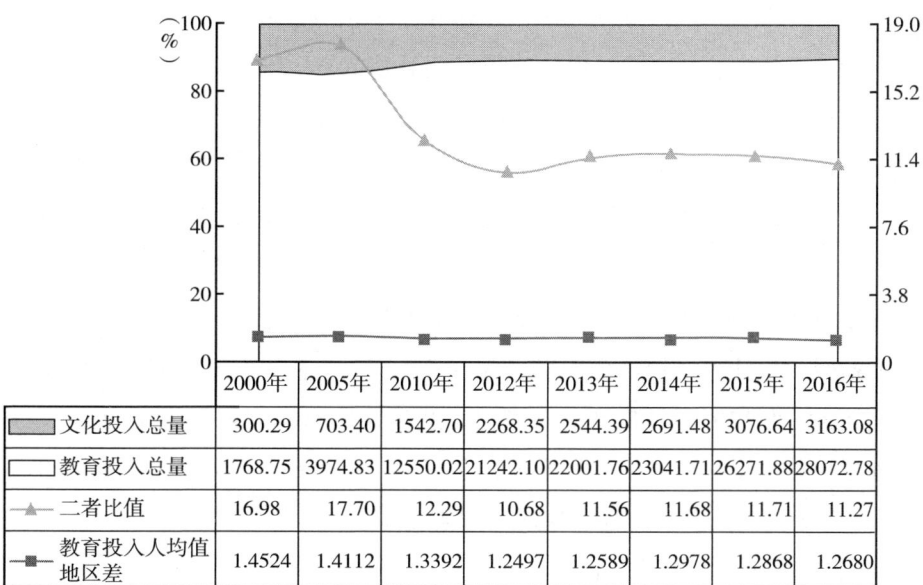

图6 2000~2016年全国文化投入与教育投入关系变动态势

左轴面积：全国文化投入、教育投入总量（亿元转换为%），二者历年变动呈直观比例。
右轴曲线：二者相对比值（%）；教育投入人均值地区差指数（无差距=1）。

各地之间教育投入增长的均衡性提升。

全国文化投入与教育投入比升降变化，取决于教育投入总量与文化投入总量两个方面的历年增长差异。对照图1全国文化投入总量历年增长动态，可以准确把握文化投入与教育投入之间相关性比值的变化态势。

同期，全国文化投入与教育投入比由16.98%下降为11.27%，降低了5.71个百分点。其中，"十五"期间提高0.72个百分点，"十一五"期间降低5.41个百分点，"十二五"以来降低1.02个百分点。这表明，2000年以来全国文化投入增长滞后于教育投入增长。全国文化投入与教育投入比最高值为2005年的17.70%，最低值为2012年的10.68%。

各年度横向测评以全国总体比值为基准100。2016年测算东部为97.74，东北为110.09，中部为86.14，西部为101.90。16个省域此项比值高于全国总体比值，测算值"加分"；15个省域此项比值低于全国总体比值,测算值"减分"。其中,北京处于首位,此项比值指标测算值为198.38;河南处于末位,此项比值指标测算值为64.28。

由于中央财政支持欠发达地区的教育、文化专项转移支付政策,在此项指标的横向测评中,发达地区与欠发达地区并无泾渭分明的差异。

各时段纵向测评以起点年自身指标数值为基数。当前数据年度测评各自以上一年为100,至2016年全国为96.21,东部为96.59,东北为94.57,中部为98.01,西部为98.68。11个省域此项比值上升,测算值"加分";20个省域此项比值下降,测算值"减分"。其中,陕西处于首位,此项比值指标测算值为119.02;广西处于末位,此项比值指标测算值为83.15。

由于全国及各地文化投入增长普遍滞后于教育投入增长,此项指标的纵向测评多为"减分",只有少数地区"加分"。

2. 文化投入与科技投入比

"科技是第一生产力"的概括人所共知。加大科技投入不仅直接有利于技术创新发展经济,而且有利于科学、技术领域自身创新,建设创新型国家,增强国际竞争力。与科技投入"强指标"相比,文化投入或许还是一项"弱指标"。

2000~2016年全国文化投入与科技投入关系变动态势见图7。图中将全国历年科技投入总量、文化投入总量绝对值转换为图形面积直观比例,并设置动态曲线标明文化投入与科技投入比值历年变动态势,另附科技投入人均值地区差指数历年变化状况。

2000~2016年,全国科技投入总量总增长3681.11%,年均增长25.49%,高于文化投入年增9.64个百分点。其中,全国科技投入总量"十五"期间总增长124.14%,年均增长17.52%;"十一五"期间总增长735.31%,年均增长52.89%;"十二五"以来总增长101.96%,年均增长12.43%。全国科技投入总量最高增长年度为2007年,增长率268.88%;最低增长年度为2014年,增长率4.53%。

科技投入人均值地区差指数检验全国各地之间科技投入增长的均衡性。2000年以来,全国科技投入人均值地区差由1.7102缩小为1.6826。地区差

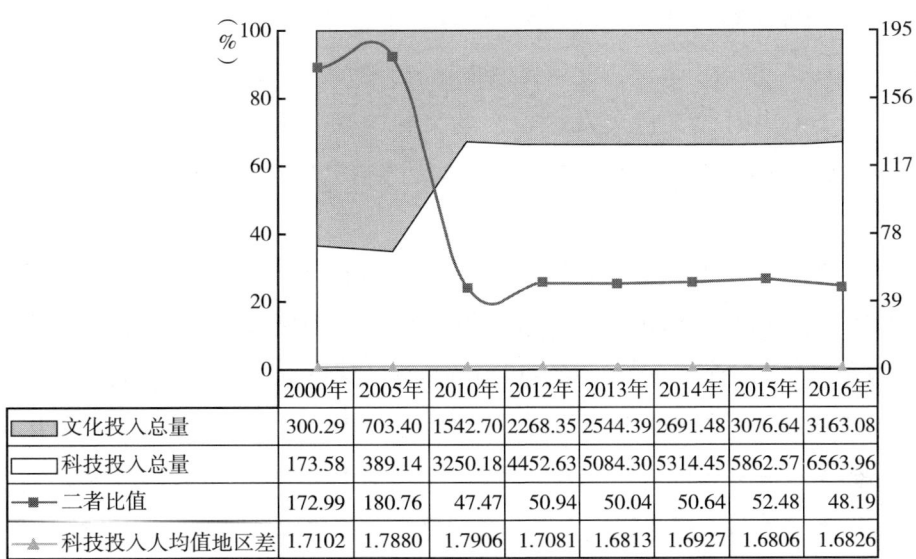

图 7　2000～2016 年全国文化投入与科技投入关系变动态势

左轴面积：全国文化投入、科技投入总量（亿元转换为%），二者历年变动呈直观比例。
右轴曲线：二者相对比值（%）；科技投入人均值地区差指数（无差距=1）。

指数最大值为 2009 年的 1.8297，最小值为 2015 年的 1.6806，这表明全国各地之间科技投入增长的均衡性提升。

全国文化投入与科技投入比升降变化，取决于科技投入总量与文化投入总量两个方面的历年增长差异。对照图 1 全国文化投入总量历年增长动态，可以准确把握文化投入与科技投入之间相关性比值的变化态势。

同期，全国文化投入与科技投入比由 172.99% 下降为 48.19%，降低了 124.80 个百分点。其中，"十五"期间提高 7.77 个百分点，"十一五"期间降低 133.29 个百分点，"十二五"以来提高 0.72 个百分点。这表明，2000 年以来全国文化投入增长滞后于科技投入增长。全国文化投入与科技投入比最高值为 2005 年的 180.76%，最低值为 2010 年的 47.47%。

各年度横向测评以全国总体比值为基准 100。2016 年测算东部为 107.34，东北为 295.28，中部为 158.70，西部为 347.24。27 个省域此项比值高于全国总体比值，测算值"加分"；仅有 4 个省域此项比值低于全国总体比值,测算值"减分"。其中,西藏处于首位,此项比值指标测算值为1503.53;广东处于末位,此项比值指标测算值为64.16。

由于中央财政支持欠发达地区的文化专项转移支付(科技似乎不在列),在此项指标的横向测评中,发达地区与欠发达地区形成泾渭分明的差异。

各时段纵向测评以起点年自身指标数值为基数。当前数据年度测评各自以上一年为100,至2016年全国为91.82,东部为90.34,东北为101.51,中部为81.62,西部为101.76。12个省域此项比值上升,测算值"加分";19个省域此项比值下降,测算值"减分"。其中,云南处于首位,此项比值指标测算值为130.97;安徽处于末位,此项比值指标测算值为54.45。

由于全国及各地文化投入增长普遍滞后于科技投入增长,此项指标的纵向测评多为"减分",只有少数地区在某一时段"加分"。

3. 文化投入与卫生投入比

全国卫生事业的新发展在于建立全民基本医疗保障体系,并且向着城乡全覆盖、国民均等化的目标努力,继续加大卫生投入势在必行。与卫生投入"硬指标"相比,文化投入或许仍是一项"软指标"。

2000~2016年全国文化投入与卫生投入关系变动态势见图8。图中将全国历年卫生投入总量、文化投入总量绝对值转换为图形面积直观比例,并设置动态曲线标明文化投入与卫生投入比值历年变动态势,另附卫生投入人均值地区差指数历年变化状况。

2000~2016年,全国卫生投入总量总增长2562.11%,年均增长22.77%,高于文化投入年增6.92个百分点。其中,全国卫生投入总量"十五"期间总增长109.75%,年均增长15.97%;"十一五"期间总增长363.37%,年均增长35.89%;"十二五"以来总增长173.90%,年均增长18.29%。全国卫生投入总量最高增长年度为2007年,增长率50.73%;最低增长年度为2004年,增长率9.84%。

卫生投入人均值地区差指数检验全国各地之间卫生投入增长的均衡性。2000年以来,全国卫生投入人均值地区差由1.6569缩小为1.2336。地区差

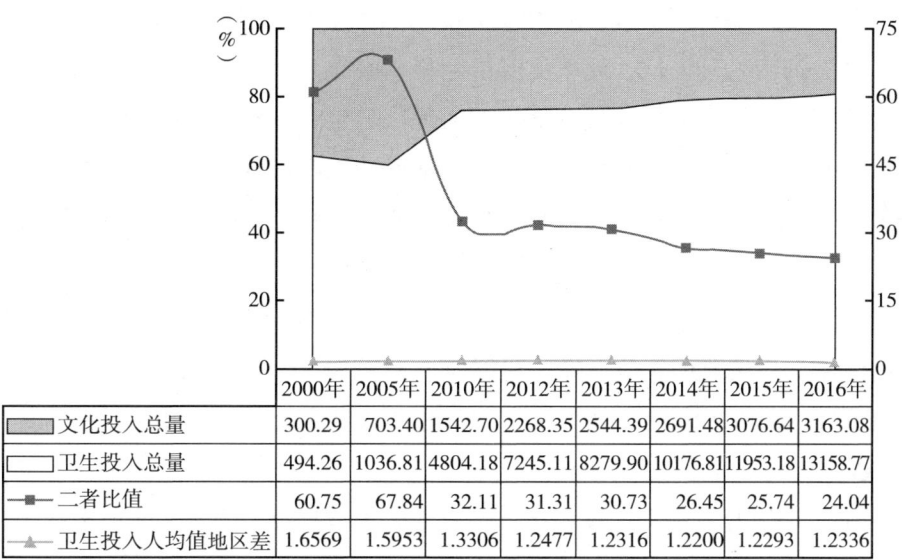

图 8　2000~2016 年全国文化投入与卫生投入关系变动态势

左轴面积：全国文化投入、卫生投入总量（亿元转换为%），二者历年变动呈直观比例。
右轴曲线：二者相对比值（%）；卫生投入人均值地区差指数（无差距 = 1）。

指数最大值为 2000 年的 1.6569，最小值为 2014 年的 1.2200，这表明全国各地之间卫生投入增长的均衡性提升。

全国文化投入与卫生投入比升降变化，取决于卫生投入总量与文化投入总量两个方面的历年增长差异。对照图 1 全国文化投入总量历年增长动态，可以准确把握文化投入与卫生投入之间相关性比值的变化态势。

同期，全国文化投入与卫生投入比由 60.75% 下降为 24.04%，降低了 36.71 个百分点。其中，"十五"期间提高 7.09 个百分点，"十一五"期间降低 35.73 个百分点，"十二五"以来降低 8.07 个百分点。这表明，2000 年以来全国文化投入增长滞后于卫生投入增长。全国文化投入与卫生投入比最高值为 2004 年的 68.70%，最低值为 2016 年的 24.04%。

各年度横向测评以全国总体比值为基准 100。2016 年测算东部为 102.88，东北为 101.38，中部为 74.62，西部为 92.10。15 个省域此项比值高于全国总体比值，测算值"加分"；16 个省域此项比值低于全国总体比值，测算值"减分"。其中，北京处于首位，此项比值指标测算值为207.35；河南处于末位，此项比值指标测算值为52.04。

由于中央财政支持欠发达地区的文化、卫生专项转移支付政策，在此项指标的横向测评中，发达地区与欠发达地区并无泾渭分明的差异。

各时段纵向测评以起点年自身指标数值为基数。当前数据年度测评各自以上一年为100，至2016年全国为93.39，东部为91.92，东北为90.97，中部为97.97，西部为96.19。仅有7个省域此项比值上升，测算值"加分"；24个省域此项比值下降，测算值"减分"。其中，陕西处于首位，此项比值指标测算值为118.15；广西处于末位，此项比值指标测算值为79.54。

由于全国及各地文化投入增长普遍滞后于卫生投入增长，此项指标的纵向测评多为"减分"，只有少数地区"加分"。

四　校正指标子系统及其测算方式

本项研究从"文化消费需求景气评价"到"公共文化投入增长测评"，均衡性校正指标都是最为别出心裁的一类逆指标设计，用来检验某些特定方面增长失衡的"发展缺陷"。直截了当地说，校正指标专门用以折算扣除。文化投入城乡投向数据缺失，无法演算得出"城乡比"指标，对于揭示"中国现实"实属憾事。

（一）文化投入与文化消费同构关系值

应当说明，近几年年鉴不仅对乡村"教育文化娱乐"统计项不加细分，进而不再提供城镇教育、文化消费细分数据，本项研究依据既往20年（重庆取1997年以来，西藏取1999年以来）其间比重动态走势进行推算，去除城镇"教育消费"部分，以保持一贯的数据取值演算阈界。

文化消费占居民收入、支出比与文化投入占财政收入、支出比之间形成同构占比关系。在最初的构思设置中，同构占比倍差指数演算类似于"文化消费需求景气评价体系"之"城乡比"指标，直接取其间倍差数值，于是存在"倒挂加分"。随后在测试过程中发现，由于中央财政转移支付的政策支持，若干欠发达地区文化投入占财政收入、支出比反超文化消费占居民收入、支出比，结果在各地之间对比测算时"反向失衡"严重。为了避免这一问题，特对同构占比倍差指数演算改为类似于"地区差"指标，以无差距基准值1衡量正负绝对偏差值，将倍差"倒挂"现象作为反向偏差值处理，同构占比高低失衡均视为差距。因全国及绝大部分省域同构占比皆呈现正向倍差，即文化消费占居民收入、支出比成倍大于文化投入占财政收入、支出比，仍然称之为"倍差指数"。

文化消费与文化投入同构占收入比、支出比倍差指数演算方式为，无差距基准值1加与之绝对偏差值。与地区差指数演算存在两点不同：①地区差绝对偏差值出自不同人均绝对值之间商值，而倍差绝对偏差值出自不同占比百分值之间商值，但在数理关系上逻辑相通；②全国和四大区域分别独立演算，并非取相应省域绝对偏差值的平均值。

1. 文化消费与投入占收入比

全国文化消费占居民收入比与文化投入占财政收入比之间的倍差增减变化，取决于居民收入与文化消费、财政收入与文化投入共四个方面的历年增长差异，需要"文化消费需求景气评价体系"与"公共文化投入增长测评体系"两个演算数据库协同联动。

2000~2016年全国文化消费与投入占收入比关系变动态势见图9。图中将全国历年文化消费占居民收入比、文化投入占财政收入比转换为图形面积直观比例，并设置动态曲线标明文化消费与投入占收入比倍差历年变动态势。

2000~2016年，全国文化消费占居民收入比由3.46%下降为3.39%，降低了2.02%。其中，"十五"期间提高23.99%，"十一五"期间提高1.40%，"十二五"以来降低22.07%。全国文化消费占居民收入比最高值为2010年的4.35%，最低值为2001年的3.30%。

同期，全国文化投入占财政收入比由2.24%下降为1.98%，降低了11.59%。其中，"十五"期间降低0.86%，"十一五"期间降低16.47%，

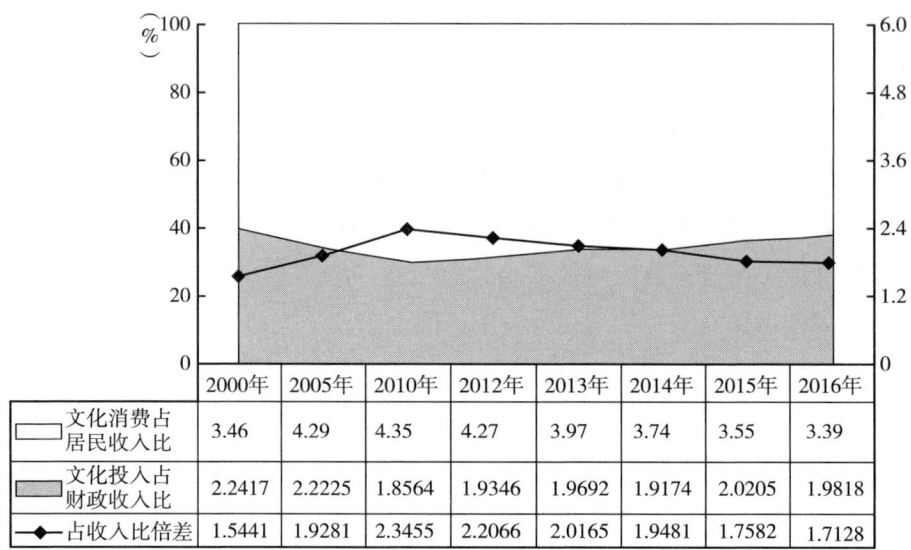

图9　2000~2016年全国文化消费与投入占收入比关系变动态势

左轴面积：全国居民文化消费占居民收入比、公共文化投入占财政收入比（%），二者历年变动呈直观比例。右轴曲线：二者倍差指数（无差距＝1，保留4位小数检测细微差异）。

另需说明，2014年以来年鉴始发布城乡人均值民生数据，与总量数据之间存在演算误差，与对应产值人均值和总量分别演算的居民收入比有出入，本文恢复采用自行演算城乡人均值展开文化消费占居民收入比测算。

"十二五"以来提高6.76%。亦可对照图4全国文化投入占财政收入比历年变化动态，但此处转而检测百分比变化更为准确，便于进行比较。

两项收入占比皆为下降，这意味着，文化消费增长与居民收入增长之间、文化投入增长与财政收入增长之间的协调性均为降低。对比二者百分比变化可以看到，文化投入占财政收入比降低程度大于文化消费占居民收入比降低程度。

于是，全国文化消费占居民收入比与文化投入占财政收入比之间的倍差指数由1.5441增大为1.7128，增大了10.93%。其中，"十五"期间增大24.87%，"十一五"期间增大21.65%，"十二五"以来减小26.98%。这表明，2000年以来全国文化投入占财政收入比变动态势逊于文化消费占居民收入比变动态势。全国文化消费与投入占收入比的倍差指数最小值为

2001年的1.4962，最大值为2007年的2.4576。

此项指标各年度横向测评以无差距理想值为100，全国及各地均以倍差指数的倒数百分数作为权衡值（1/N×100，N=占收入比倍差指数，设定文化投入占财政收入比与文化消费占居民收入比持平具有同构可比的"合理性"）。2016年测算全国为58.38，东部为61.11，东北为92.56，中部为86.91，西部为87.61。25个省域此项倍差小于全国总体倍差，测算值"分数"高于全国总体；仅有6个省域此项倍差大于全国总体倍差，测算值"分数"低于全国总体。其中，云南处于首位，此项倍差指标测算值为97.65；上海处于末位，此项倍差指标测算值为35.51。

由于全国及各地文化投入占财政收入比普遍低于文化消费占居民收入比，导致文化消费与投入占收入比倍差明显，此项指标的横向测评多作为差距"减分"，少数地区倍差反超作为反向偏差值"减分"。

各时段纵向测评以起点年自身指标数值为基数。当前数据年度测评各自以上一年为100，至2016年全国为102.65，东部为93.16，东北为112.50，中部为96.66，西部为99.12。17个省域此项倍差减小，测算值"加分"；14个省域此项倍差增大，测算值"减分"。其中，云南处于首位，此项倍差指标测算值为123.68；辽宁处于末位，此项倍差指标测算值为80.46。

由于全国及各地文化消费占居民收入比与文化投入占财政收入比倍差较普遍增大，此项指标的纵向测评多为"减分"，只有部分地区"加分"。

2. 文化消费与投入占支出比

全国文化消费占居民支出比与文化投入占财政支出比之间的倍差增减变化，取决于居民总消费支出与文化消费、财政支出与文化投入共四个方面的历年增长差异，需要"文化消费需求景气评价体系"与"公共文化投入增长测评体系"两个演算数据库协同联动。

2000~2016年全国文化消费与投入占支出比关系变动态势见图10。图中将全国历年文化消费占居民支出比、文化投入占财政支出比转换为图形面积直观比例，并设置动态曲线标明文化消费与投入占支出比倍差历年变动态势。

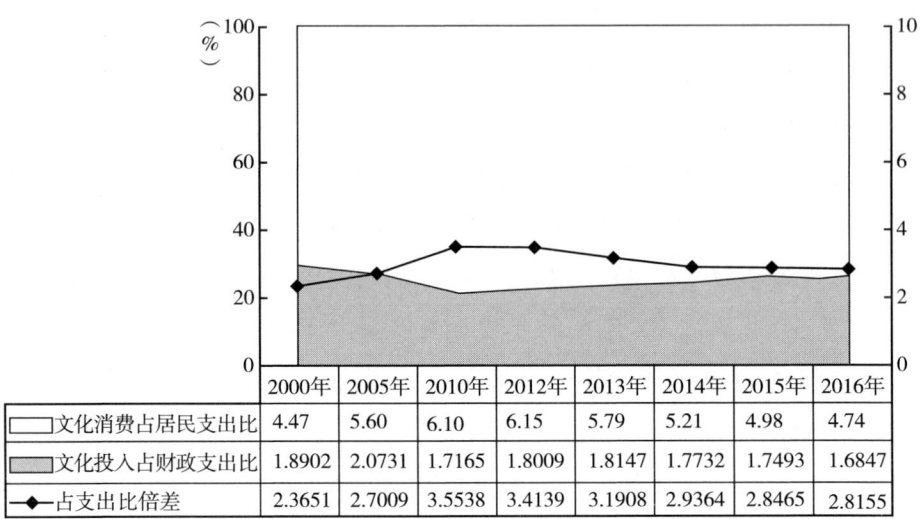

图10　2000～2016年全国文化消费与投入占支出比关系变动态势

左轴面积：全国居民文化消费占居民支出比、公共文化投入占财政支出比（％），二者历年变动呈直观比例。右轴曲线：二者倍差指数（无差距＝1，保留4位小数检测细微差异）。另需说明，2014年以来年鉴始发布城乡人均值民生数据，与总量数据之间存在演算误差，与对应产值人均值和总量分别演算居民消费率有出入，本文恢复采用自行演算城乡人均值展开文化消费占居民支出比测算。

2000～2016年，全国文化消费占居民支出比由4.47%上升为4.74%，提高了6.04%。其中，"十五"期间提高25.28%，"十一五"期间提高8.93%，"十二五"以来降低22.30%。全国文化消费占居民支出比最高值为2012年的6.15%，最低值为2001年的4.34%。

同期，全国文化投入占财政支出比由1.89%下降为1.68%，降低了10.87%。其中，"十五"期间提高9.68%，"十一五"期间降低17.20%，"十二五"以来降低1.85%。亦可对照图5全国文化投入占财政支出比历年变化动态，但此处转而检测百分比变化更为准确，便于进行比较。

两项支出占比皆为下降，这意味着，文化消费增长与居民总消费支出增长之间、文化投入增长与财政支出增长之间的协调性均为降低。检测百分比变化更为准确，对比二者百分比变化可以看到，文化投入占财政支出比降低程度大于文化消费占居民总消费支出比降低程度。

于是，全国文化消费占居民支出比与文化投入占财政支出比之间的倍差指数由2.3651增大为2.8155，增大了19.04%。其中，"十五"期间增大14.20%，"十一五"期间增大31.58%，"十二五"以来减小20.77%。这表明，2000年以来全国文化投入占财政支出比变动态势逊于文化消费占居民支出比变动态势。全国文化消费与投入占支出比的倍差指数最小值为2001年的2.2717，最大值为2010年的3.5538。

此项指标各年度横向测评以无差距理想值为100，全国及各地均以文化消费与投入占收入比倍差、文化消费与投入占支出比倍差之间商值（形成二重倍差指数）的倒数百分数作为权衡值（$1/N \times 100$，$N=$文化消费与投入占收入比倍差、文化消费与投入占支出比倍差之间商值，设定文化投入占财政收入比与其占财政支出比持平具有收支平衡的"合理性"）。2016年测算全国为60.83，东部为51.71，东北为32.64，中部为31.97，西部为37.00。仅有3个省域二重倍差小于全国总体倍差，测算值"分数"高于全国总体；28个省域二重倍差大于全国总体倍差，测算值"分数"低于全国总体。其中，西藏处于首位，二重倍差指标测算值为173.11；云南处于末位，二重倍差指标测算值为25.17。

由于全国及各地文化投入占财政支出比普遍低于文化消费占居民支出比，导致文化消费与投入占支出比倍差明显，而这一倍差指数又普遍大于文化消费与投入占收入比倍差指数，以文化投入占财政支出比与占财政收入比持平、文化投入占财政收入比再与文化消费占居民收入比持平的理想状况推演，此项指标的横向测评近乎皆为差距"减分"，西藏数据特异成为例外。

各时段纵向测评以起点年自身指标数值为基数。当前数据年度测评各自以上一年为100，至2016年全国为98.49，东部为100.34，东北为76.46，中部为98.42，西部为95.40。仅有9个省域二重倍差减小，测算值"加分"；22个省域二重倍差增大，测算值"减分"。其中，陕西处于首位，二重倍差指标测算值为132.14；广西处于末位，二重倍差指标测算值为70.37。

由于全国及各地文化消费占居民支出比与文化投入占财政支出比倍差较普遍增大，增大程度又较普遍大于文化消费占居民收入比与文化投入占财政收入比倍差增大程度，此项指标的纵向测评多为"减分"，只有部分地区"加分"。

（二）文化投入人均值地区差

2000～2016年全国文化投入人均值地区差变动态势见图11。图中将东部、中部、西部和东北四大区域文化投入人均绝对值转换为图形面积直观比例，并设置动态曲线标明全国文化投入人均值地区差变动态势，另附全国文化消费人均值地区差。必须说明，全国地区差指数基于全部31个省域数值进行演算，此处仅仅出于制图可行考虑，姑且以四大区域代替31个省域作为示意。

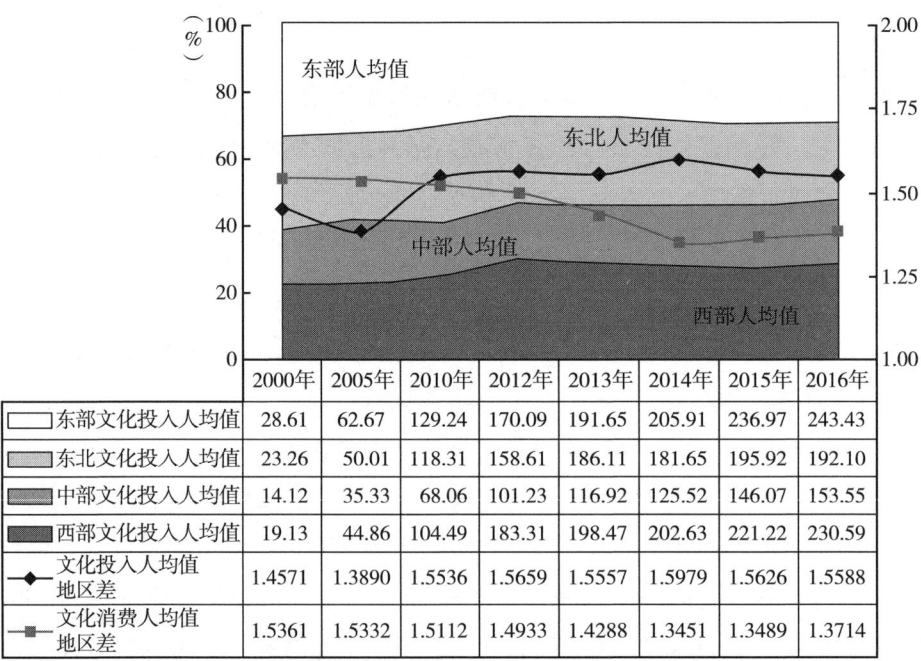

	2000年	2005年	2010年	2012年	2013年	2014年	2015年	2016年
东部文化投入人均值	28.61	62.67	129.24	170.09	191.65	205.91	236.97	243.43
东北文化投入人均值	23.26	50.01	118.31	158.61	186.11	181.65	195.92	192.10
中部文化投入人均值	14.12	35.33	68.06	101.23	116.92	125.52	146.07	153.55
西部文化投入人均值	19.13	44.86	104.49	183.31	198.47	202.63	221.22	230.59
文化投入人均值地区差	1.4571	1.3890	1.5536	1.5659	1.5557	1.5979	1.5626	1.5588
文化消费人均值地区差	1.5361	1.5332	1.5112	1.4933	1.4288	1.3451	1.3489	1.3714

图11 2000～2016年全国文化投入人均值地区差变动态势

左轴面积：四大区域（代替31个省域示例）文化投入人均值（元转换为%），地区间变动呈直观比例。右轴曲线：全国文化投入人均值地区差指数，另附全国文化消费人均值地区差指数（无差距＝1，保留4位小数检测细微差异）。

全国文化投入人均值地区差指数大小及其扩减变化，取决于全国与31个省域文化投入人均值关系及其历年增长变动差异。鉴于直接使用31个省域数据无法融入一图，在此权变使用四大区域数据演示，以2016年数据为例加以说明。

首先，对照图2全国文化投入人均值数据，以2016年全国人均值为基准1，取同年四大区域人均值与之形成商值，东部整体为1.0610，即高于全国人均值6.10%；东北整体为0.8373，即低于全国人均值16.27%；中部整体为0.6693，即低于全国人均值33.07%；西部整体为1.0051，即高于全国人均值0.51%。到此看出本项研究为何坚持保留地区差指数4位小数，转化为高低偏差值百分数之际，正好对应成为2位小数百分值。

其次，把四大区域数值转换为对应基准1的绝对偏差值，无论是高于全国均值，还是低于全国均值，只看绝对偏离程度，东部整体为0.0610，东北整体为0.1627，中部整体为0.3307，西部整体为0.0051。假设这里得出31个省域数值，先求合计数再取平均值，得到与基准1对应的全部省域绝对偏差值的平均值。若再予细分，省域人均值高于全国均值直接取与全国均值的商值（即倍差值，减去基准1为向上偏差值）；省域人均值低于全国均值取基准1与这一商值之差（即向下偏差值）再加基准1。这两种演算可统一为绝对偏差值（不论正负）加全国均值基准1。

最后，各省域人均值之绝对偏差值与全国均值基准1之和，即为当地自身地区差；31个省域人均值之绝对偏差值的平均值与基准1之和，即为全国总体地区差；四大区域所属省域人均值之绝对偏差值的平均值与基准1之和，即为四大区域各自整体地区差。四大区域和全国地区差演算方式相同，而非取四大区域各自整体绝对偏差值，因而示例演算无须最后一步。这一切均在数据库里设置为演算函数程序，指令计算机自动实现。本项研究与评价系列各类检测系统的演算衍生数据量巨大，指标测算工作流程复杂，决非人力手工能够完成。在现今学科专业融合、研究领域跨界的情况下，研究者有必要掌握计算机数据库编程技能，以便根据自身研究思路建构出独特的演算数据库。

从2000~2016年数据看来，西部整体文化投入人均值从全国人均值的80.42%提高至100.51%，显然得到中央财政专项转移支付的大力扶持；中部整体文化投入人均值从全国人均值的59.39%提高至66.93%，公共财政投入的"文化塌陷"事实赫然在目。若干年以来，中部一直为避免在全国经济发展中"塌陷"而努力"崛起"，然而，当务之急还在于尽快扭转中部公共财政投入的"文化塌陷"。其实已在"中部崛起"战略中颇多获益的中部各省域并非没有这样的财力，问题恐怕还在于是否真正重视公共文化服务发展不至于"塌陷"。

到此集中来看全国总体地区差。2000~2016年，全国文化投入人均值地区差指数由1.4571扩大为1.5588，扩大了6.98%。其中，"十五"期间缩小4.67%，"十一五"期间扩大11.85%，"十二五"以来扩大0.33%。全国文化投入人均值地区差指数最小值为2006年的1.3748，最大值为2007年的1.6581。数据事实让人不得不承认，正值当今社会普遍形成"公共服务（包括文化服务）均等化"共识之时，全国文化投入人均值地区差却出现多年持续扩大之势，这无疑已经构成一种不容忽视的"逆动"效果。

对比图11里全国文化消费人均值地区差历年指数，可知文化投入人均值地区差明显大于文化消费人均值地区差。各地居民文化消费状况受到当地人群收入水平、消费结构、积蓄（实为预期重要开支储备）传统等影响，各地公共文化投入状况受到当地经济发展程度、财政收入水平、财政支出平衡（包括中央财政转移支付）等影响。认真说起来，在各地居民收入及其消费支出、公共财政保障及其投入两个方面，国家及中央财政显然都有责任在其间起到平衡器的作用，保证单一制共和国"国民待遇"的基本均衡。这就是"均等化"理想的宪政法理依据。

此项指标各年度横向测评以无差距理想值为100，全国及各地均以地区差指数的倒数百分数作为权衡值（1/N×100，N=地区差指数）。2016年测算全国为64.15，东部为61.52，东北为81.25，中部为76.86，西部为58.34。25个省域地区差小于全国总体地区差，测算值"减分"小于全国总体；仅有6个省域地区差大于全国总体地区差，测算值"减分"大于全国总体。其中，江苏处于首位，地区差指标测算值为94.82；西藏处于末位，地区差指标测算值为21.56。

由于全国及各地文化投入人均值地区差普遍存在，此项指标的横向测评皆为"减分"。

各时段纵向测评以起点年自身指标数值为基数。当前数据年度测评各自以上一年为100，至2016年全国为100.24，东部为99.17，东北为99.18，中部为101.41，西部为100.84。14个省域地区差缩小，测算值"加分"；17个省域地区差扩大，测算值"减分"。其中，湖南处于首位，地区差指标测算值为114.99；陕西处于末位，地区差指标测算值为84.18。

由于全国及各地文化投入人均值地区差较普遍扩大，此项指标的纵向测评多为"减分"，只有部分地区在部分时段"加分"。

五 指标系统权重与测评演算

"中国公共文化投入增长测评体系"指标系统及其演算权重和测评方式见表2。

在熟读现行统计制度下可用数据并据以设计测评指标系统之后，选择测算方式，确定演算权重，同样需要精心思考，细致处理。本项测评的设计原则包括：①各年度无差距理想值横向测评中，由于全国与"均等化"形成"逆动"的地区差显而易见，全国总体历年"得分"不宜过高，控制在80出头；②每年综合"得分"高于"理想值"100（并非实现均等无差距，而是某些指标"得分"很高，综合起来超过100）的省域不宜过多，控制在5个上下；③各地"分值"距离不宜过大，尽量保证最为"滞后"的省域也不低于70；④各时段起点年基数值纵向测评中，鉴于全国及各地文化投入增长显著，力求体现出综合测评指数提升，尤其是力保后发地区有机会进入测评排行榜前列。

新增协调性平衡指标其实是对关系值的另一类检测，不像比值那样测算绝对值关系，而是测算增长率差异，不必单独阐述而借此简单说明。本项测

表2 "中国公共文化投入增长测评体系"指标系统及其演算权重和测评方式

序号	评价指标 分类	评价指标 取值		演算权重	共时性理想值 横向测评	历时性基数值 纵向测评
1	数量指标：绝对数值	文化投入总量占全国份额		1	取总量份额值	取自身起始年度基数值衡量
2		文化投入人均值		2	取全国平均值为基准衡量	
3	质量指标：相对比值	文化投入	与产值比	0.125		
4			占财政收入比	0.125		
5			占财政支出比	0.125		
6		文化投入	与教育投入比	0.125		
7			与科技投入比	0.125		
8			与卫生投入比	0.125		
9	均衡性校正指标：比差系数	文化消费与投入占收入比倍差		0.5	取无差距理想值衡量	
10		文化消费与投入占支出比倍差		0.5		
11		文化投入人均值地区差		4		
12	协调性平衡指标：增长率比	文化投入历年增率	与产值增率比	0.25	取自身上年值为基准衡量	
13			与财政收入增率比	0.25		
14			与财政支出增率比	0.25		
15			与教育投入增率比	0.25		
16			与科技投入增率比	0.25		
17			与卫生投入增率比	0.25		

注：文化投入数据未提供县城及其以上城市投向与乡镇及其以下农村投向细分，无法演算人均值城乡比指数，故缺反映"中国现实"极为重要的"城乡比"指标，留下遗憾。

评向自己的直接后继者"中国人民生活发展指数检测体系"反躬学习，"引进"相应数值之间增长率比差指标。这一类演算中全国及各地差距极其微小，在省域之间起到"平衡器"作用，以细微出入确定各地排行。毕竟测评排行的目的不是分出各省域高下，而是找出全国及各地自身存在的协调性、均衡性差距。

（一）各项测评指标的权重分配

在构成多重复杂矛盾的诸多原则必选项之间寻求最终平衡，本项测评体系不仅设置出横向与纵向两大类测评方式，而且设置出各时段多项纵向测评（为减省篇幅计，略去"十五"、"十一五"和"十二五"以来测评演算）；

颇费心思之处还在于，各地总量份额演算未如同"文化消费需求景气评价"那样取历年对应上年的份额升降值，而直接取当年份额值；最为周折之处更在于，全国各地文化投入绝对值，据此而来的各项比值，包括各项倍差值和地区差实在悬殊，若各指标权重（因无理论值而需经验值）简单赋值，则各地综合"分值"差距巨大，容易导致全国总体各项指标测算不佳，综合"分值"颇低；经年"试运行"无数次赋值测试之后，各项比值、倍差值指标演算权重值近乎类似于精细化工的微量催化剂，仅此细微一点剂量便可达成"点化"效果。这一切正是自设难题寻求平衡的结果，好在基本上得以实现。

由于新增文化投入与相关背景值、相邻关系值之间历年增长率比差指标，为了协调全部各项指标间演算权重分配，原有若干指标的演算权重亦相应微调。鉴于需与上年首次推出的测评排行形成良性协调，经过反复调试，以上年横向测评、纵向测评结果对应检验，各地之间排行变动很小，而绝大部分省域变化更是极小。这是对于"公共文化投入增长测评"的必要改进完善。

（二）测评方式及其结果排行

1. 共时性的理想值横向测评

在各年度理想值横向测评中，文化投入总量份额值以全国总量基准值（全国份额为100%自成基准）来衡量，人均值、各项背景关系比值、相邻关系比值以全国平均值来衡量，份额上升或高于全国平均值"加分"，份额下降或低于全国平均值"减分"；文化消费与投入占收入、支出比两项倍差和文化投入人均值地区差以自身无差距理想状态加以衡量，以自身各项增长率差距比来衡量，无论是全国总体还是各地，只要存在同构关联占比倍差、人均值地区差和增长率比差，一律实行"扣分"，最终加权平衡各项指标间分值增减得失。

2. 历时性的基数值纵向测评

在各时段基数值纵向测评中，文化投入总量份额值、人均值，各项背景关系比值、相邻关系比值,文化消费与投入占收入、支出比同构关联倍差,文化投入人均值地区差,各项增长率比差,一概以自身起点年度相应演算数值为基数值加以衡量。无论是全国总体还是各地,各项指标测算值优于起点年度"加分",逊于起点年度"减分",最终加权平衡各项指标间分值升降得失。这样有利于检测对比各地在不同时间段综合测评指数的提升程度,使"基数低而进步快"的欠发达或次发达地区有多种机会登上排行榜前列。

B.3
中国公共文化投入应然增长差距检测

——2016年相关协调性、均衡性分析

王亚南 赵娟 郭娜 孙瑞*

摘　要： 从技术方法上来说，技术报告侧重于公共文化投入增长的协调性、均衡性"质量"测评，阐释评价方法设计和演算技术处理；本文侧重于公共文化投入增长的协调性、均衡性"差距"检验，测量各种应然增长目标、理想增长目标距离。从数据范围上来看，总报告、排行报告主要着眼于2000年以来历年动态分析，以及至2020年增长目标预测；本文主要着眼于当前最新数据年度增长"应然差距"静态检测，在各地之间进行比较。

关键词： 公共文化　投入增长　协调与均衡　差距检测

从技术方法上来说，本文是对技术报告的必要补充，技术报告侧重于公共文化投入增长的协调性、均衡性"质量"测评，阐释评价方法设计和演算技术处理；此文侧重于公共文化投入增长的协调性、均衡性"差距"检验，测量各种应然增长目标、理想增长目标距离。从数据范围上来看，本文

---

* 王亚南，云南省社会科学院研究员，文化发展研究中心主任；赵娟，云南省社会科学院文化发展研究中心副研究员；郭娜，云南省社会科学院科研处副处长、副研究员，主要从事生态文化、环境经济相关研究；孙瑞，云南省社会科学院培训部主任、研究员，主要从事文化相关研究。

与总报告、排行报告形成交叉补充,总报告、排行报告主要着眼于2000年以来历年动态分析,以及至2020年增长目标预测;此文主要着眼于当前最新数据年度增长"应然差距"静态检测,在各地之间进行比较。

一 财政支出增长的协调性、均衡性检测

在相关的众多数据组里,本项研究测评首先需要提取财政支出历年数据与产值历年数据加以比较,检测财政支出与产值比变动态势,并将此项比值界定为"财政支出增长系数"。确定财政支出对于产值(国民总收入近似值)的应有分量比重必须寻找事实依据,这里把历年财政支出与产值的实际相对比值当作重要参照系,以此作为"第一手"依据顺理成章。多年以来我国中央财政及地方财政在绝大部分年度皆出现赤字,即财政支出大于财政收入,财政预算平衡的复杂问题留给相关部门及相应专家,在此不涉及。

(一)财政支出增长系数的协调性检验

2016年全国及各地财政支出与产值比对比见图1。图示直观体现全国及各地财政支出与产值的相对比值,以及各地之间财政支出、产值人均值的大小比例差异。

2016年,全国产值人均值为53980元,财政支出人均值为13618.62元,财政支出与产值比为25.23%。这就是说,年度国民总收入(近似值)作为社会财富收益,其间有25.23%转化为公共财政支出。

根据本项测评体系的后台演算数据库筛查,2000年以来,全国财政支出与产值比的最高(最佳)值为2015年的25.52%,最低值为2000年的15.84%。现有实际比值低于最佳值0.29个百分点,"协调增长"差距略微扩大。如果能够保持财政支出增长系数最佳比值,那么2016年全国财政支出人均值应达到13775.16元,为现有实际值的101.15%。按照本项测评体系所设置的指标及其方法检验,这就是2000年以来全国经济增长带动公共

中国公共文化投入应然增长差距检测

□产值人均值　▨财政支出人均值　▣财政收入人均值

地区（%）	产值人均值	财政支出人均值	财政收入人均值
西藏（137.82）	35184.00	48490.16	4763.27
青海（59.30）	43531.00	25812.79	4037.65
甘肃（43.75）	27643.00	12093.29	3021.26
新疆（42.89）	40564.00	17395.90	5460.38
宁夏（39.59）	47194.00	18684.32	5773.56
贵州（36.19）	33246.00	12032.92	4407.76
海南（33.96）	44347.00	15061.44	6975.63
云南（33.94）	31093.00	10551.80	3810.21
黑龙江（27.48）	40432.00	11108.94	3017.88
山西（26.27）	35532.00	9335.16	4238.97
全国（25.23）	53980.00	13618.62	11576.78
江西（24.96）	40400.00	10084.27	4698.75
北京（24.96）	118198.00	29500.49	23397.08
内蒙古（24.89）	72064.00	17939.47	8015.96
上海（24.55）	116562.00	28618.63	26497.51
四川（24.32）	40003.00	9727.79	4116.18
吉林（24.27）	53868.00	13072.84	4607.02
广西（24.25）	38027.00	9220.88	3230.79
安徽（22.63）	39561.00	8951.59	4332.05
陕西（22.62）	51015.00	11541.86	4822.48
重庆（22.56）	58502.00	13197.38	7347.32
天津（20.68）	115053.00	23798.58	17520.38
辽宁（20.58）	50791.00	10450.37	5023.72
湖南（20.09）	46382.00	9318.85	3966.00
湖北（19.66）	55665.00	10945.31	5286.18
河北（18.86）	43062.00	8122.94	3826.63
河南（18.42）	42575.00	7841.09	3317.35
广东（16.63）	74016.00	12308.76	9511.49
福建（14.84）	74707.00	11086.22	6884.04
浙江（14.76）	84916.00	12533.49	9528.22
江苏（12.90）	96887.00	12496.74	10167.23
山东（12.87）	68733.00	8846.36	5921.12

0　17540　35080　52620　70160　87700　105240　122780　140320　157860　175400（元）

图1　2016年全国及各地财政支出与产值比对比

坐标轴：各地财政支出与产值比（%），按从大到小顺序自上而下排列。横向柱形：左为产值人均值（元），中为财政支出人均值（元），右为财政收入人均值（元）。上下对比同时体现产值、财政支出、财政收入人均值地区差距。

财政支出增长保持既有协调"最佳状态"的"应然差距"。

同期，东部此项比值历年最佳值为17.01%，现有实际值为16.55%，低于最佳值0.46个百分点，"协调增长"差距略微扩大；东北此项比值历年最佳值为23.64%，现有实际值为23.64%，实有值即为最佳值，"协调增长"差距缩小；中部此项比值历年最佳值为21.60%，现有实际值为21.03%，低于最佳值0.57个百分点，"协调增长"差距略微扩大；西部此项比值历年最佳值为29.95%，现有实际值为29.52%，低于最佳值0.43个百分点，"协调增长"差距略微扩大。各省域依此类推。

产值人均值数据直接体现了各地经济增长差异。2016年，东部人均值为全国人均值的144.10%，东北人均值为全国人均值的88.84%，中部人均值为全国人均值的81.32%，西部人均值为全国人均值的77.95%。

11个省域产值人均值高于全国人均值；20个省域产值人均值低于全国人均值。其中，北京产值人均值处于首位，高达全国人均值的218.97%；甘肃产值人均值处于末位，仅为全国人均值的51.21%。设全国产值人均值为1来检测，北京为2.1897，甘肃为0.5121。北京高于1的部分为1.1897，甘肃低于1的部分为0.4879，皆为相对于全国均值的绝对偏差值，这其实就是此项数值的地区差演算基础。鉴于地区差指数值差异细微，文中保留4位小数表达，后同。

附带检验财政收入人均值数据，可以反映出各地公共财政收入差异。2016年，全国财政收入人均值为11576.78元，东部人均值为全国人均值的81.94%，东北人均值为全国人均值的36.46%，中部人均值为全国人均值的36.19%，西部人均值为全国人均值的40.01%。

3个省域财政收入人均值高于全国人均值；28个省域财政收入人均值低于全国人均值。其中，上海财政收入人均值处于首位，高达全国人均值的228.89%；黑龙江财政收入人均值处于末位，仅为全国人均值的26.07%。设全国财政收入人均值为1来检测，上海为2.2889，黑龙江为0.2607。

财政支出人均值数据直接体现了各地公共财政投入差异。2016年，东部人均值为全国人均值的94.52%，东北人均值为全国人均值的83.25%，中部人均值为全国人均值的67.78%，西部人均值为全国人均值的91.20%。

9个省域财政支出人均值高于全国人均值；22个省域财政支出人均值低

于全国人均值。其中，西藏财政支出人均值处于首位，高达全国人均值的356.06%；河南财政支出人均值处于末位，仅为全国人均值的57.58%。设全国财政支出人均值为1来检测，西藏为3.5606，河南为0.5758。

检测财政支出与产值（国民收入近似值）的相对比值，就可以看出各地经济增长带动公共财政支出增长的协调效应。2016年，东部比值极显著低于全国总体比值8.68个百分点，东北比值较明显低于全国总体比值1.59个百分点，中部比值显著低于全国总体比值4.20个百分点，西部比值显著高于全国总体比值4.29个百分点。

10个省域财政支出与产值比高于全国总体比值；21个省域财政支出与产值比低于全国总体比值。其中，西藏此项比值处于首位，高出全国总体比值112.59个百分点；山东此项比值处于末位，低于全国总体比值12.36个百分点。

根据本项测评体系的后台演算数据库检验，2016年计有北京、天津、海南、黑龙江、吉林、辽宁、河南、湖南、内蒙古、宁夏、甘肃、新疆、广西、西藏14个省域财政支出与产值的比例为2000年以来历年最佳（最高）值（对照本书B.5一文表4）。这意味着，其余17个省域在此项指标检测中存在着既有"协调增长"的"应然差距"。在这17个省域里，河北此项比值检测差距最小，其现有实际值低于历年最佳值0.03个百分点；重庆此项比值检测差距最大，其现有实际值低于历年最佳值4.14个百分点。

各省域之间财政支出增长系数检测即为三项系数最佳比值的初次检测，计有17个省域存在既有"协调增长"的"应然差距"。其间，河北此项系数最佳比值检测差距最小，为0.21%，即财政支出人均值应为现有实际值的100.21%，达到8140.17元；重庆此项系数最佳比值检测差距最大，为18.35%，即财政支出人均值应为现有实际值的118.35%，达到15619.25元。其余省域依此类推。

（二）财政支出增长系数的均衡性检验

2016年全国及各地产值、财政支出、财政收入人均值地区差对比见图2。

图示直观体现全国及各地产值、财政收入和支出三项人均值地区差指数的差异,对应于上面全国及各地产值、财政收入和支出三项人均值的差异分析。

图2 2016年全国及各地产值、财政收入、财政支出人均值地区差对比

坐标轴:各地产值人均值地区差(无差距=1),按从小到大顺序自上而下排列。横向柱形:人均值地区差,左为产值地区差,中为财政支出地区差,右为财政收入地区差。

依照本项研究评价独创的地区差距指标检测，2016年，全国产值人均值的地区差为1.3566，财政收入人均值的地区差为1.5760，财政支出人均值的地区差为1.3967。这就是说，基于各地产值、财政收入和支出三项人均值数据分别演算，31个省域产值人均值与全国总体人均值之绝对偏差值的平均值为0.3566或35.66%；财政收入人均值与全国总体人均值之绝对偏差值的平均值为0.5760或57.60%；财政支出人均值与全国总体人均值之绝对偏差值的平均值为0.3967或39.67%。

根据本项测评体系的后台演算数据库筛查，2000年以来，全国产值人均值地区差的最小（最佳）值为2014年的1.3530，最大值为2003年的1.5023。现有实际地区差指数值大于最佳值0.27%，"均衡增长"差距略微扩大。按照本项测评体系所设置的指标及其方法检验，这就是2000年以来全国各地之间经济增长保持既有均衡"最佳状态"的"应然差距"。

同期，东部此项地区差历年最佳值为1.5989，现有实际值为1.6258，大于最佳值1.68%，"均衡增长"差距略微扩大；东北此项地区差历年最佳值为1.1040，现有实际值为1.1040，实有值即为最佳值，"均衡增长"差距缩小；中部此项地区差历年最佳值为1.1886，现有实际值为1.2073，大于最佳值1.57%，"均衡增长"差距略微扩大；西部此项地区差历年最佳值为1.2645，现有实际值为1.2700，大于最佳值0.43%，"均衡增长"差距略微扩大。各省域依此类推。

详细检测2016年各地产值人均值地区差之间的差异，东部地区差极显著大于全国总体地区差19.84%，东北地区差极显著小于全国总体地区差18.61%，中部地区差显著小于全国总体地区差11.00%，西部地区差明显小于全国总体地区差6.38%。

21个省域产值人均值地区差小于全国总体地区差；10个省域产值人均值地区差大于全国总体地区差。其中，吉林产值人均值地区差处于首位，低至全国总体地区差的73.87%；北京产值人均值地区差处于末位，高达全国总体地区差的161.41%。

根据本项测评体系的后台演算数据库检验，2016年仅有天津、吉林、辽宁、安徽、江西、湖南、贵州、广西、西藏9个省域产值人均值的地区差为2000年以来历年最佳（最小）值。这意味着，其余22个省域在此项指标检测中存在着地区之间既有"均衡增长"的"应然差距"。在这22个省域里，四川此项地区差检测差距最小，其现有实际值大于历年最佳值0.25%；内蒙古此项地区差检测差距最大，其现有实际值大于历年最佳值30.57%。

附带检测2016年各地财政收入人均值地区差之间的差异，东部地区差较明显小于全国总体地区差3.17%，东北地区差较明显大于全国总体地区差3.79%，中部地区差较明显大于全国总体地区差3.30%，西部地区差略微大于全国总体地区差0.04%。

13个省域财政收入人均值地区差小于全国总体地区差；18个省域财政收入人均值地区差大于全国总体地区差。其中，江苏财政收入人均值地区差处于首位，低至全国总体地区差的71.18%；上海财政收入人均值地区差处于末位，高达全国总体地区差的145.23%。

2000年以来，全国财政支出人均值地区差的最小（最佳）值为2013年的1.3711，最大值为2002年的1.5040。现有实际地区差指数值大于最佳值1.86%，"均衡增长"差距略微扩大。按照本项测评体系所设置的指标及其方法检验，这就是2000年以来全国各地之间公共财政支出增长保持既有均衡"最佳状态"的"应然差距"。

同期，东部此项地区差历年最佳值为1.3897，现有实际值为1.4319，大于最佳值3.04%，"均衡增长"差距较明显扩大；东北此项地区差历年最佳值为1.0716，现有实际值为1.1523，大于最佳值7.53%，"均衡增长"差距明显扩大；中部此项地区差历年最佳值为1.2930，现有实际值为1.3088，大于最佳值1.23%，"均衡增长"差距略微扩大；西部此项地区差历年最佳值为1.3794，现有实际值为1.4724，大于最佳值6.74%，"均衡增长"差距明显扩大。各省域依此类推。

详细检测2016年各地财政支出人均值地区差之间的差异，东部地区差较明显大于全国总体地区差2.52%，东北地区差极显著小于全国总体地区差 17.50%，中部地区差明显小于全国总体地区差 6.29%，西部地区差明显大于全国总体地区差 5.42%。

24 个省域财政支出人均值地区差小于全国总体地区差；7 个省域财政支出人均值地区差大于全国总体地区差。其中，重庆财政支出人均值地区差处于首位，低至全国总体地区差的 73.81%；西藏财政支出人均值地区差处于末位，高达全国总体地区差的 254.93%。

根据本项测评体系的后台演算数据库检验，2016 年仅有河南、湖南 2 个省域财政支出人均值的地区差为 2000 年以来历年最佳（最小）值。这意味着，其余 29 个省域在此项指标检测中存在着地区之间既有"均衡增长"的"应然差距"。在这 29 个省域里，甘肃此项地区差检测差距最小，其现有实际值大于历年最佳值 0.07%；西藏此项地区差检测差距最大，其现有实际值大于历年最佳值 91.99%。

二 教科文卫投入增长的协调性、均衡性检测

在相关的众多数据组里，本项研究测评其次需要提取教科文卫综合投入历年数据与财政支出历年数据加以比较，检测教科文卫投入占财政支出比变动态势，并将此项比值界定为"教科文卫投入增长系数"。确定教科文卫综合投入的应有地位和分量也必须寻找事实依据，多年以来国家发展教科文卫事业的政策、公共财政支出就此形成的历年分配比重就是最好的参照系。何况，本项研究测评的分析已经表明，2000 年以来教科文卫综合投入已经在公共财政支出分配中占据了优先增长地位，以此作为"第一手"依据理所当然。

（一）教科文卫投入增长系数的协调性检验

2016 年全国及各地教科文卫投入占财政支出比对比见图 3。图示直观体现全国及各地教科文卫投入占财政支出的相对比值，以及各地之间教科文卫投入、财政支出人均值的大小比例差异。

文化蓝皮书·公共文化投入

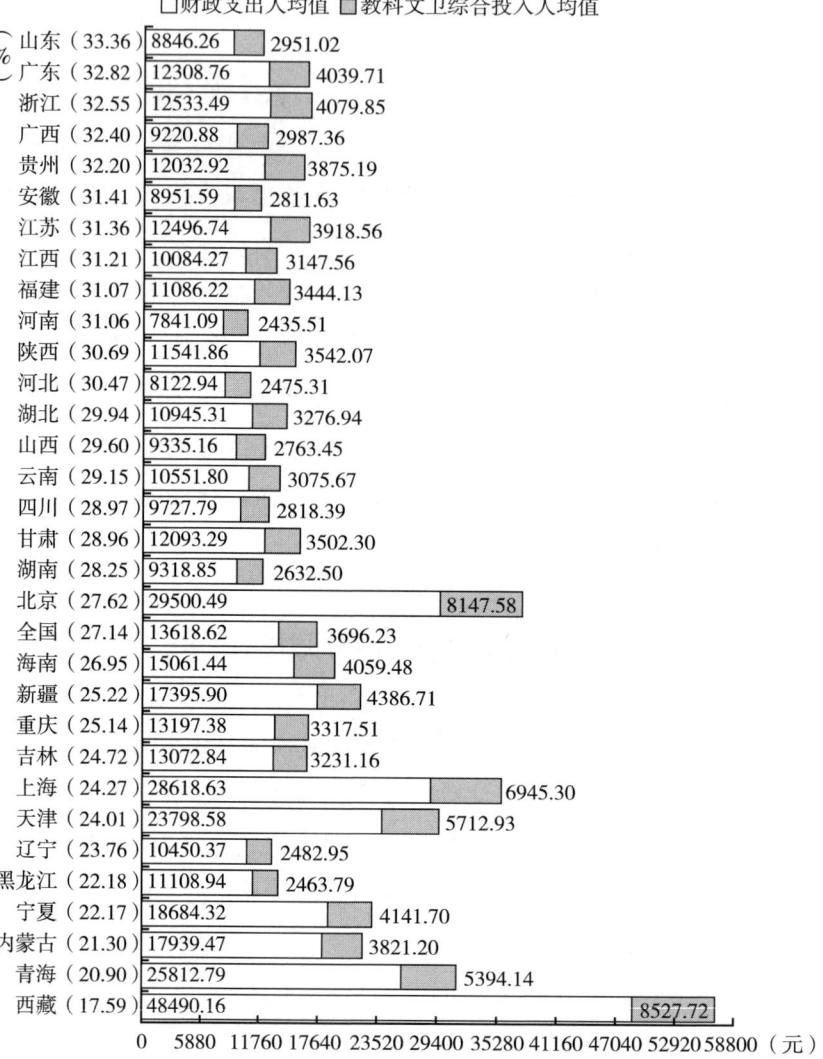

图3 2016年全国及各地教科文卫投入占财政支出比对比

坐标轴：各地教科文卫投入占财政支出比（%），按从大到小顺序自上而下排列。横向柱形：左为财政支出人均值（元），右为教科文卫投入人均值（元）。上下对比同时体现财政支出、教科文卫投入人均值地区差距。

2016年，全国财政支出人均值为13618.62元，教科文卫投入人均值为3696.23元，教科文卫投入占财政支出比为27.14%。这就是说，全国公共

070

财政年度支出中，有27.14%投向教育、科技、文化、卫生事业，这几个方面显然具有公认的相邻关系。

根据本项测评体系的后台演算数据库筛查，2000年以来，全国教科文卫投入占财政支出比的最高（最佳）值为2012年的27.95%，最低值为2000年的17.23%。现有实际比值低于最佳值0.81个百分点，"协调增长"差距略微扩大。如果能够保持教科文卫投入增长系数最佳比值，那么2016年全国教科文卫投入人均值应达到3806.87元，为现有实际值的102.99%。按照本项测评体系所设置的指标及其方法检验，这就是2000年以来全国财政支出增长带动教科文卫事业投入增长保持既有协调"最佳状态"的"应然差距"。

同期，东部此项比值历年最佳值为31.74%，现有实际值为30.37%，低于最佳值1.37个百分点，"协调增长"差距较明显扩大；东北此项比值历年最佳值为25.45%，现有实际值为23.50%，低于最佳值1.95个百分点，"协调增长"差距较明显扩大；中部此项比值历年最佳值为30.69%，现有实际值为30.25%，低于最佳值0.44个百分点，"协调增长"差距略微扩大；西部此项比值历年最佳值为27.52%，现有实际值为27.52%，实有值即为最佳值，"协调增长"差距缩小。各省域依此类推。

至此需要深入一层展开检验测算，把以上财政支出增长系数、教科文卫投入增长系数两项检测最佳比值叠加演算。2016年全国教科文卫投入人均值应达到3850.30元，为现有实际值的104.17%。按照本项测评体系所设置的指标及其方法进行检验，这就是2000年以来全国经济增长带动公共财政支出增长，继而公共财政支出增长带动教科文卫投入增长保持既有"协调增长"的"应然差距"。

与之相对应，东部教科文卫投入人均值应达到4198.71元，为现有实际值的107.42%；东北教科文卫投入人均值应达到2885.15元，为现有实际值的108.30%；中部教科文卫投入人均值应达到2909.85元，为现有实际值的104.20%；西部教科文卫投入人均值应达到3468.12元，为现有实际值的101.46%。各省域依此类推。

财政支出人均值分析见上一节，不再重复，教科文卫投入人均值数据直接体现了各地教育、科技、文化、卫生事业综合投入差异。2016年，东部人均值为全国人均值的105.75%，东北人均值为全国人均值的72.08%，中部人均值为全国人均值的75.55%，西部人均值为全国人均值的92.48%。

13个省域教科文卫投入人均值高于全国人均值；18个省域教科文卫投入人均值低于全国人均值。其中，西藏教科文卫投入人均值处于首位，高达全国人均值的230.71%；河南教科文卫投入人均值处于末位，仅为全国人均值的65.89%。设全国教科文卫投入人均值为1来检测，西藏为2.3071，河南为0.6589。

文化投入分析系下一节的重点，暂时排除，此处展开分别检验各地教育、科技和卫生事业投入差异。2016年，全国总体教育投入人均值为2036.23元，东部人均值为全国人均值的108.55%，东北人均值为全国人均值的76.06%，中部人均值为全国人均值的77.70%，西部人均值为全国人均值的98.63%。

16个省域教育投入人均值高于全国人均值；15个省域教育投入人均值低于全国人均值。其中，西藏教育投入人均值处于首位，高达全国人均值的254.40%；河南教育投入人均值处于末位，仅为全国人均值的69.42%。设全国教育投入人均值为1来检测，西藏为2.5440，河南为0.6942。

同年，全国总体科技投入人均值为476.11元，东部人均值为全国人均值的98.85%，东北人均值为全国人均值的28.36%，中部人均值为全国人均值的42.17%，西部人均值为全国人均值的28.94%。

6个省域科技投入人均值高于全国人均值；25个省域科技投入人均值低于全国人均值。其中，上海科技投入人均值处于首位，高达全国人均值的296.87%；广西科技投入人均值处于末位，仅为全国人均值的19.71%。设全国科技投入人均值为1来检测，上海为2.9687，广西为0.1971。

同年，全国总体卫生投入人均值为954.46元，东部人均值为全国人均值的103.13%，东北人均值为全国人均值的82.59%，中部人均值为全国人均值的89.69%，西部人均值为全国人均值的109.12%。

21个省域卫生投入人均值高于全国人均值；10个省域卫生投入人均值

低于全国人均值。其中，西藏卫生投入人均值处于首位，高达全国人均值的223.85%；辽宁卫生投入人均值处于末位，仅为全国人均值的73.51%。设全国卫生投入人均值为1来检测，西藏为2.2385，辽宁为0.7351。

检测教科文卫投入占财政支出的相对比值，就可以看出各地财政支出增长带动教科文卫事业投入增长的协调效应。2016年，东部比值明显高于全国总体比值3.22个百分点，东北比值明显低于全国总体比值3.64个百分点，中部比值明显高于全国总体比值3.11个百分点，西部比值略微高于全国总体比值0.38个百分点。

19个省域教科文卫投入占财政支出比高于全国总体比值；12个省域教科文卫投入占财政支出比低于全国总体比值。其中，山东此项比值处于首位，高山全国总体比值6.22个百分点；西藏此项比值处于末位，低于全国总体比值9.55个百分点。

根据本项测评体系的后台演算数据库检验，2016年仅有江苏、安徽、湖北、江西、甘肃、贵州、云南7个省域教科文卫投入占财政支出的比例为2000年以来历年最佳（最高）值（对照本书B.5一文表3）。这意味着，其余24个省域在此项指标检测中存在着既有"协调增长"的"应然差距"。在这24个省域里，山东此项比值检测差距最小，其现有实际值低于历年最佳值0.07个百分点；重庆此项比值检测差距最大，其现有实际值低于历年最佳值15.87个百分点。

各省域之间财政支出增长、教科文卫投入增长两项系数最佳比值叠加检测，计有30个省域存在既有"协调增长"的"应然差距"。其间，广西两项系数最佳比值叠加检测差距最小，为1.48%，即教科文卫投入人均值应为现有实际值的101.48%，达到3031.61元；重庆两项系数最佳比值叠加检测差距最大，为93.06%，即教科文卫投入人均值应为现有实际值的193.06%，达到6404.85元。其余省域依此类推。

（二）教科文卫投入增长系数的均衡性检验

2016年全国及各地教育、科技、卫生投入人均值地区差对比见图4。图示直观体现全国及各地教育、科技和卫生投入三项人均值地区差指数的差异，对应于上面全国及各地教育、科技和卫生投入三项人均值的差异分析。

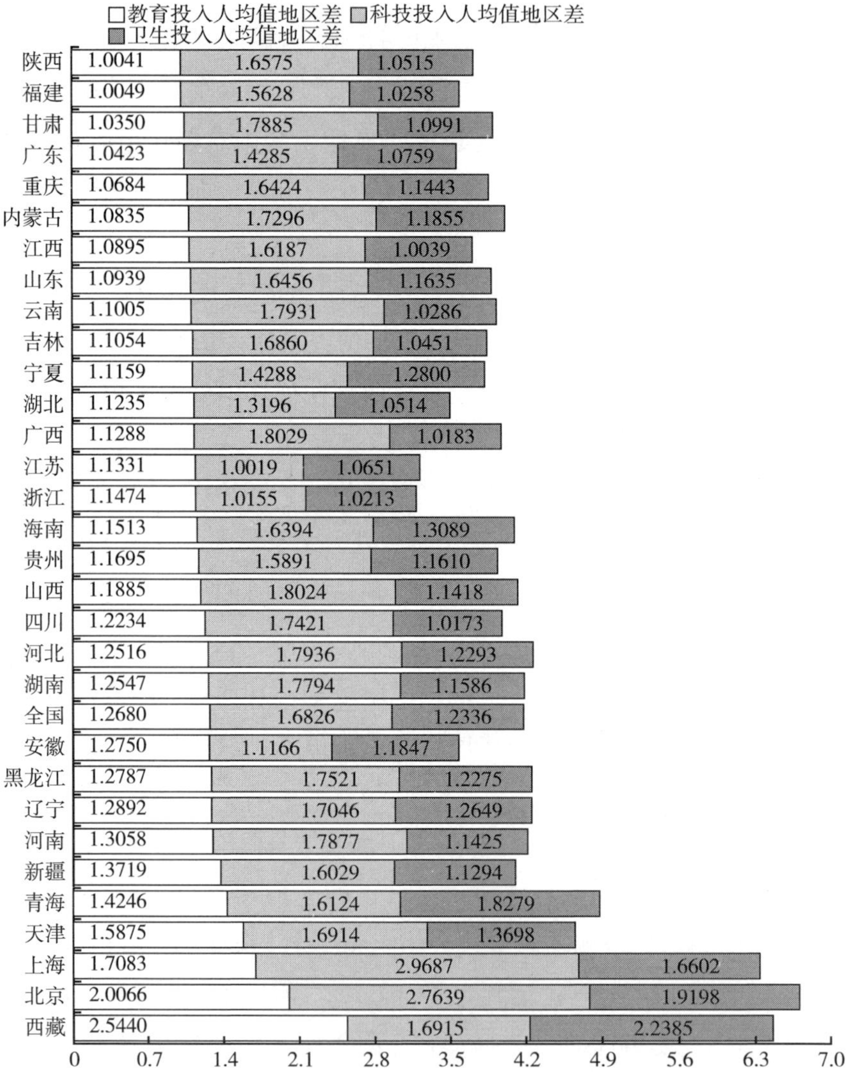

□教育投入人均值地区差　▨科技投入人均值地区差
■卫生投入人均值地区差

地区	教育投入人均值地区差	科技投入人均值地区差	卫生投入人均值地区差
陕西	1.0041	1.6575	1.0515
福建	1.0049	1.5628	1.0258
甘肃	1.0350	1.7885	1.0991
广东	1.0423	1.4285	1.0759
重庆	1.0684	1.6424	1.1443
内蒙古	1.0835	1.7296	1.1855
江西	1.0895	1.6187	1.0039
山东	1.0939	1.6456	1.1635
云南	1.1005	1.7931	1.0286
吉林	1.1054	1.6860	1.0451
宁夏	1.1159	1.4288	1.2800
湖北	1.1235	1.3196	1.0514
广西	1.1288	1.8029	1.0183
江苏	1.1331	1.0019	1.0651
浙江	1.1474	1.0155	1.0213
海南	1.1513	1.6394	1.3089
贵州	1.1695	1.5891	1.1610
山西	1.1885	1.8024	1.1418
四川	1.2234	1.7421	1.0173
河北	1.2516	1.7936	1.2293
湖南	1.2547	1.7794	1.1586
全国	1.2680	1.6826	1.2336
安徽	1.2750	1.1166	1.1847
黑龙江	1.2787	1.7521	1.2275
辽宁	1.2892	1.7046	1.2649
河南	1.3058	1.7877	1.1425
新疆	1.3719	1.6029	1.1294
青海	1.4246	1.6124	1.8279
天津	1.5875	1.6914	1.3698
上海	1.7083	2.9687	1.6602
北京	2.0066	2.7639	1.9198
西藏	2.5440	1.6915	2.2385

图4　2016年全国及各地教育、科技、卫生投入人均值地区差对比

坐标轴：各地教育投入人均值地区差（无差距=1），按从小到大顺序自上而下排列。
横向柱形：人均值地区差，左为教育投入地区差，中为科技投入地区差，右为卫生投入地区差。

依照本项研究评价独创的地区差距指标检测，2016年，全国教育投入人均值的地区差为1.2680，科技投入人均值的地区差为1.6826，卫生投入人均值的地区差为1.2336。这就是说，基于各地教育、科技和卫生投入三项人均值数据分别演算，31个省域教育投入人均值与全国总体人均值之绝对偏差值的平均值为0.2680或26.80%；科技投入人均值与全国总体人均值之绝对偏差值的平均值为0.6826或68.26%；卫生投入人均值与全国总体人均值之绝对偏差值的平均值为0.2336或23.36%。

根据本项测评体系的后台演算数据库筛查，2000年以来，全国教育投入人均值地区差的最小（最佳）值为2012年的1.2497，最大值为2000年的1.4524。现有实际地区差指数值大于最佳值1.46%，"均衡增长"差距略微扩大。按照本项测评体系所设置的指标及其方法检验，这就是2000年以来全国各地之间教育投入增长保持既有均衡"最佳状态"的"应然差距"。

东部此项地区差历年最佳值为1.3127，现有实际值为1.3127，实有值即为最佳值，"均衡增长"差距缩小；东北此项地区差历年最佳值为1.0238，现有实际值为1.2244，大于最佳值19.60%，"均衡增长"差距极显著扩大；中部此项地区差历年最佳值为1.1732，现有实际值为1.2061，大于最佳值2.80%，"均衡增长"差距较明显扩大；西部此项地区差历年最佳值为1.2411，现有实际值为1.2725，大于最佳值2.53%，"均衡增长"差距较明显扩大。各省域依此类推。

详细检测2016年各地教育投入人均值地区差之间的差异，东部地区差较明显大于全国总体地区差3.53%，东北地区差较明显小于全国总体地区差3.43%，中部地区差明显小于全国总体地区差4.87%，西部地区差略微大于全国总体地区差0.36%。

21个省域教育投入人均值地区差小于全国总体地区差；10个省域教育投入人均值地区差大于全国总体地区差。其中，陕西教育投入人均值地区差处于首位，低至全国总体地区差的79.19%；西藏教育投入人均值地区差处于末位，高达全国总体地区差的200.63%。

根据本项测评体系的后台演算数据库检验，2016年仅有天津、福建、湖北、陕西、广西5个省域教育投入人均值的地区差为2000年以来历年最佳（最小）值。这意味着，其余26个省域在此项指标检测中存在着地区之间既有"均衡增长"的"应然差距"。在这26个省域里，江西此项地区差检测差距最小，其现有实际值大于历年最佳值1.81%；青海此项地区差检测差距最大，其现有实际值大于历年最佳值40.94%。

2000年以来，全国科技投入人均值地区差的最小（最佳）值为2015年的1.6806，最大值为2009年的1.8297。现有实际地区差指数值大于最佳值0.12%，"均衡增长"差距略微扩大。按照本项测评体系所设置的指标及其方法检验，这就是2000年以来全国各地之间科技投入增长保持既有均衡"最佳状态"的"应然差距"。

同期，东部此项地区差历年最佳值为1.7363，现有实际值为1.7511，大于最佳值0.86%，"均衡增长"差距略微扩大；东北此项地区差历年最佳值为1.4771，现有实际值为1.7142，大于最佳值16.05%，"均衡增长"差距极显著扩大；中部此项地区差历年最佳值为1.5707，现有实际值为1.5707，实有值即为最佳值，"均衡增长"差距缩小；西部此项地区差历年最佳值为1.6233，现有实际值为1.6734，大于最佳值3.09%，"均衡增长"差距较明显扩大。各省域依此类推。

详细检测2016年各地科技投入人均值地区差之间的差异，东部地区差明显大于全国总体地区差4.08%，东北地区差较明显大于全国总体地区差1.88%，中部地区差明显小于全国总体地区差6.65%，西部地区差略微小于全国总体地区差0.54%。

15个省域科技投入人均值地区差小于全国总体地区差；16个省域科技投入人均值地区差大于全国总体地区差。其中，江苏科技投入人均值地区差处于首位，低至全国总体地区差的59.55%；上海科技投入人均值地区差处于末位，高达全国总体地区差的176.44%。

根据本项测评体系的后台演算数据库检验，2016年仅有北京、江苏、浙江、安徽、湖北、重庆、贵州7个省域科技投入人均值的地区差为2000

年以来历年最佳（最小）值。这意味着，其余24个省域在此项指标检测中存在着地区之间既有"均衡增长"的"应然差距"。在这24个省域里，江西此项地区差检测差距最小，其现有实际值大于历年最佳值0.18%；天津此项地区差检测差距最大，其现有实际值大于历年最佳值67.01%。

2000年以来，全国卫生投入人均值地区差的最小（最佳）值为2014年的1.2200，最大值为2000年的1.6569。现有实际地区差指数值大于最佳值1.11%，"均衡增长"差距略微扩大。按照本项测评体系所设置的指标及其方法检验，这就是2000年以来全国各地之间卫生投入增长保持既有均衡"最佳状态"的"应然差距"。

同期，东部此项地区差历年最佳值为1.2639，现有实际值为1.2840，大于最佳值1.59%，"均衡增长"差距略微扩大；东北此项地区差历年最佳值为1.0072，现有实际值为1.1792，大于最佳值17.08%，"均衡增长"差距极显著扩大；中部此项地区差历年最佳值为1.0810，现有实际值为1.1138，大于最佳值3.04%，"均衡增长"差距较明显扩大；西部此项地区差历年最佳值为1.2632，现有实际值为1.2651，大于最佳值0.15%，"均衡增长"差距略微扩大。各省域依此类推。

详细检测2016年各地卫生投入人均值地区差之间的差异，东部地区差较明显大于全国总体地区差4.08%，东北地区差较明显小于全国总体地区差4.41%，中部地区差明显小于全国总体地区差9.71%，西部地区差较明显大于全国总体地区差2.55%。

23个省域卫生投入人均值地区差小于全国总体地区差；8个省域卫生投入人均值地区差大于全国总体地区差。其中，江西卫生投入人均值地区差处于首位，低至全国总体地区差的81.38%；西藏卫生投入人均值地区差处于末位，高达全国总体地区差的181.46%。

根据本项测评体系的后台演算数据库检验，2016年仅有北京、天津、山东、新疆4个省域卫生投入人均值的地区差为2000年以来历年最佳（最小）值。这意味着，其余27个省域在此项指标检测中存在着地区之间既有"均衡增长"的"应然差距"。在这27个省域里，湖南此项地区差检测差距最小，其现有实际值大于历年最佳值0.18%；海南此项地区差检测差距最大，其现有实际值大于历年最佳值30.37%。

三 文化投入增长的协调性、均衡性检测

在相关的众多数据组里，本项研究测评最后需要提取文化投入历年数据与教科文卫综合投入历年数据加以比较，检测文化投入占教科文卫综合投入比变动态势，并将此项比值界定为"文化投入增长系数"。确定文化投入的应有地位和分量同样必须寻找事实依据，文化投入与教育、科技、卫生投入的相邻关系就是最好的参照系。一来教科文卫诸方面具有人所共知的相邻可比性，若出现"厚此薄彼"的情况很容易看出来；二来文化投入在教科文卫综合投入中所占分量形成历年变化，从中可以看到"应然"与否的"第一手"取舍。

（一）文化投入增长系数的协调性检验

2016年全国及各地文化投入占教科文卫投入比对比见图5。图示直观体现全国及各地文化投入占教科文卫综合投入的相对比值，以及各地之间文化投入、教科文卫综合投入人均值的大小比例差异。

2016年，全国教科文卫综合投入人均值为3696.23元，文化投入人均值为229.43元，文化投入占教科文卫综合投入为6.21%。这就是说，全国教育、科技、文化和卫生这几项相邻事业的综合投入中，有6.21%投向文化事业。

根据本项测评体系的后台演算数据库筛查，2000年以来，全国文化投入占教科文卫综合投入比的最高（最佳）值为2005年的11.52%，最低值为2016年的6.21%。现有实际比值低于最佳值5.31个百分点，"协调增长"差距显著扩大。如果能够保持文化投入增长系数最佳比值，那么2016年全国文化投入人均值应达到425.93元，为现有实际值的185.64%。按照本项测评体系所设置的指标及其方法检验，这就是2000年以来全国教科文

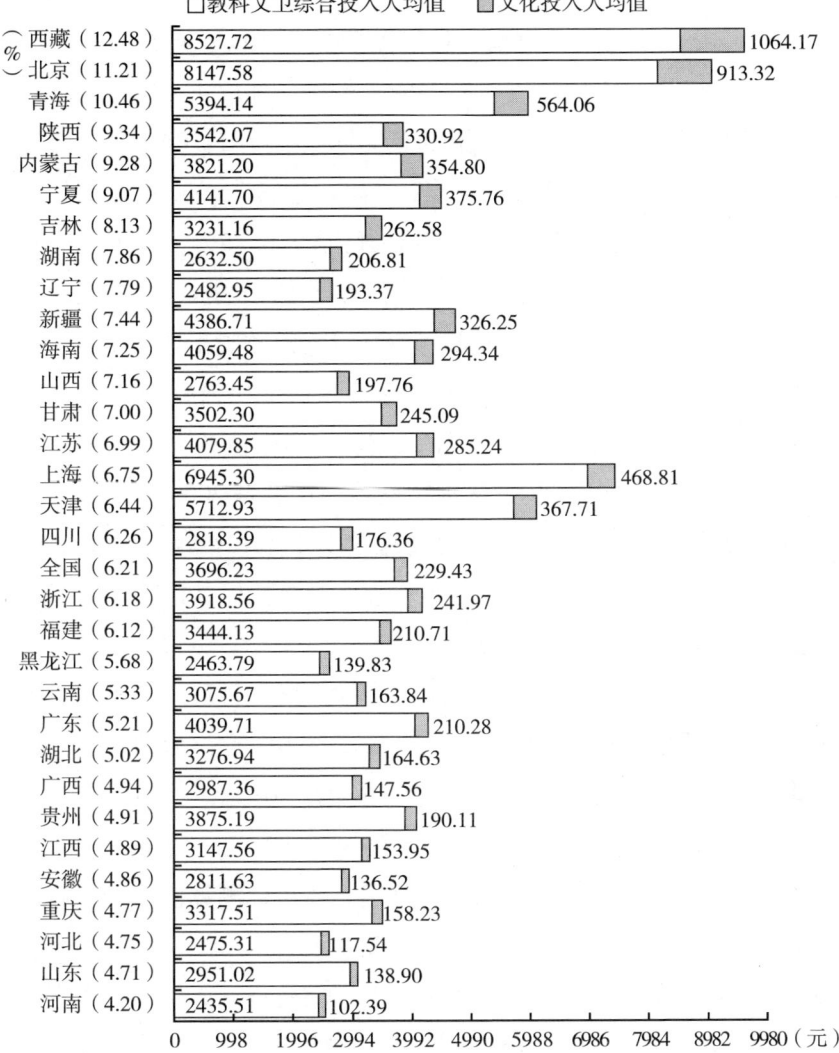

图5 2016年全国及各地文化投入占教科文卫投入比对比

坐标轴：各地文化投入占教科文卫综合投入比（%），按从大到小顺序自上而下排列。横向柱形左侧：教科文卫综合投入人均值（元）；右侧：文化投入人均值（元）。各地人均值同时直观体现教科文卫投入人均值、文化投入人均值地区差距。

卫综合投入增长带动文化事业投入增长保持既有协调"最佳状态"的"应然差距"。

同期，东部此项比值历年最佳值为10.88%，现有实际值为6.23%，低于最佳值4.65个百分点，"协调增长"差距显著扩大；东北此项比值历年最佳值为11.98%，现有实际值为7.21%，低于最佳值4.77个百分点，"协调增长"差距显著扩大；中部此项比值历年最佳值为12.04%，现有实际值为5.50%，低于最佳值6.54个百分点，"协调增长"差距极显著扩大；西部此项比值历年最佳值为12.19%，现有实际值为6.75%，低于最佳值5.45个百分点，"协调增长"差距显著扩大。各省域依此类推。

至此需要更深入一层展开检验测算，把以上财政支出增长系数、教科文卫投入增长系数、文化投入增长系数三项检测最佳比值叠加演算。2016年全国文化投入人均值应达到443.68元，为现有实际值的193.38%。按照本项测评体系所设置的指标及其方法进行检验，这就是2000年以来全国经济增长带动公共财政支出增长，继而公共财政支出增长带动教科文卫投入增长，再而教科文卫综合投入增长带动文化投入增长保持既有"协调增长"的"应然差距"。

与之相对应，东部文化投入人均值应达到456.81元，为现有实际值的187.66%；东北文化投入人均值应达到345.61元，为现有实际值的179.91%；中部文化投入人均值应达到350.36元，为现有实际值的228.17%；西部文化投入人均值应达到422.89元，为现有实际值的183.39%。四大区域文化投入人均值与全国总体目标测算值都十分接近，仅有中部略显偏低。

教科文卫综合投入人均值分析见上一节，文化投入人均值数据直接体现了各地文化事业投入差异。2016年，东部人均值为全国人均值的106.10%，东北人均值为全国人均值的83.73%，中部人均值为全国人均值的66.93%，西部人均值为全国人均值的100.51%。

14个省域文化投入人均值高于全国人均值；17个省域文化投入人均值低于全国人均值。其中，西藏文化投入人均值处于首位，高达全国人均值的463.83%；河南文化投入人均值处于末位，仅为全国人均值的44.63%。设全国文化人均值为1来检测，西藏为4.6383，河南为0.4463。

检测文化投入占教科文卫综合投入的相对比值,就可以看出各地教科文卫综合投入增长带动文化事业投入增长的协调效应。2016年,东部比值略微高于全国总体比值0.02个百分点,东北比值较明显高于全国总体比值1.00个百分点,中部比值略微低于全国总体比值0.71个百分点,西部比值略微高于全国总体比值0.54个百分点。

17个省域文化投入占教科文卫综合投入比高于全国总体比值;14个省域文化投入占教科文卫综合投入比低于全国总体比值。其中,西藏此项比值处于首位,高出全国总体比值6.27个百分点;河南此项比值处于末位,低于全国总体比值2.00个百分点。

根据本项测评体系的后台演算数据库检验,2016年全部省域文化投入占教科文卫综合投入的比例均非2000年以来历年最佳(最高)值(对照本书B.5一文表2)。这意味着,全部31个省域在此项指标检测中存在着既有"协调增长"的"应然差距"。其间,北京此项比值检测差距最小,其现有实际值低于历年最佳值0.32个百分点;四川此项比值检测差距最大,其现有实际值低于历年最佳值11.09个百分点。

各省域之间财政支出增长、教科文卫投入增长、文化投入增长三项系数最佳比值多重检测,全部31个省域存在既有"协调增长"的"应然差距"。北京、辽宁、青海、西藏、陕西、上海、内蒙古、海南、湖南、山西、浙江、新疆、甘肃13个省域既有"协调增长"的"应然差距"从小到大依次小于全国检测差距;18个省域既有"协调增长"的"应然差距"从小到大依次大于全国检测差距。

2016年各省域三项系数最佳比值多重检测综合结果,按文化投入人均测算值高低,以下取首尾各3个省域,具体测算各自"应有"增长目标和增长差距,作为具体示例,其余省域依此类推。

西藏处于首位,人均值应达到1706.14元,为现有实际值的160.33%;北京处于次位,人均值应达到1135.76元,为现有实际值的124.36%;青海处于再次位,人均值应达到890.55元,为现有实际值的157.88%。

安徽处于倒数第3位,人均值应达到313.17元,为现有实际值的

229.39%；辽宁处于倒数第2位，人均值应达到301.27元，为现有实际值的155.80%；河北处于倒数第1位，人均值应达到272.69元，为现有实际值的231.99%。

（二）文化投入增长系数的均衡性检验

2016年全国及各地文化投入人均值及其地区差对比见图6。图示直观体现全国及各地文化投入人均值的差异，并标明全国及各地文化投入人均值的地区差指数，同时附有教科文卫综合投入人均值的地区差指数。

依照本项研究评价独创的地区差距指标检测，2016年，全国文化投入人均值的地区差为1.5588。这就是说，基于各地文化投入人均值数据分别演算，31个省域文化投入人均值与全国总体人均值之绝对偏差值的平均值为0.5588或55.88%。

根据本项测评体系的后台演算数据库筛查，2000年以来，全国文化投入人均值地区差的最小（最佳）值为2006年的1.3748，最大值为2007年的1.6581。现有实际地区差指数值大于最佳值13.39%，"均衡增长"差距显著扩大。按照本项测评体系所设置的指标及其方法检验，这就是2000年以来全国各地之间文化投入增长保持既有均衡"最佳状态"的"应然差距"。

东部此项地区差历年最佳值为1.5603，现有实际值为1.6255，大于最佳值4.18%，"均衡增长"差距明显扩大；东北此项地区差历年最佳值为1.0364，现有实际值为1.2307，大于最佳值18.75%，"均衡增长"差距极显著扩大；中部此项地区差历年最佳值为1.2946，现有实际值为1.3011，大于最佳值0.50%，"均衡增长"差距略微扩大；西部此项地区差历年最佳值为1.3178，现有实际值为1.7141，大于最佳值30.07%，"均衡增长"差距极显著扩大。各省域依此类推。

详细检测2016年各地文化投入人均值地区差之间的差异，东部地区差明显大于全国总体地区差4.28%，东北地区差极显著小于全国总体地区差21.05%，中部地区差极显著小于全国总体地区差16.53%，西部地区差显著大于全国总体地区差9.96%。

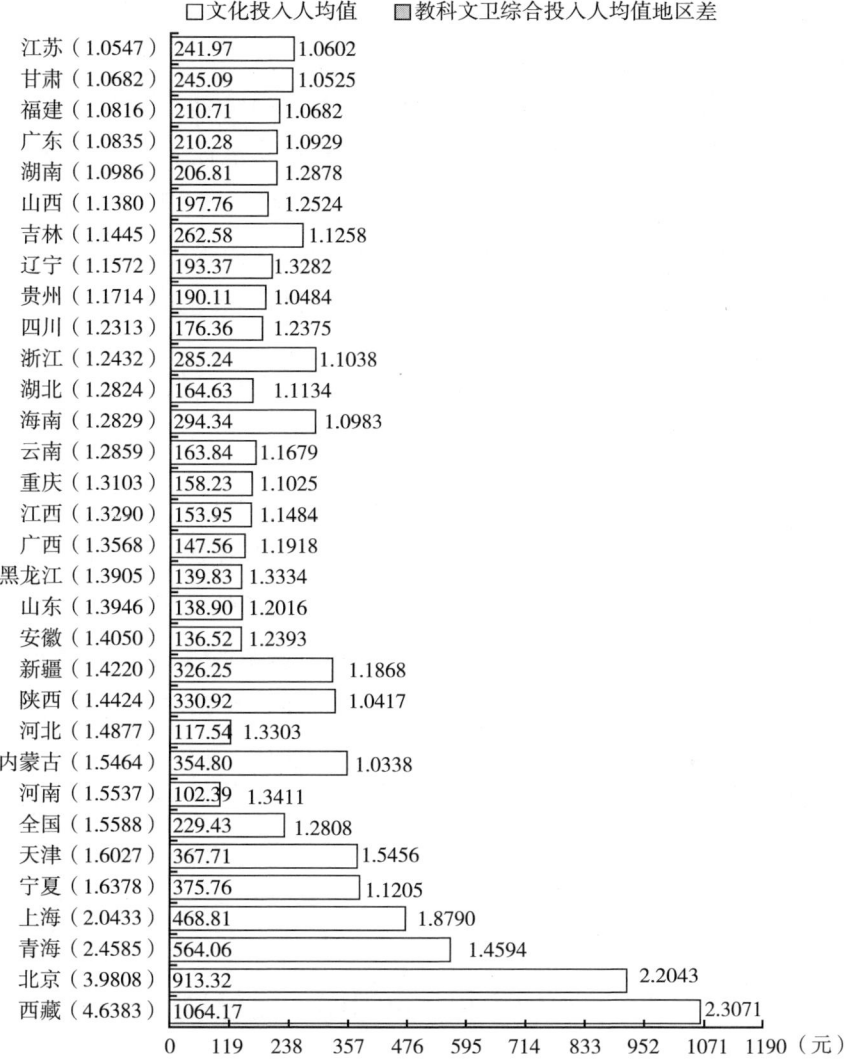

图6 2016年全国及各地文化投入人均值及其地区差对比

坐标轴：各地文化投入人均值地区差（无差距＝1），按从小到大顺序自上而下排列。
横向柱形：左为文化投入人均值（元），右为教科文卫综合投入人均值地区差。上下对比直观体现文化投入人均值地区差距。

25个省域文化投入人均值地区差小于全国总体地区差；6个省域文化投入人均值地区差大于全国总体地区差。其中，江苏文化投入人均值地区差处于首位，低至全国总体地区差的67.66%；西藏文化投入人均值地区差处于末位，高达全国总体地区差的297.55%。

根据本项测评体系的后台演算数据库检验，2016年仅有湖北、湖南2个省域文化投入人均值的地区差为2000年以来历年最佳（最小）值。这意味着，其余29个省域在此项指标检测中存在着地区之间既有"均衡增长"的"应然差距"。在这29个省域里，江西此项地区差检测差距最小，其现有实际值大于历年最佳值0.25%；青海此项地区差检测差距最大，其现有实际值大于历年最佳值116.51%。

在此有必要说明，如图6所示，相邻各地之间，有的省域文化投入人均值高于全国总体人均值，有的省域文化投入人均值低于全国总体人均值，为何其间人均值地区差竟然十分接近？这正是本项研究设计"地区差"指标的独特构思。以全国总体人均值为基准，与此均值相比产生偏离的高低数值皆为偏差值。譬如甲地高于全国均值的部分恰好与乙地低于全国均值的部分相等，那么两地人均值与全国总体人均值的绝对偏差值就相等，人均值地区差指数也就相等。本项研究的"地区差"指标设计思路在于，各地无论是"高于"还是"低于"，测量出的只能是绝对偏差值，换句话说，各地无论是"领先"还是"滞后"，表现出的只会是对全国"均衡"的偏离，均非理想"同步"状态。"均衡发展"的本义在于，既要消除"滞后"，又需避免"领先"，正是"领先"的超越反衬出了"滞后"。

四 文化民生需求同构占比检测

同时调用"中国公共文化投入增长测评体系"与"中国文化消费需求景气评价体系"后台数据库，并行展开同构关联演算检测（对照本书B.5一文表9、表10），2016年全国及各地文化消费与投入占收入、支出比对比见图7。图示直观体现全国及各地文化消费占居民收入、支出比（现有实际值）与文化投入占财政收入、支出比（最佳比值测算值）之间的差异，并演算得出同构占比倍差平衡指数。

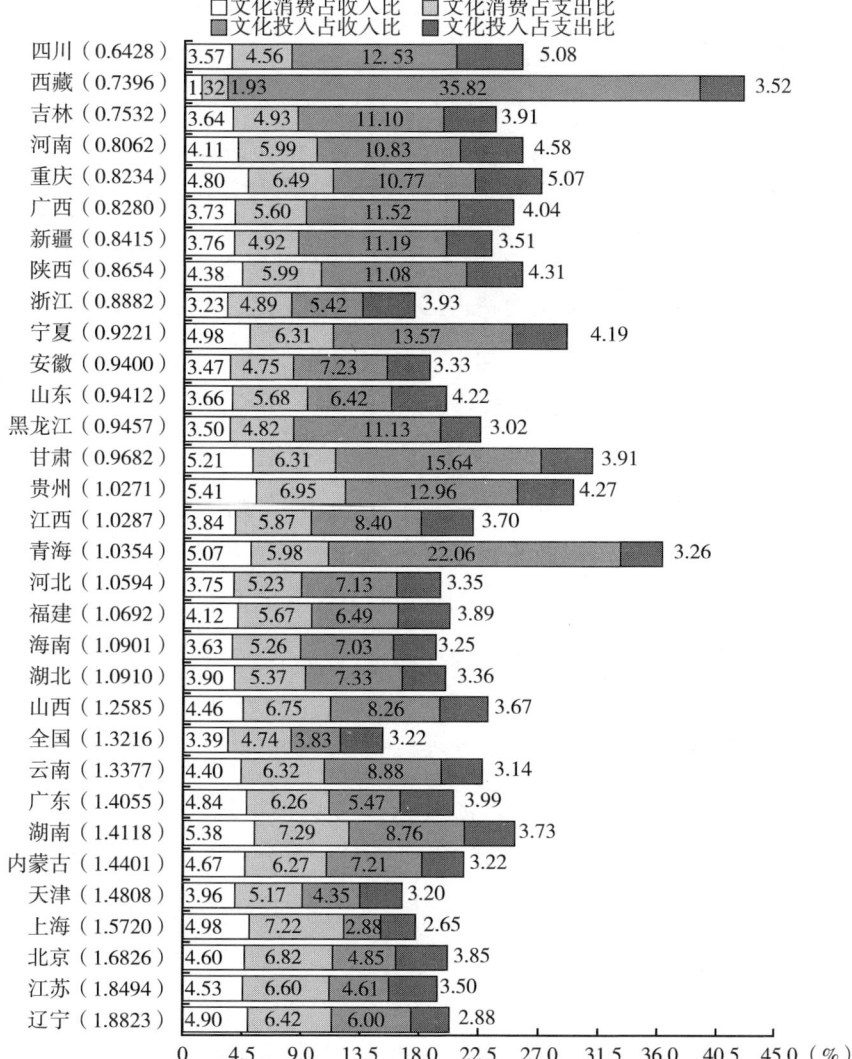

图 7　2016 年全国及各地文化消费与投入占收入、支出比对比

坐标轴：各地同构占比倍差平衡指数，按从小到大顺序自上而下排列。横向柱形（%）：由左至右为文化消费占收入、支出比（%，现有实际值），文化投入占收入、支出比（%，最佳比值测算值）。倍差演算：无差距基准值 1 加同构收入比、支出比之间商值与之绝对偏差值，再以收入比、支出比两项倍差之间商值作为平衡指数。另需说明，2014 年以来年鉴始发布城乡人均值民生数据，与总量数据之间存在演算误差，与对应产值人均值和总量分别演算居民收入比、消费率有出入，本文恢复采用自行演算城乡人均值展开文化消费占居民收入、支出比测算。

首先可以肯定，人类个体（个人及家庭）与群体（地区和国家）的需求具有质的同构性，也具有量的可比性。在这里即可落实为，城乡文化消费占居民收入比与公共文化投入占财政收入比应当具有同构可比性。这就意味着，以全中国亿万人平均而论，公共文化投入占财政收入比应与全国城乡文化消费占居民收入比持平，这样才具有贴切响应文化民生需求自然表现的"合理性"。

其次需要看到，城乡文化消费占居民总消费支出比与公共文化投入占财政支出比虽也具有质的同构性，却不具有量的可比性。这是因为，居民个人和家庭消费币值量一般总会小于收入币值量（个别地区乡村平均值在个别年度例外），剩余的部分则为积蓄；而国家和地区财政支出币值量一般总会大于财政收入币值量（个别年度例外），超出的部分则为预算赤字。落实到这里，即公共文化投入占财政支出比低于城乡文化消费占居民总消费支出比尚属"正常"，不过问题还在于，低于多少才属于"正常"。

最后进行推演，①公共文化投入占财政收入比与城乡文化消费占居民收入比持平，应是"合理"的，国家和地区公共文化投入应当准确响应文化民生需求自然表现出来的取向，这样就使两项"同构占比"归一，其间的倍差势必构成差距；②公共文化投入占财政支出比与占财政收入比持平，也应是"合理"的，即预算赤字"超支"部分应当以同样比例用于公共文化投入，这样也使两项"同质占比"归一，其间的出入势必也构成差距。倍差演算：无差距基准值1加同构收入比、支出比之间商值与之绝对偏差值。

假如以上判断和推论成立，那么就可以取文化消费与投入占收入、支出比两项倍差之间商值（再次形成倍差），作为"文化民生需求系数"同构占比平衡检测的差距指数，在历年三项最佳比值多重测算基础上，再进一步推进同构占比二重平衡假定测算。

2016年，全国文化消费占居民收入比为3.39%，占居民总消费支出比为4.74%，皆系现有实际值；取以上最佳比值测算结果，文化投入占财政收入比应为3.83%，占财政支出比应为3.22%。即便以最佳比值测算来看，全国文化投入占财政收入比仍高于文化消费占居民收入比0.44个百分点，文化投入占财政支出比仍低于文化消费占居民总消费支出比1.52个百分点。若全国文化投入占财政收入比与文化消费占居民收入比持平，同时文化投入占财政收入、支出比自身再予平衡，全国文化投入人均值应达到586.38元，为现有实际值的255.58%，为最佳比值测算值的132.16%。

同样检测四大区域同构占比差距，东部人均值应达到701.98元，为现有实际值的288.37%，为最佳比值测算值的153.67%；东北人均值应达到427.10元，为现有实际值的222.33%，为最佳比值测算值的123.58%；中部人均值应达到379.54元，为现有实际值的247.17%，为最佳比值测算值的108.33%；西部人均值应达到471.15元，为现有实际值的204.32%，为最佳比值测算值的111.41%。

22个省域同构占比差距小于全国总体差距；9个省域同构占比差距大于全国总体差距。其中，四川同构占比差距指数处于首位，低至全国总体差距指数的48.64%；辽宁同构占比差距指数处于末位，高达全国总体差距指数的142.42%。

2016年各省域同构占比二重平衡检测综合结果，按文化投入人均测算值高低，以下取首尾各3个省域，具体测算各自"应有"增长目标和增长差距，作为具体示例，其余省域依此类推。

北京处于首位，人均值应达到1911.01元，为现有实际值的209.24%，为最佳比值测算值的168.26%；西藏处于次位，人均值应达到1261.81元，为现有实际值的118.57%，为最佳比值测算值的73.96%；上海处于再次位，人均值应达到1197.70元，为现有实际值的255.48%，为最佳比值测算值的157.20%。

安徽处于倒数第3位，人均值应达到294.37元，为现有实际值的215.62%，为最佳比值测算值的94.00%；河南处于倒数第2位，人均值应达到289.76元，为现有实际值的283.00%，为最佳比值测算值的80.62%；河北处于倒数第1位，人均值应达到288.88元，为现有实际值的245.77%，为最佳比值测算值的105.94%。

五 文化投入增长的应然测算

2016年全国文化投入总量、人均值增长目标测算见图8,其中增长目标测算值包括"最佳比值""同构占比""全国均等"三项,前一项属于协调增长"应然目标"测算,中间一项属于"民生目标"附加测算,后一项属于均衡发展"理想目标"测算。各地依此类推。

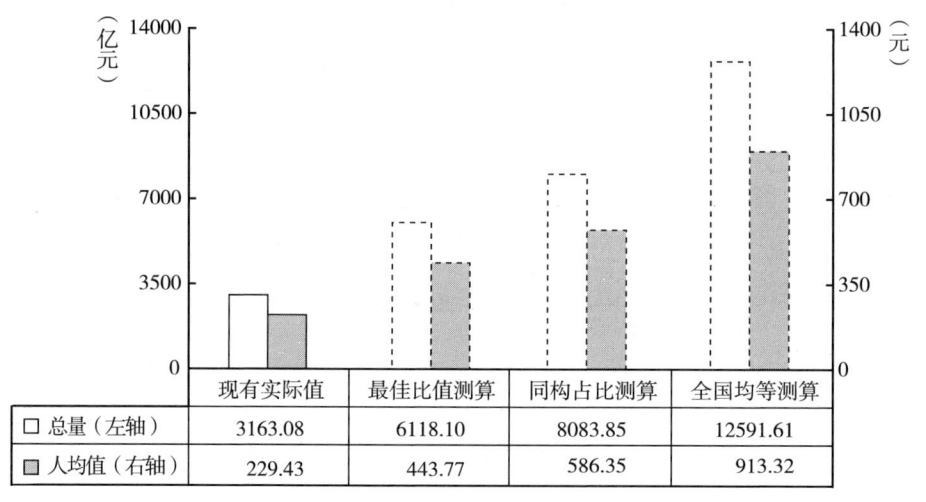

图8 2016年全国文化投入总量、人均值增长目标测算

实线:现有实际值。虚线:目标测算值。最佳比值测算:假设全国产值—财政支出—教科文卫综合投入—文化投入间均实现2000年以来最佳比值。同构占比测算:假设在最佳比值基础上进一步实现文化投入占财政收入、支出比与文化消费占居民收入、支出比合理平衡。全国均等测算:假设全国及31个省域公共文化投入以人均值计算彻底实现均等化(按北京人均值测算)。

(1)最佳比值目标:假设全国产值人均值—财政支出人均值、财政支出人均值—教科文卫综合投入人均值、教科文卫综合投入人均值—文化投入人均值之间均实现2000年以来最佳比值,以三项最佳比值叠加测算。按照这一"应然目标"测算,2016年全国文化投入人均值应达到443.77元,总量应达到6118.10亿元,皆为现有实际值的193.42%。

（2）同构占比目标：假设文化投入占财政收入比与文化消费占居民收入比持平，同时文化投入占财政收入、支出比再予平衡。按照这一"民生目标"测算，2016年全国文化投入人均值应达到586.35元，总量应达到8083.85亿元，皆为现有实际值的255.57%。

（3）全国均等目标：假设全国各地之间产值人均值—财政支出人均值—教科文卫综合投入人均值—文化投入人均值全面消除地区差距，同时全面实现2000年以来三项最佳比值（唯有北京曾经在2012年实现），以北京文化投入人均值测算。按照这一"理想目标"测算，2016年全国文化投入人均值应达到913.32元，总量应达到12591.61亿元，皆为现有实际值的398.08%。

实际上，以上假定测算已得出重要发现：如果各地普遍实现三项最佳比值增长，或进一步实现同构占比二重倍差平衡，那么文化投入人均值地区差将普遍明显缩小，各地文化投入人均值也将会十分接近，为今后实现全国文化投入均等化（以人均值衡量）奠定良好基础。最终达到全国各地文化投入均等化正是公共财政、公共文化服务追求的理想目标。

B.4
全国省域公共文化投入增长综合评价排行
——2000年以来纵向与2016年度横向测评

方彧 魏海燕 邓云斐 王亚南*

摘　要： 2016年，全国5个省域文化投入总量增长超过15%，其中4个省域总量增长超过20%；5个省域文化投入人均值增长超过15%，其中3个省域人均值增长超过20%。云南、湖南、陕西、宁夏、广东处于年度总量、人均值增长前5位。各省域文化投入增长综合评价排行：无差距理想值横向测评，西藏、北京、青海、陕西、甘肃为"2016年度综合指数排名"前5位；自身基数值纵向测评，青海、湖南、陕西、重庆、四川为"2000~2016年综合指数提升"前5位；青海、西藏、陕西、海南、湖南为"2005~2016年综合指数提升"前5位；湖南、福建、贵州、湖北、青海为"2010~2016年综合指数提升"前5位；湖南、云南、广东、湖北、陕西为"2015~2016年综合指数提升"前5位。

关键词： 全国省域　文化投入　综合评价　指数排行

---

* 方彧，中国老龄科学研究中心副研究员；魏海燕，云南省政协信息中心主任编辑，主要从事传媒信息分析研究；邓云斐，云南省社会科学院东南亚研究所副研究员，主要从事文化、社会研究；王亚南，云南省社会科学院研究员，文化发展研究中心主任。

本文分析面向全国及东部、中部、西部和东北四大区域、31个省级行政区划（以下统称"省域"，包括省、自治区和直辖市），首先检测文化投入总量、人均值增长，其次检测经济、财政增长的相关社会背景，同时检测教科文卫投入增长的相邻同步关系，再次检测居民文化消费占收入、支出比的同构可比关系，最后检测文化投入人均值演算的地区差变动状况，由此形成多重关系交叉对比，综合测评2016年各省域文化投入增长指数排行。鉴于另有省域子报告详加考察，文中侧重于全国总体增长与东部、中部、西部及东北四大区域各自不同增长加以比较，对31省域则着眼于各项检测指标排行。

一 各省域文化投入增长基本情况

全国及各省域文化投入总量增长态势可以提供一种宏观视角，便于把握基本态势，本文分析检测从各省域文化投入总量占全国份额增减变化状况为起点展开。

（一）文化投入总量份额增减变化

文化投入总量增长及其占全国份额变动状况见表1，全国总体数据及其相关衍生值作为演算基准，列于表中首行。各省域依所处地理方位，从北到南、由东至西分为东北和东部、中部、西部四大区域，按16年间文化投入总量占全国份额增减变化幅度高低排列。其中，省域主排行以1、2、3……为序，四大区域作为附加排行以［1］、［2］、［3］、［4］为序（后同）。

2000~2016年，全国文化投入总量从300.29亿元增长至3163.08亿元，增量绝对值为2862.79亿元，总增长953.36%，年均增长15.85%。

同期，东部总量年均增长15.81%，低于全国年增0.04个百分点，占全国份额由40.84%跌降为40.58%，降幅0.63%；东北总量年均增长14.29%，低于全国年增1.56个百分点，占全国份额由8.25%跌降为6.64%，降幅19.54%；中部总量年均增长16.28%，高于全国年增0.43个

表1 文化投入总量增长及其占全国份额变动状况

地区	文化投入总量增长				占全国份额变动			
	2000年总量（亿元）	2016年总量（亿元）	16年年均增长		2000年份额（%）	2016年份额（%）	16年份额增减	
			增长指数（上年=1）	指数排序			增减（%）	增减排序
中央财政	33.69	247.95	1.1329	—	11.2192	7.8389	-30.13	—
全国	300.29	3163.08	1.1585	—	100	100	—	—
青海	1.39	33.32	1.2196	1	0.4629	1.0534	127.57	1
西藏	2.01	34.85	1.1952	3	0.6694	1.1018	64.60	3
陕西	7.60	125.85	1.1918	4	2.5309	3.9787	57.20	4
新疆	5.13	77.61	1.1851	7	1.7083	2.4536	43.63	7
重庆	3.37	47.98	1.1806	8	1.1222	1.5169	35.17	8
宁夏	1.81	25.23	1.1790	9	0.6028	0.7976	32.32	9
四川	10.63	145.20	1.1775	10	3.5389	4.5905	29.72	10
内蒙古	6.61	89.25	1.1767	11	2.2012	2.8216	28.18	11
贵州	5.78	67.34	1.1659	15	1.9248	2.1289	10.60	15
甘肃	5.75	63.84	1.1624	19	1.9148	2.0183	5.41	19
广西	8.18	71.08	1.1447	24	2.7240	2.2472	-17.50	24
云南	10.63	77.93	1.1326	30	3.5412	2.4637	-30.43	30
西部	68.89	859.48	1.1709	[1]	22.9412	27.1722	18.44	[1]
湖南	9.03	140.68	1.1872	6	3.0071	4.4476	47.90	6
江西	5.48	70.49	1.1731	12	1.8249	2.2285	22.12	12
山西	6.50	72.64	1.1628	18	2.1646	2.2965	6.09	18
安徽	7.92	84.23	1.1592	20	2.6375	2.6629	0.96	20
湖北	9.88	96.61	1.1532	21	3.2902	3.0543	-7.17	21
河南	11.49	97.33	1.1429	25	3.8263	3.0771	-19.58	25
中部	50.29	561.98	1.1628	[2]	16.7471	17.7669	6.09	[2]
北京	9.26	198.35	1.2111	2	3.0837	6.2708	103.35	2
海南	1.65	26.90	1.1906	5	0.5495	0.8504	54.76	5
天津	4.64	57.16	1.1699	13	1.5452	1.8071	16.95	13
浙江	13.69	158.72	1.1655	16	4.5589	5.0179	10.07	16
江苏	17.05	193.28	1.1639	17	5.6778	6.1105	7.62	17
上海	11.67	113.34	1.1527	22	3.8862	3.5832	-7.80	22
广东	26.33	229.71	1.1450	23	8.7682	7.2622	-17.18	23
河北	10.73	87.54	1.1402	27	3.5732	2.7676	-22.55	27
福建	10.05	81.26	1.1395	28	3.3468	2.5690	-23.24	28
山东	17.57	137.47	1.1372	29	5.8510	4.3461	-25.72	29
东部	122.64	1283.73	1.1581	[3]	40.8405	40.5848	-0.63	[3]
吉林	6.09	72.03	1.1670	14	2.0280	2.2772	12.29	14
辽宁	10.10	84.70	1.1421	26	3.3634	2.6778	-20.38	26
黑龙江	8.57	53.21	1.1209	31	2.8539	1.6822	-41.06	31
东北	24.77	209.94	1.1429	[4]	8.2487	6.6372	-19.54	[4]

注：①表中全国、中央财政及各地文化投入总量数据来源于《中国统计年鉴》，地方财合计分解为东、中、西部和东北四大区域，其余均为演算衍生数值；②部分地区总量份额较小，故保留4位小数，份额增减百分比负值为下降百分比；③2000年四川与云南文化投入总量需以3位小数比较。

百分点，占全国份额由 16.75% 提升为 17.77%，升幅 6.09%；西部总量年均增长 17.09%，高于全国年增 1.24 个百分点，占全国份额由 22.94% 提升为 27.17%，升幅 18.44%。

2000~2016 年各省域文化投入总量年均增长幅度比较，20 个省域总量年均增长高于全国年增；11 个省域总量年均增长低于全国年增。青海占据首位，总量年均增长高于全国年增 6.11 个百分点；黑龙江处于末位，总量年均增长低于全国年增 3.76 个百分点。

各省域文化投入历年总量份额比较。在 2000 年，广东占据首位，文化投入总量占全国份额的 8.77%；青海处于末位，文化投入总量占全国份额的 0.46%。

到 2016 年，广东占据首位，文化投入总量占全国份额的 7.26%；宁夏处于末位，文化投入总量占全国份额的 0.80%。

这 16 年间，各省域文化投入总量占全国份额增减变化比较，20 个省域占全国份额各有提升；11 个省域占全国份额各有跌降。青海占据首位，占全国份额提高了 127.57%；黑龙江处于末位，占全国份额降低了 41.06%。

2016 年以上一年为基数，全国文化投入总量年度增长 2.81%，低于"十五"年均增长 15.75 个百分点，低于"十一五"年均增长 14.20 个百分点。同年，12 个省域总量增长高于全国年增；19 个省域总量增长低于全国年增。

由于各省域之间人口规模差异极大，各地文化投入总量数值本身不具可比性，但增长幅度和份额变化却可以进行比较，此处仅提供各地总量增长幅度和份额增减排序。鉴于各省域之间文化投入总量占全国份额差距巨大，各地份额增减百分点并无比较意义，故采用份额增减百分比加以比较，便于进行排序。实际上，总量增长与份额增减是联系在一起的，总量年均增长排序与份额增减百分比排序也是一致的。

（二）文化投入人均值增长变化

以年平均人口衡量的文化投入人均值增长状况见表 2，各地按 16 年间文化投入人均值年均增长指数高低排列。

表2　以年平均人口衡量的文化投入人均值增长状况

地区	文化投入人均绝对值				人均值增长变动				
	2000年		2016年		16年增量及增量比			16年年均增长	
	人均值（元）	排序	人均值（元）	排序	增量值（元）	增量比（全国=1）	增量比排序	增长指数（上年=1）	指数排序
全国	23.78	—	229.43	—	205.65	1	—	1.1522	—
青海	27.00	11	564.06	3	537.06	2.6115	3	1.2092	1
陕西	20.94	19	330.92	8	309.98	1.5073	8	1.1883	2
重庆	10.94	31	158.23	24	147.29	0.7162	23	1.1817	4
四川	12.39	29	176.36	21	163.97	0.7973	21	1.1805	5
西藏	78.13	1	1064.17	1	986.04	4.7947	1	1.1773	7
内蒙古	27.92	10	354.80	7	326.88	1.5895	6	1.1722	9
贵州	15.49	25	190.11	20	174.62	0.8491	19	1.1697	10
新疆	28.29	9	326.25	9	297.96	1.4489	9	1.1651	12
宁夏	32.99	6	375.76	5	342.77	1.6668	5	1.1642	14
甘肃	22.55	17	245.09	13	222.54	1.0821	13	1.1608	15
广西	17.29	22	147.56	26	130.27	0.6335	26	1.1434	21
云南	25.22	12	163.84	23	138.62	0.6741	25	1.1241	28
西部	19.13	[3]	230.59	[2]	211.46	1.0283	[2]	1.1683	[1]
湖南	13.80	26	206.81	17	193.01	0.9385	15	1.1844	3
江西	13.08	27	153.95	25	140.87	0.6850	24	1.1666	11
安徽	12.64	28	136.52	29	123.88	0.6024	27	1.1604	16
湖北	16.61	23	164.63	22	148.02	0.7198	22	1.1541	18
山西	20.14	20	197.76	18	177.62	0.8637	17	1.1535	19
河南	12.17	30	102.39	31	90.22	0.4387	31	1.1424	22
中部	14.12	[4]	153.55	[4]	139.43	0.6780	[4]	1.1608	[2]
海南	21.29	18	294.34	10	273.05	1.3277	10	1.1784	6
北京	70.87	3	913.32	2	842.45	4.0965	2	1.1732	8
江苏	23.45	14	241.97	14	218.52	1.0626	14	1.1570	17
浙江	30.19	7	285.24	11	255.05	1.2402	11	1.1507	20
天津	47.30	4	367.71	6	320.41	1.5580	7	1.1368	24
河北	16.14	24	117.54	30	101.40	0.4931	30	1.1321	25
山东	19.66	21	138.90	28	119.24	0.5798	28	1.1300	26
福建	29.88	8	210.71	15	180.83	0.8793	16	1.1298	27
上海	74.94	2	468.81	4	393.87	1.9152	4	1.1214	29
广东	35.16	5	210.28	16	175.12	0.8515	18	1.1183	31
东部	28.61	[1]	243.43	[1]	214.82	1.0446	[1]	1.1432	[3]
吉林	22.81	15	262.58	12	239.77	1.1659	12	1.1650	13
辽宁	24.19	13	193.37	19	169.18	0.8227	20	1.1387	23
黑龙江	22.56	16	139.83	27	117.27	0.5702	29	1.1208	30
东北	23.26	[2]	192.10	[3]	168.84	0.8210	[3]	1.1411	[4]

注：①表中均为衍生数值，演算依据为《中国统计年鉴》；②人均值"增量比"小于1为小于全国总体人均增量。

2000~2016年，全国文化投入人均值从23.78元增长至229.43元，人均增量绝对值为205.65元，总增长864.71%，年均增长15.22%。

同期，东部人均值年均增长14.32%，低于全国年增0.90个百分点，从全国人均值的120.31%降至106.10%，人均增量为全国人均增量的104.46%；东北人均值年均增长14.11%，低于全国年增1.11个百分点，从全国人均值的97.81%降至83.73%，人均增量为全国人均增量的82.10%；中部人均值年均增长16.08%，高于全国年增0.86个百分点，从全国人均值的59.39%升至66.93%，人均增量为全国人均增量的67.80%；西部人均值年均增长16.83%，高于全国年增1.61个百分点，从全国人均值的80.42%升至100.51%，人均增量为全国人均增量的102.83%。

2000~2016年各省域文化投入人均值年均增长幅度比较，19个省域人均值年均增长高于全国年增；12个省域人均值年均增长低于全国年增。青海占据首位，人均值年均增长高于全国年增5.70个百分点；广东处于末位，人均值年均增长低于全国年增3.39个百分点。

各省域文化投入历年人均值比较。在2000年，13个省域人均值高于全国人均值；18个省域人均值低于全国人均值。西藏占据首位，人均值高达全国人均值的328.53%；重庆处于末位，人均值仅为全国人均值的46.01%。

到2016年，14个省域人均值高于全国人均值；17个省域人均值低于全国人均值。西藏占据首位，人均值高达全国人均值的463.83%；河南处于末位，人均值仅为全国人均值的44.63%。

2016年以上一年为基数，全国文化投入人均值年度增长2.25%，低于"十五"年均增长15.55个百分点，低于"十一五"年均增长14.16个百分点。同年，12个省域人均值年均增长高于全国年增；19个省域人均值年均增长低于全国年增。

当然，文化投入增长状况分析不能孤立地进行，必须放到全国及各地经济、财政增长的相关社会背景当中，放到教科文卫投入增长的相邻同步关系当中,继续展开检测;同时有必要放到居民文化消费占收入、支出比的同构可比关联当中,放到检验各地之间协调性、均等性的地区差指标测算当中,深入展开检测。因基础数据未提供文化投入的城乡投向,故缺反映"中国现实"极为重要的城乡比指标,留下遗憾。在本项测评的具体演算过程中,文化投入相关性比值以总量进行测算,文化投入地区差指数以人均值进行测算。

二 各省域文化投入相关背景协调状况

在本项测评里,全国及各省域文化投入增长首先需要放到经济、财政增长的相关社会背景中,考察其间的"背景协调增长"状况,从而得出背景关系平衡指标演算比值。

(一)文化投入与产值比变化

文化投入与产值相对比值变动状况见表3,各省域按文化投入总量与产值总量的相对比值高低排列。表中同时提供了2000年和2016年各地产值总量数据,对照表1里各地文化投入总量数据,可以进行重复验算。

2000~2016年,全国产值总量从100280.10亿元增长至744127.20亿元,年均增长13.34%,低于同期文化投入总量年均增长2.51个百分点,文化投入与产值比从0.30%上升至0.43%,升幅为41.98%。

与此同时,东部文化投入年均增长高于产值年增2.13个百分点,与产值比从0.23%上升至0.31%,升幅为34.62%;东北文化投入年均增长高于产值年增3.22个百分点,与产值比从0.25%上升至0.40%,升幅为58.09%;中部文化投入年均增长高于产值年增1.97个百分点,与产值比从0.27%上升至0.35%,升幅为31.45%;西部文化投入年均增长高于产值年增2.23个百分点,与产值比从0.40%上升至0.55%,升幅为35.91%。

表3 文化投入与产值相对比值变动状况

地区	2000年			2016年			16年比值升降变化	
	产值总量（亿元）	文化投入与产值比		产值总量（亿元）	文化投入与产值比		升降（％）	排序
		比值	排序		比值	排序		
全国	100280.10	0.2994	—	744127.20	0.4251	—	41.98	—
辽宁	4669.10	0.2164	27	22246.90	0.3807	19	75.92	6
吉林	1951.51	0.3121	13	14776.80	0.4875	13	56.20	12
黑龙江	3151.40	0.2720	19	15386.09	0.3458	20	27.13	19
东北	9772.01	0.2534	[3]	52409.79	0.4006	[2]	58.09	[1]
青海	263.68	0.5259	6	2572.49	1.2952	2	146.28	2
新疆	1363.56	0.3759	10	9649.70	0.8043	4	113.97	3
西藏	117.80	1.7046	1	1151.41	3.0267	1	77.56	5
四川	3928.20	0.2705	20	32934.54	0.4409	15	62.99	9
甘肃	1052.88	0.5462	4	7200.37	0.8866	3	62.32	10
陕西	1804.00	0.4215	8	19399.59	0.6487	8	53.90	13
宁夏	295.02	0.6133	2	3168.59	0.7963	5	29.84	16
重庆	1603.16	0.2105	30	17740.59	0.2705	28	28.50	17
内蒙古	1539.12	0.4294	7	18128.10	0.4923	12	14.65	24
贵州	1029.92	0.5615	3	11776.73	0.5718	9	1.83	28
云南	2011.19	0.5287	5	14788.42	0.5270	11	-0.32	29
广西	2080.04	0.3934	9	18317.64	0.3880	17	-1.37	30
西部	17088.57	0.4032	[1]	156828.17	0.5480	[1]	35.91	[2]
北京	3161.00	0.2930	14	25669.13	0.7727	6	163.72	1
海南	526.82	0.3135	12	4053.20	0.6637	7	111.71	4
上海	4771.17	0.2446	24	28178.65	0.4022	16	64.43	8
浙江	6141.03	0.2230	26	47251.36	0.3359	22	50.63	14
河北	5043.96	0.2126	28	32070.45	0.2730	27	28.41	18
江苏	8553.69	0.1993	31	77388.28	0.2498	29	25.34	21
天津	1701.88	0.2724	18	17885.39	0.3196	23	17.33	22
广东	10741.25	0.2451	23	80854.91	0.2841	25	15.91	23
福建	3764.54	0.2669	21	28810.58	0.2820	26	5.66	27
山东	8337.47	0.2108	29	68024.49	0.2021	31	-4.13	31
东部	52742.81	0.2325	[4]	410186.44	0.3130	[4]	34.62	[3]
湖南	3551.49	0.2543	22	31551.37	0.4459	14	75.34	7
山西	1845.72	0.3521	11	13050.41	0.5566	10	58.08	11
江西	2003.07	0.2736	16	18499.00	0.3810	18	39.25	15
安徽	2902.09	0.2727	17	24407.62	0.3451	21	26.55	20
湖北	3545.39	0.2787	15	32665.38	0.2958	24	6.14	25
河南	5052.99	0.2274	25	40471.79	0.2405	30	5.76	26
中部	18900.75	0.2661	[2]	160645.57	0.3498	[3]	31.45	[4]

注：①表中全国及各地产值总量数据来源于《中国统计年鉴》，其余为演算衍生数值；②因比值太小表中保留4位小数，并按4位小数演算比值变化，正文表述按惯例保留2位小数，表4～表5同；③比值升降百分比负值为下降百分比。

各省域文化投入与产值比历年高低对比。在2000年，13个省域此项比值高于全国总体比值；18个省域此项比值低于全国总体比值。西藏占据首位，此项比值高于全国总体比值1.41个百分点；江苏处于末位，此项比值低于全国总体比值0.10个百分点。

到2016年，15个省域此项比值高于全国总体比值；16个省域此项比值低于全国总体比值。西藏占据首位，此项比值高于全国总体比值2.60个百分点；山东处于末位，此项比值低于全国总体比值0.22个百分点。

2000~2016年各省域文化投入与产值比升降变化比较，28个省域此项比值上升；3个省域此项比值下降。其中，北京、青海、新疆、海南、西藏、辽宁、湖南、上海、四川、甘肃、山西、吉林、陕西、浙江14个省域此项比值变动状况依次好于全国总体；其余17个省域此项比值变动状况依次逊于全国总体。北京占据首位，此项比值升高了163.72%；山东处于末位，此项比值降低了4.13%。

2016年与上一年相比，全国此项比值下降4.80%。同时，8个省域此项比值上升；23个省域此项比值下降。

这一相对比值分析表明，2000~2016年，全国及各省域文化投入增长与产值增长相比较，其间"背景增长协调性"普遍向好。在全国及绝大部分省域，文化投入增长超过了产值增长，经济增长的成果已经在提升文化投入上明显体现出来。

（二）文化投入占财政收入比变化

文化投入占财政收入相对比值变动状况见表4，各省域按文化投入总量与财政收入总量的相对比值高低排列。表中同时提供了2000年和2016年各地财政收入总量数据，对照表1里各地文化投入总量数据，可以进行重复验算。

2000~2016年，全国财政收入总量从13395.23亿元增长至159604.97亿元，年均增长16.75%，高于同期文化投入总量年均增长0.90个百分点，文化投入占财政收入比从2.24%下降至1.98%，降幅为11.59%。

表4　文化投入占财政收入相对比值变动状况

地区	2000年 财政收入总量（亿元）	2000年 文化投入占财政收入比 比值	2000年 文化投入占财政收入比 排序	2016年 财政收入总量（亿元）	2016年 文化投入占财政收入比 比值	2016年 文化投入占财政收入比 排序	16年比值升降变化 升降（%）	16年比值升降变化 排序
全国	13395.23	2.2417	—	159604.97	1.9818	—	-11.59	—
辽宁	295.63	3.4181	28	2200.49	3.8491	18	12.61	3
黑龙江	185.34	4.6245	16	1148.41	4.6334	10	0.19	6
吉林	103.83	5.8666	10	1263.78	5.6996	7	-2.85	8
东北	584.79	4.2351	[3]	4612.68	4.5514	[2]	7.47	[1]
青海	16.58	8.3615	4	238.51	13.9701	2	67.08	1
陕西	114.97	6.6139	7	1833.99	6.8621	4	3.75	4
四川	233.86	4.5439	18	3388.85	4.2846	15	-5.71	9
新疆	79.07	6.4820	8	1298.95	5.9748	6	-7.82	10
甘肃	61.28	9.3844	2	786.97	8.1121	3	-13.56	11
广西	147.05	5.5644	12	1556.27	4.5673	11	-17.92	13
宁夏	20.82	8.6888	3	387.66	6.5083	5	-25.10	16
云南	180.75	5.8832	9	1812.29	4.3001	14	-26.91	18
内蒙古	95.03	6.9539	5	2016.43	4.4261	12	-36.35	25
贵州	85.23	6.7845	6	1561.34	4.3130	13	-36.43	26
西藏	5.38	37.2902	1	155.99	22.3412	1	-40.09	30
重庆	87.24	3.8673	24	2227.91	2.1536	29	-44.31	31
西部	1127.29	6.1113	[1]	17265.16	4.9781	[1]	-18.54	[2]
北京	345.00	2.6849	30	5081.26	3.9036	17	45.39	2
海南	39.20	4.2128	22	637.51	4.2195	16	0.16	7
广东	910.56	2.8917	29	10390.35	2.2108	28	-23.55	14
浙江	342.77	3.9949	23	5301.98	2.9936	25	-25.06	15
上海	485.38	2.4046	31	6406.13	1.7692	31	-26.42	17
福建	234.11	4.2919	21	2654.83	3.0608	24	-28.68	19
河北	248.76	4.3113	20	2849.87	3.0717	23	-28.75	20
江苏	448.31	3.8032	25	8121.23	2.3799	26	-37.42	27
山东	463.68	3.7902	26	5860.18	2.3458	27	-38.11	28
天津	133.61	3.4694	27	2723.99	2.0988	30	-39.51	29
东部	3651.37	3.3588	[4]	50026.84	2.5661	[4]	-23.60	[3]
湖南	177.04	5.1014	13	2697.88	5.2145	8	2.22	5
山西	114.48	5.6767	11	1557.00	4.6654	9	-17.81	12
安徽	178.72	4.4288	19	2672.79	3.1514	20	-28.84	21
湖北	214.35	4.6095	17	3102.06	3.1144	21	-32.44	22
江西	111.55	4.9132	14	2151.47	3.2764	19	-33.31	23
河南	246.47	4.6613	15	3153.47	3.0864	22	-33.79	24
中部	1042.60	4.8240	[2]	15334.67	3.6648	[3]	-24.03	[4]

注：表中全国及各地财政收入总量数据来源于《中国统计年鉴》，其余同前表。

与此同时，东部文化投入年均增长低于财政收入年增1.96个百分点，占财政收入比从3.36%下降至2.57%，降幅为23.60%；东北文化投入年均增长高于财政收入年增0.51个百分点，占财政收入比从4.24%上升至4.55%，升幅为7.47%；中部文化投入年均增长低于财政收入年增2.02个百分点，占财政收入比从4.82%下降至3.66%，降幅为24.03%；西部文化投入年均增长低于财政收入年增1.51个百分点，占财政收入比从6.11%下降至4.98%，降幅为18.54%。

各省域文化投入占财政收入比历年高低对比。在2000年，31个省域此项比值全都高于全国总体比值。西藏占据首位，此项比值高于全国总体比值35.05个百分点；上海处于末位，此项比值低于全国总体比值0.16个百分点。

到2016年，30个省域此项比值高于全国总体比值；1个省域此项比值低于全国总体比值。西藏占据首位，此项比值高于全国总体比值20.36个百分点；上海处于末位，此项比值低于全国总体比值0.21个百分点。

2000~2016年各省域文化投入占财政收入比升降变化比较，7个省域此项比值上升；24个省域此项比值下降。其中，青海、北京、辽宁、陕西、湖南、黑龙江、海南、吉林、四川、新疆10个省域此项比值变动状况依次好于全国总体；其余21个省域此项比值变动状况依次逊于全国总体。青海占据首位，此项比值升高了67.08%；重庆处于末位，此项比值降低了44.31%。

2016年与上一年相比，全国此项比值下降1.92%。同时，15个省域此项比值上升；16个省域此项比值下降。

这一相对比值分析表明，2000~2016年，全国及各省域文化投入增长与财政收入增长相比较，其间"背景增长协调性"普遍欠佳。在全国及绝大部分省域，文化投入增长滞后于财政收入增长，财政收入增长的成效并未在提升文化投入上同步体现出来。

（三）文化投入占财政支出比变化

文化投入占财政支出相对比值变动状况见表5，各省域按文化投入总量

表5 文化投入占财政支出相对比值变动状况

地区	2000 年			2016 年			16 年比值升降变化	
	财政支出总量（亿元）	文化投入占财政支出比		财政支出总量（亿元）	文化投入占财政支出比		升降（%）	排序
		比值	排序		比值	排序		
全国	15886.50	1.8902	—	187755.21	1.6847	—	-10.87	—
辽宁	518.08	1.9504	29	4577.47	1.8504	16	-5.13	4
吉林	260.67	2.3367	25	3586.09	2.0086	10	-14.04	5
黑龙江	381.87	2.2445	26	4227.34	1.2587	30	-43.92	26
东北	1160.63	2.1339	[4]	12390.90	1.6943	[3]	-20.60	[1]
北京	443.00	2.0909	27	6406.77	3.0959	1	48.07	1
上海	608.56	1.9179	30	6918.94	1.6381	19	-14.59	7
海南	64.12	2.5755	18	1376.48	1.9543	12	-24.12	9
浙江	431.30	3.1750	2	6974.26	2.2758	3	-28.32	12
广东	1080.32	2.4373	23	13446.09	1.7084	18	-29.91	13
江苏	591.28	2.8836	8	9981.96	1.9363	13	-32.85	16
天津	187.05	2.4781	20	3699.43	1.5451	24	-37.65	20
福建	324.18	3.0993	4	4275.40	1.9006	14	-38.68	23
河北	415.54	2.5810	16	6049.53	1.4471	28	-43.93	27
山东	613.08	2.8666	10	8755.21	1.5702	22	-45.22	29
东部	4758.42	2.5774	[3]	67884.07	1.8911	[1]	-26.63	[2]
青海	68.26	2.0315	28	1524.80	2.1852	6	7.57	2
陕西	271.76	2.7981	11	4389.37	2.8672	2	2.47	3
四川	452.00	2.3510	24	8008.89	1.8130	17	-22.88	8
内蒙古	247.27	2.6726	14	4512.71	1.9777	11	-26.00	10
新疆	190.95	2.6842	12	4138.25	1.8754	15	-30.13	14
宁夏	60.84	2.9741	6	1254.54	2.0111	9	-32.38	15
重庆	187.64	1.7981	31	4001.81	1.1990	31	-33.32	17
甘肃	188.23	3.0554	5	3150.03	2.0266	8	-33.67	18
西藏	59.97	3.3484	1	1587.98	2.1946	5	-34.46	19
云南	414.11	2.5678	19	5018.86	1.5527	23	-39.53	24
贵州	201.57	2.8688	9	4262.36	1.5799	21	-44.93	28
广西	258.49	3.1656	3	4441.70	1.6003	20	-49.45	31
西部	2601.09	2.6486	[1]	46291.30	1.8567	[2]	-29.90	[3]
湖南	347.83	2.5965	15	6339.16	2.2192	4	-14.53	6
山西	225.06	2.8875	7	3428.86	2.1185	7	-26.63	11
安徽	323.47	2.4469	22	5522.95	1.5251	26	-37.67	21
江西	223.47	2.4526	21	4617.40	1.5266	25	-37.76	22
湖北	368.77	2.6793	13	6422.98	1.5041	27	-43.86	25
河南	445.53	2.5786	17	7453.74	1.3058	29	-49.36	30
中部	1934.13	2.6004	[2]	33785.09	1.6634	[4]	-36.03	[4]

注：表中全国及各地财政支出总量数据来源于《中国统计年鉴》，其余同前表。

与财政支出总量的相对比值高低排列。表中同时提供了2000年和2016年各地财政支出总量数据，对照表1里各地文化投入总量数据，可以进行重复验算。

2000~2016年，全国财政支出总量从15886.50亿元增长至187755.21亿元，年均增长16.69%，高于同期文化投入总量年均增长0.84个百分点，文化投入占财政支出比从1.89%下降至1.68%，降幅为10.87%。

与此同时，东部文化投入年均增长低于财政支出年增2.26个百分点，占财政支出比从2.58%下降至1.89%，降幅为26.63%；东北文化投入年均增长低于财政支出年增1.66个百分点，占财政支出比从2.13%下降至1.69%，降幅为20.60%；中部文化投入年均增长低于财政支出年增3.29个百分点，占财政支出比从2.60%下降至1.66%，降幅为36.03%；西部文化投入年均增长低于财政支出年增2.62个百分点，占财政支出比从2.65%下降至1.86%，降幅为29.90%。

各省域文化投入占财政支出比历年高低对比，在2000年，30个省域此项比值高于全国总体比值；1个省域此项比值低于全国总体比值。西藏占据首位，此项比值高于全国总体比值1.46个百分点；重庆处于末位，此项比值低于全国总体比值0.09个百分点。

到2016年，18个省域此项比值高于全国总体比值；13个省域此项比值低于全国总体比值。北京占据首位，此项比值高于全国总体比值1.41个百分点；重庆处于末位，此项比值低于全国总体比值0.49个百分点。

2000~2016年各省域文化投入占财政支出比升降变化比较，3个省域此项比值上升；28个省域此项比值下降。其中，北京、青海、陕西、辽宁4个省域此项比值变动状况依次好于全国总体；其余27个省域此项比值变动状况依次逊于全国总体。北京占据首位，此项比值升高了48.07%；广西处于末位，此项比值降低了49.45%。

2016年与上一年相比，全国此项比值下降3.69%。同时，7个省域此项比值上升；24个省域此项比值下降。

这一相对比值分析表明，2000~2016 年，全国及各省域文化投入增长与财政支出增长相比较，其间"背景增长协调性"普遍欠佳。在全国及绝大部分省域，文化投入增长滞后于财政支出增长，财政支出增长的效应并未在提升文化投入上同步体现出来。

三 各省域文化投入相邻关系协调状况

在本项测评里，全国及各省域文化投入增长其次也需要放到教育、科技、卫生投入增长的相邻同步关系中，考察其间的"相邻协调增长"状况，从而得出相邻关系平衡指标演算比值。

（一）文化投入与教育投入相对比值变化

文化投入与教育投入相对比值变动状况见表 6，各省域按文化投入总量与教育投入总量的相对比值高低排列。表中同时提供了 2000 年和 2016 年各地教育投入总量数据，对照表 1 里各地文化投入总量数据，可以进行重复验算。

表6 文化投入与教育投入相对比值变动状况

地区	2000 年			2016 年			16 年比值升降变化	
	教育投入总量（亿元）	文化投入与教育投入比		教育投入总量（亿元）	文化投入与教育投入比		升降（%）	排序
		比值	排序		比值	排序		
全国	1768.75	16.98	—	28072.78	11.27	—	-33.63	—
辽宁	65.91	15.33	22	633.96	13.36	10	-12.85	5
吉林	35.81	17.01	18	499.70	14.41	7	-15.29	6
黑龙江	48.98	17.50	13	558.87	9.52	21	-45.60	23
东北	150.70	16.43	[2]	1692.53	12.40	[1]	-24.53	[1]

续表

地区	2000年			2016年			16年比值升降变化	
	教育投入总量（亿元）	文化投入与教育投入比		教育投入总量（亿元）	文化投入与教育投入比		升降（%）	排序
		比值	排序		比值	排序		
北京	60.07	15.42	21	887.37	22.35	1	44.94	2
上海	84.10	13.88	30	840.97	13.48	9	-2.88	4
天津	30.87	15.01	23	502.49	11.38	16	-24.18	9
海南	9.63	17.15	14	214.24	12.56	11	-26.76	11
江苏	117.42	14.52	28	1842.94	10.49	18	-27.75	13
浙江	78.19	17.51	12	1300.03	12.21	12	-30.27	17
福建	61.97	16.21	20	789.11	10.30	19	-36.46	18
广东	144.75	18.19	10	2318.47	9.91	20	-45.52	22
河北	73.65	14.56	27	1134.90	7.71	29	-47.05	25
山东	118.10	14.88	24	1825.99	7.53	30	-49.40	27
东部	778.76	15.75	[4]	11656.51	11.01	[3]	-30.10	[2]
重庆	64.80	5.21	31	575.18	8.34	25	60.08	1
青海	7.27	19.07	7	171.36	19.44	3	1.94	3
陕西	38.46	19.77	6	777.53	16.19	5	-18.11	7
宁夏	8.08	22.39	3	152.57	16.54	4	-26.13	10
内蒙古	29.75	22.21	4	554.97	16.08	6	-27.60	12
新疆	31.35	16.35	19	664.52	11.68	14	-28.56	14
西藏	6.98	28.77	2	169.64	20.54	2	-28.61	15
甘肃	27.55	20.88	5	548.95	11.63	15	-44.30	21
云南	62.31	17.07	16	871.14	8.95	24	-47.57	26
广西	44.71	18.30	8	854.55	8.32	26	-54.54	29
贵州	31.78	18.20	9	843.54	7.98	28	-56.15	30
四川	25.45	41.75	1	1301.85	11.15	17	-73.29	31
西部	378.51	18.20	[1]	7485.80	11.48	[2]	-36.92	[3]
湖南	50.88	17.75	11	1032.37	13.63	8	-23.21	8
山西	38.16	17.03	17	606.97	11.97	13	-29.71	16
安徽	53.99	14.66	26	910.87	9.25	22	-36.90	19
江西	38.14	14.37	29	848.88	8.30	27	-42.24	20
湖北	57.66	17.14	15	1047.37	9.22	23	-46.21	24
河南	77.33	14.86	25	1343.76	7.24	31	-51.28	28
中部	316.17	15.91	[3]	5790.22	9.71	[4]	-38.97	[4]

注：表中全国及各地教育投入总量数据来源于《中国统计年鉴》，其余同前表。

2000~2016年，全国教育投入总量从1768.75亿元增长至28072.78亿元，年均增长18.86%，高于同期文化投入总量年均增长3.01个百分点，文化投入与教育投入比从16.98%下降至11.27%，降幅为33.63%。

与此同时，东部文化投入年均增长低于教育投入年增2.62个百分点，与教育投入比从15.75%下降至11.01%，降幅为30.10%；东北文化投入年均增长低于教育投入年增2.03个百分点，与教育投入比从16.43%下降至12.40%，降幅为24.53%；中部文化投入年均增长低于教育投入年增3.65个百分点，与教育投入比从15.91%下降至9.71%，降幅为38.97%；西部文化投入年均增长低于教育投入年增3.42个百分点，与教育投入比从18.20%下降至11.48%，降幅为36.92%。

各省域文化投入与教育投入比历年高低对比，在2000年，18个省域此项比值高于全国总体比值；13个省域此项比值低于全国总体比值。四川占据首位，此项比值高于全国总体比值24.77个百分点；重庆处于末位，此项比值低于全国总体比值11.77个百分点。

到2016年，16个省域此项比值高于全国总体比值；15个省域此项比值低于全国总体比值。北京占据首位，此项比值高于全国总体比值11.09个百分点；河南处于末位，此项比值低于全国总体比值4.02个百分点。

2000~2016年各省域文化投入与教育投入比升降变化比较，3个省域此项比值上升；28个省域此项比值下降。其中，重庆、北京、青海、上海、辽宁、吉林、陕西、湖南、天津、宁夏、海南、内蒙古、江苏、新疆、西藏、山西、浙江17个省域此项比值变动状况依次好于全国总体；其余14个省域此项比值变动状况依次逊于全国总体。重庆占据首位，此项比值升高了60.08%；四川处于末位，此项比值降低了73.29%。

2016年与上一年相比，全国此项比值下降3.79%。同时，11个省域此项比值上升；20个省域此项比值下降。

这一相对比值分析表明，2000~2016年，全国及各省域文化投入增长与教育投入增长相比较，其间"相邻增长协调性"普遍欠佳。在全国及绝大部分省域，文化投入增长滞后于教育投入增长，教育投入增长进展并未在相邻的文化投入上引发同步效应，反而在教科文卫综合投入中压低了文化投入的比重。

（二）文化投入与科技投入相对比值变化

文化投入与科技投入相对比值变动状况见表7，各省域按文化投入总量与科技投入总量的相对比值高低排列。表中同时提供了2000年和2016年各地科技投入总量数据，对照表1里各地文化投入总量数据，可以进行重复验算。

表7　文化投入与科技投入相对比值变动状况

地区	2000年			2016年			16年比值升降变化	
	科技投入总量（亿元）	文化投入与科技投入比		科技投入总量（亿元）	文化投入与科技投入比		升降（%）	排序
		比值	排序		比值	排序		
全国	173.58	172.99	—	6563.96	48.19	—	-72.14	—
吉林	1.75	347.13	23	41.01	175.64	8	-49.40	4
辽宁	3.26	309.76	28	61.61	137.48	15	-55.62	8
黑龙江	2.73	313.99	27	44.92	118.46	17	-62.27	14
东北	7.75	319.72	[3]	147.54	142.29	[2]	-55.50	[1]
西藏	0.19	1074.95	1	4.81	724.53	1	-32.60	1
甘肃	1.27	452.74	15	26.23	243.39	4	-46.24	2
云南	3.38	314.64	26	46.86	166.30	11	-47.15	3
内蒙古	1.20	549.88	6	32.38	275.63	3	-49.87	5
四川	3.30	322.40	24	101.09	143.63	13	-55.45	7
青海	0.19	722.99	2	10.90	305.69	2	-57.72	9
广西	2.13	383.37	18	45.20	157.26	12	-58.98	10
陕西	1.49	510.27	9	62.01	202.95	6	-60.23	11
新疆	1.04	492.22	10	44.98	172.54	9	-64.95	15
宁夏	0.46	394.81	17	18.26	138.17	14	-65.00	16
贵州	1.54	374.33	19	69.30	97.17	20	-74.04	19
重庆	0.73	462.64	12	51.62	92.95	21	-79.91	23
西部	16.92	407.05	[2]	513.64	167.33	[1]	-58.89	[2]
北京	6.21	149.23	31	285.78	69.41	24	-53.49	6
海南	0.38	431.63	16	15.69	171.45	10	-60.28	12

续表

地区	2000年			2016年			16年比值升降变化	
	科技投入总量（亿元）	文化投入与科技投入比		科技投入总量（亿元）	文化投入与科技投入比		升降（%）	排序
		比值	排序		比值	排序		
福建	3.12	321.72	25	80.28	101.22	19	-68.54	18
河北	2.08	515.80	7	73.18	119.62	16	-76.81	20
上海	7.32	159.52	30	341.71	33.17	29	-79.21	21
山东	3.85	455.97	14	167.00	82.32	23	-81.95	25
浙江	3.94	347.52	22	269.04	58.99	25	-83.03	26
江苏	4.63	368.58	20	381.02	50.73	27	-86.24	27
天津	1.33	348.50	21	125.18	45.66	28	-86.90	28
广东	10.96	240.28	29	742.97	30.92	31	-87.13	29
东部	43.82	279.89	[4]	2481.85	51.72	[4]	-81.52	[3]
湖南	1.75	514.89	8	71.44	196.92	7	-61.75	13
山西	1.08	601.32	4	34.56	210.19	5	-65.05	17
河南	2.34	491.76	11	96.10	101.28	18	-79.40	22
江西	1.19	462.16	13	83.12	84.81	22	-81.65	24
湖北	1.54	640.79	3	190.11	50.82	26	-92.07	30
安徽	1.39	569.15	5	259.50	32.46	30	-94.30	31
中部	9.29	541.42	[1]	734.83	76.48	[3]	-85.87	[4]

注：表中全国及各地科技投入总量数据来源于《中国统计年鉴》，其余同前表。

2000~2016年，全国科技投入总量从173.58亿元增长至6563.96亿元，年均增长25.49%，高于同期文化投入总量年均增长9.64个百分点，文化投入与科技投入比从172.99%下降至48.19%，降幅为72.14%。

与此同时，东部文化投入年均增长低于科技投入年增12.89个百分点，与科技投入比从279.89%下降至51.72%，降幅为81.52%；东北文化投入年均增长低于科技投入年增5.93个百分点，与科技投入比从319.72%下降至142.29%，降幅为55.50%；中部文化投入年均增长低于科技投入年增15.13个百分点，与科技投入比从541.42%下降至76.48%，降幅为85.87%；西部文化投入年均增长低于科技投入年增6.69个百分点，与科技投入比从407.05%下降至167.33%,降幅为58.89%。

各省域文化投入与科技投入比历年高低对比,在2000年,29个省域此项比值高于全国总体比值;2个省域此项比值低于全国总体比值。西藏占据首位,此项比值高于全国总体比值901.95个百分点;北京处于末位,此项比值低于全国总体比值23.76个百分点。

到2016年,27个省域此项比值高于全国总体比值;4个省域此项比值低于全国总体比值。西藏占据首位,此项比值高于全国总体比值676.34个百分点;广东处于末位,此项比值低于全国总体比值17.27个百分点。

2000~2016年各省域文化投入与科技投入比升降变化比较,31个省域此项比值全都下降。其中,西藏、甘肃、云南、吉林、内蒙古、北京、四川、辽宁、青海、广西、陕西、海南、湖南、黑龙江、新疆、宁夏、山西、福建18个省域此项比值变动状况依次好于全国总体;其余13个省域此项比值变动状况依次逊于全国总体。西藏占据首位,此项比值降低了32.60%;安徽处于末位,此项比值降低了94.30%。

2016年与上一年相比,全国此项比值下降8.18%。同时,12个省域此项比值上升;19个省域此项比值下降。

这一相对比值分析表明,2000~2016年,全国及各省域文化投入增长与科技投入增长相比较,其间"相邻增长协调性"普遍欠佳。在全国及绝大部分省域,文化投入增长滞后于科技投入增长,科技投入增长进展并未在相邻的文化投入上引发同步效应,反而在教科文卫综合投入中压低了文化投入的比重。

(三)文化投入与卫生投入相对比值变化

文化投入与卫生投入相对比值变动状况见表8,各省域按文化投入总量与卫生投入总量的相对比值高低排列。表中同时提供了2000年和2016年各地卫生投入总量数据,对照表1里各地文化投入总量数据,可以进行重复验算。

表8 文化投入与卫生投入相对比值变动状况

地区	2000年			2016年			16年比值升降变化	
	卫生投入总量（亿元）	文化投入与卫生投入比		卫生投入总量（亿元）	文化投入与卫生投入比		升降（%）	排序
		比值	排序		比值	排序		
全国	494.26	60.75	—	13158.77	24.04	—	-60.43	—
北京	28.53	32.47	31	397.95	49.84	1	53.50	1
上海	32.58	35.82	30	383.10	29.58	8	-17.42	2
浙江	27.24	50.27	24	542.44	29.26	9	-41.79	6
天津	8.69	53.36	19	203.23	28.13	10	-47.28	7
江苏	32.57	52.35	21	712.77	27.12	12	-48.19	8
海南	2.80	58.93	17	114.17	23.56	16	-60.02	13
广东	47.73	55.16	18	1121.83	20.48	19	-62.87	16
福建	16.14	62.25	11	377.58	21.52	18	-65.43	19
山东	28.26	62.19	12	790.19	17.40	23	-72.02	27
河北	17.46	61.42	15	547.86	15.98	28	-73.98	28
东部	242.00	50.68	[4]	5191.12	24.73	[1]	-51.20	[1]
辽宁	17.13	58.98	16	307.31	27.56	11	-53.27	9
吉林	9.38	64.95	9	273.62	26.32	13	-59.48	11
黑龙江	13.61	62.97	10	280.56	18.97	20	-69.87	26
东北	40.12	61.73	[2]	861.49	24.37	[2]	-60.52	[2]
西藏	3.24	62.04	14	69.97	49.81	2	-19.71	3
青海	2.82	49.14	25	103.06	32.33	4	-34.21	4
新疆	10.65	48.13	27	256.43	30.27	7	-37.11	5
内蒙古	9.11	72.56	4	284.63	31.36	5	-56.78	10
宁夏	2.35	76.93	2	82.03	30.76	6	-60.02	12
四川	21.90	48.53	26	772.24	18.80	21	-61.26	15
陕西	8.29	91.74	1	381.66	32.97	3	-64.06	17
云南	22.38	47.52	28	466.98	16.69	25	-64.88	18
重庆	8.04	41.97	29	331.18	14.49	30	-65.48	20
贵州	11.06	52.30	22	392.51	17.16	24	-67.19	22
甘肃	8.06	71.38	5	273.25	23.36	17	-67.27	23
广西	11.64	70.30	6	468.18	15.18	29	-78.41	30
西部	119.52	57.64	[3]	3882.12	22.14	[3]	-61.59	[3]
山西	10.45	62.18	13	300.86	24.14	15	-61.18	14
湖南	11.88	76.03	3	546.27	25.75	14	-66.13	21
湖北	19.09	51.76	23	588.90	16.41	26	-68.30	24
江西	10.32	53.13	20	438.72	16.07	27	-69.75	25
安徽	11.71	67.58	7	480.12	17.54	22	-74.05	29
河南	17.30	66.41	8	778.01	12.51	31	-81.16	31
中部	80.74	62.29	[1]	3132.88	17.94	[4]	-71.20	[4]

注：表中全国及各地卫生投入总量数据来源于《中国统计年鉴》，其余同前表。

2000~2016年,全国卫生投入总量从494.26亿元增长至13158.77亿元,年均增长22.77%,高于同期文化投入总量年均增长6.92个百分点,文化投入与卫生投入比从60.75%下降至24.04%,降幅为60.43%。

与此同时,东部文化投入年均增长低于卫生投入年增5.31个百分点,与卫生投入比从50.68%下降至24.73%,降幅为51.20%;东北文化投入年均增长低于卫生投入年增6.84个百分点,与卫生投入比从61.73%下降至24.37%,降幅为60.52%;中部文化投入年均增长低于卫生投入年增9.41个百分点,与卫生投入比从62.29%下降至17.94%,降幅为71.20%;西部文化投入年均增长低于卫生投入年增7.21个百分点,与卫生投入比从57.64%下降至22.14%,降幅为61.59%。

各省域文化投入与卫生投入比历年高低对比,在2000年,15个省域此项比值高于全国总体比值;16个省域此项比值低于全国总体比值。陕西占据首位,此项比值高于全国总体比值30.98个百分点;北京处于末位,此项比值低于全国总体比值28.29个百分点。

到2016年,15个省域此项比值高于全国总体比值;16个省域此项比值低于全国总体比值。北京占据首位,此项比值高于全国总体比值25.81个百分点;河南处于末位,此项比值低于全国总体比值11.53个百分点。

2000~2016年各省域文化投入与卫生投入比升降变化比较,1个省域此项比值上升;30个省域此项比值下降。其中,北京、上海、西藏、青海、新疆、浙江、天津、江苏、辽宁、内蒙古、吉林、海南、宁夏13个省域此项比值变动状况依次好于全国总体;其余18个省域此项比值变动状况依次逊于全国总体。北京占据首位,此项比值升高了53.50%;河南处于末位,此项比值降低了81.16%。

2016年与上一年相比,全国此项比值下降6.61%。同时,7个省域此项比值上升;24个省域此项比值下降。

这一相对比值分析表明,2000~2016年,全国及各省域文化投入增长与卫生投入增长相比较,其间"相邻增长协调性"普遍欠佳。在全国及绝大部分省域,文化投入增长滞后于卫生投入增长,卫生投入增长进展并未在相邻的文化投入上引发同步效应，反而在教科文卫综合投入中压低了文化投入的比重。

四 各省域文化投入与居民文化消费同构关联对比

在本项测评里，全国及各省域文化投入增长再次还需要放到居民文化消费增长的同构可比关系中，考察其间的"同构协调增长"状况，从而得出占比倍差指数校正指标演算结果。此项测算与"中国文化消费需求景气评价体系"形成互动。

（一）文化消费与文化投入占收入比变化

文化消费与文化投入占收入比差距变动状况见表9，各省域按居民文化消费与公共文化投入占收入比之间的倍差指数增减变化排列。表中同时提供了2000年和2016年各地居民文化消费占收入比演算结果，对照表4里各地公共文化投入占财政收入比演算结果，可以进行重复验算。

表 9 文化消费与文化投入占收入比差距变动状况

地区	2000年			2016年			16年倍差增减变化	
	文化消费占收入比（%）	文化消费与投入占收入比倍差指数 无差距=1	差距排序（倒序）	文化消费占收入比（%）	文化消费与投入占收入比倍差指数 无差距=1	差距排序（倒序）	增减（%）	排序（倒序）
全国	3.4614	1.5441	—	3.3945	1.7128	—	10.93	—
内蒙古	3.4800	1.4996	24	4.6721	1.0556	4	-29.61	2
云南	3.6878	1.3732	13	4.4034	1.0240	1	-25.43	4
贵州	3.0861	1.5451	27	5.4095	1.2542	16	-18.83	6
宁夏	4.2694	1.5086	25	4.9842	1.2342	13	-18.19	10
广西	3.4832	1.3740	14	3.7301	1.1833	11	-13.88	12
甘肃	4.4968	1.5208	26	5.2107	1.3577	20	-10.72	14
四川	3.4174	1.2479	6	3.5710	1.1666	8	-6.51	17
新疆	3.6924	1.4304	18	3.7592	1.3708	23	-4.17	19
青海	2.7919	1.6661	28	5.0667	1.6373	25	-1.73	20

续表

地区	2000年			2016年			16年倍差增减变化	
	文化消费占收入比（%）	文化消费与投入占收入比倍差指数		文化消费占收入比（%）	文化消费与投入占收入比倍差指数		增减（%）	排序（倒序）
		无差距=1	差距排序（倒序）		无差距=1	差距排序（倒序）		
西藏	1.3286	1.9644	29	1.3211	1.9409	28	-1.20	21
陕西	4.1395	1.3741	15	4.3756	1.3624	22	-0.85	22
重庆	3.7072	1.0414	2	4.7984	2.2281	30	113.95	31
西部	3.5973	1.4114	[4]	4.2740	1.1414	[2]	-19.13	[1]
黑龙江	2.6330	1.4306	19	3.5043	1.2437	14	-13.06	13
吉林	3.0913	1.4731	23	3.6415	1.3611	21	-7.60	16
辽宁	2.9330	1.1419	5	4.8959	1.2720	17	11.39	25
东北	2.8660	1.3233	[2]	4.1855	1.0804	[1]	-18.36	[2]
山西	3.1609	1.4432	21	4.4625	1.0435	3	-27.70	3
江西	2.6297	1.4648	22	3.8437	1.1732	9	-19.91	5
安徽	2.8741	1.3510	12	3.4657	1.0998	6	-18.59	8
湖南	3.7330	1.2682	9	5.3834	1.0324	2	-18.59	9
河南	2.6002	1.4422	20	4.1115	1.3321	18	-7.63	15
湖北	3.1075	1.3259	11	3.8972	1.2514	15	-5.62	18
中部	3.0301	1.3719	[3]	4.2166	1.1506	[3]	-16.13	[3]
北京	6.0413	2.2501	31	4.5978	1.1779	10	-47.65	1
海南	2.5224	1.4013	16	3.6285	1.1401	7	-18.64	7
河北	2.4570	1.4301	17	3.7492	1.2206	12	-14.65	11
浙江	3.7815	1.0534	3	3.2330	1.0800	5	2.53	23
福建	2.9963	1.3019	10	4.1223	1.3468	19	3.45	24
上海	5.3147	2.2102	30	4.9817	2.8157	31	27.40	26
天津	4.3836	1.2635	8	3.9624	1.8879	26	49.42	27
山东	3.6776	1.0297	1	3.6577	1.5592	24	51.42	28
江苏	3.3334	1.1235	4	4.5303	1.9035	27	69.43	29
广东	3.6524	1.2631	7	4.8412	2.1898	29	73.37	30
东部	3.7174	1.1067	[1]	4.1992	1.6364	[4]	47.86	[4]

注：①文化消费占收入比测算同"中国文化消费需要景气评价体系"形成互动，取文化消费与投入各占收入比之间倍差（倍差演算：无差距基准值1加同构收入比之间商值与之绝对偏差值）衡量差距及其变动；②为检测细微差异，倍差指数保留4位小数，增减百分比负值为倍差减小，其余同前表；③另需说明，近几年鉴始发布2014年以来城乡人均值数据，但与总量数据之间存在演算误差，与对应年鉴同时发布的产值人均值和总量分别演算居民收入比有出入，本文恢复采用自行演算城乡人均值展开文化消费占居民收入比测算，以保证数据库测算模型的规范性及其历年通行测评的标准化。

2000～2016年，全国文化消费占居民收入比从3.46%下降至3.39%，降幅为1.93%；对照表4，同期全国文化投入占财政收入比降幅为11.59%，降幅大于文化消费占居民收入比降幅。于是，在这16年间，全国文化消费占居民收入比与文化投入占财政收入比之间的倍差从1.5441增大至1.7128，增幅为10.93%。这意味着，文化投入占财政收入比下降形成的不利态势，更甚于同期文化消费占居民收入比下降的不利态势。

与此同时，东部文化消费占居民收入比升高12.96%，文化投入占财政收入比降低23.60%，二者占比倍差从1.1067增至1.6364；东北文化消费占居民收入比升高46.04%，文化投入占财政收入比升高7.47%，二者占比倍差从1.3233减至1.0804；中部文化消费占居民收入比升高39.16%，文化投入占财政收入比降低24.03%，二者占比倍差从1.3719减至1.1506；西部文化消费占居民收入比升高18.81%，文化投入占财政收入比降低18.54%，二者占比倍差从1.4114减至1.1414。

各省域文化消费占居民收入比与文化投入占财政收入比之间历年倍差大小对比，在2000年，26个省域此项倍差小于全国总体倍差；5个省域此项倍差大于全国总体。山东占据首位，此项倍差仅为全国总体倍差的66.69%；北京处于末位，此项倍差达到全国总体倍差的145.72%。

到2016年，25个省域此项倍差小于全国总体倍差；6个省域此项倍差大于全国总体。云南占据首位，此项倍差仅为全国总体倍差的59.79%；上海处于末位，此项倍差达到全国总体倍差的164.39%。

2000～2016年各省域文化消费与文化投入占收入比之间倍差指数增减变化比较，22个省域此项倍差减小，即二者差距缩小；9个省域此项倍差增大，即二者差距扩大。其中，北京、内蒙古、山西、云南、江西、贵州、海南、安徽、湖南、宁夏、河北、广西、黑龙江、甘肃、河南、吉林、四川、湖北、新疆、青海、西藏、陕西、浙江、福建24个省域此项倍差变动状况依次好于全国总体；其余7个省域此项倍差变动状况依次逊于全国总体。北京占据首位，此项倍差减小了47.65%；重庆处于末位，此项倍差增大了113.95%。

2016年与上一年相比，全国此项倍差减小2.58%。同时，17个省域此项倍差减小；14个省域此项倍差增大。

这一倍差指数分析表明，2000~2016年，全国及各省域文化消费占居民收入比变化动态与文化投入占财政收入比变化动态相比较，其间"同构增长协调性"普遍欠佳。在全国及绝大部分省域，文化投入占财政收入比及其增减变动逊于文化消费占居民收入比及其增减变动，以财政收入占比来衡量的文化投入增长滞后于以居民收入占比来衡量的文化消费增长所体现出来的需求动态。

（二）文化消费与文化投入占支出比变化

文化消费与文化投入占支出比差距变动状况见表10，各省域按居民文化消费与公共文化投入占支出比之间的倍差指数增减变化排列。表中同时提供了2000年和2016年各地居民文化消费占支出比演算结果，对照表5里各地公共文化投入占财政支出比演算结果，可以进行重复验算。

表10 文化消费与文化投入占支出比差距变动状况

地区	2000年			2016年			16年倍差增减变化	
	文化消费占支出比(%)	文化消费与投入占支出比倍差指数		文化消费占支出比(%)	文化消费与投入占支出比倍差指数		增减(%)	排序(倒序)
		无差距=1	差距排序(倒序)		无差距=1	差距排序(倒序)		
全国	4.4705	2.3651	—	4.7433	2.8155	—	19.04	—
北京	7.4428	3.5595	30	6.8201	2.2029	4	-38.11	1
上海	7.0327	3.6669	31	7.2243	4.4101	29	20.27	4
天津	6.0742	2.4511	28	5.1679	3.3447	17	36.46	5
浙江	4.9917	1.5722	12	4.8936	2.1503	3	36.77	6
广东	4.5798	1.8790	26	6.2588	3.6636	24	94.98	15
海南	3.4560	1.3419	3	5.2643	2.6937	8	100.74	18
山东	5.0431	1.7593	22	5.6843	3.6202	23	105.78	19
江苏	4.5991	1.5949	14	6.6960	3.4065	18	113.59	21
福建	3.9753	1.2827	1	5.6709	2.9837	10	132.61	23
河北	3.8033	1.4736	7	5.2305	3.6146	22	145.29	26
东部	4.9733	1.9296	[4]	5.9848	3.1648	[2]	64.01	[1]

皮书系列

2018年

智库成果出版与传播平台

社会科学文献出版社
SOCIAL SCIENCES ACADEMIC PRESS (CHINA)

社长致辞

蓦然回首，皮书的专业化历程已经走过了二十年。20年来从一个出版社的学术产品名称到媒体热词再到智库成果研创及传播平台，皮书以专业化为主线，进行了系列化、市场化、品牌化、数字化、国际化、平台化的运作，实现了跨越式的发展。特别是在党的十八大以后，以习近平总书记为核心的党中央高度重视新型智库建设，皮书也迎来了长足的发展，总品种达到600余种，经过专业评审机制、淘汰机制遴选，目前，每年稳定出版近400个品种。"皮书"已经成为中国新型智库建设的抓手，成为国际国内社会各界快速、便捷地了解真实中国的最佳窗口。

20年孜孜以求，"皮书"始终将自己的研究视野与经济社会发展中的前沿热点问题紧密相连。600个研究领域，3万多位分布于800余个研究机构的专家学者参与了研创写作。皮书数据库中共收录了15万篇专业报告，50余万张数据图表，合计30亿字，每年报告下载量近80万次。皮书为中国学术与社会发展实践的结合提供了一个激荡智力、传播思想的入口，皮书作者们用学术的话语、客观翔实的数据谱写出了中国故事壮丽的篇章。

20年跬步千里，"皮书"始终将自己的发展与时代赋予的使命与责任紧紧相连。每年百余场新闻发布会，10万余次中外媒体报道，中、英、俄、日、韩等12个语种共同出版。皮书所具有的凝聚力正在形成一种无形的力量，吸引着社会各界关注中国的发展，参与中国的发展，它是我们向世界传递中国声音、总结中国经验、争取中国国际话语权最主要的平台。

皮书这一系列成就的取得，得益于中国改革开放的伟大时代，离不开来自中国社会科学院、新闻出版广电总局、全国哲学社会科学规划办公室等主管部门的大力支持和帮助，也离不开皮书研创者和出版者的共同努力。他们与皮书的故事创造了皮书的历史，他们对皮书的拳拳之心将继续谱写皮书的未来！

现在，"皮书"品牌已经进入了快速成长的青壮年时期。全方位进行规范化管理，树立中国的学术出版标准；不断提升皮书的内容质量和影响力，搭建起中国智库产品和智库建设的交流服务平台和国际传播平台；发布各类皮书指数，并使之成为中国指数，让中国智库的声音响彻世界舞台，为人类的发展做出中国的贡献——这是皮书未来发展的图景。作为"皮书"这个概念的提出者，"皮书"从一般图书到系列图书和品牌图书，最终成为智库研究和社会科学应用对策研究的知识服务和成果推广平台这整个过程的操盘者，我相信，这也是每一位皮书人执着追求的目标。

"当代中国正经历着我国历史上最为广泛而深刻的社会变革，也正在进行着人类历史上最为宏大而独特的实践创新。这种前无古人的伟大实践，必将给理论创造、学术繁荣提供强大动力和广阔空间。"

在这个需要思想而且一定能够产生思想的时代，皮书的研创出版一定能创造出新的更大的辉煌！

社会科学文献出版社社长
中国社会学会秘书长

2017年11月

社会科学文献出版社简介

社会科学文献出版社（以下简称"社科文献出版社"）成立于1985年，是直属于中国社会科学院的人文社会科学学术出版机构。成立至今，社科文献出版社始终依托中国社会科学院和国内外人文社会科学界丰厚的学术出版和专家学者资源，坚持"创社科经典，出传世文献"的出版理念，"权威、前沿、原创"的产品定位以及学术成果和智库成果出版的专业化、数字化、国际化、市场化的经营道路。

社科文献出版社是中国新闻出版业转型与文化体制改革的先行者。积极探索文化体制改革的先进方向和现代企业经营决策机制，社科文献出版社先后荣获"全国文化体制改革工作先进单位"、中国出版政府奖·先进出版单位奖、中国社会科学院先进集体、全国科普工作先进集体等荣誉称号。多人次荣获"第十届韬奋出版奖""全国新闻出版行业领军人才""数字出版先进人物""北京市新闻出版广电行业领军人才"等称号。

社科文献出版社是中国人文社会科学学术出版的大社名社，也是以皮书为代表的智库成果出版的专业强社。年出版图书2000余种，其中皮书400余种，出版新书字数5.5亿字，承印与发行中国社科院院属期刊72种，先后创立了皮书系列、列国志、中国史话、社科文献学术译库、社科文献学术文库、甲骨文书系等一大批既有学术影响又有市场价值的品牌，确立了在社会学、近代史、苏东问题研究等专业学科及领域出版的领先地位。图书多次荣获中国出版政府奖、"三个一百"原创图书出版工程、"五个'一'工程奖"、"大众喜爱的50种图书"等奖项，在中央国家机关"强素质·做表率"读书活动中，入选图书品种数位居各大出版社之首。

社科文献出版社是中国学术出版规范与标准的倡议者与制定者，代表全国50多家出版社发起实施学术著作出版规范的倡议，承担学术著作规范国家标准的起草工作，率先编撰完成《皮书手册》对皮书品牌进行规范化管理，并在此基础上推出中国版芝加哥手册——《社科文献出版社学术出版手册》。

社科文献出版社是中国数字出版的引领者，拥有皮书数据库、列国志数据库、"一带一路"数据库、减贫数据库、集刊数据库等4大产品线11个数据库产品，机构用户达1300余家，海外用户百余家，荣获"数字出版转型示范单位""新闻出版标准化先进单位""专业数字内容资源知识服务模式试点企业标准化示范单位"等称号。

社科文献出版社是中国学术出版走出去的践行者。社科文献出版社海外图书出版与学术合作业务遍及全球40余个国家和地区，并于2016年成立俄罗斯分社，累计输出图书500余种，涉及近20个语种，累计获得国家社科基金中华学术外译项目资助76种、"丝路书香工程"项目资助60种、中国图书对外推广计划项目资助71种以及经典中国国际出版工程资助28种，被五部委联合认定为"2015-2016年度国家文化出口重点企业"。

如今，社科文献出版社完全靠自身积累拥有固定资产3.6亿元，年收入3亿元，设置了七大出版分社、六大专业部门，成立了皮书研究院和博士后科研工作站，培养了一支近400人的高素质与高效率的编辑、出版、营销和国际推广队伍，为未来成为学术出版的大社、名社、强社，成为文化体制改革与文化企业转型发展的排头兵奠定了坚实的基础。

 宏观经济类

宏 观 经 济 类

经济蓝皮书
2018年中国经济形势分析与预测
李平 / 主编　2017年12月出版　定价：89.00元

◆ 本书为总理基金项目，由著名经济学家李扬领衔，联合中国社会科学院等数十家科研机构、国家部委和高等院校的专家共同撰写，系统分析了2017年的中国经济形势并预测2018年中国经济运行情况。

城市蓝皮书
中国城市发展报告 No.11
潘家华　单菁菁 / 主编　2018年9月出版　估价：99.00元

◆ 本书是由中国社会科学院城市发展与环境研究中心编著的，多角度、全方位地立体展示了中国城市的发展状况，并对中国城市的未来发展提出了许多建议。该书有强烈的时代感，对中国城市发展实践有重要的参考价值。

人口与劳动绿皮书
中国人口与劳动问题报告 No.19
张车伟 / 主编　2018年10月出版　估价：99.00元

◆ 本书为中国社会科学院人口与劳动经济研究所主编的年度报告，对当前中国人口与劳动形势做了比较全面和系统的深入讨论，为研究中国人口与劳动问题提供了一个专业性的视角。

中国省域竞争力蓝皮书
中国省域经济综合竞争力发展报告（2017～2018）

李建平　李闽榕　高燕京 / 主编　2018 年 5 月出版　估价：198.00 元

◆ 本书融多学科的理论为一体，深入追踪研究了省域经济发展与中国国家竞争力的内在关系，为提升中国省域经济综合竞争力提供有价值的决策依据。

金融蓝皮书
中国金融发展报告（2018）

王国刚 / 主编　2018 年 2 月出版　估价：99.00 元

◆ 本书由中国社会科学院金融研究所组织编写，概括和分析了 2017 年中国金融发展和运行中的各方面情况，研讨和评论了 2017 年发生的主要金融事件，有利于读者了解掌握 2017 年中国的金融状况，把握 2018 年中国金融的走势。

区 域 经 济 类

京津冀蓝皮书
京津冀发展报告（2018）

祝合良　叶堂林　张贵祥 / 等著　2018 年 6 月出版　估价：99.00 元

◆ 本书遵循问题导向与目标导向相结合、统计数据分析与大数据分析相结合、纵向分析和长期监测与结构分析和综合监测相结合等原则，对京津冀协同发展新形势与新进展进行测度与评价。

 社会政法类

社会政法类

社会蓝皮书
2018年中国社会形势分析与预测

李培林　陈光金　张翼/主编　2017年12月出版　定价：89.00元

◆ 本书由中国社会科学院社会学研究所组织研究机构专家、高校学者和政府研究人员撰写，聚焦当下社会热点，对2017年中国社会发展的各个方面内容进行了权威解读，同时对2018年社会形势发展趋势进行了预测。

法治蓝皮书
中国法治发展报告 No.16（2018）

李林　田禾/主编　2018年3月出版　估价：118.00元

◆ 本年度法治蓝皮书回顾总结了2017年度中国法治发展取得的成就和存在的不足，对中国政府、司法、检务透明度进行了跟踪调研，并对2018年中国法治发展形势进行了预测和展望。

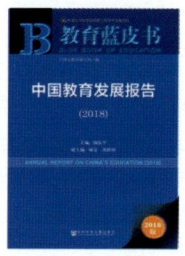

教育蓝皮书
中国教育发展报告（2018）

杨东平/主编　2018年4月出版　估价：99.00元

◆ 本书重点关注了2017年教育领域的热点，资料翔实，分析有据，既有专题研究，又有实践案例，从多角度对2017年教育改革和实践进行了分析和研究。

社会政法类

社会体制蓝皮书
中国社会体制改革报告 No.6（2018）

龚维斌 / 主编　2018 年 3 月出版　估价：99.00 元

◆　本书由国家行政学院社会治理研究中心和北京师范大学中国社会管理研究院共同组织编写，主要对 2017 年社会体制改革情况进行回顾和总结，对 2018 年的改革走向进行分析，提出相关政策建议。

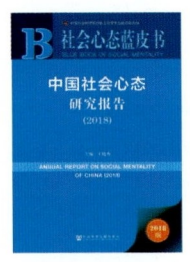

社会心态蓝皮书
中国社会心态研究报告（2018）

王俊秀　杨宜音 / 主编　2018 年 12 月出版　估价：99.00 元

◆　本书是中国社会科学院社会学研究所社会心理研究中心"社会心态蓝皮书课题组"的年度研究成果，运用社会心理学、社会学、经济学、传播学等多种学科的方法进行了调查和研究，对于目前中国社会心态状况有较广泛和深入的揭示。

华侨华人蓝皮书
华侨华人研究报告（2018）

贾益民 / 主编　2018 年 1 月出版　估价：139.00 元

◆　本书关注华侨华人生产与生活的方方面面。华侨华人是中国建设 21 世纪海上丝绸之路的重要中介者、推动者和参与者。本书旨在全面调研华侨华人，提供最新涉侨动态、理论研究成果和政策建议。

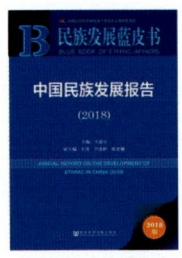

民族发展蓝皮书
中国民族发展报告（2018）

王延中 / 主编　2018 年 10 月出版　估价：188.00 元

◆　本书从民族学人类学视角，研究近年来少数民族和民族地区的发展情况，展示民族地区经济、政治、文化、社会和生态文明"五位一体"建设取得的辉煌成就和面临的困难挑战，为深刻理解中央民族工作会议精神、加快民族地区全面建成小康社会进程提供了实证材料。

 产业经济类·行业及其他类

产业经济类

房地产蓝皮书
中国房地产发展报告No.15（2018）

李春华 王业强 / 主编　2018年5月出版　估价：99.00元

◆ 2018年《房地产蓝皮书》持续追踪中国房地产市场最新动态，深度剖析市场热点，展望2018年发展趋势，积极谋划应对策略。对2017年房地产市场的发展态势进行全面、综合的分析。

新能源汽车蓝皮书
中国新能源汽车产业发展报告（2018）

中国汽车技术研究中心　日产（中国）投资有限公司

东风汽车有限公司 / 编著　2018年8月出版　估价：99.00元

◆ 本书对中国2017年新能源汽车产业发展进行了全面系统的分析，并介绍了国外的发展经验。有助于相关机构、行业和社会公众等了解中国新能源汽车产业发展的最新动态，为政府部门出台新能源汽车产业相关政策法规、企业制定相关战略规划，提供必要的借鉴和参考。

行业及其他类

旅游绿皮书
2017～2018年中国旅游发展分析与预测

中国社会科学院旅游研究中心 / 编　2018年2月出版　估价：99.00元

◆ 本书从政策、产业、市场、社会等多个角度勾画出2017年中国旅游发展全貌，剖析了其中的热点和核心问题，并就未来发展作出预测。

行业及其他类

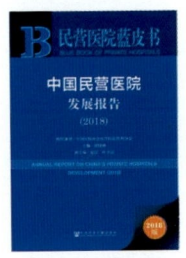

民营医院蓝皮书
中国民营医院发展报告（2018）

薛晓林/主编　2018年1月出版　估价：99.00元

◆ 本书在梳理国家对社会办医的各种利好政策的前提下，对我国民营医疗发展现状、我国民营医院竞争力进行了分析，并结合我国医疗体制改革对民营医院的发展趋势、发展策略、战略规划等方面进行了预估。

会展蓝皮书
中外会展业动态评估研究报告（2018）

张敏/主编　2018年12月出版　估价：99.00元

◆ 本书回顾了2017年的会展业发展动态，结合"供给侧改革"、"互联网+"、"绿色经济"的新形势分析了我国展会的行业现状，并介绍了国外的发展经验，有助于行业和社会了解最新的展会业动态。

中国上市公司蓝皮书
中国上市公司发展报告（2018）

张平　王宏淼/主编　2018年9月出版　估价：99.00元

◆ 本书由中国社会科学院上市公司研究中心组织编写的，着力于全面、真实、客观反映当前中国上市公司财务状况和价值评估的综合性年度报告。本书详尽分析了2017年中国上市公司情况，特别是现实中暴露出的制度性、基础性问题，并对资本市场改革进行了探讨。

工业和信息化蓝皮书
人工智能发展报告（2017～2018）

尹丽波/主编　2018年6月出版　估价：99.00元

◆ 本书国家工业信息安全发展研究中心在对2017年全球人工智能技术和产业进行全面跟踪研究基础上形成的研究报告。该报告内容翔实、视角独特，具有较强的产业发展前瞻性和预测性，可为相关主管部门、行业协会、企业等全面了解人工智能发展形势以及进行科学决策提供参考。

国际问题与全球治理类

皮书系列
重点推荐

国际问题与全球治理类

世界经济黄皮书

2018年世界经济形势分析与预测

张宇燕 / 主编　2018年1月出版　估价：99.00元

◆ 本书由中国社会科学院世界经济与政治研究所的研究团队撰写，分总论、国别与地区、专题、热点、世界经济统计与预测等五个部分，对2018年世界经济形势进行了分析。

国际城市蓝皮书

国际城市发展报告（2018）

屠启宇 / 主编　2018年2月出版　估价：99.00元

◆ 本书作者以上海社会科学院从事国际城市研究的学者团队为核心，汇集同济大学、华东师范大学、复旦大学、上海交通大学、南京大学、浙江大学相关城市研究专业学者。立足动态跟踪介绍国际城市发展时间中，最新出现的重大战略、重大理念、重大项目、重大报告和最佳案例。

非洲黄皮书

非洲发展报告 No.20（2017～2018）

张宏明 / 主编　2018年7月出版　估价：99.00元

◆ 本书是由中国社会科学院西亚非洲研究所组织编撰的非洲形势年度报告，比较全面、系统地分析了2017年非洲政治形势和热点问题，探讨了非洲经济形势和市场走向，剖析了大国对非洲关系的新动向；此外，还介绍了国内非洲研究的新成果。

国别类

美国蓝皮书

美国研究报告（2018）

郑秉文 黄平 / 主编　2018 年 5 月出版　估价：99.00 元

◆ 本书是由中国社会科学院美国研究所主持完成的研究成果，它回顾了美国 2017 年的经济、政治形势与外交战略，对美国内政外交发生的重大事件及重要政策进行了较为全面的回顾和梳理。

德国蓝皮书

德国发展报告（2018）

郑春荣 / 主编　2018 年 6 月出版　估价：99.00 元

◆ 本报告由同济大学德国研究所组织编撰，由该领域的专家学者对德国的政治、经济、社会文化、外交等方面的形势发展情况，进行全面的阐述与分析。

俄罗斯黄皮书

俄罗斯发展报告（2018）

李永全 / 编著　2018 年 6 月出版　估价：99.00 元

◆ 本书系统介绍了 2017 年俄罗斯经济政治情况，并对 2016 年该地区发生的焦点、热点问题进行了分析与回顾；在此基础上，对该地区 2018 年的发展前景进行了预测。

 文化传媒类 | 皮书系列 重点推荐

文 化 传 媒 类

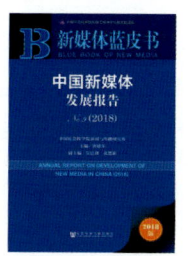

新媒体蓝皮书
中国新媒体发展报告 No.9（2018）

唐绪军 / 主编　　2018 年 6 月出版　　估价：99.00 元

◆ 本书是由中国社会科学院新闻与传播研究所组织编写的关于新媒体发展的最新年度报告，旨在全面分析中国新媒体的发展现状，解读新媒体的发展趋势，探析新媒体的深刻影响。

移动互联网蓝皮书
中国移动互联网发展报告（2018）

余清楚 / 主编　　2018 年 6 月出版　　估价：99.00 元

◆ 本书着眼于对 2017 年度中国移动互联网的发展情况做深入解析，对未来发展趋势进行预测，力求从不同视角、不同层面全面剖析中国移动互联网发展的现状、年度突破及热点趋势等。

文化蓝皮书
中国文化消费需求景气评价报告（2018）

王亚南 / 主编　　2018 年 2 月出版　　估价：99.00 元

◆ 本书首创全国文化发展量化检测评价体系，也是至今全国唯一的文化民生量化检测评价体系，对于检验全国及各地"以人民为中心"的文化发展具有首创意义。

地方发展类

北京蓝皮书
北京经济发展报告（2017～2018）

杨松 / 主编　2018年6月出版　估价：99.00元

◆ 本书对2017年北京市经济发展的整体形势进行了系统性的分析与回顾，并对2018年经济形势走势进行了预测与研判，聚焦北京市经济社会发展中的全局性、战略性和关键领域的重点问题，运用定量和定性分析相结合的方法，对北京市经济社会发展的现状、问题、成因进行了深入分析，提出了可操作性的对策建议。

温州蓝皮书
2018年温州经济社会形势分析与预测

蒋儒标　王春光　金浩 / 主编　2018年4月出版　估价：99.00元

◆ 本书是中共温州市委党校和中国社会科学院社会学研究所合作推出的第十一本温州蓝皮书，由来自党校、政府部门、科研机构、高校的专家、学者共同撰写的2017年温州区域发展形势的最新研究成果。

黑龙江蓝皮书
黑龙江社会发展报告（2018）

王爱丽 / 主编　2018年6月出版　估价：99.00元

◆ 本书以千份随机抽样问卷调查和专题研究为依据，运用社会学理论框架和分析方法，从专家和学者的独特视角，对2017年黑龙江省关系民生的问题进行广泛的调研与分析，并对2017年黑龙江省诸多社会热点和焦点问题进行了有益的探索。这些研究不仅可以为政府部门更加全面深入了解省情、科学制定决策提供智力支持，同时也可以为广大读者认识、了解、关注黑龙江社会发展提供理性思考。

宏观经济类

城市蓝皮书
中国城市发展报告（No.11）
著(编)者：潘家华 单菁菁
2018年9月出版 / 估价：99.00元
PSN B-2007-091-1/1

城乡一体化蓝皮书
中国城乡一体化发展报告（2018）
著(编)者：付崇兰
2018年9月出版 / 估价：99.00元
PSN B-2011-226-1/2

城镇化蓝皮书
中国新型城镇化健康发展报告（2018）
著(编)者：张占斌
2018年8月出版 / 估价：99.00元
PSN B-2014-396-1/1

创新蓝皮书
创新型国家建设报告（2018~2019）
著(编)者：詹正茂
2018年12月出版 / 估价：99.00元
PSN B-2009-140-1/1

低碳发展蓝皮书
中国低碳发展报告（2018）
著(编)者：张希良 齐晔
2018年6月出版 / 估价：99.00元
PSN B-2011-223-1/1

低碳经济蓝皮书
中国低碳经济发展报告（2018）
著(编)者：薛进军 赵忠秀
2018年11月出版 / 估价：99.00元
PSN B-2011-194-1/1

发展和改革蓝皮书
中国经济发展和体制改革报告No.9
著(编)者：邹东涛 王再文
2018年1月出版 / 估价：99.00元
PSN B-2008-122-1/1

国家创新蓝皮书
中国创新发展报告（2017）
著(编)者：陈劲 2018年3月出版 / 估价：99.00元
PSN B-2014-370-1/1

金融蓝皮书
中国金融发展报告（2018）
著(编)者：王国刚
2018年2月出版 / 估价：99.00元
PSN B-2004-031-1/7

经济蓝皮书
2018年中国经济形势分析与预测
著(编)者：李平 2017年12月出版 / 定价：89.00元
PSN B-1996-001-1/1

经济蓝皮书春季号
2018年中国经济前景分析
著(编)者：李扬 2018年5月出版 / 估价：99.00元
PSN B-1999-008-1/1

经济蓝皮书夏季号
中国经济增长报告（2017~2018）
著(编)者：李扬 2018年9月出版 / 估价：99.00元
PSN B-2010-176-1/1

经济信息绿皮书
中国与世界经济发展报告（2018）
著(编)者：杜平
2017年12月出版 / 估价：99.00元
PSN G-2003-023-1/1

农村绿皮书
中国农村经济形势分析与预测（2017~2018）
著(编)者：魏后凯 黄秉信
2018年4月出版 / 估价：99.00元
PSN G-1998-003-1/1

人口与劳动绿皮书
中国人口与劳动问题报告No.19
著(编)者：张车伟 2018年11月出版 / 估价：99.00元
PSN G-2000-012-1/1

新型城镇化蓝皮书
新型城镇化发展报告（2017）
著(编)者：李伟 宋敏 沈体雁
2018年3月出版 / 估价：99.00元
PSN B-2005-038-1/1

中国省域竞争力蓝皮书
中国省域经济综合竞争力发展报告（2016~2017）
著(编)者：李建平 李闽榕 高燕京
2018年2月出版 / 估价：198.00元
PSN B-2007-088-1/1

中小城市绿皮书
中国中小城市发展报告（2018）
著(编)者：中国城市经济学会中小城市经济发展委员会
中国城镇化促进会中小城市发展委员会
《中国中小城市发展报告》编纂委员会
中小城市发展战略研究院
2018年11月出版 / 估价：128.00元
PSN G-2010-161-1/1

区域经济类

东北蓝皮书
中国东北地区发展报告(2018)
著(编)者：姜晓秋　2018年11月出版／估价：99.00元
PSN B-2006-067-1/1

金融蓝皮书
中国金融中心发展报告(2017～2018)
著(编)者：王力 黄育华　2018年11月出版／估价：99.00元
PSN B-2011-186-6/7

京津冀蓝皮书
京津冀发展报告(2018)
著(编)者：祝合良 叶堂林 张贵祥
2018年6月出版／估价：99.00元
PSN B-2012-262-1/1

西北蓝皮书
中国西北发展报告(2018)
著(编)者：任宗哲 白宽犁 王建康
2018年4月出版／估价：99.00元
PSN B-2012-261-1/1

西部蓝皮书
中国西部发展报告(2018)
著(编)者：璋勇 任保平　2018年8月出版／估价：99.00元
PSN B-2005-039-1/1

长江经济带产业蓝皮书
长江经济带产业发展报告(2018)
著(编)者：吴传清　2018年11月出版／估价：128.00元
PSN B-2017-666-1/1

长江经济带蓝皮书
长江经济带发展报告(2017～2018)
著(编)者：王振　2018年11月出版／估价：99.00元
PSN B-2016-575-1/1

长江中游城市群蓝皮书
长江中游城市群新型城镇化与产业协同发展报告(2018)
著(编)者：杨刚强　2018年11月出版／估价：99.00元
PSN B-2016-578-1/1

长三角蓝皮书
2017年创新融合发展的长三角
著(编)者：刘飞跃　2018年3月出版／估价：99.00元
PSN B-2005-038-1/1

长株潭城市群蓝皮书
长株潭城市群发展报告(2017)
著(编)者：张萍 朱有志　2018年1月出版／估价：99.00元
PSN B-2008-109-1/1

中部竞争力蓝皮书
中国中部经济社会竞争力报告(2018)
著(编)者：教育部人文社会科学重点研究基地南昌大学中国中部经济社会发展研究中心
2018年12月出版／估价：99.00元
PSN B-2012-276-1/1

中部蓝皮书
中国中部地区发展报告(2018)
著(编)者：宋亚平　2018年12月出版／估价：99.00元
PSN B-2007-089-1/1

区域蓝皮书
中国区域经济发展报告(2017～2018)
著(编)者：赵弘　2018年5月出版／估价：99.00元
PSN B-2004-034-1/1

中三角蓝皮书
长江中游城市群发展报告(2018)
著(编)者：秦尊文　2018年9月出版／估价：99.00元
PSN B-2014-417-1/1

中原蓝皮书
中原经济区发展报告(2018)
著(编)者：李英杰　2018年6月出版／估价：99.00元
PSN B-2011-192-1/1

珠三角流通蓝皮书
珠三角商圈发展研究报告(2018)
著(编)者：王先庆 林至颖　2018年7月出版／估价：99.00元
PSN B-2012-292-1/1

社会政法类

北京蓝皮书
中国社区发展报告(2017～2018)
著(编)者：于燕燕　2018年9月出版／估价：99.00元
PSN B-2007-083-5/8

殡葬绿皮书
中国殡葬事业发展报告(2017～2018)
著(编)者：李伯森　2018年4月出版／估价：158.00元
PSN G-2010-180-1/1

城市管理蓝皮书
中国城市管理报告(2017-2018)
著(编)者：刘林 刘承水　2018年5月出版／估价：158.00元
PSN B-2013-336-1/1

城市生活质量蓝皮书
中国城市生活质量报告(2017)
著(编)者：张连城 张平 杨春学 郎丽华
2018年2月出版／估价：99.00元
PSN B-2013-326-1/1

社会政法类 | **皮书系列 2018全品种**

城市政府能力蓝皮书
中国城市政府公共服务能力评估报告（2018）
著（编）者：何艳玲　2018年4月出版／估价：99.00元
PSN B-2013-338-1/1

创业蓝皮书
中国创业发展研究报告（2017~2018）
著（编）者：黄群慧　赵卫星　钟宏武
2018年11月出版／估价：99.00元
PSN B-2016-577-1/1

慈善蓝皮书
中国慈善发展报告（2018）
著（编）者：杨团　2018年6月出版／估价：99.00元
PSN B-2009-142-1/1

党建蓝皮书
党的建设研究报告No.2（2018）
著（编）者：崔建民　陈东平　2018年1月出版／估价：99.00元
PSN B-2016-523-1/1

地方法治蓝皮书
中国地方法治发展报告No.3（2018）
著（编）者：李林　田禾　2018年3月出版／估价：118.00元
PSN B-2015-442-1/1

电子政务蓝皮书
中国电子政务发展报告（2018）
著（编）者：李季　2018年8月出版／估价：99.00元
PSN B-2003-022-1/1

法治蓝皮书
中国法治发展报告No.16（2018）
著（编）者：吕艳滨　2018年3月出版／估价：118.00元
PSN B-2004-027-1/3

法治蓝皮书
中国法院信息化发展报告No.2（2018）
著（编）者：李林　田禾　2018年2月出版／估价：108.00元
PSN B-2017-604-3/3

法治政府蓝皮书
中国法治政府发展报告（2018）
著（编）者：中国政法大学法治政府研究院
2018年4月出版／估价：99.00元
PSN B-2015-502-1/2

法治政府蓝皮书
中国法治政府评估报告（2018）
著（编）者：中国政法大学法治政府研究院
2018年9月出版／估价：168.00元
PSN B-2016-576-2/2

反腐倡廉蓝皮书
中国反腐倡廉建设报告No.8
著（编）者：张英伟　2018年12月出版／估价：99.00元
PSN B-2012-259-1/1

扶贫蓝皮书
中国扶贫开发报告（2018）
著（编）者：李培林　魏后凯　2018年12月出版／估价：128.00元
PSN B-2016-599-1/1

妇女发展蓝皮书
中国妇女发展报告No.6
著（编）者：王金玲　2018年9月出版／估价：158.00元
PSN B-2006-069-1/1

妇女教育蓝皮书
中国妇女教育发展报告No.3
著（编）者：张李玺　2018年10月出版／估价：99.00元
PSN B-2008-121-1/1

妇女绿皮书
2018年：中国性别平等与妇女发展报告
著（编）者：谭琳　2018年12月出版／估价：99.00元
PSN G-2006-073-1/1

公共安全蓝皮书
中国城市公共安全发展报告（2017~2018）
著（编）者：黄育华　杨文明　赵建辉
2018年6月出版／估价：99.00元
PSN B-2017-628-1/1

公共服务蓝皮书
中国城市基本公共服务力评价（2018）
著（编）者：钟君　刘志昌　吴正杲
2018年12月出版／估价：99.00元
PSN B-2011-214-1/1

公民科学素质蓝皮书
中国公民科学素质报告（2017~2018）
著（编）者：李群　陈雄　马宗文
2018年1月出版／估价：99.00元
PSN B-2014-379-1/1

公益蓝皮书
中国公益慈善发展报告（2016）
著（编）者：朱健刚　胡小军　2018年2月出版／估价：99.00元
PSN B-2012-283-1/1

国际人才蓝皮书
中国国际移民报告（2018）
著（编）者：王辉耀　2018年2月出版／估价：99.00元
PSN B-2012-304-3/4

国际人才蓝皮书
中国留学发展报告（2018）No.7
著（编）者：王辉耀　苗绿　2018年12月出版／估价：99.00元
PSN B-2012-244-2/4

海洋社会蓝皮书
中国海洋社会发展报告（2017）
著（编）者：崔凤　宋宁而　2018年3月出版／估价：99.00元
PSN B-2015-478-1/1

行政改革蓝皮书
中国行政体制改革报告No.7（2018）
著（编）者：魏礼群　2018年6月出版／估价：99.00元
PSN B-2011-231-1/1

华侨华人蓝皮书
华侨华人研究报告（2017）
著（编）者：贾益民　2018年1月出版／估价：139.00元
PSN B-2011-204-1/1

15

皮书系列 2018全品种
社会政法类

环境竞争力绿皮书
中国省域环境竞争力发展报告（2018）
著(编)者：李建平 李闽榕 王金南
2018年11月出版 / 估价：198.00元
PSN G-2010-165-1/1

环境绿皮书
中国环境发展报告（2017~2018）
著(编)者：李波 2018年4月出版 / 估价：99.00元
PSN G-2006-048-1/1

家庭蓝皮书
中国"创建幸福家庭活动"评估报告（2018）
著(编)者：国务院发展研究中心"创建幸福家庭活动评估"课题组
2018年12月出版 / 估价：99.00元
PSN B-2015-508-1/1

健康城市蓝皮书
中国健康城市建设研究报告（2018）
著(编)者：王鸿春 盛继洪 2018年12月出版 / 估价：99.00元
PSN B-2016-564-2/2

健康中国蓝皮书
社区首诊与健康中国分析报告（2018）
著(编)者：高和荣 杨叔禹 姜杰
2018年4月出版 / 估价：99.00元
PSN B-2017-611-1/1

教师蓝皮书
中国中小学教师发展报告（2017）
著(编)者：曾晓东 鱼霞 2018年6月出版 / 估价：99.00元
PSN B-2012-289-1/1

教育扶贫蓝皮书
中国教育扶贫报告（2018）
著(编)者：司树杰 王文静 李兴洲
2018年12月出版 / 估价：99.00元
PSN B-2016-590-1/1

教育蓝皮书
中国教育发展报告（2018）
著(编)者：杨东平 2018年4月出版 / 估价：99.00元
PSN B-2006-047-1/1

金融法治建设蓝皮书
中国金融法治建设年度报告（2015~2016）
著(编)者：朱小黄 2018年6月出版 / 估价：99.00元
PSN B-2017-633-1/1

京津冀教育蓝皮书
京津冀教育发展研究报告（2017~2018）
著(编)者：方中雄 2018年4月出版 / 估价：99.00元
PSN B-2017-608-1/1

就业蓝皮书
2018年中国本科生就业报告
著(编)者：麦可思研究院 2018年6月出版 / 估价：99.00元
PSN B-2009-146-1/2

就业蓝皮书
2018年中国高职高专生就业报告
著(编)者：麦可思研究院 2018年6月出版 / 估价：99.00元
PSN B-2015-472-2/2

科学教育蓝皮书
中国科学教育发展报告（2018）
著(编)者：王康友 2018年10月出版 / 估价：99.00元
PSN B-2015-487-1/1

劳动保障蓝皮书
中国劳动保障发展报告（2018）
著(编)者：刘燕斌 2018年9月出版 / 估价：158.00元
PSN B-2014-415-1/1

老龄蓝皮书
中国老年宜居环境发展报告（2017）
著(编)者：党俊武 周燕珉 2018年1月出版 / 估价：99.00元
PSN B-2013-320-1/1

连片特困区蓝皮书
中国连片特困区发展报告（2017~2018）
著(编)者：游俊 冷志明 丁建军
2018年4月出版 / 估价：99.00元
PSN B-2013-321-1/1

流动儿童蓝皮书
中国流动儿童教育发展报告（2017）
著(编)者：杨东平 2018年1月出版 / 估价：99.00元
PSN B-2017-600-1/1

民调蓝皮书
中国民生调查报告（2018）
著(编)者：谢耘耕 2018年12月出版 / 估价：99.00元
PSN B-2014-398-1/1

民族发展蓝皮书
中国民族发展报告（2018）
著(编)者：王延中 2018年10月出版 / 估价：188.00元
PSN B-2006-070-1/1

女性生活蓝皮书
中国女性生活状况报告No.12（2018）
著(编)者：韩湘景 2018年7月出版 / 估价：99.00元
PSN B-2006-071-1/1

汽车社会蓝皮书
中国汽车社会发展报告（2017~2018）
著(编)者：王俊秀 2018年1月出版 / 估价：99.00元
PSN B-2011-224-1/1

青年蓝皮书
中国青年发展报告（2018）No.3
著(编)者：廉思 2018年4月出版 / 估价：99.00元
PSN B-2013-333-1/1

青少年蓝皮书
中国未成年人互联网运用报告（2017~2018）
著(编)者：季为民 李文革 沈杰
2018年11月出版 / 估价：99.00元
PSN B-2010-156-1/1

社会政法类 — 皮书系列 2018全品种

人权蓝皮书
中国人权事业发展报告No.8（2018）
著(编)者：李君如　2018年9月出版／估价：99.00元
PSN B-2011-215-1/1

社会保障绿皮书
中国社会保障发展报告No.9（2018）
著(编)者：王延中　2018年1月出版／估价：99.00元
PSN G-2001-014-1/1

社会风险评估蓝皮书
风险评估与危机预警报告（2017~2018）
著(编)者：唐钧　2018年8月出版／估价：99.00元
PSN B-2012-293-1/1

社会工作蓝皮书
中国社会工作发展报告（2016~2017）
著(编)者：民政部社会工作研究中心
2018年8月出版／估价：99.00元
PSN B-2009-141-1/1

社会管理蓝皮书
中国社会管理创新报告No.6
著(编)者：连玉明　2018年11月出版／估价：99.00元
PSN B-2012-300-1/1

社会蓝皮书
2018年中国社会形势分析与预测
著(编)者：李培林　陈光金　张翼
2017年12月出版／定价：89.00元
PSN B-1998-002-1/1

社会体制蓝皮书
中国社会体制改革报告No.6（2018）
著(编)者：龚维斌　2018年3月出版／估价：99.00元
PSN B-2013-330-1/1

社会心态蓝皮书
中国社会心态研究报告（2018）
著(编)者：王俊秀　2018年12月出版／估价：99.00元
PSN B-2011-199-1/1

社会组织蓝皮书
中国社会组织报告（2017-2018）
著(编)者：黄晓勇　2018年1月出版／估价：99.00元
PSN B-2008-118-1/2

社会组织蓝皮书
中国社会组织评估发展报告（2018）
著(编)者：徐家良　2018年12月出版／估价：99.00元
PSN B-2013-366-2/2

生态城市绿皮书
中国生态城市建设发展报告（2018）
著(编)者：刘举科　孙伟平　胡文臻
2018年9月出版／估价：158.00元
PSN G-2012-269-1/1

生态文明绿皮书
中国省域生态文明建设评价报告（ECI 2018）
著(编)者：严耕　2018年12月出版／估价：99.00元
PSN G-2010-170-1/1

退休生活蓝皮书
中国城市居民退休生活质量指数报告（2017）
著(编)者：杨一帆　2018年5月出版／估价：99.00元
PSN B-2017-618-1/1

危机管理蓝皮书
中国危机管理报告（2018）
著(编)者：文学国　范正青
2018年8月出版／估价：99.00元
PSN B-2010-171-1/1

学会蓝皮书
2018年中国学会发展报告
著(编)者：麦可思研究院
2018年12月出版／估价：99.00元
PSN B-2016-597-1/1

医改蓝皮书
中国医药卫生体制改革报告（2017~2018）
著(编)者：文学国　房志武
2018年11月出版／估价：99.00元
PSN B-2014-432-1/1

应急管理蓝皮书
中国应急管理报告（2018）
著(编)者：宋英华　2018年9月出版／估价：99.00元
PSN B-2016-562-1/1

政府绩效评估蓝皮书
中国地方政府绩效评估报告No.2
著(编)者：贠杰　2018年12月出版／估价：99.00元
PSN B-2017-672-1/1

政治参与蓝皮书
中国政治参与报告（2018）
著(编)者：房宁　2018年8月出版／估价：128.00元
PSN B-2011-200-1/1

政治文化蓝皮书
中国政治文化报告（2018）
著(编)者：邢元敏　魏大鹏　龚克
2018年8月出版／估价：128.00元
PSN B-2017-615-1/1

中国传统村落蓝皮书
中国传统村落保护现状报告（2018）
著(编)者：胡彬彬　李向军　王晓波
2018年12月出版／估价：99.00元
PSN B-2017-663-1/1

中国农村妇女发展蓝皮书
农村流动女性城市生活发展报告（2018）
著(编)者：谢丽华　2018年12月出版／估价：99.00元
PSN B-2014-434-1/1

宗教蓝皮书
中国宗教报告（2017）
著(编)者：邱永辉　2018年8月出版／估价：99.00元
PSN B-2008-117-1/1

产业经济类

保健蓝皮书
中国保健服务产业发展报告 No.2
著(编)者: 中国保健协会　中共中央党校
2018年7月出版 / 估价: 198.00元
PSN B-2012-272-3/3

保健蓝皮书
中国保健食品产业发展报告 No.2
著(编)者: 中国保健协会
　　　　　中国社会科学院食品药品产业发展与监管研究中心
2018年8月出版 / 估价: 198.00元
PSN B-2012-271-2/3

保健蓝皮书
中国保健用品产业发展报告 No.2
著(编)者: 中国保健协会
　　　　　国务院国有资产监督管理委员会研究中心
2018年3月出版 / 估价: 198.00元
PSN B-2012-270-1/3

保险蓝皮书
中国保险业竞争力报告 (2018)
著(编)者: 保监会　2018年12月出版 / 估价: 99.00元
PSN B-2013-311-1/1

冰雪蓝皮书
中国冰上运动产业发展报告 (2018)
著(编)者: 孙承华　杨占武　刘戈　张鸿俊
2018年9月出版 / 估价: 99.00元
PSN B-2017-648-3/3

冰雪蓝皮书
中国滑雪产业发展报告 (2018)
著(编)者: 孙承华　伍斌　魏庆华　张鸿俊
2018年9月出版 / 估价: 99.00元
PSN B-2016-559-1/3

餐饮产业蓝皮书
中国餐饮产业发展报告 (2018)
著(编)者: 邢颖
2018年6月出版 / 估价: 99.00元
PSN B-2009-151-1/1

茶业蓝皮书
中国茶产业发展报告 (2018)
著(编)者: 杨江帆　李闽榕
2018年10月出版 / 估价: 99.00元
PSN B-2010-164-1/1

产业安全蓝皮书
中国文化产业安全报告 (2018)
著(编)者: 北京印刷学院文化产业安全研究院
2018年12月出版 / 估价: 99.00元
PSN B-2014-378-12/14

产业安全蓝皮书
中国新媒体产业安全报告 (2016~2017)
著(编)者: 肖丽　2018年6月出版 / 估价: 99.00元
PSN B-2015-500-14/14

产业安全蓝皮书
中国出版传媒产业安全报告 (2017~2018)
著(编)者: 北京印刷学院文化产业安全研究院
2018年3月出版 / 估价: 99.00元
PSN B-2014-384-13/14

产业蓝皮书
中国产业竞争力报告 (2018) No.8
著(编)者: 张其仔　2018年12月出版 / 估价: 168.00元
PSN B-2010-175-1/1

动力电池蓝皮书
中国新能源汽车动力电池产业发展报告 (2018)
著(编)者: 中国汽车技术研究中心
2018年8月出版 / 估价: 99.00元
PSN B-2017-639-1/1

杜仲产业绿皮书
中国杜仲橡胶资源与产业发展报告 (2017~2018)
著(编)者: 杜红岩　胡文臻　俞锐
2018年1月出版 / 估价: 99.00元
PSN G-2013-350-1/1

房地产蓝皮书
中国房地产发展报告 No.15 (2018)
著(编)者: 李春华　王业强
2018年5月出版 / 估价: 99.00元
PSN B-2004-028-1/1

服务外包蓝皮书
中国服务外包产业发展报告 (2017~2018)
著(编)者: 王晓红　刘德军
2018年6月出版 / 估价: 99.00元
PSN B-2013-331-2/2

服务外包蓝皮书
中国服务外包竞争力报告 (2017~2018)
著(编)者: 刘春生　王力　黄育华
2018年12月出版 / 估价: 99.00元
PSN B-2011-216-1/2

工业和信息化蓝皮书
世界信息技术产业发展报告 (2017~2018)
著(编)者: 尹丽波　2018年6月出版 / 估价: 99.00元
PSN B-2015-449-2/6

工业和信息化蓝皮书
战略性新兴产业发展报告 (2017~2018)
著(编)者: 尹丽波　2018年6月出版 / 估价: 99.00元
PSN B-2015-450-3/6

产业经济类 — 皮书系列 2018全品种

客车蓝皮书
中国客车产业发展报告（2017～2018）
著(编)者：姚蔚　2018年10月出版 / 估价：99.00元
PSN B-2013-361-1/1

流通蓝皮书
中国商业发展报告（2018～2019）
著(编)者：王雪峰 林诗慧
2018年7月出版 / 估价：99.00元
PSN B-2009-152-1/2

能源蓝皮书
中国能源发展报告（2018）
著(编)者：崔民选 王军生 陈义和
2018年12月出版 / 估价：99.00元
PSN B-2006-049-1/1

农产品流通蓝皮书
中国农产品流通产业发展报告（2017）
著(编)者：贾敬敦 张东科 张玉玺 张鹏毅 周伟
2018年1月出版 / 估价：99.00元
PSN B-2012-288-1/1

汽车工业蓝皮书
中国汽车工业发展年度报告（2018）
著(编)者：中国汽车工业协会
　　　　　中国汽车技术研究中心
　　　　　丰田汽车公司
2018年5月出版 / 估价：168.00元
PSN B-2015-463-1/2

汽车工业蓝皮书
中国汽车零部件产业发展报告（2017～2018）
著(编)者：中国汽车工业协会
　　　　　中国汽车工程研究院深圳市沃特玛电池有限公司
2018年9月出版 / 估价：99.00元
PSN B-2016-515-2/2

汽车蓝皮书
中国汽车产业发展报告（2018）
著(编)者：中国汽车工程学会
　　　　　大众汽车集团（中国）
2018年11月出版 / 估价：99.00元
PSN B-2008-124-1/1

世界茶业蓝皮书
世界茶业发展报告（2018）
著(编)者：李闽榕 冯廷佺
2018年5月出版 / 估价：168.00元
PSN B-2017-619-1/1

世界能源蓝皮书
世界能源发展报告（2018）
著(编)者：黄晓勇　2018年6月出版 / 估价：168.00元
PSN B-2013-349-1/1

体育蓝皮书
国家体育产业基地发展报告（2016～2017）
著(编)者：李颖川　2018年4月出版 / 估价：168.00元
PSN B-2017-609-5/5

体育蓝皮书
中国体育产业发展报告（2018）
著(编)者：阮伟 钟秉枢
2018年12月出版 / 估价：99.00元
PSN B-2010-179-1/5

文化金融蓝皮书
中国文化金融发展报告（2018）
著(编)者：杨涛 金巍
2018年5月出版 / 估价：99.00元
PSN B-2017-610-1/1

新能源汽车蓝皮书
中国新能源汽车产业发展报告（2018）
著(编)者：中国汽车技术研究中心
　　　　　日产（中国）投资有限公司
　　　　　东风汽车有限公司
2018年8月出版 / 估价：99.00元
PSN B-2013-347-1/1

薏仁米产业蓝皮书
中国薏仁米产业发展报告No.2（2018）
著(编)者：李发耀 石明　秦礼康
2018年8月出版 / 估价：99.00元
PSN B-2017-645-1/1

邮轮绿皮书
中国邮轮产业发展报告（2018）
著(编)者：汪泓　2018年10月出版 / 估价：99.00元
PSN G-2014-419-1/1

智能养老蓝皮书
中国智能养老产业发展报告（2018）
著(编)者：朱勇　2018年10月出版 / 估价：99.00元
PSN B-2015-488-1/1

中国节能汽车蓝皮书
中国节能汽车发展报告（2017～2018）
著(编)者：中国汽车工程研究院股份有限公司
2018年9月出版 / 估价：99.00元
PSN B-2016-565-1/1

中国陶瓷产业蓝皮书
中国陶瓷产业发展报告（2018）
著(编)者：左和平 黄速建
2018年10月出版 / 估价：99.00元
PSN B-2016-573-1/1

装备制造业蓝皮书
中国装备制造业发展报告（2018）
著(编)者：徐东华　2018年12月出版 / 估价：118.00元
PSN B-2015-505-1/1

行业及其他类

"三农"互联网金融蓝皮书
中国"三农"互联网金融发展报告（2018）
著（编）者：李勇坚 王弢
2018年8月出版 / 估价：99.00元
PSN B-2016-560-1/1

SUV蓝皮书
中国SUV市场发展报告（2017~2018）
著（编）者：靳军 2018年9月出版 / 估价：99.00元
PSN B-2016-571-1/1

冰雪蓝皮书
中国冬季奥运会发展报告（2018）
著（编）者：孙承华 伍斌 魏庆华 张鸿俊
2018年9月出版 / 估价：99.00元
PSN B-2017-647-2/3

彩票蓝皮书
中国彩票发展报告（2018）
著（编）者：益彩基金 2018年4月出版 / 估价：99.00元
PSN B-2015-462-1/1

测绘地理信息蓝皮书
测绘地理信息供给侧结构性改革研究报告（2018）
著（编）者：库热西·买合苏提
2018年12月出版 / 估价：168.00元
PSN B-2009-145-1/1

产权市场蓝皮书
中国产权市场发展报告（2017）
著（编）者：曹和平 2018年5月出版 / 估价：99.00元
PSN B-2009-147-1/1

城投蓝皮书
中国城投行业发展报告（2018）
著（编）者：华景斌
2018年11月出版 / 估价：300.00元
PSN B-2016-514-1/1

大数据蓝皮书
中国大数据发展报告（No.2）
著（编）者：连玉明 2018年5月出版 / 估价：99.00元
PSN B-2017-620-1/1

大数据应用蓝皮书
中国大数据应用发展报告No.2（2018）
著（编）者：陈军君 2018年8月出版 / 估价：99.00元
PSN B-2017-644-1/1

对外投资与风险蓝皮书
中国对外直接投资与国家风险报告（2018）
著（编）者：中债资信评估有限责任公司
　　　　　　中国社会科学院世界经济与政治研究所
2018年4月出版 / 估价：189.00元
PSN B-2017-606-1/1

工业和信息化蓝皮书
人工智能发展报告（2017~2018）
著（编）者：尹丽波 2018年6月出版 / 估价：99.00元
PSN B-2015-448-1/6

工业和信息化蓝皮书
世界智慧城市发展报告（2017~2018）
著（编）者：尹丽波 2018年6月出版 / 估价：99.00元
PSN B-2017-624-6/6

工业和信息化蓝皮书
世界网络安全发展报告（2017~2018）
著（编）者：尹丽波 2018年6月出版 / 估价：99.00元
PSN B-2015-452-5/6

工业和信息化蓝皮书
世界信息化发展报告（2017~2018）
著（编）者：尹丽波 2018年6月出版 / 估价：99.00元
PSN B-2015-451-4/6

工业设计蓝皮书
中国工业设计发展报告（2018）
著（编）者：王晓红 于炜 张立群 2018年9月出版 / 估价：168.00元
PSN B-2014-420-1/1

公共关系蓝皮书
中国公共关系发展报告（2018）
著（编）者：柳斌杰 2018年11月出版 / 估价：99.00元
PSN B-2016-579-1/1

管理蓝皮书
中国管理发展报告（2018）
著（编）者：张晓东 2018年10月出版 / 估价：99.00元
PSN B-2014-416-1/1

海关发展蓝皮书
中国海关发展前沿报告（2018）
著（编）者：干春晖 2018年6月出版 / 估价：99.00元
PSN B-2017-616-1/1

互联网医疗蓝皮书
中国互联网健康医疗发展报告（2018）
著（编）者：芮晓武 2018年6月出版 / 估价：99.00元
PSN B-2016-567-1/1

黄金市场蓝皮书
中国商业银行黄金业务发展报告（2017~2018）
著（编）者：平安银行 2018年3月出版 / 估价：99.00元
PSN B-2016-524-1/1

会展蓝皮书
中外会展业动态评估研究报告（2018）
著（编）者：张敏 任中峰 聂鑫焱 牛盼强
2018年12月出版 / 估价：99.00元
PSN B-2013-327-1/1

基金会蓝皮书
中国基金会发展报告（2017~2018）
著（编）者：中国基金会发展报告课题组
2018年4月出版 / 估价：99.00元
PSN B-2013-368-1/1

基金会绿皮书
中国基金会发展独立研究报告（2018）
著（编）者：基金会中心网 中央民族大学基金会研究中心
2018年6月出版 / 估价：99.00元
PSN G-2011-213-1/1

行业及其他类

皮书系列
2018全品种

基金会透明度蓝皮书
中国基金会透明度发展研究报告（2018）
著(编)者：基金会中心网
　　　　　清华大学廉政与治理研究中心
2018年9月出版 / 估价：99.00元
PSN B-2013-339-1/1

建筑装饰蓝皮书
中国建筑装饰行业发展报告（2018）
著(编)者：葛道顺 刘晓一
2018年10月出版 / 估价：198.00元
PSN B-2016-553-1/1

金融监管蓝皮书
中国金融监管报告（2018）
著(编)者：胡滨　2018年5月出版 / 估价：99.00元
PSN B-2012-281-1/1

金融蓝皮书
中国互联网金融行业分析与评估（2018~2019）
著(编)者：黄国平 伍旭川　2018年12月出版 / 估价：99.00元
PSN B-2016-585-7/7

金融科技蓝皮书
中国金融科技发展报告（2018）
著(编)者：李扬 孙国峰　2018年10月出版 / 估价：99.00元
PSN B-2014-374-1/1

金融信息服务蓝皮书
中国金融信息服务发展报告（2018）
著(编)者：李平　2018年5月出版 / 估价：99.00元
PSN B-2017-621-1/1

京津冀金融蓝皮书
京津冀金融发展报告（2018）
著(编)者：王爱俭 王璟怡　2018年10月出版 / 估价：99.00元
PSN B-2016-527-1/1

科普蓝皮书
国家科普能力发展报告（2018）
著(编)者：王康友　2018年5月出版 / 估价：138.00元
PSN B-2017-632-4/4

科普蓝皮书
中国基层科普发展报告（2017~2018）
著(编)者：赵立新 陈玲　2018年9月出版 / 估价：99.00元
PSN B-2016-568-3/4

科普蓝皮书
中国科普基础设施发展报告（2017~2018）
著(编)者：任福君　2018年6月出版 / 估价：99.00元
PSN B-2010-174-1/3

科普蓝皮书
中国科普人才发展报告（2017~2018）
著(编)者：郑念 任嵘嵘　2018年7月出版 / 估价：99.00元
PSN B-2016-512-2/4

科普能力蓝皮书
中国科普能力评价报告（2018~2019）
著(编)者：李富强 李群　2018年8月出版 / 估价：99.00元
PSN B-2016-555-1/1

临空经济蓝皮书
中国临空经济发展报告（2018）
著(编)者：连玉明　2018年9月出版 / 估价：99.00元
PSN B-2014-421-1/1

旅游安全蓝皮书
中国旅游安全报告（2018）
著(编)者：郑向敏 谢朝武　2018年5月出版 / 估价：158.00元
PSN B-2012-280-1/1

旅游绿皮书
2017~2018年中国旅游发展分析与预测
著(编)者：宋瑞　2018年2月出版 / 估价：99.00元
PSN G-2002-018-1/1

煤炭蓝皮书
中国煤炭工业发展报告（2018）
著(编)者：岳福斌　2018年12月出版 / 估价：99.00元
PSN B-2008-123-1/1

民营企业社会责任蓝皮书
中国民营企业社会责任报告（2018）
著(编)者：中华全国工商业联合会
2018年12月出版 / 估价：99.00元
PSN B-2015-510-1/1

民营医院蓝皮书
中国民营医院发展报告（2017）
著(编)者：薛晓林　2018年1月出版 / 估价：99.00元
PSN B-2012-299-1/1

闽商蓝皮书
闽商发展报告（2018）
著(编)者：李闽榕 王日根 林琛
2018年12月出版 / 估价：99.00元
PSN B-2012-298-1/1

农业应对气候变化蓝皮书
中国农业气象灾害及其灾损评估报告（No.3）
著(编)者：矫梅燕　2018年1月出版 / 估价：118.00元
PSN B-2014-413-1/1

品牌蓝皮书
中国品牌战略发展报告（2018）
著(编)者：汪同三　2018年10月出版 / 估价：99.00元
PSN B-2016-580-1/1

企业扶贫蓝皮书
中国企业扶贫研究报告（2018）
著(编)者：钟宏武　2018年12月出版 / 估价：99.00元
PSN B-2016-593-1/1

企业公益蓝皮书
中国企业公益研究报告（2018）
著(编)者：钟宏武 汪杰 黄晓娟
2018年12月出版 / 估价：99.00元
PSN B-2015-501-1/1

企业国际化蓝皮书
中国企业全球化报告（2018）
著(编)者：王辉耀 苗绿　2018年11月出版 / 估价：99.00元
PSN B-2014-427-1/1

皮书系列 2018全品种 — 行业及其他类

企业蓝皮书
中国企业绿色发展报告No.2（2018）
著(编)者：李红玉 朱光辉
2018年8月出版 / 估价：99.00元
PSN B-2015-481-2/2

企业社会责任蓝皮书
中资企业海外社会责任研究报告（2017~2018）
著(编)者：钟宏武 叶柳红 张蒽
2018年1月出版 / 估价：99.00元
PSN B-2017-603-2/2

企业社会责任蓝皮书
中国企业社会责任研究报告（2018）
著(编)者：黄群慧 钟宏武 张蒽 汪杰
2018年11月出版 / 估价：99.00元
PSN B-2009-149-1/2

汽车安全蓝皮书
中国汽车安全发展报告（2018）
著(编)者：中国汽车技术研究中心
2018年8月出版 / 估价：99.00元
PSN B-2014-385-1/1

汽车电子商务蓝皮书
中国汽车电子商务发展报告（2018）
著(编)者：中华全国工商业联合会汽车经销商商会
　　　　　北方工业大学
　　　　　北京易观智库网络科技有限公司
2018年10月出版 / 估价：158.00元
PSN B-2015-485-1/1

汽车知识产权蓝皮书
中国汽车产业知识产权发展报告（2018）
著(编)者：中国汽车工程研究院股份有限公司
　　　　　中国汽车工程学会
　　　　　重庆长安汽车股份有限公司
2018年12月出版 / 估价：99.00元
PSN B-2016-594-1/1

青少年体育蓝皮书
中国青少年体育发展报告（2017）
著(编)者：刘扶民 杨桦 2018年1月出版 / 估价：99.00元
PSN B-2015-482-1/1

区块链蓝皮书
中国区块链发展报告（2018）
著(编)者：李伟 2018年9月出版 / 估价：99.00元
PSN B-2017-649-1/1

群众体育蓝皮书
中国群众体育发展报告（2017）
著(编)者：刘国永 戴健 2018年5月出版 / 估价：99.00元
PSN B-2014-411-1/3

群众体育蓝皮书
中国社会体育指导员发展报告（2018）
著(编)者：刘国永 王欢 2018年4月出版 / 估价：99.00元
PSN B-2016-520-3/3

人力资源蓝皮书
中国人力资源发展报告（2018）
著(编)者：余兴安 2018年11月出版 / 估价：99.00元
PSN B-2012-287-1/1

融资租赁蓝皮书
中国融资租赁业发展报告（2017~2018）
著(编)者：李光荣 王力 2018年8月出版 / 估价：99.00元
PSN B-2015-443-1/1

商会蓝皮书
中国商会发展报告No.5（2017）
著(编)者：王钦敏 2018年7月出版 / 估价：99.00元
PSN B-2008-125-1/1

商务中心区蓝皮书
中国商务中心区发展报告No.4（2017~2018）
著(编)者：李国红 单菁菁 2018年9月出版 / 估价：99.00元
PSN B-2015-444-1/1

设计产业蓝皮书
中国创新设计发展报告（2018）
著(编)者：王晓红 张立群 于炜
2018年11月出版 / 估价：99.00元
PSN B-2016-581-2/2

社会责任管理蓝皮书
中国上市公司社会责任能力成熟度报告No.4（2018）
著(编)者：肖红军 王晓光 李伟阳
2018年12月出版 / 估价：99.00元
PSN B-2015-507-2/2

社会责任管理蓝皮书
中国企业公众透明度报告No.4（2017~2018）
著(编)者：黄速建 熊梦 王晓光 肖红军
2018年4月出版 / 估价：99.00元
PSN B-2015-440-1/2

食品药品蓝皮书
食品药品安全与监管政策研究报告（2016~2017）
著(编)者：唐民皓 2018年6月出版 / 估价：99.00元
PSN B-2009-129-1/1

输血服务蓝皮书
中国输血行业发展报告（2018）
著(编)者：孙俊 2018年12月出版 / 估价：99.00元
PSN B-2016-582-1/1

水利风景区蓝皮书
中国水利风景区发展报告（2018）
著(编)者：董建文 兰思仁
2018年10月出版 / 估价：99.00元
PSN B-2015-480-1/1

私募市场蓝皮书
中国私募股权市场发展报告（2017~2018）
著(编)者：曹和平 2018年12月出版 / 估价：99.00元
PSN B-2010-162-1/1

碳排放权交易蓝皮书
中国碳排放权交易报告（2018）
著(编)者：孙永平 2018年11月出版 / 估价：99.00元
PSN B-2017-652-1/1

碳市场蓝皮书
中国碳市场报告（2018）
著(编)者：定金彪 2018年11月出版 / 估价：99.00元
PSN B-2014-430-1/1

行业及其他类 — 皮书系列 2018全品种

体育蓝皮书
中国公共体育服务发展报告（2018）
著(编)者：戴健　2018年12月出版 / 估价：99.00元
PSN B-2013-367-2/5

土地市场蓝皮书
中国农村土地市场发展报告（2017～2018）
著(编)者：李光荣　2018年3月出版 / 估价：99.00元
PSN B-2016-526-1/1

土地整治蓝皮书
中国土地整治发展研究报告（No.5）
著(编)者：国土资源部土地整治中心
2018年7月出版 / 估价：99.00元
PSN B-2014-401-1/1

土地政策蓝皮书
中国土地政策研究报告（2018）
著(编)者：高延利 李宪文　2017年12月出版 / 估价：99.00元
PSN B-2015-506-1/1

网络空间安全蓝皮书
中国网络空间安全发展报告（2018）
著(编)者：惠志斌 覃庆玲
2018年11月出版 / 估价：99.00元
PSN B-2015-466-1/1

文化志愿服务蓝皮书
中国文化志愿服务发展报告（2018）
著(编)者：张永新 良警宇　2018年11月出版 / 估价：128.00元
PSN B-2016-596-1/1

西部金融蓝皮书
中国西部金融发展报告（2017～2018）
著(编)者：李忠民　2018年8月出版 / 估价：99.00元
PSN B-2010-160-1/1

协会商会蓝皮书
中国行业协会商会发展报告（2017）
著(编)者：景朝阳 李勇　2018年4月出版 / 估价：99.00元
PSN B-2015-461-1/1

新三板蓝皮书
中国新三板市场发展报告（2018）
著(编)者：王力　2018年8月出版 / 估价：99.00元
PSN B-2016-533-1/1

信托市场蓝皮书
中国信托业市场报告（2017～2018）
著(编)者：用益金融信托研究院
2018年1月出版 / 估价：198.00元
PSN B-2014-371-1/1

信息化蓝皮书
中国信息化形势分析与预测（2017～2018）
著(编)者：周宏仁　2018年8月出版 / 估价：99.00元
PSN B-2010-168-1/1

信用蓝皮书
中国信用发展报告（2017～2018）
著(编)者：章政 田侃　2018年4月出版 / 估价：99.00元
PSN B-2013-328-1/1

休闲绿皮书
2017～2018年中国休闲发展报告
著(编)者：宋瑞　2018年7月出版 / 估价：99.00元
PSN G-2010-158-1/1

休闲体育蓝皮书
中国休闲体育发展报告（2017～2018）
著(编)者：李相如 钟秉枢
2018年10月出版 / 估价：99.00元
PSN B-2016-516-1/1

养老金融蓝皮书
中国养老金融发展报告（2018）
著(编)者：董克用 姚余栋
2018年9月出版 / 估价：99.00元
PSN B-2016-583-1/1

遥感监测绿皮书
中国可持续发展遥感监测报告（2017）
著(编)者：顾行发 汪克强 潘教峰 李闽榕 徐东华 王琦安
2018年6月出版 / 估价：298.00元
PSN B-2017-629-1/1

药品流通蓝皮书
中国药品流通行业发展报告（2018）
著(编)者：佘鲁林 温再兴
2018年7月出版 / 估价：198.00元
PSN B-2014-429-1/1

医疗器械蓝皮书
中国医疗器械行业发展报告（2018）
著(编)者：王宝亭 耿鸿武
2018年10月出版 / 估价：99.00元
PSN B-2017-661-1/1

医院蓝皮书
中国医院竞争力报告（2018）
著(编)者：庄一强 曾益新　2018年3月出版 / 估价：118.00元
PSN B-2016-528-1/1

瑜伽蓝皮书
中国瑜伽业发展报告（2017~2018）
著(编)者：张永建 徐华锋 朱泰余
2018年6月出版 / 估价：198.00元
PSN B-2017-625-1/1

债券市场蓝皮书
中国债券市场发展报告（2017～2018）
著(编)者：杨农　2018年10月出版 / 估价：99.00元
PSN B-2016-572-1/1

志愿服务蓝皮书
中国志愿服务发展报告（2018）
著(编)者：中国志愿服务联合会
2018年11月出版 / 估价：99.00元
PSN B-2017-664-1/1

中国上市公司蓝皮书
中国上市公司发展报告（2018）
著(编)者：张鹏 张平 黄胤英
2018年9月出版 / 估价：99.00元
PSN B-2014-414-1/1

皮书系列 2018全品种 · 行业及其他类 · 国际问题与全球治理类

中国新三板蓝皮书
中国新三板创新与发展报告（2018）
著(编)者：刘平安 闻召林
2018年8月出版 / 估价：158.00元
PSN B-2017-638-1/1

中医文化蓝皮书
北京中医药文化传播发展报告（2018）
著(编)者：毛嘉陵 2018年5月出版 / 估价：99.00元
PSN B-2015-468-1/2

中医文化蓝皮书
中国中医药文化传播发展报告（2018）
著(编)者：毛嘉陵 2018年7月出版 / 估价：99.00元
PSN B-2016-584-2/2

中医药蓝皮书
北京中医药知识产权发展报告No.2
著(编)者：汪洪 屠志涛 2018年4月出版 / 估价：168.00元
PSN B-2017-602-1/1

资本市场蓝皮书
中国场外交易市场发展报告（2016~2017）
著(编)者：高峦 2018年3月出版 / 估价：99.00元
PSN B-2009-153-1/1

资产管理蓝皮书
中国资产管理行业发展报告（2018）
著(编)者：郑智 2018年7月出版 / 估价：99.00元
PSN B-2014-407-2/2

资产证券化蓝皮书
中国资产证券化发展报告（2018）
著(编)者：纪志宏 2018年11月出版 / 估价：99.00元
PSN B-2017-660-1/1

自贸区蓝皮书
中国自贸区发展报告（2018）
著(编)者：王力 黄育华 2018年6月出版 / 估价：99.00元
PSN B-2016-558-1/1

国际问题与全球治理类

"一带一路"跨境通道蓝皮书
"一带一路"跨境通道建设研究报告（2018）
著(编)者：郭业洲 2018年8月出版 / 估价：99.00元
PSN B-2016-557-1/1

"一带一路"蓝皮书
"一带一路"建设发展报告（2018）
著(编)者：王晓泉 2018年6月出版 / 估价：99.00元
PSN B-2016-552-1/1

"一带一路"投资安全蓝皮书
中国"一带一路"投资与安全研究报告（2017~2018）
著(编)者：邹统钎 梁昊光 2018年4月出版 / 估价：99.00元
PSN B-2017-612-1/1

"一带一路"文化交流蓝皮书
中阿文化交流发展报告（2017）
著(编)者：王辉 2018年9月出版 / 估价：99.00元
PSN B-2017-655-1/1

G20国家创新竞争力黄皮书
二十国集团（G20）国家创新竞争力发展报告（2017~2018）
著(编)者：李建平 李闽榕 赵新力 周天勇
2018年7月出版 / 估价：168.00元
PSN Y-2011-229-1/1

阿拉伯黄皮书
阿拉伯发展报告（2016~2017）
著(编)者：罗林 2018年3月出版 / 估价：99.00元
PSN Y-2014-381-1/1

北部湾蓝皮书
泛北部湾合作发展报告（2017~2018）
著(编)者：吕余生 2018年12月出版 / 估价：99.00元
PSN B-2008-114-1/1

北极蓝皮书
北极地区发展报告（2017）
著(编)者：刘惠荣 2018年7月出版 / 估价：99.00元
PSN B-2017-634-1/1

大洋洲蓝皮书
大洋洲发展报告（2017~2018）
著(编)者：喻常森 2018年10月出版 / 估价：99.00元
PSN B-2013-341-1/1

东北亚区域合作蓝皮书
2017年"一带一路"倡议与东北亚区域合作
著(编)者：刘亚政 金美花
2018年5月出版 / 估价：99.00元
PSN B-2017-631-1/1

东盟黄皮书
东盟发展报告（2017）
著(编)者：杨晓强 庄国土
2018年3月出版 / 估价：99.00元
PSN Y-2012-303-1/1

东南亚蓝皮书
东南亚地区发展报告（2017~2018）
著(编)者：王勤 2018年12月出版 / 估价：99.00元
PSN B-2012-240-1/1

非洲黄皮书
非洲发展报告No.20（2017~2018）
著(编)者：张宏明 2018年7月出版 / 估价：99.00元
PSN Y-2012-239-1/1

非传统安全蓝皮书
中国非传统安全研究报告（2017~2018）
著(编)者：潇枫 罗中枢 2018年8月出版 / 估价：99.00元
PSN B-2012-273-1/1

国际问题与全球治理类

国际安全蓝皮书
中国国际安全研究报告（2018）
著(编)者：刘慧　2018年7月出版 / 估价：99.00元
PSN B-2016-521-1/1

国际城市蓝皮书
国际城市发展报告（2018）
著(编)者：屠启宇　2018年2月出版 / 估价：99.00元
PSN B-2012-260-1/1

国际形势黄皮书
全球政治与安全报告（2018）
著(编)者：张宇燕　2018年1月出版 / 估价：99.00元
PSN Y-2001-016-1/1

公共外交蓝皮书
中国公共外交发展报告（2018）
著(编)者：赵启正　雷蔚真　2018年4月出版 / 估价：99.00元
PSN B-2015-457-1/1

金砖国家黄皮书
金砖国家综合创新竞争力发展报告（2018）
著(编)者：赵新力　李闽榕　黄茂兴
2018年8月出版 / 估价：128.00元
PSN Y-2017-643-1/1

拉美黄皮书
拉丁美洲和加勒比发展报告（2017～2018）
著(编)者：袁东振　2018年6月出版 / 估价：99.00元
PSN Y-1999-007-1/1

澜湄合作蓝皮书
澜沧江-湄公河合作发展报告（2018）
著(编)者：刘稚　2018年9月出版 / 估价：99.00元
PSN B-2011-196-1/1

欧洲蓝皮书
欧洲发展报告（2017～2018）
著(编)者：黄平　周弘　程卫东
2018年6月出版 / 估价：99.00元
PSN B-1999-009-1/1

葡语国家蓝皮书
葡语国家发展报告（2016～2017）
著(编)者：王成安　张敏　刘金兰
2018年4月出版 / 估价：99.00元
PSN B-2015-503-1/2

葡语国家蓝皮书
中国与葡语国家关系发展报告·巴西（2016）
著(编)者：张曙光　2018年8月出版 / 估价：99.00元
PSN B-2016-563-2/2

气候变化绿皮书
应对气候变化报告（2018）
著(编)者：王伟光　郑国光　2018年11月出版 / 估价：99.00元
PSN G-2009-144-1/1

全球环境竞争力绿皮书
全球环境竞争力报告（2018）
著(编)者：李建平　李闽榕　王金南
2018年12月出版 / 估价：198.00元
PSN G-2013-363-1/1

全球信息社会蓝皮书
全球信息社会发展报告（2018）
著(编)者：丁波涛　唐涛　2018年10月出版 / 估价：99.00元
PSN B-2017-665-1/1

日本经济蓝皮书
日本经济与中日经贸关系研究报告（2018）
著(编)者：张季风　2018年6月出版 / 估价：99.00元
PSN B-2008-102-1/1

上海合作组织黄皮书
上海合作组织发展报告（2018）
著(编)者：李进峰　2018年6月出版 / 估价：99.00元
PSN Y-2009-130-1/1

世界创新竞争力黄皮书
世界创新竞争力发展报告（2017）
著(编)者：李建平　李闽榕　赵新力
2018年1月出版 / 估价：168.00元
PSN Y-2013-318-1/1

世界经济黄皮书
2018年世界经济形势分析与预测
著(编)者：张宇燕　2018年1月出版 / 估价：99.00元
PSN Y-1999-006-1/1

丝绸之路蓝皮书
丝绸之路经济带发展报告（2018）
著(编)者：任宗哲　白宽犁　谷孟宾
2018年1月出版 / 估价：99.00元
PSN B-2014-410-1/1

新兴经济体蓝皮书
金砖国家发展报告（2018）
著(编)者：林跃勤　周文　2018年8月出版 / 估价：99.00元
PSN B-2011-195-1/1

亚太蓝皮书
亚太地区发展报告（2018）
著(编)者：李向阳　2018年5月出版 / 估价：99.00元
PSN B-2001-015-1/1

印度洋地区蓝皮书
印度洋地区发展报告（2018）
著(编)者：汪戎　2018年6月出版 / 估价：99.00元
PSN B-2013-334-1/1

渝新欧蓝皮书
渝新欧沿线国家发展报告（2018）
著(编)者：杨柏　黄森　2018年6月出版 / 估价：99.00元
PSN B-2017-626-1/1

中阿蓝皮书
中国-阿拉伯国家经贸发展报告（2018）
著(编)者：张廉　段庆林　王林聪　杨巧红
2018年12月出版 / 估价：99.00元
PSN B-2016-598-1/1

中东黄皮书
中东发展报告No.20（2017～2018）
著(编)者：杨光　2018年10月出版 / 估价：99.00元
PSN Y-1998-004-1/1

中亚黄皮书
中亚国家发展报告（2018）
著(编)者：孙力　2018年6月出版 / 估价：99.00元
PSN Y-2012-238-1/1

国别类

澳大利亚蓝皮书
澳大利亚发展报告（2017-2018）
著（编）者：孙有中 韩锋 2018年12月出版 / 估价：99.00元
PSN B-2016-587-1/1

巴西黄皮书
巴西发展报告（2017）
著（编）者：刘国枝 2018年5月出版 / 估价：99.00元
PSN Y-2017-614-1/1

德国蓝皮书
德国发展报告（2018）
著（编）者：郑春荣 2018年6月出版 / 估价：99.00元
PSN B-2012-278-1/1

俄罗斯黄皮书
俄罗斯发展报告（2018）
著（编）者：李永全 2018年6月出版 / 估价：99.00元
PSN Y-2006-061-1/1

韩国蓝皮书
韩国发展报告（2017）
著（编）者：牛林杰 刘宝全 2018年5月出版 / 估价：99.00元
PSN B-2010-155-1/1

加拿大蓝皮书
加拿大发展报告（2018）
著（编）者：唐小松 2018年9月出版 / 估价：99.00元
PSN B-2014-389-1/1

美国蓝皮书
美国研究报告（2018）
著（编）者：郑秉文 黄平 2018年5月出版 / 估价：99.00元
PSN B-2011-210-1/1

缅甸蓝皮书
缅甸国情报告（2017）
著（编）者：孔鹏 杨祥章 2018年1月出版 / 估价：99.00元
PSN B-2013-343-1/1

日本蓝皮书
日本研究报告（2018）
著（编）者：杨伯江 2018年6月出版 / 估价：99.00元
PSN B-2002-020-1/1

土耳其蓝皮书
土耳其发展报告（2018）
著（编）者：郭长刚 刘义 2018年9月出版 / 估价：99.00元
PSN B-2014-412-1/1

伊朗蓝皮书
伊朗发展报告（2017~2018）
著（编）者：冀开运 2018年10月 / 估价：99.00元
PSN B-2016-574-1/1

以色列蓝皮书
以色列发展报告（2018）
著（编）者：张倩红 2018年8月出版 / 估价：99.00元
PSN B-2015-483-1/1

印度蓝皮书
印度国情报告（2017）
著（编）者：吕昭义 2018年4月出版 / 估价：99.00元
PSN B-2012-241-1/1

英国蓝皮书
英国发展报告（2017~2018）
著（编）者：王展鹏 2018年12月出版 / 估价：99.00元
PSN B-2015-486-1/1

越南蓝皮书
越南国情报告（2018）
著（编）者：谢林城 2018年1月出版 / 估价：99.00元
PSN B-2006-056-1/1

泰国蓝皮书
泰国研究报告（2018）
著（编）者：庄国土 张禹东 刘文正
2018年10月出版 / 估价：99.00元
PSN B-2016-556-1/1

文化传媒类

"三农"舆情蓝皮书
中国"三农"网络舆情报告（2017~2018）
著（编）者：农业部信息中心
2018年6月出版 / 估价：99.00元
PSN B-2017-640-1/1

传媒竞争力蓝皮书
中国传媒国际竞争力研究报告（2018）
著（编）者：李本乾 刘强 王大可
2018年8月出版 / 估价：99.00元
PSN B-2013-356-1/1

传媒蓝皮书
中国传媒产业发展报告（2018）
著（编）者：崔保国 2018年5月出版 / 估价：99.00元
PSN B-2005-035-1/1

传媒投资蓝皮书
中国传媒投资发展报告（2018）
著（编）者：张向东 谭云明
2018年6月出版 / 估价：148.00元
PSN B-2015-474-1/1

文化传媒类 — 皮书系列 2018全品种

非物质文化遗产蓝皮书
中国非物质文化遗产发展报告（2018）
著（编）者：陈平　　2018年5月出版／估价：128.00元
PSN B-2015-469-1/2

非物质文化遗产蓝皮书
中国非物质文化遗产保护发展报告（2018）
著（编）者：宋俊华　　2018年10月出版／估价：128.00元
PSN B-2016-586-2/2

广电蓝皮书
中国广播电影电视发展报告（2018）
著（编）者：国家新闻出版广电总局发展研究中心
2018年7月出版／估价：99.00元
PSN B-2006-072-1/1

广告主蓝皮书
中国广告主营销传播趋势报告No.9
著（编）者：黄升民　杜国清　邵华冬　等
2018年10月出版／估价：158.00元
PSN B-2005-041-1/1

国际传播蓝皮书
中国国际传播发展报告（2018）
著（编）者：胡正荣　李继东　姬德强
2018年12月出版／估价：99.00元
PSN B-2014-408-1/1

国家形象蓝皮书
中国国家形象传播报告（2017）
著（编）者：张昆　　2018年3月出版／估价：128.00元
PSN B-2017-605-1/1

互联网治理蓝皮书
中国网络社会治理研究报告（2018）
著（编）者：罗昕　支庭荣
2018年9月出版／估价：118.00元
PSN B-2017-653-1/1

纪录片蓝皮书
中国纪录片发展报告（2018）
著（编）者：何苏六　　2018年10月出版／估价：99.00元
PSN B-2011-222-1/1

科学传播蓝皮书
中国科学传播报告（2016~2017）
著（编）者：詹正茂　　2018年6月出版／估价：99.00元
PSN B-2008-120-1/1

两岸创意经济蓝皮书
两岸创意经济研究报告（2018）
著（编）者：罗昌智　董泽平
2018年10月出版／估价：99.00元
PSN B-2014-437-1/1

媒介与女性蓝皮书
中国媒介与女性发展报告（2017~2018）
著（编）者：刘利群　　2018年5月出版／估价：99.00元
PSN B-2013-345-1/1

媒体融合蓝皮书
中国媒体融合发展报告（2017）
著（编）者：梅宁华　支庭荣　　2018年1月出版／估价：99.00元
PSN B-2015-479-1/1

全球传媒蓝皮书
全球传媒发展报告（2017~2018）
著（编）者：胡正荣　李继东　　2018年6月出版／估价：99.00元
PSN B-2012-237-1/1

少数民族非遗蓝皮书
中国少数民族非物质文化遗产发展报告（2018）
著（编）者：肖远平（彝）　柴立（满）
2018年10月出版／估价：118.00元
PSN B-2015-467-1/1

视听新媒体蓝皮书
中国视听新媒体发展报告（2018）
著（编）者：国家新闻出版广电总局发展研究中心
2018年7月出版／估价：118.00元
PSN B-2011-184-1/1

数字娱乐产业蓝皮书
中国动画产业发展报告（2018）
著（编）者：孙立军　孙平　牛兴侦
2018年10月出版／估价：99.00元
PSN B-2011-198-1/2

数字娱乐产业蓝皮书
中国游戏产业发展报告（2018）
著（编）者：孙立军　刘跃军
2018年10月出版／估价：99.00元
PSN B-2017-662-2/2

文化创新蓝皮书
中国文化创新报告（2017·No.8）
著（编）者：傅才武　　2018年4月出版／估价：99.00元
PSN B-2009-143-1/1

文化建设蓝皮书
中国文化发展报告（2018）
著（编）者：江畅　孙伟平　戴茂堂
2018年5月出版／估价：99.00元
PSN B-2014-392-1/1

文化科技蓝皮书
文化科技创新发展报告（2018）
著（编）者：于平　李凤亮　　2018年10月出版／估价：99.00元
PSN B-2013-342-1/1

文化蓝皮书
中国公共文化服务发展报告（2017~2018）
著（编）者：刘新成　张永新　张旭
2018年12月出版／估价：99.00元
PSN B-2007-093-2/10

文化蓝皮书
中国少数民族文化发展报告（2017~2018）
著（编）者：武翠英　张晓明　任乌晶
2018年9月出版／估价：99.00元
PSN B-2013-369-9/10

文化蓝皮书
中国文化产业供需协调检测报告（2018）
著（编）者：王亚南　　2018年2月出版／估价：99.00元
PSN B-2013-323-8/10

文化传媒类

文化蓝皮书
中国文化消费需求景气评价报告（2018）
著（编）者：王亚南　2018年2月出版／估价：99.00元
PSN B-2011-236-4/10

文化蓝皮书
中国公共文化投入增长测评报告（2018）
著（编）者：王亚南　2018年2月出版／估价：99.00元
PSN B-2014-435-10/10

文化品牌蓝皮书
中国文化品牌发展报告（2018）
著（编）者：欧阳友权　2018年5月出版／估价：99.00元
PSN B-2012-277-1/1

文化遗产蓝皮书
中国文化遗产事业发展报告（2017~2018）
著（编）者：苏杨　张颖岚　卓杰　白海峰　陈晨　陈叙图
2018年8月出版／估价：99.00元
PSN B-2008-119-1/1

文学蓝皮书
中国文情报告（2017~2018）
著（编）者：白烨　2018年5月出版／估价：99.00元
PSN B-2011-221-1/1

新媒体蓝皮书
中国新媒体发展报告No.9（2018）
著（编）者：唐绪军　2018年7月出版／估价：99.00元
PSN B-2010-169-1/1

新媒体社会责任蓝皮书
中国新媒体社会责任研究报告（2018）
著（编）者：钟瑛　2018年12月出版／估价：99.00元
PSN B-2014-423-1/1

移动互联网蓝皮书
中国移动互联网发展报告（2018）
著（编）者：余清楚　2018年6月出版／估价：99.00元
PSN B-2012-282-1/1

影视蓝皮书
中国影视产业发展报告（2018）
著（编）者：司若　陈鹏　陈锐　2018年4月出版／估价：99.00元
PSN B-2016-529-1/1

舆情蓝皮书
中国社会舆情与危机管理报告（2018）
著（编）者：谢耘耕　2018年9月出版／估价：138.00元
PSN B-2011-235-1/1

地方发展类-经济

澳门蓝皮书
澳门经济社会发展报告（2017~2018）
著（编）者：吴志良　郝雨凡　2018年7月出版／估价：99.00元
PSN B-2009-138-1/1

澳门绿皮书
澳门旅游休闲发展报告（2017~2018）
著（编）者：郝雨凡　林广志　2018年5月出版／估价：99.00元
PSN G-2017-617-1/1

北京蓝皮书
北京经济发展报告（2017~2018）
著（编）者：杨松　2018年6月出版／估价：99.00元
PSN B-2006-054-2/8

北京旅游绿皮书
北京旅游发展报告（2018）
著（编）者：北京旅游学会
2018年7月出版／估价：99.00元
PSN G-2012-301-1/1

北京体育蓝皮书
北京体育产业发展报告（2017~2018）
著（编）者：钟秉枢　陈杰　杨铁黎
2018年9月出版／估价：99.00元
PSN B-2015-475-1/1

滨海金融蓝皮书
滨海新区金融发展报告（2017）
著（编）者：王爱俭　李向前　2018年4月出版／估价：99.00元
PSN B-2014-424-1/1

城乡一体化蓝皮书
北京城乡一体化发展报告（2017~2018）
著（编）者：吴宝新　张宝秀　黄序
2018年5月出版／估价：99.00元
PSN B-2012-258-2/2

非公有制企业社会责任蓝皮书
北京非公有制企业社会责任报告（2018）
著（编）者：宋贵伦　冯培　2018年6月出版／估价：99.00元
PSN B-2017-613-1/1

福建旅游蓝皮书
福建省旅游产业发展现状研究（2017~2018）
著（编）者：陈敏华　黄远水
2018年12月出版／估价：128.00元
PSN B-2016-591-1/1

福建自贸区蓝皮书
中国（福建）自由贸易试验区发展报告（2017~2018）
著（编）者：黄茂兴　2018年4月出版／估价：118.00元
PSN B-2016-531-1/1

甘肃蓝皮书
甘肃经济发展分析与预测（2018）
著（编）者：安文华　罗哲　2018年1月出版／估价：99.00元
PSN B-2013-312-1/6

甘肃蓝皮书
甘肃商贸流通发展报告（2018）
著（编）者：张应华　王福生　王晓芳
2018年1月出版／估价：99.00元
PSN B-2016-522-6/6

地方发展类-经济

甘肃蓝皮书
甘肃县域和农村发展报告（2018）
著(编)者：朱智文 包东红 王建兵
2018年1月出版 / 估价：99.00元
PSN B-2013-316-5/6

甘肃农业科技绿皮书
甘肃农业科技发展研究报告（2018）
著(编)者：魏胜文 乔德华 张东伟
2018年12月出版 / 估价：198.00元
PSN B-2016-592-1/1

巩义蓝皮书
巩义经济社会发展报告（2018）
著(编)者：丁同民 朱军　2018年4月出版 / 估价：99.00元
PSN B-2016-532-1/1

广东外经贸蓝皮书
广东对外经济贸易发展研究报告（2017~2018）
著(编)者：陈万灵　2018年6月出版 / 估价：99.00元
PSN B-2012-286-1/1

广西北部湾经济区蓝皮书
广西北部湾经济区开放开发报告（2017~2018）
著(编)者：广西壮族自治区北部湾经济区和东盟开放合作办公室
　　　　广西社会科学院
　　　　广西北部湾发展研究院
2018年2月出版 / 估价：99.00元
PSN B-2010-181-1/1

广州蓝皮书
广州城市国际化发展报告（2018）
著(编)者：张跃国　2018年8月出版 / 估价：99.00元
PSN B-2012-246-11/14

广州蓝皮书
中国广州城市建设与管理发展报告（2018）
著(编)者：张其学 陈小钢 王宏伟　2018年8月出版 / 估价：99.00元
PSN B-2007-087-4/14

广州蓝皮书
广州创新型城市发展报告（2018）
著(编)者：尹涛　2018年6月出版 / 估价：99.00元
PSN B-2012-247-12/14

广州蓝皮书
广州经济发展报告（2018）
著(编)者：张跃国 尹涛　2018年7月出版 / 估价：99.00元
PSN B-2005-040-1/14

广州蓝皮书
2018年中国广州经济形势分析与预测
著(编)者：魏明海 谢博能 李华
2018年6月出版 / 估价：99.00元
PSN B-2011-185-9/14

广州蓝皮书
中国广州科技创新发展报告（2018）
著(编)者：于欣伟 陈爽 邓佑满　2018年8月出版 / 估价：99.00元
PSN B-2006-065-2/14

广州蓝皮书
广州农村发展报告（2018）
著(编)者：朱名宏　2018年7月出版 / 估价：99.00元
PSN B-2010-167-8/14

广州蓝皮书
广州汽车产业发展报告（2018）
著(编)者：杨再高 冯兴亚　2018年7月出版 / 估价：99.00元
PSN B-2006-066-3/14

广州蓝皮书
广州商贸业发展报告（2018）
著(编)者：张跃国 陈杰 荀振英
2018年7月出版 / 估价：99.00元
PSN B-2012-245-10/14

贵阳蓝皮书
贵阳城市创新发展报告No.3（白云篇）
著(编)者：连玉明　2018年5月出版 / 估价：99.00元
PSN B-2015-491-3/10

贵阳蓝皮书
贵阳城市创新发展报告No.3（观山湖篇）
著(编)者：连玉明　2018年5月出版 / 估价：99.00元
PSN B-2015-497-9/10

贵阳蓝皮书
贵阳城市创新发展报告No.3（花溪篇）
著(编)者：连玉明　2018年5月出版 / 估价：99.00元
PSN B-2015-490-2/10

贵阳蓝皮书
贵阳城市创新发展报告No.3（开阳篇）
著(编)者：连玉明　2018年5月出版 / 估价：99.00元
PSN B-2015-492-4/10

贵阳蓝皮书
贵阳城市创新发展报告No.3（南明篇）
著(编)者：连玉明　2018年5月出版 / 估价：99.00元
PSN B-2015-496-8/10

贵阳蓝皮书
贵阳城市创新发展报告No.3（清镇篇）
著(编)者：连玉明　2018年5月出版 / 估价：99.00元
PSN B-2015-489-1/10

贵阳蓝皮书
贵阳城市创新发展报告No.3（乌当篇）
著(编)者：连玉明　2018年5月出版 / 估价：99.00元
PSN B-2015-495-7/10

贵阳蓝皮书
贵阳城市创新发展报告No.3（息烽篇）
著(编)者：连玉明　2018年5月出版 / 估价：99.00元
PSN B-2015-493-5/10

贵阳蓝皮书
贵阳城市创新发展报告No.3（修文篇）
著(编)者：连玉明　2018年5月出版 / 估价：99.00元
PSN B-2015-494-6/10

贵阳蓝皮书
贵阳城市创新发展报告No.3（云岩篇）
著(编)者：连玉明　2018年5月出版 / 估价：99.00元
PSN B-2015-498-10/10

贵州房地产蓝皮书
贵州房地产发展报告No.5（2018）
著(编)者：武廷方　2018年7月出版 / 估价：99.00元
PSN B-2014-426-1/1

地方发展类-经济

贵州蓝皮书
贵州册亨经济社会发展报告（2018）
著(编)者：黄德林　　2018年3月出版 / 估价：99.00元
PSN B-2016-525-8/9

贵州蓝皮书
贵州地理标志产业发展报告（2018）
著(编)者：李发耀 黄其松　　2018年8月出版 / 估价：99.00元
PSN B-2017-646-10/10

贵州蓝皮书
贵安新区发展报告（2017~2018）
著(编)者：马长青 吴大华　　2018年6月出版 / 估价：99.00元
PSN B-2015-459-4/10

贵州蓝皮书
贵州国家级开放创新平台发展报告（2017~2018）
著(编)者：申晓庆 吴大华 季泓
2018年11月出版 / 估价：99.00元
PSN B-2016-518-7/10

贵州蓝皮书
贵州国有企业社会责任发展报告（2017~2018）
著(编)者：郭丽　　2018年12月出版 / 估价：99.00元
PSN B-2015-511-6/10

贵州蓝皮书
贵州民航业发展报告（2017）
著(编)者：申振东 吴大华　　2018年1月出版 / 估价：99.00元
PSN B-2015-471-5/10

贵州蓝皮书
贵州民营经济发展报告（2017）
著(编)者：杨静 吴大华　　2018年3月出版 / 估价：99.00元
PSN B-2016-530-9/9

杭州都市圈蓝皮书
杭州都市圈发展报告（2018）
著(编)者：沈翔 戚建国　　2018年5月出版 / 估价：128.00元
PSN B-2012-302-1/1

河北经济蓝皮书
河北省经济发展报告（2018）
著(编)者：马树强 金浩 张贵　　2018年4月出版 / 估价：99.00元
PSN B-2014-380-1/1

河北蓝皮书
河北经济社会发展报告（2018）
著(编)者：康振海　　2018年1月出版 / 估价：99.00元
PSN B-2014-372-1/3

河北蓝皮书
京津冀协同发展报告（2018）
著(编)者：陈璐　　2018年1月出版 / 估价：99.00元
PSN B-2017-601-2/3

河南经济蓝皮书
2018年河南经济形势分析与预测
著(编)者：王世炎　　2018年3月出版 / 估价：99.00元
PSN B-2007-086-1/1

河南蓝皮书
河南城市发展报告（2018）
著(编)者：张占仓 王建国　　2018年5月出版 / 估价：99.00元
PSN B-2009-131-3/9

河南蓝皮书
河南工业发展报告（2018）
著(编)者：张占仓　　2018年5月出版 / 估价：99.00元
PSN B-2013-317-5/9

河南蓝皮书
河南金融发展报告（2018）
著(编)者：喻新安 谷建全
2018年6月出版 / 估价：99.00元
PSN B-2014-390-7/9

河南蓝皮书
河南经济发展报告（2018）
著(编)者：张占仓 完世伟
2018年4月出版 / 估价：99.00元
PSN B-2010-157-4/9

河南蓝皮书
河南能源发展报告（2018）
著(编)者：国网河南省电力公司经济技术研究院
　　　　　河南省社会科学院
2018年3月出版 / 估价：99.00元
PSN B-2017-607-9/9

河南商务蓝皮书
河南商务发展报告（2018）
著(编)者：焦锦淼 穆荣国　　2018年5月出版 / 估价：99.00元
PSN B-2014-399-1/1

河南双创蓝皮书
河南创新创业发展报告（2018）
著(编)者：喻新安 杨雪梅　　2018年8月出版 / 估价：99.00元
PSN B-2017-641-1/1

黑龙江蓝皮书
黑龙江经济发展报告（2018）
著(编)者：朱宇　　2018年1月出版 / 估价：99.00元
PSN B-2011-190-2/2

湖南城市蓝皮书
区域城市群整合
著(编)者：童中贤 韩未名　　2018年12月出版 / 估价：99.00元
PSN B-2006-064-1/1

湖南蓝皮书
湖南城乡一体化发展报告（2018）
著(编)者：陈文胜 王文强 陆福兴
2018年8月出版 / 估价：99.00元
PSN B-2015-477-8/8

湖南蓝皮书
2018年湖南电子政务发展报告
著(编)者：梁志峰　　2018年5月出版 / 估价：128.00元
PSN B-2014-394-6/8

湖南蓝皮书
2018年湖南经济发展报告
著(编)者：卞鹰　　2018年5月出版 / 估价：128.00元
PSN B-2011-207-2/8

湖南蓝皮书
2016年湖南经济展望
著(编)者：梁志峰　　2018年5月出版 / 估价：128.00元
PSN B-2011-206-1/8

地方发展类-经济

湖南蓝皮书
2018年湖南县域经济社会发展报告
著(编)者：梁志峰　　2018年5月出版 / 估价：128.00元
PSN B-2014-395-7/8

湖南县域绿皮书
湖南县域发展报告（No.5）
著(编)者：袁准　周小毛　黎仁寅
2018年3月出版 / 估价：99.00元
PSN G-2012-274-1/1

沪港蓝皮书
沪港发展报告（2018）
著(编)者：尤安山　　2018年9月出版 / 估价：99.00元
PSN B-2013-362-1/1

吉林蓝皮书
2018年吉林经济社会形势分析与预测
著(编)者：邵汉明　　2017年12月出版 / 估价：99.00元
PSN B-2013-319-1/1

吉林省城市竞争力蓝皮书
吉林省城市竞争力报告（2018~2019）
著(编)者：崔岳春　张磊　　2018年12月出版 / 估价：99.00元
PSN B-2016-513-1/1

济源蓝皮书
济源经济社会发展报告（2018）
著(编)者：喻新安　　2018年4月出版 / 估价：99.00元
PSN B-2014-387-1/1

江苏蓝皮书
2018年江苏经济发展分析与展望
著(编)者：王庆五　吴先满　　2018年7月出版 / 估价：128.00元
PSN B-2017-635-1/3

江西蓝皮书
江西经济社会发展报告（2018）
著(编)者：陈石俊　龚建文　　2018年10月出版 / 估价：128.00元
PSN B-2015-484-1/2

江西蓝皮书
江西设区市发展报告（2018）
著(编)者：姜玮　梁勇　　2018年10月出版 / 估价：99.00元
PSN B-2016-517-2/2

经济特区蓝皮书
中国经济特区发展报告（2017）
著(编)者：陶一桃　　2018年1月出版 / 估价：99.00元
PSN B-2009-139-1/1

辽宁蓝皮书
2018年辽宁经济社会形势分析与预测
著(编)者：梁启东　魏红江　　2018年6月出版 / 估价：99.00元
PSN B-2006-053-1/1

民族经济蓝皮书
中国民族地区经济发展报告（2018）
著(编)者：李曦辉　　2018年7月出版 / 估价：99.00元
PSN B-2017-630-1/1

南宁蓝皮书
南宁经济发展报告（2018）
著(编)者：胡建华　　2018年9月出版 / 估价：99.00元
PSN B-2016-569-2/3

浦东新区蓝皮书
上海浦东经济发展报告（2018）
著(编)者：沈开艳　周奇　　2018年2月出版 / 估价：99.00元
PSN B-2011-225-1/1

青海蓝皮书
2018年青海经济社会形势分析与预测
著(编)者：陈玮　　2017年12月出版 / 估价：99.00元
PSN B-2012-275-1/2

山东蓝皮书
山东经济形势分析与预测（2018）
著(编)者：李广杰　　2018年7月出版 / 估价：99.00元
PSN B-2014-404-1/5

山东蓝皮书
山东省普惠金融发展报告（2018）
著(编)者：齐鲁财富网
2018年9月出版 / 估价：99.00元
PSN B2017-676-5/5

山西蓝皮书
山西资源型经济转型发展报告（2018）
著(编)者：李志强　　2018年7月出版 / 估价：99.00元
PSN B-2011-197-1/1

陕西蓝皮书
陕西经济发展报告（2018）
著(编)者：任宗哲　白宽犁　裴成荣
2018年1月出版 / 估价：99.00元
PSN B-2009-135-1/6

陕西蓝皮书
陕西精准脱贫研究报告（2018）
著(编)者：任宗哲　白宽犁　王建康
2018年6月出版 / 估价：99.00元
PSN B-2017-623-6/6

上海蓝皮书
上海经济发展报告（2018）
著(编)者：沈开艳
2018年2月出版 / 估价：99.00元
PSN B-2006-057-1/7

上海蓝皮书
上海资源环境发展报告（2018）
著(编)者：周冯琦　汤庆合
2018年2月出版 / 估价：99.00元
PSN B-2006-060-4/7

上饶蓝皮书
上饶发展报告（2016~2017）
著(编)者：廖其志　　2018年3月出版 / 估价：128.00元
PSN B-2014-377-1/1

深圳蓝皮书
深圳经济发展报告（2018）
著(编)者：张晓儒　　2018年6月出版 / 估价：99.00元
PSN B-2008-112-3/7

四川蓝皮书
四川城镇化发展报告（2018）
著(编)者：侯水平　陈炜
2018年4月出版 / 估价：99.00元
PSN B-2015-456-7/7

四川蓝皮书
2018年四川经济形势分析与预测
著(编)者：杨钢　2018年1月出版 / 估价：99.00元
PSN B-2007-098-2/7

四川蓝皮书
四川企业社会责任研究报告（2017~2018）
著(编)者：侯水平　盛毅　2018年5月出版 / 估价：99.00元
PSN B-2014-386-4/7

四川蓝皮书
四川生态建设报告（2018）
著(编)者：李晟之　2018年5月出版 / 估价：99.00元
PSN B-2015-455-6/7

体育蓝皮书
上海体育产业发展报告（2017~2018）
著(编)者：张林　黄海燕　2018年10月出版 / 估价：99.00元
PSN B-2015-454-4/5

体育蓝皮书
长三角地区体育产业发展报告（2017~2018）
著(编)者：张林　2018年4月出版 / 估价：99.00元
PSN B-2015-453-3/5

天津金融蓝皮书
天津金融发展报告（2018）
著(编)者：王爱俭　孔德昌　2018年3月出版 / 估价：99.00元
PSN B-2014-418-1/1

图们江区域合作蓝皮书
图们江区域合作发展报告（2018）
著(编)者：李铁　2018年6月出版 / 估价：99.00元
PSN B-2015-464-1/1

温州蓝皮书
2018年温州经济社会形势分析与预测
著(编)者：蒋儒标　王春光　金浩
2018年4月出版 / 估价：99.00元
PSN B-2008-105-1/1

西咸新区蓝皮书
西咸新区发展报告（2018）
著(编)者：李扬　王军
2018年6月出版 / 估价：99.00元
PSN B-2016-534-1/1

修武蓝皮书
修武经济社会发展报告（2018）
著(编)者：张占仓　袁凯声
2018年10月出版 / 估价：99.00元
PSN B-2017-651-1/1

偃师蓝皮书
偃师经济社会发展报告（2018）
著(编)者：张占仓　袁凯声　何武周
2018年7月出版 / 估价：99.00元
PSN B-2017-627-1/1

扬州蓝皮书
扬州经济社会发展报告（2018）
著(编)者：陈扬
2018年12月出版 / 估价：108.00元
PSN B-2011-191-1/1

长垣蓝皮书
长垣经济社会发展报告（2018）
著(编)者：张占仓　袁凯声　秦保建
2018年10月出版 / 估价：99.00元
PSN B-2017-654-1/1

遵义蓝皮书
遵义发展报告（2018）
著(编)者：邓彦　曾征　龚永育
2018年9月出版 / 估价：99.00元
PSN B-2014-433-1/1

地方发展类-社会

安徽蓝皮书
安徽社会发展报告（2018）
著(编)者：程桦　2018年4月出版 / 估价：99.00元
PSN B-2013-325-1/1

安徽社会建设蓝皮书
安徽社会建设分析报告（2017~2018）
著(编)者：黄家海　蔡宪
2018年11月出版 / 估价：99.00元
PSN B-2013-322-1/1

北京蓝皮书
北京公共服务发展报告（2017~2018）
著(编)者：施昌奎　2018年3月出版 / 估价：99.00元
PSN B-2008-103-7/8

北京蓝皮书
北京社会发展报告（2017~2018）
著(编)者：李伟东
2018年7月出版 / 估价：99.00元
PSN B-2006-055-3/8

北京蓝皮书
北京社会治理发展报告（2017~2018）
著(编)者：殷星辰　2018年7月出版 / 估价：99.00元
PSN B-2014-391-8/8

北京律师蓝皮书
北京律师发展报告 No.3（2018）
著(编)者：王隽　2018年12月出版 / 估价：99.00元
PSN B-2011-217-1/1

地方发展类-社会

北京人才蓝皮书
北京人才发展报告(2018)
著(编)者：敏华　2018年12月出版 / 估价：128.00元
PSN B-2011-201-1/1

北京社会心态蓝皮书
北京社会心态分析报告(2017~2018)
北京市社会心理服务促进中心
2018年10月出版 / 估价：99.00元
PSN B-2014-422-1/1

北京社会组织管理蓝皮书
北京社会组织发展与管理(2018)
著(编)者：黄江松
2018年4月出版 / 估价：99.00元
PSN B-2015-446-1/1

北京养老产业蓝皮书
北京居家养老发展报告(2018)
著(编)者：陆杰华　周明明
2018年8月出版 / 估价：99.00元
PSN B-2015-465-1/1

法治蓝皮书
四川依法治省年度报告No.4(2018)
著(编)者：李林　杨天宗　田禾
2018年3月出版 / 估价：118.00元
PSN B-2015-447-2/3

福建妇女发展蓝皮书
福建省妇女发展报告(2018)
著(编)者：刘群英　2018年11月出版 / 估价：99.00元
PSN B-2011-220-1/1

甘肃蓝皮书
甘肃社会发展分析与预测(2018)
著(编)者：安文华　包晓霞　谢增虎
2018年1月出版 / 估价：99.00元
PSN B-2013-313-2/6

广东蓝皮书
广东全面深化改革研究报告(2018)
著(编)者：周м生　涂成林
2018年12月出版 / 估价：99.00元
PSN B-2015-504-3/3

广东蓝皮书
广东社会工作发展报告(2018)
著(编)者：罗观翠　2018年6月出版 / 估价：99.00元
PSN B-2014-402-2/3

广州蓝皮书
广州青年发展报告(2018)
著(编)者：徐柳　张强
2018年8月出版 / 估价：99.00元
PSN B-2013-352-13/14

广州蓝皮书
广州社会保障发展报告(2018)
著(编)者：张跃国　2018年8月出版 / 估价：99.00元
PSN B-2014-425-14/14

广州蓝皮书
2018年中国广州社会形势分析与预测
著(编)者：张强　郭志勇　何镜清
2018年6月出版 / 估价：99.00元
PSN B-2008-110-5/14

贵州蓝皮书
贵州法治发展报告(2018)
著(编)者：吴大华　2018年5月出版 / 估价：99.00元
PSN B-2012-254-2/10

贵州蓝皮书
贵州人才发展报告(2017)
著(编)者：于杰　吴大华
2018年9月出版 / 估价：99.00元
PSN B-2014-382-3/10

贵州蓝皮书
贵州社会发展报告(2018)
著(编)者：王兴骥　2018年4月出版 / 估价：99.00元
PSN B-2010-166-1/10

杭州蓝皮书
杭州妇女发展报告(2018)
著(编)者：魏颖　2018年10月出版 / 估价：99.00元
PSN B-2014-403-1/1

河北蓝皮书
河北法治发展报告(2018)
著(编)者：康振海　2018年6月出版 / 估价：99.00元
PSN B-2017-622-3/3

河北食品药品安全蓝皮书
河北食品药品安全研究报告(2018)
著(编)者：丁锦霞　2018年10月出版 / 估价：99.00元
PSN B-2015-473-1/1

河南蓝皮书
河南法治发展报告(2018)
著(编)者：张林海　2018年7月出版 / 估价：99.00元
PSN B-2014-376-6/9

河南蓝皮书
2018年河南社会形势分析与预测
著(编)者：牛苏林　2018年5月出版 / 估价：99.00元
PSN B-2005-043-1/9

河南民办教育蓝皮书
河南民办教育发展报告(2018)
著(编)者：胡大白　2018年9月出版 / 估价：99.00元
PSN B-2017-642-1/1

黑龙江蓝皮书
黑龙江社会发展报告(2018)
著(编)者：谢宝禄　2018年1月出版 / 估价：99.00元
PSN B-2011-189-1/2

湖南蓝皮书
2018年湖南两型社会与生态文明建设报告
著(编)者：卞鹰　2018年5月出版 / 估价：128.00元
PSN B-2011-208-3/8

湖南蓝皮书
2018年湖南社会发展报告
著(编)者：卞鹰　2018年5月出版 / 估价：128.00元
PSN B-2014-393-5/8

健康城市蓝皮书
北京健康城市建设研究报告(2018)
著(编)者：王鸿春　盛继洪　2018年9月出版 / 估价：99.00元
PSN B-2015-460-1/2

江苏法治蓝皮书
江苏法治发展报告No.6（2017）
著(编)者：蔡道通 龚廷泰　2018年8月出版 / 估价：99.00元
PSN B-2012-290-1/1

江苏蓝皮书
2018年江苏社会发展分析与展望
著(编)者：王庆五 刘旺洪　2018年8月出版 / 估价：128.00元
PSN B-2017-636-2/3

南宁蓝皮书
南宁法治发展报告（2018）
著(编)者：杨维超　2018年12月出版 / 估价：99.00元
PSN B-2015-509-1/3

南宁蓝皮书
南宁社会发展报告（2018）
著(编)者：胡建华　2018年10月出版 / 估价：99.00元
PSN B-2016-570-3/3

内蒙古蓝皮书
内蒙古反腐倡廉建设报告 No.2
著(编)者：张志华　2018年6月出版 / 估价：99.00元
PSN B-2013-365-1/1

青海蓝皮书
2018年青海人才发展报告
著(编)者：王宇燕　2018年9月出版 / 估价：99.00元
PSN B-2017-650-2/2

青海生态文明建设蓝皮书
青海生态文明建设报告（2018）
著(编)者：张西明 高华　2018年12月出版 / 估价：99.00元
PSN B-2016-595-1/1

人口与健康蓝皮书
深圳人口与健康发展报告（2018）
著(编)者：陆杰华 傅崇辉　2018年11月出版 / 估价：99.00元
PSN B-2011-228-1/1

山东蓝皮书
山东社会形势分析与预测（2018）
著(编)者：李善峰　2018年6月出版 / 估价：99.00元
PSN B-2014-405-2/5

陕西蓝皮书
陕西社会发展报告（2018）
著(编)者：任宗哲 白宽犁 牛昉　2018年1月出版 / 估价：99.00元
PSN B-2009-136-2/6

上海蓝皮书
上海法治发展报告（2018）
著(编)者：叶必丰　2018年9月出版 / 估价：99.00元
PSN B-2012-296-6/7

上海蓝皮书
上海社会发展报告（2018）
著(编)者：杨雄 周海旺　2018年2月出版 / 估价：99.00元
PSN B-2006-058-2/7

社会建设蓝皮书
2018年北京社会建设分析报告
著(编)者：宋贵伦 冯虹　2018年9月出版 / 估价：99.00元
PSN B-2010-173-1/1

深圳蓝皮书
深圳法治发展报告（2018）
著(编)者：张骁儒　2018年6月出版 / 估价：99.00元
PSN B-2015-470-6/7

深圳蓝皮书
深圳劳动关系发展报告（2018）
著(编)者：汤庭芬　2018年8月出版 / 估价：99.00元
PSN B-2007-097-2/7

深圳蓝皮书
深圳社会治理与发展报告（2018）
著(编)者：张骁儒　2018年6月出版 / 估价：99.00元
PSN B-2008-113-4/7

生态安全绿皮书
甘肃国家生态安全屏障建设发展报告（2018）
著(编)者：刘举科 喜文华
2018年10月出版 / 估价：99.00元
PSN G-2017-659-1/1

顺义社会建设蓝皮书
北京市顺义区社会建设发展报告（2018）
著(编)者：王学武　2018年9月出版 / 估价：99.00元
PSN B-2017-658-1/1

四川蓝皮书
四川法治发展报告（2018）
著(编)者：郑泰安　2018年1月出版 / 估价：99.00元
PSN B-2015-441-5/7

四川蓝皮书
四川社会发展报告（2018）
著(编)者：李羚　2018年6月出版 / 估价：99.00元
PSN B-2008-127-3/7

云南社会治理蓝皮书
云南社会治理年度报告（2017）
著(编)者：晏雄 韩全芳
2018年5月出版 / 估价：99.00元
PSN B-2017-667-1/1

地方发展类-文化

北京传媒蓝皮书
北京新闻出版广电发展报告（2017~2018）
著(编)者：王志　2018年11月出版 / 估价：99.00元
PSN B-2016-588-1/1

北京蓝皮书
北京文化发展报告（2017~2018）
著(编)者：李建盛　2018年5月出版 / 估价：99.00元
PSN B-2007-082-4/8

地方发展类-文化

创意城市蓝皮书
北京文化创意产业发展报告（2018）
著(编)者：郭万超 张京成　2018年12月出版 / 估价：99.00元
PSN B-2012-263-1/7

创意城市蓝皮书
天津文化创意产业发展报告（2017~2018）
著(编)者：谢思全　2018年6月出版 / 估价：99.00元
PSN B-2016-536-7/7

创意城市蓝皮书
武汉文化创意产业发展报告（2018）
著(编)者：黄永林 陈汉桥　2018年12月出版 / 估价：99.00元
PSN B-2013-354-4/7

创意上海蓝皮书
上海文化创意产业发展报告（2017~2018）
著(编)者：王慧敏 王兴全　2018年8月出版 / 估价：99.00元
PSN B-2016-561-1/1

非物质文化遗产蓝皮书
广州市非物质文化遗产保护发展报告（2018）
著(编)者：宋俊华　2018年12月出版 / 估价：99.00元
PSN B-2016-589-1/1

甘肃蓝皮书
甘肃文化发展分析与预测（2018）
著(编)者：王俊莲 周小华　2018年1月出版 / 估价：99.00元
PSN B-2013-314-3/6

甘肃蓝皮书
甘肃舆情分析与预测（2018）
著(编)者：陈双梅 张谦元　2018年1月出版 / 估价：99.00元
PSN B-2013-315-4/6

广州蓝皮书
中国广州文化发展报告（2018）
著(编)者：屈哨兵 陆志强　2018年6月出版 / 估价：99.00元
PSN B-2009-134-7/14

广州蓝皮书
广州文化创意产业发展报告（2018）
著(编)者：徐咏虹　2018年7月出版 / 估价：99.00元
PSN B-2008-111-6/14

海淀蓝皮书
海淀区文化和科技融合发展报告（2018）
著(编)者：陈名杰 孟景伟　2018年5月出版 / 估价：99.00元
PSN B-2013-329-1/1

河南蓝皮书
河南文化发展报告（2018）
著(编)者：卫绍生　2018年7月出版 / 估价：99.00元
PSN B-2008-106-2/9

湖北文化产业蓝皮书
湖北省文化产业发展报告（2018）
著(编)者：黄晓华　2018年9月出版 / 估价：99.00元
PSN B-2017-656-1/1

湖北文化蓝皮书
湖北文化发展报告（2017~2018）
著(编)者：湖北大学高等人文研究院
　　　　中华文化发展湖北省协同创新中心
2018年10月出版 / 估价：99.00元
PSN B-2016-566-1/1

江苏蓝皮书
2018年江苏文化发展分析与展望
著(编)者：王庆五 樊和平　2018年9月出版 / 估价：128.00元
PSN B-2017-637-3/3

江西文化蓝皮书
江西非物质文化遗产发展报告（2018）
著(编)者：张圣才 傅安平　2018年12月出版 / 估价：128.00元
PSN B-2015-499-1/1

洛阳蓝皮书
洛阳文化发展报告（2018）
著(编)者：刘福兴 陈启明　2018年7月出版 / 估价：99.00元
PSN B-2015-476-1/1

南京蓝皮书
南京文化发展报告（2018）
著(编)者：中共南京市委宣传部
2018年12月出版 / 估价：99.00元
PSN B-2014-439-1/1

宁波文化蓝皮书
宁波"一人一艺"全民艺术普及发展报告（2017）
著(编)者：张爱琴　2018年11月出版 / 估价：128.00元
PSN B-2017-668-1/1

山东蓝皮书
山东文化发展报告（2018）
著(编)者：涂可国　2018年5月出版 / 估价：99.00元
PSN B-2014-406-3/5

陕西蓝皮书
陕西文化发展报告（2018）
著(编)者：任宗哲 白宽犁 王长寿
2018年1月出版 / 估价：99.00元
PSN B-2009-137-3/6

上海蓝皮书
上海传媒发展报告（2018）
著(编)者：强荧 焦雨虹　2018年2月出版 / 估价：99.00元
PSN B-2012-295-5/7

上海蓝皮书
上海文学发展报告（2018）
著(编)者：陈圣来　2018年6月出版 / 估价：99.00元
PSN B-2012-297-7/7

上海蓝皮书
上海文化发展报告（2018）
著(编)者：荣跃明　2018年2月出版 / 估价：99.00元
PSN B-2006-059-3/7

深圳蓝皮书
深圳文化发展报告（2018）
著(编)者：张骁儒　2018年7月出版 / 估价：99.00元
PSN B-2016-554-7/7

四川蓝皮书
四川文化产业发展报告（2018）
著(编)者：向宝云 张立伟　2018年4月出版 / 估价：99.00元
PSN B-2006-074-1/7

郑州蓝皮书
2018年郑州文化发展报告
著(编)者：王哲　2018年9月出版 / 估价：99.00元
PSN B-2008-107-1/1

社会科学文献出版社　皮书系列

❖ 皮书起源 ❖

"皮书"起源于十七、十八世纪的英国,主要指官方或社会组织正式发表的重要文件或报告,多以"白皮书"命名。在中国,"皮书"这一概念被社会广泛接受,并被成功运作、发展成为一种全新的出版形态,则源于中国社会科学院社会科学文献出版社。

❖ 皮书定义 ❖

皮书是对中国与世界发展状况和热点问题进行年度监测,以专业的角度、专家的视野和实证研究方法,针对某一领域或区域现状与发展态势展开分析和预测,具备原创性、实证性、专业性、连续性、前沿性、时效性等特点的公开出版物,由一系列权威研究报告组成。

❖ 皮书作者 ❖

皮书系列的作者以中国社会科学院、著名高校、地方社会科学院的研究人员为主,多为国内一流研究机构的权威专家学者,他们的看法和观点代表了学界对中国与世界的现实和未来最高水平的解读与分析。

❖ 皮书荣誉 ❖

皮书系列已成为社会科学文献出版社的著名图书品牌和中国社会科学院的知名学术品牌。2016年,皮书系列正式列入"十三五"国家重点出版规划项目;2013~2018年,重点皮书列入中国社会科学院承担的国家哲学社会科学创新工程项目;2018年,59种院外皮书使用"中国社会科学院创新工程学术出版项目"标识。

中国皮书网

（网址：www.pishu.cn）

发布皮书研创资讯，传播皮书精彩内容
引领皮书出版潮流，打造皮书服务平台

栏目设置

关于皮书：何谓皮书、皮书分类、皮书大事记、皮书荣誉、
皮书出版第一人、皮书编辑部

最新资讯：通知公告、新闻动态、媒体聚焦、网站专题、视频直播、下载专区

皮书研创：皮书规范、皮书选题、皮书出版、皮书研究、研创团队

皮书评奖评价：指标体系、皮书评价、皮书评奖

互动专区：皮书说、社科数托邦、皮书微博、留言板

所获荣誉

2008年、2011年，中国皮书网均在全国新闻出版业网站荣誉评选中获得"最具商业价值网站"称号；

2012年，获得"出版业网站百强"称号。

网库合一

2014年，中国皮书网与皮书数据库端口合一，实现资源共享。

权威报告·一手数据·特色资源

皮书数据库
ANNUAL REPORT(YEARBOOK) DATABASE

当代中国经济与社会发展高端智库平台

所获荣誉

- 2016年，入选"'十三五'国家重点电子出版物出版规划骨干工程"
- 2015年，荣获"搜索中国正能量 点赞2015""创新中国科技创新奖"
- 2013年，荣获"中国出版政府奖·网络出版物奖"提名奖
- 连续多年荣获中国数字出版博览会"数字出版·优秀品牌"奖

成为会员

通过网址www.pishu.com.cn或使用手机扫描二维码进入皮书数据库网站，进行手机号码验证或邮箱验证即可成为皮书数据库会员（建议通过手机号码快速验证注册）。

会员福利

- 使用手机号码首次注册的会员，账号自动充值100元体验金，可直接购买和查看数据库内容（仅限使用手机号码快速注册）。
- 已注册用户购书后可免费获赠100元皮书数据库充值卡。刮开充值卡涂层获取充值密码，登录并进入"会员中心"—"在线充值"—"充值卡充值"，充值成功后即可购买和查看数据库内容。

数据库服务热线：400-008-6695　　　　图书销售热线：010-59367070/7028
数据库服务QQ：2475522410　　　　　　图书服务QQ：1265056568
数据库服务邮箱：database@ssap.cn　　　图书服务邮箱：duzhe@ssap.cn

更多信息请登录

皮书数据库
http://www.pishu.com.cn

中国皮书网
http://www.pishu.cn

皮书微博
http://weibo.com/pishu

皮书微信"皮书说"

请到当当、亚马逊、京东或各地书店购买,也可办理邮购

咨询/邮购电话:010-59367028 59367070

邮　　箱:duzhe@ssap.cn

邮购地址:北京市西城区北三环中路甲29号院3号楼
　　　　　华龙大厦13层读者服务中心

邮　编:100029

银行户名:社会科学文献出版社

开户银行:中国工商银行北京北太平庄支行

账　　号:0200010019200365434

全国省域公共文化投入增长综合评价排行

续表

地区	2000年			2016年			16年倍差增减变化	
	文化消费占支出比（%）	文化消费与投入占支出比倍差指数		文化消费占支出比（%）	文化消费与投入占支出比倍差指数		增减（%）	排序（倒序）
		无差距=1	差距排序（倒序）		无差距=1	差距排序（倒序）		
西藏	1.6861	1.4965	10	1.9286	1.1212	1	-25.08	2
陕西	4.8889	1.7472	21	5.9880	2.0885	2	19.53	3
四川	4.2569	1.8107	24	4.5631	2.5169	6	39.00	7
新疆	4.7552	1.7716	23	4.9163	2.6214	7	47.97	8
青海	3.4367	1.6917	18	5.9816	2.7373	9	61.81	10
甘肃	5.6191	1.8391	25	6.3062	3.1116	11	69.19	11
宁夏	5.0776	1.7073	19	6.3117	3.1384	13	83.82	13
内蒙古	4.4894	1.6798	17	6.2720	3.1713	14	88.79	14
重庆	4.4692	2.4855	29	6.4865	5.4101	31	117.67	22
云南	4.4041	1.7151	20	6.3178	4.0688	27	137.23	24
广西	4.2673	1.3480	4	5.5998	3.4992	20	159.58	28
贵州	3.7737	1.3154	2	6.9453	4.3961	28	234.20	31
西部	4.4227	1.6698	[2]	5.7277	3.0849	[1]	84.75	[2]
吉林	3.7915	1.6226	15	4.9259	2.4524	5	51.14	9
辽宁	3.6932	1.8936	27	6.4227	3.4710	19	83.30	12
黑龙江	3.4633	1.5430	11	4.8191	3.8286	25	148.13	27
东北	3.6401	1.7058	[3]	5.6085	3.3102	[3]	94.06	[3]
湖南	4.3401	1.6715	16	7.2877	3.2839	16	96.46	16
安徽	3.8739	1.5832	13	4.7525	3.1162	12	96.83	17
山西	4.3106	1.4928	9	6.7507	3.1866	15	113.46	20
湖北	3.9811	1.4859	8	5.3750	3.5735	21	140.49	25
江西	3.5470	1.4463	6	5.8714	3.8460	26	165.92	29
河南	3.6074	1.3990	5	5.9883	4.5860	30	227.81	30
中部	3.9448	1.5170	[1]	5.9874	3.5995	[4]	137.28	[4]

注：①文化消费占总消费支出比测算同"中国文化消费需要景气评价体系"形成互动，取文化消费与投入各占支出比之间倍差（倍差演算：无差距基准值1加同构支出比之间商值与之绝对偏差值）衡量差距及其变动，其余同前表；②另需说明，近几年年鉴始发布2014年以来城乡人均值数据，但与总量数据之间存在演算误差，与对应年鉴同时发布的产值人均值和总量分别演算居民消费率有出入，本文恢复采用自行演算城乡人均值展开文化消费占居民支出比测算，以保证数据库测算模型的规范性及其历年通行测评的标准化。

2000～2016年，全国文化消费占居民支出比从4.47%上升至4.74%，升幅为6.10%；对照表5，同期全国文化投入占财政支出比降幅为10.87%，降幅大于文化消费占居民支出比升幅。于是，在这16年间，全国文化消费占居民支出比与文化投入占财政支出比之间的倍差从2.3651增大至2.8155，增幅为19.04%。这意味着，文化投入占财政支出比下降形成的不利态势，更甚于同期文化消费占居民支出比上升的有利态势。

与此同时，东部文化消费占居民支出比升高20.34%，文化投入占财政支出比降低26.63%，二者占比倍差从1.9296增至3.1648；东北文化消费占居民支出比升高54.08%，文化投入占财政支出比降低20.60%，二者占比倍差从1.7058增至3.3102；中部文化消费占居民支出比升高51.78%，文化投入占财政支出比降低36.03%，二者占比倍差从1.5170增至3.5995；西部文化消费占居民支出比升高29.51%，文化投入占财政支出比降低29.90%，二者占比倍差从1.6698增至3.0849。

各省域文化消费占居民支出比与文化投入占财政支出比之间历年倍差大小对比，在2000年，27个省域此项倍差小于全国总体倍差；4个省域此项倍差大于全国总体。福建占据首位，此项倍差仅为全国总体倍差的54.23%；上海处于末位，此项倍差达到全国总体倍差的155.04%。

到2016年，9个省域此项倍差小于全国总体倍差；22个省域此项倍差大于全国总体。西藏占据首位，此项倍差仅为全国总体倍差的39.82%；重庆处于末位，此项倍差达到全国总体倍差的192.15%。

2000～2016年各省域文化消费与文化投入占支出比之间倍差指数增减变化比较，2个省域此项倍差减小，即二者差距缩小；29个省域此项倍差增大，即二者差距扩大。其中，北京、西藏2个省域此项倍差变动状况依次好于全国总体；其余29个省域此项倍差变动状况依次逊于全国总体。北京占据首位，此项倍差减小了38.11%；贵州处于末位，此项倍差增大了234.20%。

2016年与上一年相比，全国此项倍差减小1.09%。同时，8个省域此项倍差减小；23个省域此项倍差增大。

这一倍差指数分析表明，2000～2016年，全国及各省域文化消费占居民支出比变化动态与文化投入占财政支出比变化动态相比较，其间"同构增长协调性"普遍欠佳。在全国及绝大部分省域，文化投入占财政支出比及其增减变动逊于文化消费占居民支出比及其增减变动，以财政支出占比来衡量的文化投入增长滞后于以居民支出占比来衡量的文化消费增长所体现出来的需求动态。

五 各省域文化投入人均值地区差状况检测

在本项测评里，全国及各省域文化投入增长最后仍需要展开人均值演算的地区差距检测，考察其间的"地区均衡增长"状况，从而得出地区差校正指标演算结果。这一点正是今后逐步实现公共文化服务、文化投入均等化理想目标的必然要求。

文化投入人均值地区差距变动状况见表11，各省域按地区差扩减变化排列。表中同时提供了2000年和2016年各地文化投入人均值地区差演算结果，可以进行重复验算。

表11 文化投入人均值地区差距变动状况

地区	2000年地区差距			2016年地区差距			16年地区差增减变化	
	地区差（无差距=1）	地区差倒数	倒数排序	地区差（无差距=1）	地区差倒数	倒数排序	增减（%）	排序（倒序）
全国	1.4571	0.6863	—	1.5588	0.6415	—	6.98	—
湖南	1.4199	0.7043	21	1.0986	0.9102	5	-22.63	3
江西	1.4500	0.6897	22	1.3290	0.7524	16	-8.34	9
安徽	1.4685	0.6810	23	1.4050	0.7118	20	-4.32	10
湖北	1.3017	0.7683	17	1.2824	0.7798	12	-1.48	12

续表

地区	2000年地区差距			2016年地区差距			16年地区差增减变化	
	地区差（无差距=1）	地区差倒数	倒数排序	地区差（无差距=1）	地区差倒数	倒数排序	增减（%）	排序（倒序）
山西	1.1530	0.8673	10	1.1380	0.8787	6	-1.30	13
河南	1.4881	0.6720	26	1.5537	0.6436	25	4.41	16
中部	1.3802	0.7245	[2]	1.3011	0.7686	[2]	-5.73	[1]
上海	3.1510	0.3174	30	2.0433	0.4894	28	-35.15	1
广东	1.4785	0.6764	24	1.0835	0.9230	4	-26.72	2
天津	1.9889	0.5028	28	1.6027	0.6239	26	-19.42	4
福建	1.2563	0.7960	14	1.0816	0.9246	3	-13.91	7
浙江	1.2695	0.7877	15	1.2432	0.8044	11	-2.07	11
江苏	1.0139	0.9863	1	1.0547	0.9482	1	4.02	15
河北	1.3212	0.7569	18	1.4877	0.6722	23	12.60	19
海南	1.1046	0.9053	7	1.2829	0.7795	13	16.14	21
山东	1.1735	0.8522	11	1.3946	0.7171	19	18.84	23
北京	2.9800	0.3356	29	3.9808	0.2512	30	33.58	29
东部	1.6737	0.5975	[4]	1.6255	0.6152	[3]	-2.88	[2]
吉林	1.0408	0.9608	3	1.1445	0.8738	7	9.96	18
辽宁	1.0171	0.9832	2	1.1572	0.8642	8	13.77	20
黑龙江	1.0515	0.9511	4	1.3905	0.7191	18	32.24	28
东北	1.0364	0.9648	[1]	1.2307	0.8125	[1]	18.75	[3]
四川	1.4790	0.6761	25	1.2313	0.8121	10	-16.75	5
重庆	1.5399	0.6494	27	1.3103	0.7632	15	-14.91	6
贵州	1.3487	0.7415	19	1.1714	0.8537	9	-13.15	8
甘肃	1.0517	0.9509	5	1.0682	0.9361	2	1.57	14
广西	1.2728	0.7857	16	1.3568	0.7370	17	6.60	17
宁夏	1.3871	0.7209	20	1.6378	0.6106	27	18.07	22
新疆	1.1897	0.8405	13	1.4220	0.7032	21	19.53	24
云南	1.0604	0.9430	6	1.2859	0.7777	14	21.27	25
陕西	1.1194	0.8933	8	1.4424	0.6933	22	28.85	26
内蒙古	1.1739	0.8518	12	1.5464	0.6467	24	31.73	27
西藏	3.2853	0.3044	31	4.6383	0.2156	31	41.18	30
青海	1.1355	0.8807	9	2.4585	0.4067	29	116.51	31
西部	1.4203	0.7041	[3]	1.7141	0.5834	[4]	20.69	[4]

注：①表中均为演算衍生数值；②为检测细微差异，地区差指数及其倒数保留4位小数，扩减百分比负值为地区差缩小。

2000~2016年,全国文化投入人均值地区差从1.4571增至1.5588,扩大了6.98%。

同期,东部文化投入人均值地区差从1.6737减至1.6255,缩小2.88%;东北文化投入人均值地区差从1.0364增至1.2307,扩大18.75%;中部文化投入人均值地区差从1.3802减至1.3011,缩小5.73%;西部文化投入人均值地区差从1.4203增至1.7141,扩大20.69%。

各省域文化投入人均值地区差历年对比,在2000年,22个省域地区差小于全国总体地区差;9个省域地区差大于全国总体地区差。江苏占据首位,地区差仅为全国总体地区差的69.58%;西藏处于末位,地区差达到全国总体地区差的225.46%。

到2016年,25个省域地区差小于全国总体地区差;6个省域地区差大于全国总体地区差。江苏占据首位,地区差仅为全国总体地区差的67.66%;西藏处于末位,地区差达到全国总体地区差的297.55%。

2000~2016年各省域文化投入人均值地区差增减变化比较,13个省域地区差缩小,即与全国总体人均值的绝对偏差值减小;18个省域地区差扩大,即与全国总体人均值的绝对偏差值增大。其中,上海、广东、湖南、天津、四川、重庆、福建、贵州、江西、安徽、浙江、湖北、山西、甘肃、江苏、河南、广西17个省域地区差增减变动依次好于全国总体状况;其余14个省域地区差增减变动依次逊于全国总体状况。上海占据首位,地区差缩小35.15%;青海处于末位,地区差扩大116.51%。

2016年与上一年相比,全国文化投入人均值地区差缩小0.24%。同时,14个省域地区差缩小;17个省域地区差扩大。

地区差指数分析表明,2000~2016年,在公共财政、公共文化服务体制和机制逐步完备,公共文化投入"均等化"的理想要求逐步明确的同时,各省域之间文化投入人均值变化动态的"增长均衡性"却明显欠佳。在较多省域,文化投入人均值及其增减变动向着与全国总体平均值更加偏离(包括偏高和偏低两个方面)的方向发展,不仅导致自身地区差扩大,而且带来全国总体地区差扩大。

六 各省域文化投入增长综合评价排行

基于以上几个方面各项指标的分析数值,按照本项测评体系的测算方式和演算权重,最后得出2016年各地文化投入增长综合指数评价排行。基于不同时间段、不同基准值的各类测评结果均落实在2016年之上。景气指数取百分制,以便横向衡量百分点高低,纵向衡量百分比升降。

全国及各地文化投入增长测评综合指数变动状况见表12,各地以无差距理想状态横向测评的综合指数排行高低排列。

表12 全国及各地文化投入增长测评综合指数变动状况

地区	2000年以来时段纵向测评(起点年基数值=100)						2016年度测评			
	"十五"以来(2000~2016年)		"十一五"以来(2005~2016年)		"十二五"以来(2010~2016年)		基数值纵向权衡(2015年=100)		无差距横向权衡(理想值=100)	
	综合指数	排序	综合指数	排序	综合指数	排序	综合指数	排序	综合指数	排序
全国	263.54	—	155.90	—	120.82	—	99.53	—	81.36	—
吉林	299.78	12	167.03	14	120.26	20	98.59	19	99.46	9
辽宁	229.86	24	146.14	24	114.74	25	95.72	26	90.52	20
黑龙江	182.93	31	127.72	29	92.26	31	98.69	18	79.01	25
东北	231.60	[4]	146.37	[4]	108.46	[4]	97.67	[4]	89.01	[1]
西藏	341.95	7	224.52	2	128.56	11	100.62	9	180.32	1
青海	479.06	1	240.31	1	138.98	5	100.20	11	119.04	3
陕西	388.20	3	222.15	3	133.48	7	105.19	5	107.88	4
甘肃	288.57	15	174.72	12	118.46	22	99.69	13	104.72	5
宁夏	298.09	14	192.19	7	114.98	24	103.24	7	104.02	6
内蒙古	317.89	10	181.84	9	117.73	23	99.01	17	99.71	8
新疆	298.97	13	168.58	13	122.58	16	99.32	14	98.95	10
云南	197.22	30	141.92	27	126.95	13	116.32	2	91.08	18
贵州	319.50	9	148.61	21	150.68	3	104.39	6	89.49	21
四川	364.10	5	186.21	8	135.51	6	100.44	10	88.37	22
广西	234.76	22	147.90	23	122.90	14	89.91	31	78.89	26
重庆	370.85	4	162.37	16	112.84	26	98.17	22	77.94	27
西部	307.22	[1]	169.53	[1]	124.05	[2]	100.99	[1]	85.57	[2]

续表

地区	2000年以来时段纵向测评（起点年基数值=100）						2016年度测评			
	"十五"以来（2000~2016年）		"十一五"以来（2005~2016年）		"十二五"以来（2010~2016年）		基数值纵向权衡（2015年=100）		无差距横向权衡（理想值=100）	
	综合指数	排序	综合指数	排序	综合指数	排序	综合指数	排序	综合指数	排序
北京	338.22	8	192.81	6	127.53	12	99.81	12	132.21	2
海南	348.99	6	219.16	4	120.71	18	98.45	20	98.61	11
上海	221.68	25	151.67	20	120.67	19	97.47	24	94.13	13
天津	240.97	21	155.20	18	122.46	17	100.70	8	93.98	14
浙江	261.13	20	154.54	19	119.12	21	98.11	23	93.51	15
江苏	277.01	17	157.03	17	122.78	15	99.30	15	93.31	16
广东	206.67	28	148.32	22	107.25	29	109.68	3	91.59	17
福建	217.68	26	144.77	26	154.76	2	92.98	28	90.93	19
山东	201.78	29	116.78	30	112.32	27	97.09	25	75.10	28
河北	209.62	27	127.91	28	129.83	10	95.67	27	72.49	30
东部	243.63	[3]	151.16	[3]	117.23	[3]	98.71	[3]	81.44	[3]
湖南	388.61	2	212.77	5	173.37	1	116.46	1	102.01	7
山西	270.42	18	145.95	25	131.91	8	98.33	21	95.38	12
湖北	269.87	19	177.49	11	140.63	4	107.32	4	83.07	23
江西	309.95	11	165.08	15	131.90	9	99.04	16	79.88	24
安徽	285.82	16	178.12	10	100.68	30	92.84	29	73.68	29
河南	231.37	23	112.15	31	110.40	28	91.98	30	67.61	31
中部	289.99	[2]	159.89	[2]	128.67	[1]	100.70	[2]	81.29	[4]

（二）各年度理想值横向测评

以文化投入人均值地区无差距、文化消费与投入同构占比无差距状态为"理想值"100，在年度横向测评中，2016年全国文化投入增长综合指数为81.36，低于理想值18.64%。此项测评中，由于全国文化投入总量份额值（全国份额为100%基准）、人均绝对值、各项比值作为演算基准，全国总体综合指数高低，全都缘于文化投入人均值地区无差距、文化消费与投入同构占比缩小或扩大。

东部综合指数为81.44，低于理想值18.56%，同时高于全国总体指数

0.08个点；东北综合指数为89.01，低于理想值10.99%，同时高于全国总体指数7.65个点；中部综合指数为81.29，低于理想值18.71%，同时低于全国总体指数0.07个点；西部综合指数为85.57，低于理想值14.43%，同时高于全国总体指数4.21个点。

在理想值横向测评中，四大区域和各省域综合指数高低，除了缘于自身文化投入人均值地区差、文化消费与投入同构占比倍差的存在及其扩减变化以外，更有可能缘于其文化投入总量份额值上升或下降，文化投入人均值、相关各项比值高于或低于全国总体平均值。

各省域综合测评结果比较，西藏、北京、青海、陕西、甘肃占据"2016年度综合指数排名"全国前5位。此外，18个省域综合指数值高于全国总体指数值；8个省域综合指数值低于全国总体指数值。

（二）"十五"以来基数值纵向测评

以"九五"末年2000年为起点基数值100，在"十五"以来16年间自身纵向测评中，2016年全国文化投入增长综合指数为263.54，高于2000年基数值163.54%。此项测评中，全国总体综合指数升降，缘于与自身2000年相比，2016年各项指标数值或有升降。四大区域和各省域亦然。

东部综合指数为243.63，高于基数值143.63%，同时低于全国总体指数19.91个点；东北综合指数为231.60，高于基数值131.60%，同时低于全国总体指数31.94个点；中部综合指数为289.99，高于基数值189.99%，同时高于全国总体指数26.45个点；西部综合指数为307.22，高于基数值207.22%，同时高于全国总体指数43.68个点。

各省域综合测评结果比较，青海、湖南、陕西、重庆、四川占据"2000~2016年综合指数提升"全国前5位。此外，14个省域综合指数提升高于全国总体指数提升；12个省域综合指数提升低于全国总体指数提升。

（三）"十一五"以来基数值纵向测评

以"十五"末年2005年为起点基数值100，在"十一五"以来11年间自身纵向测评中，2016年全国文化投入增长综合指数为155.90，高于2005年基数值55.90%。此项测评中，全国总体综合指数升降，缘于与自身2005年相比，2016年各项指标数值或有升降。四大区域和各省域亦然。

东部综合指数为151.16，高于基数值51.16%，同时低于全国总体指数4.74个点；东北综合指数为146.37，高于基数值46.37%，同时低于全国总体指数9.53个点；中部综合指数为159.89，高于基数值59.89%，同时高于全国总体指数3.99个点；西部综合指数为169.53，高于基数值69.53%，同时高于全国总体指数13.63个点。

各省域综合测评结果比较，青海、西藏、陕西、海南、湖南占据"2005~2016年综合指数提升"全国前5位。此外，12个省域综合指数提升高于全国总体指数提升；14个省域综合指数提升低于全国总体指数提升。

（四）"十二五"以来基数值纵向测评

以"十一五"末年2010年为起点基数值100，在"十二五"以来6年间自身纵向测评中，2016年全国文化投入增长综合指数为120.82，高于2010年基数值20.82%。此项测评中，全国总体综合指数升降，缘于与自身2010年相比，2016年各项指标数值或有升降。四大区域和各省域亦然。

东部综合指数为117.23，高于基数值17.23%，同时低于全国总体指数3.59个点；东北综合指数为108.46，高于基数值8.46%，同时低于全国总体指数12.36个点；中部综合指数为128.67，高于基数值28.67%，同时高于全国总体指数7.85个点；西部综合指数为124.05，高于基数值24.05%，同时高于全国总体指数3.23个点。

各省域综合测评结果比较，湖南、福建、贵州、湖北、青海占据"2010~2016年综合指数提升"全国前5位。此外，12个省域综合指数提升高于全国总体指数提升；14个省域综合指数提升低于全国总体指数提升。

（五）逐年度基数值纵向测评

以最新数据年度的上年2015年为起点基数值100，在逐年度自身纵向测评中，2016年全国文化投入增长综合指数为99.53，低于2015年基数值0.47%。此项测评中，全国总体综合指数升降，缘于与自身2015年相比，2016年各项指标数值或有升降。四大区域和各省域亦然。

东部综合指数为98.71，低于基数值1.29%，同时低于全国总体指数0.82个点；东北综合指数为97.67，低于基数值2.33%，同时低于全国总体指数1.86个点；中部综合指数为100.70，高于基数值0.70%，同时高于全国总体指数1.17个点；西部综合指数为100.99，高于基数值0.99%，同时高于全国总体指数1.46个点。

各省域综合测评结果比较，湖南、云南、广东、湖北、陕西占据"2015~2016年综合指数提升"全国前5位。此外，8个省域综合指数提升高于全国总体指数提升；18个省域综合指数提升低于全国总体指数提升。

B.5
全国省域公共文化投入增长的应然目标

——2017~2020年预期增长测算

刘婷 赵娟 沈宗涛 王亚南*

摘　要： 以消解发展不平衡不充分为最终目标，测算2020年全国文化投入预期增长目标：按照2000~2016年平均增速"自然增长"，可达到5698.39亿元；实现产值—财政支出—教科文卫综合投入—文化投入历年各项最佳比值"应然增长"，应达到10097.75亿元；进而实现文化投入与消费同构占比平衡"民生增长"，应达到13950.08亿元；最终实现文化投入各地人均值均等化"理想增长"，将达到23799.93亿元。以到2020年所需年均增长率衡量各类增长目标距离，分别测算各省域排行：北京、辽宁、上海、海南、青海排在最佳比值增长目标前5位，西藏、陕西、吉林、浙江、新疆排在同构占比增长目标前5位，西藏、北京、青海、上海、宁夏排在均等化增长目标前5位。

关键词： 全国省域　文化投入　增长目标　测算排行

　　本文基于公共财政"协调增长"、基本公共服务建设"均衡发展"的要求，特别是基于公共财政、公共服务"均等化"的理想，检测2000~2016

---

* 刘婷，云南省社会科学院研究员，文化发展研究中心秘书长；赵娟，云南省社会科学院文化发展研究中心副研究员；沈宗涛，云南省社会科学院信息中心副主任、助理研究员，主要从事网络信息分析研究；王亚南，云南省社会科学院研究员，文化发展研究中心主任。

年全国及各地文化投入增长的"应然差距"和"理想差距",测算此后年度直至2020年全国及各地文化投入增长的"应然空间"和"理想空间",为"全面小康"建设进程最后冲刺几年间全国及各地公共文化投入增长目标提供预测参考。

有必要说明,国家统计局正式出版公布年度统计数据存在较长的滞后期,一般是在秋冬之际出版当年卷统计年鉴,而其中公布的数据为上一年度。这就是说,每年年鉴出版已经接近年底,而年鉴卷号年度与其中数据年度又错落一年。加之本书编撰出版也有一定周期,读者见到的"最新数据"已是两个年头前的数据。因此,当前最新数据年度为2016年,2017年各类数据只能通过测算得出。

一 各省域文化投入增长基本态势

2017年文化投入增长及其相关性比值动态检测见表1,各地以测算人均值高低排列。表格结构设置方式同本书B.3排行报告,不再重复解释。实际说来,本文正是B.3文的延续伸展,在2000~2016年相关数据事实检测基础上,测算2017年全国及各地文化投入"自然增长"、"应然增长"和"理想增长"空间,并据此推算至2020年全国及各地文化投入增长的或然目标、应有目标和理想目标。

表1 2017年文化投入增长及其相关性比值动态检测

地区	2017年增长测算(基于2000~2016年年均增长)						2017年相关性比值(%)测算			
	文化投入总量(亿元)	既往实际年均增长		文化投入人均值(元)	排序	地区差(无差距=1)	与产值比	占财政收入比	占财政支出比	占教科文卫投入比
		增长率(%)	排序							
全国	3664.55	15.85	—	264.35	—	1.5719	0.43	1.97	1.67	5.97
北京	240.22	21.11	2	1071.54	2	4.0535	0.82	4.00	3.17	11.32
上海	130.64	15.27	22	525.73	4	1.9888	0.41	1.74	1.62	6.59
天津	66.87	16.99	13	418.00	6	1.5812	0.32	2.03	1.50	6.20
海南	32.03	19.06	5	346.85	10	1.3121	0.70	4.22	1.92	7.03
浙江	184.99	16.55	16	328.22	11	1.2416	0.34	2.94	2.23	6.75

续表

地区	2017年增长测算(基于2000~2016年年均增长)						2017年相关性比值(%)测算			
	文化投入总量（亿元）	既往实际年均增长		文化投入人均值（元）	排序	地区差（无差距=1）	与产值比	占财政收入比	占财政支出比	占教科文卫投入比
		增长率（%）	排序							
江苏	224.95	16.39	17	279.97	14	1.0591	0.25	2.31	1.89	5.95
福建	92.60	13.95	28	238.07	16	1.0994	0.28	3.00	1.84	5.88
广东	263.01	14.50	23	235.15	17	1.1105	0.29	2.17	1.67	4.91
山东	156.33	13.72	29	156.95	28	1.4063	0.20	2.28	1.51	4.46
河北	99.81	14.02	27	133.07	30	1.4966	0.28	3.01	1.40	4.50
东部	1491.46	15.81	[3]	278.29	[1]	1.6349	0.32	2.53	1.86	6.01
西藏	41.65	19.52	3	1252.85	1	4.7394	3.14	21.64	2.14	12.27
青海	40.64	21.96	1	682.06	3	2.5802	1.37	14.42	2.19	10.35
宁夏	29.75	17.90	9	437.46	5	1.6549	0.81	6.39	1.96	8.79
内蒙古	105.02	17.67	11	415.90	7	1.5733	0.50	4.30	1.94	9.02
陕西	149.98	19.18	4	393.23	8	1.4875	0.67	6.88	2.87	9.08
新疆	91.97	18.51	7	380.12	9	1.4379	0.84	5.94	1.83	7.26
甘肃	74.20	16.24	19	284.50	13	1.0762	0.91	8.04	1.98	6.70
贵州	78.51	16.59	15	222.36	19	1.1588	0.57	4.19	1.52	4.64
四川	170.97	17.75	10	208.21	21	1.2124	0.45	4.27	1.78	5.84
重庆	56.64	18.06	8	186.99	23	1.2927	0.27	2.08	1.17	4.72
云南	88.26	13.26	30	184.17	24	1.3033	0.53	4.22	1.50	5.09
广西	81.36	14.47	24	168.72	26	1.3618	0.39	4.51	1.53	4.64
西部	1008.97	17.09	[1]	269.41	[2]	1.7399	0.56	4.91	1.82	6.48
吉林	84.06	16.70	14	305.90	12	1.1572	0.50	5.69	1.99	7.92
辽宁	96.74	14.21	26	220.20	20	1.1670	0.39	3.88	1.84	7.62
黑龙江	59.64	12.09	31	156.72	29	1.4072	0.35	4.63	1.21	5.41
东北	240.44	14.29	[4]	219.20	[3]	1.2438	0.41	4.57	1.67	7.00
湖南	167.02	18.72	6	244.93	15	1.0735	0.46	5.22	2.20	7.60
山西	84.47	16.28	18	228.11	18	1.1371	0.57	4.61	2.08	6.92
湖北	111.41	15.32	21	190.01	22	1.2812	0.30	3.04	1.45	4.73
江西	82.69	17.31	12	179.60	25	1.3206	0.39	3.19	1.48	4.66
安徽	97.64	15.92	20	158.41	27	1.4008	0.35	3.08	1.48	4.54
河南	111.24	14.29	25	116.97	31	1.5575	0.24	3.01	1.25	3.94
中部	654.46	16.28	[2]	178.25	[4]	1.2951	0.36	3.61	1.62	5.23

注：①表中数据演算依据为《中国统计年鉴》，以既往年均增长率测算，未涉及人口增长及其分布变化，并省略中央财政部分，各地总量之和不等于全国总量，后同；②教科卫三项投入简化归入教科文卫综合测算；③对照上文各表相应各项数据，全国及各地相关协调性应然差距持续存在，除文化投入与产值比极普遍提高外，占财政收入和支出比普遍降低和极普遍降低，与教育、科技、卫生投入比极普遍降低（占教科文卫综合投入比亦同），各地人均值地区差大多扩大。由于各地诸方面绝对增长及其间相对关系变化的差异巨大，难免部分地区若干数据项出现逆向变动，譬如较多省域人均值地区差即为缩小。

依照2000~2016年文化投入总量年均增长推算，2017年全国文化投入总量将"自然增长"至3664.55亿元，增长率同前保持在15.85%。

20个省域增长率高于全国，占全国份额上升；11个省域增长率低于全国，占全国份额下降。其中，青海处于首位，总量增长至40.64亿元，占全国份额1.11%，增长率为21.96%，高于全国6.11个百分点；黑龙江处于末位，总量增长至59.64亿元，占全国份额1.63%，增长率为12.09%，低于全国3.76个百分点。

依照2000~2016年文化投入人均值年均增长推算，2017年全国文化投入人均值将"自然增长"至264.35元，增长率同前保持在15.22%。

东部人均值增长至278.29元，降低为全国人均值的105.27%，增长率保持14.32%，低于全国人均值增长；东北人均值增长至219.20元，降低为全国人均值的82.92%，增长率保持14.11%，低于全国人均值增长；中部人均值增长至178.25元，提高为全国人均值的67.43%，增长率保持16.08%，高于全国人均值增长；西部人均值增长至269.41元，提高为全国人均值的101.91%，增长率保持16.83%，高于全国人均值增长。

14个省域人均值高于全国人均值；17个省域人均值低于全国人均值。其中，西藏处于首位，人均值增长至1252.85元，继续提高为全国人均值的473.94%，增长率保持17.73%；河南处于末位，人均值增长至116.97元，继续降低为全国人均值的44.25%，增长率保持14.24%。

在2017年全国及各地文化投入人均值增长测算基础上，即可推算文化投入人均值地区差。与2016年现有地区差相比，全国文化投入人均值地区差将扩大至1.5719，扩大0.84%。

11个省域地区差趋于缩小；20个省域地区差趋于扩大。其中，上海处于首位，地区差缩小至1.9888，缩小2.67%，变为全国地区差的126.52%；青海处于末位，地区差扩大至2.5802，扩大4.95%，变为全国地区差的164.14%。

需要注意，表1里推演测算值直接显示，24个省域地区差小于全国地区差；仅有7个省域地区差大于全国地区差。地区差测算值大于全国总体的地区如此之少，却能够拉动全国地区差继续明显扩大，这表明，这几个省域文化投入人均值增长与其余地区相比太过于悬殊。这一情形对于当地诚然体现出不错的增长态势，对于全国却更加不利于公共文化投入、公共文化服务必须逐步趋于"均等化"的理想追求。

进一步演绎推算。假如全国产值、财政收入和支出、教科文卫投入增长依然同前保持2000～2016年平均增长率，那么2017年全国文化投入与产值比将继续上升至0.43%，占财政收入比将继续下降至1.97%，占财政支出比将继续下降至1.67%，占教科文卫综合投入比将继续下降至5.97%。

对各地全面展开相关假定推算。有28个省域文化投入与产值比继续上升。仅有7个省域文化投入占财政收入比继续上升，按升幅高低依次为青海、北京、辽宁、陕西、湖南、海南、黑龙江。仅有3个省域文化投入占财政支出比继续上升，按升幅高低依次为北京、青海、陕西。仅有1个省域文化投入占教科文卫综合投入比继续上升，即为北京。

显然，如果继续全面维持2000～2016年相关各方面增长关系，尽管全国及各地文化投入总量、人均绝对值增长显著，但是占财政收入比值、占财政支出比值、占教科文卫综合投入比值普遍降低，尤其是文化投入人均值地区差普遍扩大。这样一种增长格局的协调性、均衡性明显欠佳。

二 各省域文化投入增长协调性分析

在以上分析基础上，有必要层层深入检验全国及各地文化投入占教科文卫综合投入比重、教科文卫投入占财政支出比重、财政支出与产值比例的历年关系动态，测算文化投入"应然增长"突破现有格局的合理空间。

（一）文化投入占教科文卫综合投入比变化态势检测

"中国公共文化投入增长测评体系"以"文化投入增长系数"来界定文化投入占教科文卫综合投入的比重，深入检验文化投入在教科文卫综合投入中的相关性比值。这一相关性比值历年发生变化，就是"文化投入增长系数"的演算依据,也是文化投入增长的"应有空间"测量依据。

2017年文化投入占教科文卫投入比重动态及其差距检测见表2,各地以初次演算差距指数高低倒序排列。

表2 2017年文化投入占教科文卫投入比重动态及其差距检测

地区	2000年		2017年测算			2000~2016年最佳比值(%)	2017年最佳比值假定测算		
	教科文卫投入总量(亿元)	文化投入占比(%)	教科文卫投入总量(亿元)	文化投入占比(%)	比值升降(%)		初次演算差距指数(无差距=1)	差距排序(倒序)	文化投入总量(亿元)
全国	2736.88	10.97	61423.61	5.97	-45.58	11.52	1.9296	—	7071.12
辽宁	96.41	10.48	1269.15	7.62	-27.29	11.84	1.5538	6	150.31
吉林	53.04	11.48	1061.02	7.92	-31.01	14.14	1.7854	14	150.08
黑龙江	73.89	11.60	1102.84	5.41	-53.36	11.94	2.2070	20	131.63
东北	223.33	11.09	3433.02	7.00	-36.88	11.98	1.7114	[1]	432.02
北京	104.07	8.90	2122.50	11.32	27.19	11.53	1.0186	1	244.69
上海	135.67	8.60	1983.18	6.59	-23.37	9.53	1.4461	4	188.92
海南	14.46	11.41	455.84	7.03	-38.39	11.69	1.6629	9	53.26
浙江	123.07	11.12	2738.97	6.75	-39.30	11.31	1.6756	10	309.97
天津	45.53	10.19	1078.87	6.20	-39.16	11.07	1.7855	15	119.40
江苏	171.67	9.93	3780.32	5.95	-40.08	11.17	1.8773	16	422.30
福建	91.28	11.01	1575.87	5.88	-46.59	12.02	2.0442	18	189.29
河北	103.92	10.33	2217.21	4.50	-56.44	10.57	2.3489	22	234.44
广东	229.77	11.46	5353.87	4.91	-57.16	11.99	2.4420	24	642.27
山东	167.79	10.47	3507.59	4.46	-57.40	12.63	2.8318	28	442.70
东部	1187.23	10.33	24814.22	6.01	-41.82	10.88	1.8103	[2]	2847.24
青海	11.67	11.91	392.49	10.35	-13.10	13.59	1.3130	2	53.36
西藏	12.41	16.20	339.41	12.27	-24.26	16.18	1.3187	3	54.92
陕西	55.84	13.61	1651.40	9.08	-33.28	13.62	1.5000	5	224.97
内蒙古	46.67	14.16	1164.08	9.02	-36.30	14.16	1.5698	7	164.86
宁夏	12.70	14.25	338.48	8.79	-38.32	14.37	1.6348	8	48.64
新疆	48.17	10.65	1265.99	7.26	-31.83	12.39	1.7066	12	156.96
甘肃	42.63	13.49	1108.30	6.69	-50.41	13.49	2.0164	17	149.62
云南	98.70	10.77	1735.39	5.09	-52.74	10.77	2.1159	19	186.75
重庆	76.95	4.38	1201.10	4.72	7.76	12.36	2.6186	26	148.32
广西	66.67	12.27	1753.44	4.64	-62.18	12.27	2.6444	27	215.15

续表

地区	2000年		2017年测算			2000~2016年最佳比值（%）	2017年最佳比值假定测算		
	教科文卫投入总量（亿元）	文化投入占比（%）	教科文卫投入总量（亿元）	文化投入占比（%）	比值升降（%）		初次演算差距指数（无差距=1）	差距排序（倒序）	文化投入总量（亿元）
贵州	50.16	11.52	1692.41	4.64	-59.72	13.27	2.8599	29	224.53
四川	61.27	17.35	2925.84	5.84	-66.34	17.34	2.9692	30	507.64
西部	583.85	11.80	15568.34	6.48	-45.08	12.19	1.8812	[3]	2135.71
湖南	73.55	12.28	2197.09	7.60	-38.11	12.75	1.6776	11	280.19
山西	56.19	11.57	1220.09	6.92	-40.19	12.19	1.7616	13	148.80
安徽	75.01	10.56	2149.80	4.54	-57.01	10.59	2.3326	21	227.76
湖北	88.17	11.21	2353.38	4.73	-57.81	11.21	2.3700	23	264.04
江西	55.13	9.94	1776.23	4.66	-53.12	11.86	2.5451	25	210.45
河南	108.46	10.59	2825.69	3.94	-62.80	13.73	3.4848	31	387.65
中部	456.50	11.02	12522.28	5.23	-52.54	12.04	2.3021	[4]	1518.90

注：①表中2000年教科文卫综合投入数据来源于《中国统计年鉴》，其余为演算衍生数值；②比值升降百分比负值为下降百分比；③全国及各地分别取最佳比值测算文化投入"应然"值，各地之和不等于全国总量。表3～表5同。

依照本项测评的假定测算，2017年，全国文化投入占教科文卫综合投入比将为5.97%。16个省域此项比值高于全国比值；15个省域此项比值低于全国比值。其中，西藏处于首位，此项比值高于全国比值6.31个百分点；河南处于末位，此项比值低于全国比值2.03个百分点。

取假定测算的2017年此项比值与2000年相比，全国文化投入占教科文卫综合投入比将下降45.58%。仅有2个省域此项测算比值上升；29个省域此项测算比值下降。其中，北京处于首位，此项测算比值上升27.19%；四川处于末位，此项测算比值下降66.34%。

根据本项测评数据库筛测，2000~2016年，全国文化投入占教科文卫综合投入比的历年最佳（最高）值为11.52%。23个省域最佳比值高于全国最佳比值；8个省域最佳比值低于全国最佳比值。其中，四川处于首位，最佳比值高于全国最佳比值5.82个百分点；上海处于末位，最佳比值低于全国最佳比值1.99个百分点。

全国及各地历年此项最佳比值与2017年测算比值之差，构成此项系数比值的差距指数，这就是假定测算"增长差距"的重要事实依据。演算结果，全国差距指数为1.9296，亦即对照历年最佳比值，"应有"比值为测算比值的192.96%。

16个省域差距指数低于全国差距指数；15个省域差距指数高于全国差距指数。其中，北京处于首位，差距指数为1.0186，即"应有"比值为测算比值的101.86%，仅为全国差距指数的52.78%；河南处于末位，差距指数为3.4848，即"应有"比值为测算比值的348.48%，高达全国差距指数的180.59%。

据此差距指数测算，如果保持文化投入占教科文卫综合投入比历年最佳比值，那么2017年全国文化投入测算总量应达到7071.12亿元，与2016年现有总量相比需增长123.55%。

当然，这只是一种假定的"增长差距"测算，并不可能期待很快完成如此高增长。在此，所需增长率便起到"增长差距"衡量器的作用，所需增长率越低，意味着"增长目标"距离越小。

16个省域所需增长率低于全国所需增长率；15个省域所需增长率高于全国所需增长率。其中，北京处于首位，总量达到244.69亿元，占全国份额3.46%，需增长23.36%，仅为全国所需增长率的18.91%；河南处于末位，总量达到387.65亿元，占全国份额5.48%，需增长298.28%，高达全国所需增长率的241.42%。

这就是假设全国及各地保持2000~2016年文化投入占教科文卫综合投入比各自历年最佳值，文化投入总量"应然增长"绝对数值、所需增长率的目标距离检测结果。

（二）教科文卫投入占财政支出比变化态势检测

"中国公共文化投入增长测评体系"以"教科文卫投入增长系数"来界定教科文卫投入占财政支出的比重，深入检验教科文卫投入在财政支出中的相关性比值。这一相关性比值历年发生变化，就是"教科文卫投入增长系数"的演算依据,也是教科文卫综合投入增长带动文化投入增长的"应有空间"测量依据。

2017年教科文卫投入占财政支出比重动态及其差距检测见表3,各地以二重演算差距指数高低倒序排列。

表3　2017年教科文卫投入占财政支出比重动态及其差距检测

地区	2000年		2017年测算			2000~2016年最佳比值(%)	2017年最佳比值假定测算		
	财政支出总量(亿元)	教科文卫占支出比(%)	财政支出总量(亿元)	教科文卫占支出比(%)	比值升降(%)		二重演算差距指数(无差距=1)	差距排序(倒序)	文化投入总量(亿元)
全国	15886.50	17.23	219092.36	28.04	62.74	27.95	1.9235	—	7048.76
辽宁	518.08	18.61	5245.23	24.20	30.04	24.34	1.5628	4	151.19
吉林	260.67	20.35	4224.54	25.12	23.44	27.67	1.9666	14	165.31
黑龙江	381.87	19.35	4912.77	22.45	16.02	25.32	2.4892	24	148.46
东北	1160.63	19.24	14382.54	23.87	24.06	25.45	1.8247	[1]	464.95
北京	443.00	23.49	7571.01	28.03	19.33	33.39	1.2133	1	291.46
上海	608.56	22.29	8054.21	24.62	10.45	27.83	1.6347	5	213.56
海南	64.12	22.55	1667.27	27.34	21.24	27.85	1.6939	8	54.26
浙江	431.30	28.53	8299.34	33.00	15.67	34.69	1.7614	10	325.84
江苏	591.28	29.03	11910.49	31.74	9.34	31.36	1.8548	12	417.24
福建	324.18	28.16	5023.29	31.37	11.40	32.32	2.1061	17	195.02
天津	187.05	24.34	4458.06	24.20	-0.58	28.95	2.1359	18	142.83
广东	1080.32	21.27	15741.14	34.01	59.90	33.30	2.3910	22	628.86
河北	415.54	25.01	7151.81	31.00	23.95	31.69	2.4012	23	239.66
山东	613.08	27.37	10338.05	33.93	23.97	33.43	2.7901	27	436.18
东部	4758.42	24.95	80214.67	30.93	23.97	31.74	1.8577	[3]	2944.90
青海	68.26	17.10	1851.52	21.20	23.98	24.02	1.4877	2	60.46
陕西	271.76	20.55	5222.95	31.62	53.87	31.66	1.5019	3	225.25
西藏	59.97	20.69	1948.84	17.42	-15.80	21.75	1.6464	6	68.57
内蒙古	247.27	18.87	5410.87	21.51	13.99	22.75	1.6603	7	174.36
新疆	190.95	25.23	5015.45	25.24	0.04	28.35	1.9169	13	176.30
甘肃	188.23	22.65	3756.57	29.50	30.24	28.96	1.9795	15	146.88
云南	414.11	23.83	5865.75	29.59	24.17	29.15	2.0845	16	183.98
宁夏	60.84	20.87	1515.46	22.33	7.00	29.18	2.1363	19	63.55
广西	258.49	25.79	5305.71	33.05	28.15	32.88	2.6308	26	214.04

续表

地区	2000年		2017年测算			2000~2016年最佳比值（%）	2017年最佳比值假定测算		
	财政支出总量（亿元）	教科文卫占支出比（%）	财政支出总量（亿元）	教科文卫占支出比（%）	比值升降（%）		二重演算差距指数（无差距=1）	差距排序（倒序）	文化投入总量（亿元）
贵州	201.57	24.88	5157.94	32.81	31.87	32.20	2.8067	28	220.35
四川	452.00	13.56	9585.16	30.52	125.07	29.31	2.8515	29	487.52
重庆	187.64	41.01	4845.23	24.79	-39.55	41.01	4.3320	31	245.36
西部	2601.09	22.45	55481.73	28.06	24.99	27.52	1.8450	[2]	2266.64
湖南	347.83	21.15	7600.17	28.91	36.69	29.24	1.6968	9	283.40
山西	225.06	24.97	4065.17	30.01	20.18	30.15	1.7698	11	149.50
安徽	323.47	23.19	6594.65	32.60	40.58	31.41	2.2475	20	219.45
湖北	368.77	23.91	7678.88	30.65	28.19	29.94	2.3151	21	257.93
江西	223.47	24.67	5579.51	31.83	29.02	31.21	2.4955	25	206.35
河南	445.53	24.34	8888.79	31.79	30.61	33.39	3.6602	30	407.16
中部	1934.13	23.60	40407.17	30.99	31.31	30.69	2.2798	[4]	1523.78

注：表中2000年财政支出数据来源于《中国统计年鉴》，其余为演算衍生数值。

依照本项测评的假定测算，2017年，全国教科文卫投入占财政支出比将为28.04%。18个省域此项比值高于全国比值；13个省域此项比值低于全国比值。其中，广东处于首位，此项比值高于全国比值5.98个百分点；西藏处于末位，此项比值低于全国比值10.62个百分点。

取假定测算的2017年此项比值与2000年相比，全国教科文卫投入占财政支出比将上升62.74%。28个省域此项测算比值上升；3个省域此项测算比值下降。其中，四川处于首位，此项测算比值上升125.07%；重庆处于末位，此项测算比值下降39.55%。

根据本项测评数据库筛测，2000~2016年，全国教科文卫投入占财政支出比的历年最佳（最高）值为27.95%。23个省域最佳比值高于全国最佳比值；8个省域最佳比值低于全国最佳比值。其中，重庆处于首位，最佳比值高于全国最佳比值13.05个百分点；西藏处于末位，最佳比值低于全国最佳比值6.20个百分点。

全国及各地历年此项最佳比值与2017年测算比值之差，构成此项系数比值的差距指数，与前一项系数比值的差距指数形成二重演算，就是假定测算"增长差距"的重要事实依据。二重演算结果，全国差距指数为1.9235，亦即对照历年最佳比值，"应有"比值为测算比值的192.35%。

13个省域差距指数低于全国差距指数；18个省域差距指数高于全国差距指数。其中，北京处于首位，差距指数为1.2133，即"应有"比值为测算比值的121.33%，仅为全国差距指数的63.08%；重庆处于末位，差距指数为4.3320，即"应有"比值为测算比值的433.20%，高达全国差距指数的225.22%。

据此差距指数测算，如果保持文化投入占教科文卫综合投入比、教科文卫投入占财政支出比二重历年最佳比值，那么2017年全国文化投入测算总量应达到7048.76亿元，与2016年现有总量相比需增长122.84%。

这只是一种假定的"增长差距"测算，鉴于全国及各地教科文卫投入占财政支出比动态普遍向好，两项系数比值叠加演算的"增长差距"普遍缩短，总量"增长目标"数值普遍减小。

12个省域所需增长率低于全国所需增长率；19个省域所需增长率高于全国所需增长率。其中，北京处于首位，总量达到291.46亿元，占全国份额4.13%，需增长46.94%，仅为全国所需增长率的38.21%；重庆处于末位，总量达到245.36亿元，占全国份额3.48%，需增长411.39%，高达全国所需增长率的334.88%。

这就是假设全国及各地保持2000~2016年以来文化投入占教科文卫综合投入比、教科文卫投入占财政支出比各自历年最佳值，文化投入总量"应然增长"绝对数值、所需增长率的目标距离检测结果。

（三）财政支出与产值比变化态势检测

"中国公共文化投入增长测评体系"以"财政支出增长系数"来界定财政支出与产值的比例，深入检验财政支出在产值增长所体现的经济发展中的相关性比值。这一相关性比值历年发生变化，就是"财政支出增长系数"

的演算依据,也是财政支出增长带动教科文卫投入增长,继而教科文卫综合投入增长带动文化投入增长的"应有空间"测量依据。

2017年财政支出与产值比重动态及其差距检测见表4,各地以三重演算差距指数高低倒序排列。

表4 2017年财政支出与产值比重动态及其差距检测

地区	2000年		2017年测算			2000~2016年最佳比值(%)	2017年最佳比值假定测算		
	产值总量(亿元)	财政支出与产值比(%)	产值总量(亿元)	财政支出与产值比(%)	比值升降(%)		三重演算差距指数(无差距=1)	差距排序(倒序)	文化投入总量(亿元)
全国	100280.10	15.84	843430.31	25.98	64.02	25.52	1.8894	—	6923.80
辽宁	4669.10	11.10	24527.13	21.39	92.70	20.58	1.5036	3	145.46
吉林	1951.51	13.36	16769.92	25.19	88.55	24.27	1.8948	14	159.28
黑龙江	3151.40	12.12	16988.98	28.92	138.61	27.48	2.3652	23	141.06
东北	9772.01	11.88	58286.03	24.68	107.74	23.64	1.7478	[1]	445.80
青海	263.68	25.89	2966.08	62.42	141.10	62.69	1.4941	2	60.72
西藏	117.80	50.91	1327.73	146.78	188.31	137.82	1.5459	4	64.39
陕西	1804.00	15.06	22504.26	23.21	54.12	24.28	1.5711	5	235.63
内蒙古	1539.12	16.07	21149.24	25.58	59.18	24.89	1.6156	8	169.67
新疆	1363.56	14.00	10905.08	45.99	228.50	42.89	1.7877	12	164.41
甘肃	1052.88	17.88	8119.72	46.26	158.72	43.75	1.8721	13	138.91
宁夏	295.02	20.62	3675.40	41.24	100.00	39.59	2.0508	16	61.01
云南	2011.19	20.59	16752.36	35.01	70.03	34.65	2.0630	18	182.08
广西	2080.04	12.43	20985.29	25.28	103.38	24.25	2.5236	26	205.32
四川	3928.20	11.51	37615.58	25.48	121.37	25.37	2.8392	28	485.42
贵州	1029.92	19.57	13713.98	37.61	92.18	40.22	3.0015	29	235.65
重庆	1603.16	11.70	20616.62	23.50	100.85	26.70	4.9219	31	278.78
西部	17088.57	15.22	180331.56	30.77	102.17	29.95	1.7958	[2]	2281.99
北京	3161.00	14.01	29259.06	25.88	84.73	24.96	1.1702	1	281.11
上海	4771.17	12.75	31486.63	25.58	100.63	24.64	1.5746	6	205.71
海南	526.82	12.17	4604.49	36.21	197.53	33.96	1.5886	7	50.88
浙江	6141.03	7.02	53678.47	15.46	120.23	15.50	1.7659	11	326.67
江苏	8553.69	6.91	88809.17	13.41	94.07	13.82	1.9115	15	429.99
天津	1701.88	10.99	20717.94	21.52	95.81	20.68	2.0526	17	137.26
福建	3764.54	8.61	32718.40	15.35	78.28	15.40	2.1130	19	195.66

续表

地区	2000年		2017年测算			2000~2016年最佳比值（%）	2017年最佳比值假定测算		
	产值总量（亿元）	财政支出与产值比（%）	产值总量（亿元）	财政支出与产值比（%）	比值升降（%）		三重演算差距指数（无差距=1）	差距排序（倒序）	文化投入总量（亿元）
河北	5043.96	8.24	36000.90	19.87	141.14	18.90	2.2840	21	227.97
广东	10741.25	10.06	91726.99	17.16	70.58	17.62	2.4551	24	645.72
山东	8337.47	7.35	77560.79	13.33	81.36	13.09	2.7399	27	428.33
东部	52742.81	9.02	466562.82	17.19	90.58	17.01	1.8383	[3]	2929.29
湖南	3551.49	9.79	36166.48	21.01	114.61	20.09	1.6225	9	270.99
山西	1845.72	12.19	14747.39	27.57	126.17	26.81	1.7210	10	145.37
安徽	2902.09	11.15	27882.16	23.65	112.11	23.81	2.2627	20	220.93
湖北	3545.39	10.40	37528.76	20.46	96.73	20.75	2.3479	22	261.58
江西	2003.07	11.16	21256.37	26.25	135.22	26.38	2.5078	25	207.37
河南	5052.99	8.82	46092.22	19.28	118.59	18.42	3.4969	30	389.00
中部	18900.75	10.23	183673.37	22.00	115.05	21.60	2.2384	[4]	1495.24

注：表中2000年产值数据来源于《中国统计年鉴》，其余为演算衍生数值。

依照本项测评的假定测算，2017年，全国财政支出与产值比将为25.98%。11个省域此项比值高于全国比值；20个省域此项比值低于全国比值。其中，西藏处于首位，此项比值高于全国比值120.80个百分点；山东处于末位，此项比值低于全国比值12.65个百分点。

取假定测算的2017年此项比值与2000年相比，全国财政支出与产值比将上升64.02%。全部31个省域此项测算比值上升。其中，新疆处于首位，此项测算比值上升228.50%；陕西处于末位，此项测算比值上升54.12%。

根据本项测评数据库筛测，2000~2016年，全国财政支出与产值比的历年最佳（最高）值为25.52%。12个省域最佳比值高于全国最佳比值；19个省域最佳比值低于全国最佳比值。其中，西藏处于首位，最佳比值高于全国最佳比值112.29个百分点；山东处于末位，最佳比值低于全国最佳比值12.43个百分点。

全国及各地历年此项最佳比值与2017年测算比值之差，构成此项系数比值的差距指数，与前两项系数比值的差距指数形成三重演算，就是假定测算"增长差距"的重要事实依据。三重演算结果，全国差距指数为1.8894，亦即对照历年最佳比值，"应有"比值为测算比值的188.94%。

13个省域差距指数低于全国差距指数；18个省域差距指数高于全国差距指数。其中，北京处于首位，差距指数为1.1702，即"应有"比值为测算比值的117.02%，仅为全国差距指数的61.93%；重庆处于末位，差距指数为4.9219，即"应有"比值为测算比值的492.19%，高达全国差距指数的260.50%。

据此差距指数测算，如果保持文化投入占教科文卫综合投入比、教科文卫投入占财政支出比、财政支出与产值比三重历年最佳比值，那么2017年全国文化投入测算总量应达到6923.80亿元，与2016年现有总量相比需增长118.89%。

这只是一种假定的"增长差距"测算，鉴于全国及各地财政支出与产值比动态极普遍向好，三项系数比值多重演算的"增长差距"极普遍缩短，总量"增长目标"数值极普遍减小。

13个省域所需增长率低于全国所需增长率；18个省域所需增长率高于全国所需增长率。其中，北京处于首位，总量达到281.11亿元，占全国份额4.06%，需增长41.72%，仅为全国所需增长率的35.09%；重庆处于末位，总量达到278.78亿元，占全国份额4.03%，需增长481.03%，高达全国所需增长率的404.58%。

这就是假设全国及各地保持2000~2016年文化投入占教科文卫综合投入比、教科文卫投入占财政支出比、财政支出与产值比各自历年最佳值，文化投入总量"应然增长"绝对数值、所需增长率的目标距离检测结果。

三 各省域文化投入应然增长差距检测

在表2至表4分别检测各单项最佳比值增长预期基础上，有必要汇集各

全国省域公共文化投入增长的应然目标

项最佳比值增长测算结果进行综合演算,并与表1"自然增长"测算结果各项数值形成直接对比。

(一)多重最佳比值测算预期结果

2017年文化投入多重最佳比值增长假定测算见表5,各地以总量增长测算增长率高低倒序排列。

表5　2017年文化投入多重最佳比值增长假定测算

地区	2017年多重最佳比值假定测算（基于2000~2016年最佳比值）					2017年相关性比值假定测算（%,各项增长取既往年均增长）			
	文化投入总量（亿元）	所需年度增长		文化投入人均值（元）	地区差（无差距=1）	与产值比	占财政收入比	占财政支出比	占教科文卫投入比
		增长率（%）	排序（倒序）						
全国	6923.80	118.89	—	499.46	1.4268	0.82	3.72	3.16	11.27
辽宁	145.46	71.73	2	331.09	1.3371	0.59	5.83	2.77	11.46
吉林	159.28	121.13	14	579.65	1.1606	0.95	10.78	3.77	15.01
黑龙江	141.06	165.10	22	370.65	1.2579	0.83	10.96	2.87	12.79
东北	445.80	112.34	[1]	406.41	1.2519	0.76	8.48	3.10	12.99
北京	281.11	41.72	1	1253.92	2.5105	0.96	4.68	3.71	13.24
上海	205.71	81.49	3	827.78	1.6573	0.65	2.73	2.55	10.37
海南	50.88	89.16	7	551.05	1.1033	1.11	6.70	3.05	11.16
浙江	326.67	105.82	11	579.61	1.1605	0.61	5.19	3.94	11.93
江苏	429.99	122.47	15	535.17	1.0715	0.48	4.42	3.61	11.37
天津	137.26	140.13	17	857.94	1.7177	0.66	4.17	3.08	12.72
福建	195.66	140.79	18	503.04	1.0072	0.60	6.33	3.90	12.42
河北	227.97	160.41	20	303.93	1.3915	0.63	6.87	3.19	10.28
广东	645.72	181.10	24	577.31	1.1559	0.70	5.34	4.10	12.06
山东	428.33	211.58	27	430.03	1.1390	0.55	6.24	4.14	12.21
东部	2929.29	128.19	[2]	546.56	1.3914	0.63	4.97	3.65	11.80
青海	60.72	82.23	4	1019.11	2.0404	2.05	21.55	3.28	15.47
西藏	64.39	84.75	5	1936.66	3.8775	4.85	33.44	3.30	18.97
陕西	235.63	87.23	6	617.79	1.2369	1.05	10.81	4.51	14.27
内蒙古	169.67	90.11	8	671.94	1.3453	0.80	6.95	3.14	14.58
新疆	164.41	111.85	12	679.52	1.3605	1.51	10.63	3.28	12.99
甘肃	138.91	117.59	13	532.58	1.0663	1.71	15.05	3.70	12.53

续表

地区	2017年多重最佳比值假定测算（基于2000~2016年最佳比值）					2017年相关性比值假定测算（%，各项增长取既往年均增长）			
	文化投入总量（亿元）	所需年度增长		文化投入人均值（元）	地区差（无差距=1）	与产值比	占财政收入比	占财政支出比	占教科文卫投入比
		增长率（%）	排序（倒序）						
云南	182.08	133.65	16	379.93	1.2393	1.09	8.70	3.10	10.49
宁夏	61.01	141.82	19	897.27	1.7965	1.66	13.11	4.03	18.03
广西	205.32	188.86	25	425.76	1.1476	0.98	11.38	3.87	11.71
四川	485.42	234.31	28	591.12	1.1835	1.29	12.12	5.06	16.59
贵州	235.65	249.94	29	667.42	1.3363	1.72	12.58	4.57	13.92
重庆	278.78	481.03	31	920.27	1.8425	1.35	10.22	5.75	23.21
西部	2281.99	165.51	[3]	609.33	1.6227	1.27	11.11	4.11	14.66
湖南	270.99	92.63	9	397.40	1.2043	0.75	8.47	3.57	12.33
山西	145.37	100.13	10	392.59	1.2140	0.99	7.93	3.58	11.91
安徽	220.93	162.29	21	358.43	1.2824	0.79	6.98	3.35	10.28
湖北	261.58	170.76	23	446.13	1.1068	0.70	7.14	3.41	11.12
江西	207.37	194.18	26	450.38	1.0983	0.98	8.01	3.72	11.67
河南	389.00	299.67	30	409.04	1.1810	0.84	10.52	4.38	13.77
中部	1495.24	166.07	[4]	407.25	1.1811	0.81	8.24	3.70	11.94

注：①表中数据演算依据《中国统计年鉴》；②最佳比值测算取全国及各地最佳比值，各地之和不等于全国总量；经校正各项"应然差距"，全国及各地相关协调性、均衡性普遍增强，比值提高，地区差缩小（对照表1相应数值），极少数地区个别数据项例外。

依照2000~2016年全国及各地三项系数最佳比值测算总量增长空间，表5里首列总量数值移自表4，文字不再复述。

同样测算人均值增长空间（与总量演算基数不同，所需增长测算有微小差异），2017年全国文化投入测算人均值应达到499.46元，与2016年现有人均值相比需增长117.70%。

东部人均值达到546.56元，提高为全国人均值的109.43%，需增长124.53%，高于全国所需增长；东北人均值达到406.41元，降低为全国人均值的81.37%，需增长111.56%，低于全国所需增长；中部人均值达到407.25元，提高为全国人均值的81.54%，需增长165.22%，高于全国所需增长；西部人均值达到609.33元，提高为全国人均值的122.00%，需增长

164.24%，高于全国所需增长。

19个省域人均值高于全国人均值；12个省域人均值低于全国人均值。其中，西藏处于首位，人均值达到1936.66元，降低为全国人均值的387.75%，需增长81.99%；河北处于末位，人均值达到303.93元，提高为全国人均值的60.85%，需增长158.57%。

在全国及各地三项系数最佳比值多重演算文化投入人均值基础上，即可演算得出2017年全国及各地文化投入人均值地区差指数。

与2016年现有地区差相比，全国文化投入人均值地区差应缩小至1.4268，缩小8.47%。21个省域地区差趋于缩小；10个省域地区差趋于扩大。其中，北京处于首位，地区差缩小至2.5105，缩小36.93%，变为全国地区差的175.96%；重庆处于末位，地区差扩大至1.8425，扩大40.61%，变为全国地区差的129.14%。

另与表1"自然增长"测算值相比，全国文化投入人均值地区差应缩小9.23%。21个省域地区差趋于缩小；10个省域地区差趋于扩大。其中，北京处于首位，地区差缩小38.06%；重庆处于末位，地区差扩大42.54%。

对照表1清晰可见，若因循既往"自然增长"状况，全国及各地文化投入人均值地区差普遍明显扩大；而在最佳比值"应然增长"情况下，全国及各地文化投入人均值地区差普遍明显缩小。其间高下优劣一目了然。

不过尚需注意，以表5中演算得出的各地地区差指数来看，24个省域地区差小于全国地区差；7个省域地区差大于全国地区差。地区差演算值大于全国总体的地区仍然很少，却能够支撑全国地区差明显存在，这同样表明，这几个省域文化投入人均值增长与其余地区相比仍过于悬殊。

进一步演绎推算。在全国三项系数最佳比值多重演算情况下，2017年全国文化投入与产值比测算值应上升至0.82%，与2016年现有比值相比提高0.39个百分点；占财政收入比测算值应上升至3.72%，与2016年现有比值相比提高1.74个百分点；占财政支出比测算值应上升至3.16%，与2016年现有比值相比提高1.48个百分点；占教科文卫综合投入比测算值应上升至11.27%，与2016年现有比值相比提高5.06个百分点。

同样在各地三项系数最佳比值多重演算情况下，全部31个省域文化投入与产值比上升。全部31个省域文化投入占财政收入比上升。全部31个省域文化投入占财政支出比上升。全部31个省域文化投入占教科文卫综合投入比上升。

在三项系数最佳比值多重演算假定条件下，全国及各地文化收入增长及其相关关系数值呈现几点重要态势。

（1）全国及各地文化投入总量、人均值极普遍、极显著增长，特别是中部增长突出，占全国份额明显上升。这无疑表明，正是在三项系数最佳比值多重演算中，检测出中部"增长差距"明显。

（2）北京文化投入总量、人均值增长与既往年均增速"自然增长"相比略微降低，相关各项比值也相应略微下降，原因在于北京既往年度（准确时间为2012年，可参看北京子报告）已经实现三项系数最佳比值增长，但不可也不应期待三项系数比值无休止提高。于是，全国及各地统一取2000~2016年各自三项系数最佳比值展开假定演算，这样可合理保持已有三项系数最佳比值增长的"良好势头"，而抑制三项系数最佳比值永续"向好"的不现实期许。

（3）全国及各地文化投入各项相关性比值极普遍、极显著提高。

（4）全国及各地文化投入人均值地区差普遍明显缩小。以四大区域整体人均值测算来看，显示出向全国人均值"均等化"趋近的态势，仅有中部人均值还显得稍微偏低。再以人均值最高与最低的几个省域来看，既往年均增长情况下其间差距继续增大（见表1人均值演算），而最佳比值增长情况下其间差距明显减小（见表5人均值演算）。

设置三项系数最佳比值多重演算的假定条件，无疑提供了全国各地文化投入协调增长、均衡增长的一种可资参考的预测示例。认真说来，这一点本来就是应当做到的，而据以进行演算的三项系数最佳比值，也是全国及各地既往年度曾经出现的数据事实，本项测评体系不过是通过精心设计，集中取值，综合演算而已。在此基础上，进一步测算全国各地文化投入人均值"均等化"理想增长目标，便成了理所当然的逻辑推导。正因为北京既往已成为三项系数最佳比值增长的范例,随后"均等化"理想增长测算即以北京人均值为基准。

(二)同构占比平衡测算预期结果

"中国公共文化投入增长测评体系"以"文化民生需求系数"来界定文化消费与文化投入同构占比关系的平衡检测差距值,增补一项别开生面的附加测算。在保持2000~2016年三项系数最佳比值多重演算基础上,同样假定全国及各地保持2016年文化消费占居民收入、支出比不变,据此进行文化消费与文化投入同构占比平衡假定测算。

2017年文化投入同构占比平衡、地区均等假定测算见表6,各地以同构占比倍差平衡差距指数倒序排列。表中另附人均值地区均等假定测算。

表6 2017年文化投入同构占比平衡、地区均等假定测算

地区	最佳比值之下同构占比检测				2017年同构占比平衡假定测算				2017年地区均等假定测算总量(亿元)
	收入比倍差(无差距=1)	支出比倍差(无差距=1)	收支占比倍差平衡差距指数	差距排序(倒序)	文化投入总量(亿元)	所需年度增长率(%)	文化投入人均值(元)	地区差(无差距=1)	
全国	1.0865	1.5009	1.3815	—	9565.23	202.40	690.01	1.4206	17382.41
四川	1.7054	1.0990	0.6444	1	312.80	115.43	380.92	1.4479	1029.69
西藏	1.9605	1.4162	0.7224	2	46.52	33.47	1399.12	2.0277	41.69
重庆	1.5304	1.1274	0.7366	3	205.35	327.99	677.88	1.0176	379.85
陕西	1.5951	1.3273	0.8321	5	196.07	55.79	514.06	1.2550	478.26
广西	1.6723	1.4471	0.8653	7	177.66	149.95	368.41	1.4661	604.69
新疆	1.6462	1.4997	0.9110	9	149.78	92.99	619.03	1.1029	303.39
宁夏	1.6198	1.5681	0.9681	11	59.06	134.10	868.62	1.2589	85.26
贵州	1.5701	1.5202	0.9682	12	228.16	238.81	646.20	1.0635	442.73
甘肃	1.6537	1.7054	1.0312	15	143.24	124.38	549.20	1.2041	327.05
青海	1.7649	1.8240	1.0335	16	62.75	88.34	1053.25	1.5264	74.71
云南	1.4938	2.0353	1.3625	23	248.08	218.34	517.65	1.2498	600.94
内蒙古	1.3279	2.0002	1.5062	26	255.56	186.34	1012.08	1.4668	316.62
西部	1.6154	1.3926	0.8621	[1]	2085.04	142.59	556.74	1.3405	4684.88

续表

地区	最佳比值之下同构占比检测				2017年同构占比平衡假定测算				2017年地区均等假定测算总量（亿元）
	收入比倍差（无差距=1）	支出比倍差（无差距=1）	收支占比倍差平衡差距指数	差距排序（倒序）	文化投入总量（亿元）	所需年度增长率（%）	文化投入人均值（元）	地区差（无差距=1）	
河南	1.6091	1.3684	0.8504	6	330.81	239.88	347.85	1.4959	1192.48
安徽	1.5035	1.4186	0.9435	10	208.45	147.47	338.18	1.5099	772.89
江西	1.5202	1.5798	1.0392	17	215.50	205.72	468.04	1.3217	577.34
湖北	1.4538	1.5779	1.0853	19	283.89	193.85	484.19	1.2983	735.21
山西	1.4374	1.8878	1.3133	22	190.91	162.82	515.58	1.2528	464.31
湖南	1.3646	2.0439	1.4978	25	405.89	188.52	595.23	1.1374	855.05
中部	1.4882	1.6180	1.0872	[2]	1635.45	191.02	445.44	1.3360	4597.28
吉林	1.6622	1.3065	0.7860	4	125.19	73.81	455.61	1.3397	344.55
黑龙江	1.6803	1.6784	0.9989	14	140.90	164.81	370.24	1.4634	477.21
辽宁	1.1603	2.3160	1.9960	31	290.34	242.78	660.86	1.0422	550.89
东北	1.5062	1.8094	1.2013	[3]	556.44	165.05	507.28	1.2818	1372.65
浙江	1.3773	1.2432	0.9027	8	294.89	85.79	523.20	1.2417	706.72
山东	1.4136	1.3719	0.9705	13	415.69	202.39	417.35	1.3952	1248.95
福建	1.3490	1.4559	1.0792	18	211.16	159.85	542.87	1.2132	487.72
河北	1.4541	1.6409	1.1285	20	257.26	193.88	343.00	1.5029	940.50
海南	1.4588	1.7249	1.1824	21	60.16	123.65	651.53	1.0558	115.78
广东	1.0930	1.5258	1.3960	24	901.43	292.42	805.93	1.1680	1402.49
上海	1.8229	2.8286	1.5517	27	319.20	181.63	1284.50	1.8616	311.60
天津	1.0508	1.6785	1.5974	28	219.26	283.59	1370.50	1.9862	200.61
江苏	1.0255	1.8270	1.7817	29	766.11	296.37	953.50	1.3819	1007.49
北京	1.0167	1.8369	1.8066	30	507.85	156.04	2265.36	3.2831	281.11
东部	1.1545	1.6388	1.4196	[4]	3953.01	207.93	737.58	1.6090	6702.97

注：①文化消费与投入各占收入、支出比倍差演算是无差距基准值1加同构收入比或支出比之间商值与之绝对偏差值；②同构占比平衡测算取全国及各地最佳比值并假设占比平衡，各地之和不等于全国总量；③地区均等测算以北京人均值推演至各地，各地之间彻底回归"合理性"平衡；④另需说明，近几年年鉴发布2014年以来城乡人均值数据，但与总量数据之间存在演算误差，与对应年鉴同时发布的产值人均值和总量分别演算居民收入比、消费率有出入，本文恢复采用自行演算城乡人均值展开文化消费占居民收入、支出比测算，以保证数据库测算模型的规范性及其历年通行测评的标准化。

测算2017年文化消费与文化投入各占收入比之间倍差,与2016年现有占比倍差相比,全国文化消费与投入占收入比倍差将减至1.0865,减小36.57%。8个省域此项倍差减小,23个省域此项倍差增大。

同样测算2017年文化消费与文化投入各占支出比之间倍差,全国文化消费与投入占支出比倍差亦减至1.5009,减小46.69%。30个省域此项倍差减小,1个省域此项倍差增大。

收支两项同构占比倍差之间商值形成二重倍差指数,直接作为同构占比倍差平衡演算的差距指数。2017年,全国同构占比平衡差距指数为1.3815。

23个省域平衡差距指数小于全国;8个省域平衡差距指数大于全国。其中,四川处于首位,平衡差距指数为0.6444;辽宁处于末位,平衡差距指数为1.9960。

假定同构占比差距得以在2017年实现平衡,全国文化投入测算总量将增至9565.23亿元,与2016年现有总量相比需增长202.40%。

22个省域增长目标距离小于全国;9个省域增长目标距离大于全国。其中,西藏处于首位,总量增至46.52亿元,占全国份额0.49%,需增长33.47%;重庆处于末位,总量增至205.35亿元,占全国份额2.15%,需增长327.99%。

在同构占比平衡情况下测算人均值增长空间(与总量演算基数不同,所需增长测算有微小差异),全国文化投入测算人均值将增至690.01元,与2016年现有人均值相比需增长200.75%。

东部人均值增至737.58元,提高为全国人均值的106.89%,需增长202.99%,高于全国所需增长;东北人均值增至507.28元,降低为全国人均值的73.52%,需增长164.07%,低于全国所需增长;中部人均值增至445.44元,降低为全国人均值的64.56%,需增长190.09%,低于全国所需增长;西部人均值增至556.74元,降低为全国人均值的80.69%,需增长141.44%,低于全国所需增长。

9个省域人均值高于全国人均值;22个省域人均值低于全国人均值。其中，北京处于首位，人均值增至2265.36元，降低为全国人均值的328.31%，需增长148.04%；安徽处于末位，人均值增至338.18元，降低为全国人均值的49.01%，需增长147.71%。

基于人均值即可得出地区差指数。与2016年现有地区差相比，全国文化投入人均值地区差将缩小至1.4206，缩小8.87%。16个省域地区差趋于缩小；15个省域地区差趋于扩大。其中，西藏处于首位，地区差缩小至2.0277，缩小56.28%，变为全国地区差的142.74%；江苏处于末位，地区差扩大至1.3819，扩大31.02%，变为全国地区差的97.28%。

另与表1"自然增长"测算值相比，全国文化投入人均值地区差将缩小9.63%。15个省域地区差趋于缩小；16个省域地区差趋于扩大。其中，西藏处于首位，地区差缩小57.22%；江苏处于末位，地区差扩大30.48%。

再与表5"最佳比值增长"测算值相比，全国文化投入人均值地区差将缩小0.43%。仅有9个省域地区差趋于缩小；22个省域地区差趋于扩大。其中，西藏处于首位，地区差缩小47.71%；北京处于末位，地区差扩大30.77%。

应当看到，各地在保持三项最佳比值增长基础上，再进一步实现同构占比平衡增长，在此假定增长中各自增幅普遍翻番，各地之间数值关系变化颇大，于是地区差指数各有扩减。关键在于综合体现全部省域数值关系的全国人均值地区差，在各种对比测算里，全国地区差均呈现明显缩小趋势。同时，除极少省域外，各地人均值普遍接近，包括原先人均值畸高者也向大多数省域相对接近。这表明，本项测评体系的精心设计具有可行性和建设性，最佳比值增长测算、同构占比平衡测算相继为全国各地均等测算做了步步趋近的良好铺垫。

（三）人均值地区均等测算预期结果

出于制表的便当，全国各地均等测算结果置于表6中。

在三项系数最佳比值多重演算基础上，取北京人均值（见表5）测算"均等化"理想增长。2017年全国文化投入测算总量应达到17382.41亿元，与2016年现有总量相比需增长449.54%。

14个省域增长目标差距小于全国；17个省域增长目标差距大于全国。其中，西藏处于首位，总量达到41.69亿元，占全国份额0.49%，需增长19.62%；河南处于末位，总量达到1192.48亿元，占全国份额3.46%，需增长1125.19%。

四 至2020年各省域文化投入增长测算

以上部分针对下一数据年度2017年进行假定测算，意图在于着眼现实检测所存在的增长差距。以下部分将把视野扩展至2020年，面向"全面建成小康社会"目标年，分别测算保持既往年均增速的"自然增长"目标、基于各项最佳比值的"应然增长"目标、实现同构占比平衡的"民生增长"目标、达到人均值均等化的"理想增长"目标，从中探寻促进文化投入协调、均衡增长的可行路径及合理目标。

（一）保持既往相关各项年均增长率测算

取既往历年相关各项年均增长测算2020年文化投入见表7，各地以既往总量增长年均增长率高低排列。

依照2000~2016年全国文化投入总量年均增长推算，2020年全国文化投入总量将"自然增长"至5698.39亿元，年均增长率同前保持在15.85%。

20个省域年均增长率高于全国，占全国份额上升；11个省域年均增长率低于全国，占全国份额下降。其中，青海处于首位，总量将增长至73.73亿元，占全国份额1.29%，年均增长率为21.96%，高于全国6.11个百分点；黑龙江处于末位，总量将增长至83.99亿元，占全国份额1.47%，年均增长率为12.09%，低于全国3.76个百分点。

同样推算人均值增长，2020年全国文化投入人均值将"自然增长"至404.35元，年均增长率同前保持在15.22%。

表7　取既往历年相关各项年均增长测算2020年文化投入

地区	至2020年保持年均增长测算（基于2000~2016年年均增长）					至2020年产值年增按7%推算			
	文化投入总量（亿元）	所需年均增长增长率（%）	排序	文化投入人均值（元）	地区差（无差距=1）	文化投入总量（亿元）	所需年均增长增长率（%）	排序	文化投入人均值（元）
全国	5698.39	15.85	—	404.35	1.6136	4525.63	9.37	—	321.14
青海	73.73	21.96	1	1205.92	2.9823	54.68	13.18	2	894.40
西藏	71.11	19.52	3	2044.37	5.0559	52.72	10.90	5	1515.56
陕西	253.87	19.18	4	659.80	1.6317	183.76	9.93	13	477.59
新疆	153.06	18.51	7	601.21	1.4868	123.01	12.20	3	483.17
重庆	93.20	18.06	8	308.57	1.2369	66.98	8.70	17	221.77
宁夏	48.75	17.90	9	690.31	1.7072	35.30	8.76	16	499.83
四川	279.14	17.75	10	342.56	1.1528	215.03	10.31	9	263.88
内蒙古	171.08	17.67	11	669.88	1.6567	121.05	7.92	24	473.98
贵州	124.41	16.59	15	355.82	1.1200	88.68	7.13	28	253.64
甘肃	116.53	16.24	19	445.01	1.1005	94.46	10.29	10	360.71
广西	122.04	14.47	24	252.21	1.3763	92.86	6.91	30	191.91
云南	128.23	13.26	30	261.57	1.3531	102.07	6.98	29	208.22
西部	1635.17	17.09	[1]	429.66	1.8217	1230.61	9.39	[3]	323.36
湖南	279.49	18.72	6	406.90	1.0063	212.20	10.82	7	308.94
江西	133.49	17.31	12	285.15	1.2948	100.38	9.24	15	214.41
山西	132.81	16.28	18	350.08	1.1342	106.76	10.11	11	281.41
安徽	152.11	15.92	20	247.49	1.3879	117.08	8.58	20	190.50
湖北	170.84	15.32	21	292.11	1.2776	128.53	7.40	25	219.77
河南	166.05	14.29	25	174.38	1.5687	129.38	7.38	26	135.87
中部	1034.79	16.28	[2]	278.84	1.2783	794.33	9.04	[4]	214.05
北京	426.71	21.11	2	1730.46	4.2796	331.34	13.69	1	1343.70
海南	54.05	19.06	5	567.57	1.4036	42.54	12.14	4	446.70
天津	107.09	16.99	13	614.00	1.5185	77.96	8.07	22	447.00
浙江	292.88	16.55	16	500.08	1.2367	230.51	9.78	14	393.58
江苏	354.65	16.39	17	433.68	1.0725	268.04	8.52	21	327.78
上海	200.08	15.27	22	741.42	1.8336	168.24	10.38	8	623.41
广东	394.79	14.50	23	328.84	1.1867	312.42	7.99	23	260.23
河北	147.95	14.02	27	193.09	1.5225	122.13	8.68	18	159.39
福建	137.03	13.95	28	343.37	1.1508	107.99	7.37	27	270.60
山东	229.91	13.72	29	226.45	1.4400	178.32	6.72	31	175.63
东部	2345.14	15.81	[3]	415.76	1.6645	1839.48	9.41	[2]	326.11
吉林	133.58	16.70	14	483.67	1.1961	105.55	10.02	12	382.19
辽宁	144.14	14.21	26	325.15	1.1959	127.88	10.85	6	288.47
黑龙江	83.99	12.09	31	220.63	1.4544	74.07	8.62	19	194.56
东北	361.71	14.29	[4]	325.65	1.2821	307.50	10.01	[1]	276.85

注：全国及各地皆取既往年均增长测算，演算未涉及人口增长及其分布变化，各地之和不等于全国总量。

东部人均值增长至415.76元，降低为全国人均值的102.82%，年均增长率保持14.32%，低于全国人均值增长；东北人均值增长至325.65元，降低为全国人均值的80.54%，年均增长率保持14.11%，低于全国人均值增长；中部人均值增长至278.84元，提高为全国人均值的68.96%，年均增长率保持16.08%，高于全国人均值增长；西部人均值增长至429.66元，提高为全国人均值的106.26%，年均增长率保持16.83%，高于全国人均值增长。

15个省域人均值高于全国人均值；16个省域人均值低于全国人均值。其中，西藏处于首位，人均值增长至2044.37元，继续提高为全国人均值的505.59%，年均增长率为17.73%；河南处于末位，人均值增长至174.38元，继续降低为全国人均值的43.13%，年均增长率为14.24%。省域间人均值两极差距持续增大。

继而演算地区差指数。与2016年现有地区差相比，全国文化投入人均值地区差将扩大至1.6136，扩大3.51%。

11个省域地区差趋于缩小；20个省域地区差趋于扩大。其中，上海处于首位，地区差缩小至1.8336，缩小10.27%，变为全国地区差的113.64%；青海处于末位，地区差扩大至2.9823，扩大21.31%，变为全国地区差的184.83%。

假设把全国及各地产值增长速度统一控制在年均7%，在此情况下测算2020年全国及各地文化投入增长目标，应当更加容易实现。全国文化投入总量将相应"缩减"增长至4525.63亿元，年均增长率仅需（指自身相比在此情况下所需增率减低，下同）9.37%。

14个省域年均增长率高于全国，占全国份额上升；17个省域年均增长率低于全国，占全国份额下降。其中，北京处于首位，总量增长至331.34亿元，占全国份额7.32%，年均增长率为13.69%，高于全国4.32个百分点；山东处于末位，总量增长至178.32亿元，占全国份额3.94%，年均增长率为6.72%，低于全国2.65个百分点。

全国文化投入人均值将相应"缩减"增长至321.14元，年均增长率仅需8.77%。

东部人均值增长至326.11元,降低为全国人均值的101.55%,年均增长率仅需7.58%,低于全国人均值增长;东北人均值增长至276.85元,提高为全国人均值的86.21%,年均增长率仅需9.57%,高于全国人均值增长;中部人均值增长至214.05元,降低为全国人均值的66.65%,年均增长率仅需8.66%,低于全国人均值增长;西部人均值增长至323.36元,提高为全国人均值的100.69%,年均增长率仅需8.82%,高于全国人均值增长。

14个省域人均值高于全国人均值;17个省域人均值低于全国人均值。其中,西藏处于首位,人均值增长至1515.56元,为全国人均值的471.94%,年均增长率为9.24%;河南处于末位,人均值增长至135.87元,为全国人均值的42.31%,年均增长率为7.33%。

如果全面保持既往年度相应关系中的文化投入增长,意味着相关背景比值、相邻关系比值大多继续趋向下滑,尤其是人均值地区差继续趋向扩大。这些显然都不是协调性、均衡性、均等化期待的应有结果。因此,"保持既往相关各项年均增长率测算"恰恰是为了说明不可继续维持这样的增长格局。

(二)实现多重最佳比值增长目标测算

所谓"增长"不仅在于增长的数量,而且在于增长的质量。如果说,数量绝对值的增长总有局限,不可能无节制地增长下去,那么,相关关系值的调节则是无限制的,总有必要探寻更加协调、更加均衡的增长方式。在本项测评体系的预测模型设计中,各项系数最佳比值演算就是符合既有理念、具有事实依据的一种"应然"测算方式。

取既往历年多重最佳比值测算2020年文化投入见表8,各地以总量增长测算所需增长率高低倒序排列。

依照2000~2016年三项系数最佳比值测算总量增长目标,2020年全国文化投入预期总量应达到10097.75亿元,与2016年现有总量相比,所需年均增长率(依此倒序测量目标距离,所需增率越低距离越小,下同)为33.67%,为既往年增的212.37%。

全国省域公共文化投入增长的应然目标

表8 取既往历年多重最佳比值测算2020年文化投入

地区	至2020年多重最佳比值测算（基于2000~2016年最佳比值）				文化投入人均值（元）	地区差（无差距=1）	至2020年产值年增按7%推算		
	文化投入总量（亿元）	增长率（%）	排序（倒序）	对比既往（既往=1）			文化投入总量（亿元）	增长率（%）	对比既往（既往=1）
全国	10097.75	33.67	—	2.1237	716.53	1.4373	8019.58	26.19	1.6517
辽宁	194.95	23.17	2	1.6301	439.77	1.3862	172.96	19.54	1.3747
吉林	232.74	34.07	14	2.0407	842.70	1.1761	183.91	26.41	1.5816
黑龙江	190.03	37.47	18	3.0995	499.16	1.3034	167.57	33.21	2.7475
东北	617.72	30.97	[1]	2.1672	556.15	1.2886	524.44	25.72	1.7997
北京	416.45	20.37	1	0.9652	1688.82	2.3570	323.37	13.00	0.6157
上海	287.14	26.16	3	1.7135	1063.99	1.4849	241.43	20.81	1.3630
海南	74.63	29.06	4	1.5246	783.61	1.0936	58.74	21.56	1.1311
浙江	478.71	31.78	10	1.9204	817.39	1.1408	376.76	24.12	1.4576
江苏	649.69	35.40	15	2.1605	794.47	1.1088	491.03	26.25	1.6019
福建	286.82	37.07	17	2.6563	718.74	1.0031	226.04	29.15	2.0886
河北	322.32	38.52	19	2.7480	420.67	1.4129	266.06	32.04	2.2853
天津	213.45	39.01	20	2.2957	1223.86	1.7080	155.40	28.41	1.6716
广东	941.80	42.30	23	2.9175	784.45	1.0948	745.30	34.21	2.3598
山东	635.82	46.65	27	3.3999	626.25	1.1260	493.13	37.62	2.7420
东部	4306.82	35.34	[2]	2.2354	763.53	1.3530	3377.26	27.36	1.7305
山西	209.64	30.34	7	1.8632	552.57	1.2288	168.51	23.41	1.4379
湖南	407.87	30.49	8	1.6284	593.80	1.1713	309.67	21.81	1.1647
安徽	329.04	40.59	22	2.5489	535.37	1.2528	253.27	31.68	1.9897
湖北	396.27	42.31	24	2.7625	677.57	1.0544	298.14	32.54	2.1246
江西	314.92	45.38	26	2.6219	672.67	1.0612	236.79	35.38	2.0440
河南	574.77	55.89	30	3.9119	603.61	1.1576	447.84	46.46	3.2520
中部	2232.50	41.18	[3]	2.5290	601.59	1.1544	1714.23	32.16	1.9749
青海	93.01	29.26	5	1.3321	1521.36	2.1232	68.99	19.95	0.9085
西藏	98.74	29.74	6	1.5235	2838.47	3.9614	73.20	20.39	1.0444
陕西	367.80	30.75	9	1.6035	955.89	1.3341	266.23	20.60	1.0743
内蒙古	269.29	31.80	11	1.7999	1054.40	1.4715	190.54	20.88	1.1818
新疆	237.03	32.20	12	1.7399	931.49	1.2994	190.49	25.17	1.3600
甘肃	199.04	32.88	13	2.0253	760.10	1.0608	161.34	26.08	1.6066
云南	265.01	35.80	16	2.6998	540.58	1.2456	210.95	28.27	2.1320
宁夏	95.23	39.38	21	2.2001	1348.41	1.8819	68.95	28.57	1.5963
广西	308.82	44.37	25	3.0669	638.25	1.1093	234.98	34.84	2.4080
四川	722.81	49.37	28	2.7813	887.03	1.2380	556.79	39.94	2.2498
贵州	372.11	53.32	29	3.2148	1064.26	1.4853	265.25	40.88	2.4646
重庆	437.80	73.80	31	4.0873	1449.49	2.0229	314.64	60.03	3.3243
西部	3466.68	41.72	[4]	2.4415	910.92	1.6861	2602.35	31.91	1.8677

注：全国及各地皆取多重最佳比值测算，演算未涉及人口增长及其分布变化，各地之和不等于全国总量。

13个省域增长目标距离小于全国；18个省域增长目标距离大于全国。其中，北京处于首位，总量达到416.45亿元，占全国份额4.12%，所需年均增长率为20.37%，低于全国13.30个百分点，仅为既往年增的96.52%；重庆处于末位，总量达到437.80亿元，占全国份额4.34%，所需年均增长率为73.80%，高于全国40.13个百分点，高达既往年增的408.73%。

同样测算人均值增长目标。2020年全国文化投入预期人均值应达到716.53元，与2016年现有人均值相比，所需年均增长率为32.94%。

东部人均值达到763.53元，为全国人均值的106.56%，所需年均增长率为33.08%，高于全国所需增长；东北人均值达到556.15元，为全国人均值的77.62%，所需年均增长率为30.44%，低于全国所需增长；中部人均值达到601.59元，为全国人均值的83.96%，所需年均增长率为40.69%，高于全国所需增长；西部人均值达到910.92元，为全国人均值的127.13%，所需年均增长率为40.98%，高于全国所需增长。

19个省域人均值高于全国人均值；12个省域人均值低于全国人均值。其中，西藏处于首位，人均值达到2838.47元，为全国人均值的396.14%，所需年均增长率为27.80%；河北处于末位，人均值达到420.67元，为全国人均值的58.71%，所需年均增长率为37.54%。省域间人均值两极差距明显减小。

继而演算地区差指数。与2016年现有地区差相比，全国文化投入人均值地区差将缩小至1.4373，缩小7.80%。20个省域地区差趋于缩小；11个省域地区差趋于扩大。其中，北京处于首位，地区差缩小至2.3570，缩小40.79%，变为全国地区差的163.99%；重庆处于末位，地区差扩大至2.0229，扩大54.38%，变为全国地区差的140.75%。

另与表7"自然增长"测算值相比，全国文化投入人均值地区差将缩小10.93%。22个省域地区差趋于缩小；仅有9个省域地区差趋于扩大。其中，北京处于首位，地区差缩小44.93%；重庆处于末位，地区差扩大63.55%。

假设把全国及各地产值增速统一控制在年均7%，2020年全国文化投入总量将相应"缩减"增长至8019.58亿元,年均增长率仅需26.19%,为既往年增的165.17%。

13个省域增长目标距离小于全国;18个省域增长目标距离大于全国。其中,北京处于首位,总量增长至323.37亿元,占全国份额4.03%,年均增长率仅需13.00%,低于全国13.19个百分点,仅为既往年增的61.57%;重庆处于末位,总量增长至314.64亿元,占全国份额3.92%,年均增长率需为60.03%,高于全国33.84个百分点,高达既往年增的332.43%。

在"实现多重最佳比值增长目标测算"假定情况下,不仅全国及各地文化投入总量、人均值极普遍显著增长,而且文化投入人均值地区差普遍明显缩小。特别应当看到,中部整体及所属各省域文化投入显著增长,以人均值衡量的中部"文化塌陷"迹象不复存在。至此或许可以得出一点启示,追求"均等化"理想需从落实"协调性"起步,在实现文化投入增长的相关协调性的同时亦可实现文化投入增长的地区均衡性。

(三)实现同构占比平衡增长目标测算

在三项系数最佳比值多重演算基础上,再进行文化消费与文化投入同构占比平衡假定测算。取既往最佳比值同构占比平衡测算2020年文化投入见表9,各地以总量增长测算所需增长率高低倒序排列。

基于2000~2016年三项系数最佳比值,假定实现同构占比平衡,以此测算总量增长目标。2020年全国文化投入预期总量应达到13950.08亿元,与2016年现有总量相比,所需年均增长率为44.92%,为既往年增的283.31%。

19个省域增长目标距离小于全国;12个省域增长目标距离大于全国。其中,西藏处于首位,总量达到71.33亿元,占全国份额0.51%,所需年均增长率为19.61%,低于全国25.31个百分点,仅为既往年增的100.46%;重庆处于末位,总量达到322.50亿元,占全国份额2.31%,所需年均增长率为61.01%,高于全国16.09个百分点,高达既往年增的337.91%。

表9　取既往最佳比值同构占比平衡测算2020年文化投入

地区	至2020年同构占比平衡测算（基于2000~2016年最佳比值）							至2020年产值年增按7%推算		
	文化投入总量（亿元）	所需年均增长		对比既往（既往=1）	文化投入人均值（元）	地区差（无差距=1）	文化投入总量（亿元）	所需年均增长	
		增长率（%）	排序（倒序）					增长率（%）	对比既往（既往=1）
全国	13950.08	44.92	—	2.8331	989.89	1.4163	11079.08	36.80	2.3214
吉林	182.93	26.24	3	1.5716	662.36	1.3309	144.55	19.02	1.1393
黑龙江	189.82	37.43	10	3.0963	498.60	1.4963	167.38	33.18	2.7444
辽宁	389.12	46.40	23	3.2644	877.79	1.1132	345.23	42.09	2.9608
东北	761.87	38.02	[1]	2.6606	685.93	1.3135	657.17	33.01	2.3101
西藏	71.33	19.61	1	1.0046	2050.48	2.0714	52.88	10.99	0.5628
陕西	306.04	24.88	2	1.2973	795.40	1.1965	221.53	15.18	0.7918
新疆	215.94	29.15	5	1.5753	848.17	1.1432	173.54	22.28	1.2042
青海	96.13	30.33	6	1.3808	1572.28	1.5883	71.29	20.94	0.9536
四川	465.79	33.83	7	1.9058	571.62	1.4225	358.81	25.38	1.4297
甘肃	205.26	33.91	8	2.0884	783.84	1.2082	166.38	27.06	1.6666
宁夏	92.18	38.26	11	2.1372	1305.34	1.3187	66.75	27.54	1.5383
广西	267.21	39.24	13	2.7123	552.35	1.4421	203.33	30.05	2.0769
内蒙古	405.61	46.01	22	2.6043	1588.17	1.6044	287.00	33.91	1.9196
云南	361.08	46.71	24	3.5232	736.54	1.2559	287.42	38.58	2.9098
贵州	360.28	52.09	27	3.1404	1030.40	1.0409	256.81	39.74	2.3963
重庆	322.50	61.01	31	3.3791	1067.74	1.0786	231.77	48.25	2.6723
西部	3169.34	38.57	[2]	2.2577	832.79	1.3642	2377.50	28.96	1.6952
安徽	310.47	38.56	12	2.4216	505.15	1.4897	238.97	29.78	1.8704
山西	275.32	39.53	14	2.4277	725.72	1.2669	221.32	32.12	1.9724
湖南	610.91	44.36	19	2.3691	889.40	1.1015	463.83	34.75	1.8561
湖北	430.08	45.26	20	2.9547	735.38	1.2571	323.58	35.28	2.3035
江西	327.26	46.71	25	2.7030	699.03	1.2938	246.07	36.69	2.1196
河南	488.77	49.70	26	3.4786	513.29	1.4815	380.84	40.64	2.8449
中部	2442.81	44.39	[3]	2.7263	658.26	1.3151	1874.61	35.14	2.1584
浙江	432.11	28.45	4	1.7191	737.82	1.2546	340.08	20.99	1.2681
海南	88.24	34.58	9	1.8142	926.55	1.0640	69.45	26.76	1.4039
北京	752.36	39.56	15	1.8739	3051.04	3.0822	584.20	31.00	1.4687
福建	309.55	39.71	16	2.8453	775.69	1.2164	243.95	31.63	2.2667
上海	445.55	40.81	17	2.6729	1651.00	1.6679	374.63	34.84	2.2817
河北	363.72	42.77	18	3.0511	474.71	1.5204	300.24	36.09	2.5742
山东	617.08	45.29	21	3.3203	607.79	1.3860	478.60	36.60	2.6673
广东	1314.74	54.67	28	3.7713	1095.13	1.1063	1040.43	45.88	3.1650
天津	340.97	56.28	29	3.3120	1955.04	1.9750	248.24	44.36	2.6104
江苏	1157.55	56.44	30	3.4440	1415.50	1.4300	874.87	45.86	2.7986
东部	5821.88	45.93	[4]	2.9055	1032.13	1.5703	4554.70	37.24	2.3560

注：全国及各地皆取多重最佳比值并以同构占比平衡测算，演算未涉及人口增长及其分布变化，各地之和不等于全国总量。

同样测算人均值增长目标。2020年全国文化投入预期人均值应达到989.89元，与2016年现有人均值相比，所需年均增长率为44.12%。

东部人均值达到1032.13元，为全国人均值的104.27%，所需年均增长率为43.50%，低于全国所需增长；东北人均值达到685.93元，为全国人均值的69.29%，所需年均增长率为37.46%，低于全国所需增长；中部人均值达到658.26元，为全国人均值的66.50%，所需年均增长率为43.89%，低于全国所需增长；西部人均值达到832.79元，为全国人均值的84.13%，所需年均增长率为37.85%，低于全国所需增长。

11个省域人均值高于全国人均值；20个省域人均值低于全国人均值。其中，北京处于首位，人均值达到3051.04元，为全国人均值的308.22%，所需年均增长率为35.19%；河北处于末位，人均值达到474.71元，为全国人均值的47.96%，所需年均增长率为41.76%。省域间人均值两极差距继续明显减小。

继而演算地区差指数。与2016年现有地区差相比，全国文化投入人均值地区差将缩小至1.4163，缩小9.14%。16个省域地区差趋于缩小；15个省域地区差趋于扩大。其中，西藏处于首位，地区差缩小至2.0714，缩小55.34%，变为全国地区差的146.26%；江苏处于末位，地区差扩大至1.4300，扩大35.58%，变为全国地区差的100.97%。

另与表7"自然增长"测算值相比，全国文化投入人均值地区差将缩小12.23%。19个省域地区差趋于缩小；12个省域地区差趋于扩大。其中，西藏处于首位，地区差缩小59.03%；江苏处于末位，地区差扩大33.33%。

再与表8"最佳比值增长"测算值相比，全国文化投入人均值地区差将缩小1.46%。10个省域地区差趋于缩小；21个省域地区差趋于扩大。其中，西藏处于首位，地区差缩小47.71%；北京处于末位，地区差扩大30.77%。

假设把全国及各地产值增速统一控制在年均7%，2020年全国文化投入总量将相应"缩减"增长至11079.08亿元，年均增长率仅需36.80%，为既往年增的232.14%。

23个省域增长目标距离小于全国；8个省域增长目标距离大于全国。其

中，西藏处于首位，总量增长至52.88亿元，占全国份额0.48%，年均增长率仅需10.99%，低于全国25.81个百分点，仅为既往年增的56.28%；重庆处于末位，总量增长至231.77亿元，占全国份额2.09%，年均增长率需为48.25%，高于全国11.45个百分点，高达既往年增的267.23%。

在"实现同构占比平衡增长目标测算"假定情况下，不仅全国及各地文化投入总量、人均值继续普遍显著增长，而且文化投入人均值地区差继续普遍明显缩小。尤其重要的是，此项假定测算所突出的协调性和均衡性已经不限于文化投入本身，而在于文化投入增长与文化需求增长之间的协调性，在于各地之间文化投入与文化需求同步增长的均衡性。

（四）实现人均值地区均等增长目标测算

在三项系数最佳比值多重演算基础上，同上取北京文化投入人均值（见表8）进一步测算全国"均等化"理想增长。在此假定情况下，全国各地人均值全面均等，人均值地区差彻底消除，仅仅需要测算全国及各地总量。

基于既往历年多重最佳比值测算2020年地区均等文化投入见表10，各地以总量增长测算所需增长率高低倒序排列。

表10 基于既往历年多重最佳比值测算2020年地区均等文化投入

地区	至2020年地区均等测算（基于多重最佳比值测算）					至2020年产值年增按7%推算			
	文化投入总量（亿元）	所需年均增长				文化投入总量（亿元）	所需年均增长		
		增长率（%）	排序（倒序）	对比既往增长率			增长率（%）	排序（倒序）	对比既往（既往=1）
				既往=1	排序（倒序）				
全国	23799.93	65.62	—	4.1391	—	18480.52	55.47	—	3.4989
北京	416.45	20.37	2	0.9652	2	323.37	13.00	2	0.6157
上海	455.76	41.61	4	2.7252	6	353.89	32.93	4	2.1568
天津	294.54	50.67	7	2.9815	10	228.71	41.43	7	2.4382
海南	160.84	56.37	10	2.9576	9	124.89	46.79	10	2.4548
浙江	989.08	58.00	11	3.5043	11	768.01	48.31	11	2.9192
江苏	1381.07	63.50	14	3.8748	15	1072.39	53.48	14	3.2634
福建	673.95	69.70	16	4.9949	22	523.32	59.30	16	4.2497

续表

地区	至2020年地区均等测算（基于多重最佳比值测算）					至2020年产值年增按7%推算			
	文化投入总量（亿元）	所需年均增长				文化投入总量（亿元）	所需年均增长		
		增长率（%）	排序（倒序）	对比既往增长率			增长率（%）	排序（倒序）	对比既往（既往=1）
				既往=1	排序（倒序）				
广东	2027.50	72.36	19	4.9915	21	1574.34	61.80	19	4.2629
山东	1714.63	87.93	29	6.4084	28	1331.40	76.41	29	5.5690
河北	1293.97	96.08	30	6.8537	29	1004.76	84.06	30	5.9965
东部	9407.78	64.53	[1]	4.0822	[2]	7305.09	54.45	[1]	3.4444
西藏	58.75	13.94	1	0.7144	1	45.62	6.96	1	0.3567
青海	103.25	32.68	3	1.4878	3	80.17	24.55	3	1.1176
宁夏	119.27	47.45	5	2.6509	5	92.61	38.42	5	2.1461
内蒙古	431.32	48.27	6	2.7323	7	334.92	39.18	6	2.2179
陕西	649.81	50.74	8	2.6460	4	504.57	41.50	8	2.1643
新疆	429.96	53.42	9	2.8867	8	333.86	44.02	9	2.3786
甘肃	442.25	62.23	13	3.8332	14	343.40	52.29	13	3.2208
贵州	590.49	72.08	17	4.3459	17	458.51	61.54	17	3.7101
四川	1376.16	75.46	21	4.2510	16	1068.58	64.71	21	3.6452
云南	827.92	80.54	23	6.0742	27	642.87	69.47	23	5.2398
重庆	510.08	80.57	24	4.4621	19	396.08	69.50	24	3.8493
广西	817.18	84.14	26	5.8151	26	634.53	72.85	26	5.0352
西部	6356.42	64.91	[2]	3.7990	[1]	4935.72	54.80	[2]	3.2075
吉林	466.42	59.52	12	3.5649	12	362.17	49.74	12	2.9794
辽宁	748.65	72.42	20	5.0950	23	581.32	61.86	20	4.3516
黑龙江	642.93	86.44	27	7.1504	31	499.24	75.02	27	6.2053
东北	1858.00	72.48	[3]	5.0718	[4]	1442.73	61.91	[3]	4.3322
湖南	1160.02	69.46	15	3.7097	13	900.75	59.07	15	3.1551
山西	640.70	72.33	18	4.4423	18	497.50	61.77	18	3.7937
湖北	987.70	78.81	22	5.1457	24	766.94	67.86	22	4.4302
江西	790.64	83.01	25	4.7953	20	613.93	71.79	25	4.1474
安徽	1037.95	87.36	28	5.4863	25	805.97	75.88	28	4.7652
河南	1608.13	101.61	31	7.1125	30	1248.71	89.26	31	6.2476
中部	6225.16	82.43	[4]	5.0627	[3]	4833.80	71.25	[4]	4.3761

注：全国及各地皆取多重最佳比值测算结果之北京人均值（见表8）进行地区均等测算，演算未涉及人口增长及其分布变化，各地总量可能会存在误差，各地之和不等于全国总量。在此假定情况下，全国及各地人均值均等，地区差消除，各地总量份额仅与人口规模相关，无须再列出人均值部分。

按照"均等化"理想增长目标测算，2020年全国文化投入预期总量应达到23799.93亿元，与2016年现有总量相比，所需年均增长率为65.62%，为既往年增的413.91%。

14个省域增长目标距离小于全国；17个省域增长目标距离大于全国。其中，西藏处于首位，总量达到58.75亿元，占全国份额0.25%，所需年均增长率为13.94%，低于全国51.68个百分点，仅为既往年增的71.44%；河南处于末位，总量达到1608.13亿元，占全国份额6.76%，所需年均增长率为101.61%，高于全国35.99个百分点，高达既往年增的711.25%。

假设把全国及各地产值增速统一控制在年均7%，2020年全国文化投入总量将相应"缩减"增长至18480.52亿元，年均增长率仅需55.47%，为既往年增的349.89%。

14个省域增长目标距离小于全国；17个省域增长目标距离大于全国。其中，西藏处于首位，总量增长至45.62亿元，占全国份额0.25%，年均增长率仅需6.96%，低于全国48.51个百分点，仅为既往年增的35.67%；河南处于末位，总量增长至1248.71亿元，占全国份额6.76%，年均增长率需为89.26%，高于全国33.79个百分点，高达既往年增的624.76%。

"实现人均值地区均等增长目标测算"毕竟只是一种假定演算方式。实事求是地说，真正要实现这一"理想增长"目标，恐怕不是为时已经不远的"全面小康"目标年就能够做到的。以上分析测算表明，"实现多重最佳比值增长目标测算"和"实现同构占比平衡增长目标测算"正好向着"均等化"目标逐步趋近。寄期2020年有可能向各项最佳比值"应然增长"目标、同构占比平衡"民生增长"目标逼近。

省域报告

Reports on Provinces

B.6
西藏：2016年度综合指数排名第1位

孔志坚**

摘　要： 2000~2016年，西藏文化投入总量由2.01亿元增至34.85亿元，年均增长19.52%，明显高于全国平均水平3.67个百分点。西藏综合评价排行：在省域横向测评中，处于2016年度综合指数排名第1位；在自身纵向测评中，处于2000~2016年综合指数提升第7位，2005~2016年综合指数提升第2位，2010~2016年综合指数提升第11位，2015~2016年综合指数提升第9位。

关键词： 西藏　文化投入　综合评价

---

* 限于篇幅无法全面展开省域单独分析，以兼顾区域分布方式选取子报告：按B.4测评排行报告表12（排行汇总表）年度横向及各类纵向测评结果，取东、中、西部和东北（为平衡数量归并河北、山东）四大区域各自省排名、直辖市单列排名、自治区单列排名前两位，共8省2直辖市2自治区，按各地最高位次拟题排文，相同位次以先横向后较长时段纵向测评为序。未有独立子报告的省域见该报告详尽展开列表的各地分析对比及各类排行。
** 孔志坚，云南省社会科学院老挝研究所副所长、副研究员，主要从事东南亚政治与经济研究。

一 文化投入及其相关背景基本态势

（一）经济财政基本面背景状况

2000年以来西藏文化投入总量增长及相关背景关系态势见图1。

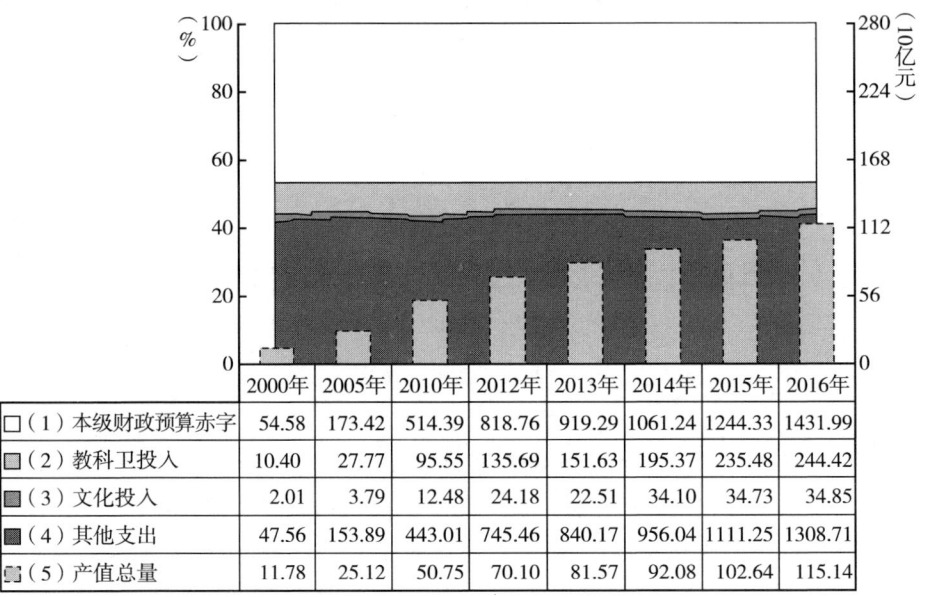

图1 2000年以来西藏文化投入总量增长及相关背景关系态势

左轴面积：本级财政预算赤字（中央财政税收返还和转移支付等，"财政包干"地区可为国债份额）、教科卫投入、文化投入、其他支出总量（亿元转换为%），（2）+（3）+（4）=财政支出总量，（2）+（3）+（4）-（1）=财政收入总量，各项数值呈直观比例。右轴柱形：产值总量（10亿元，增长演算取亿元）。图中省略若干年度，后台演算历年增长变化包括省略年度，后同。

2000~2016年，西藏产值总量总增长877.42%，年均增长15.31%；财政收入总量总增长2799.44%，年均增长23.42%；财政支出总量总增长2547.96%，年均增长22.72%；教科文卫综合投入（图中教科卫投入与文化投入之和，后同）总量总增长2150.36%，年均增长21.48%；教科文卫综合投入之外财政支出统归为"其他支出",其总量总增长2651.70%,年均增长23.02%。

在此期间,西藏教科文卫综合投入总量年均增长高于产值年增6.17个百分点,低于财政收入年增1.94个百分点,低于财政支出年增1.24个百分点,低于其他支出年增1.54个百分点。

"十五"以来,西藏教科文卫建设作为公共服务的一个重要方面,确实处于一种高增长状态。"十一五"以来,西藏教科文卫综合投入增长反超明显高于其他支出增长。那么,文化投入在其中处于什么位置?

(二)文化投入总量增长状况

2000年以来西藏文化投入总量及相邻关系、占全国份额变动态势见图2。

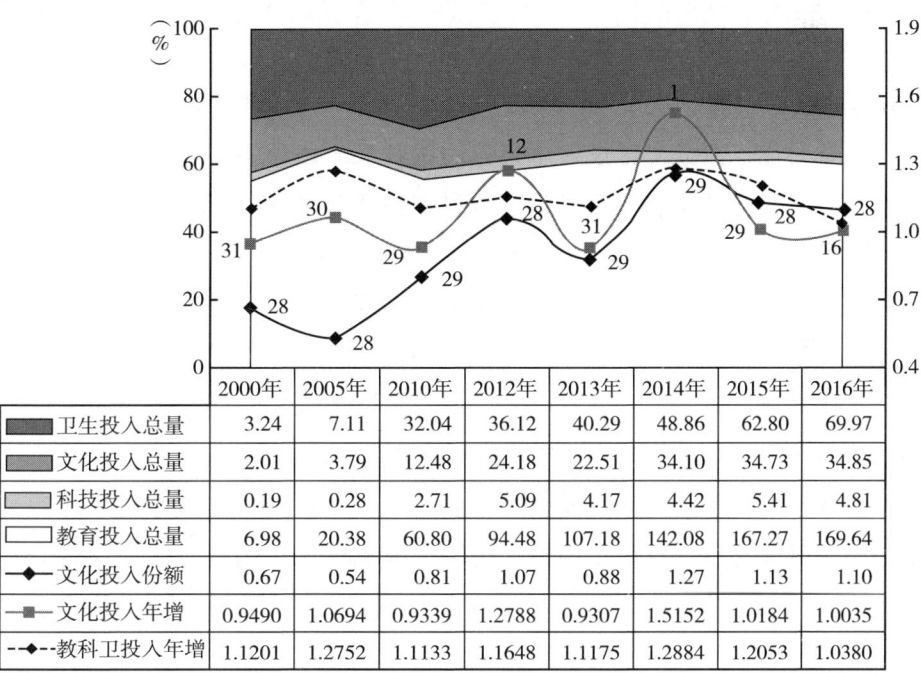

图2　2000年以来西藏文化投入总量及相邻关系、占全国份额变动态势

左轴面积:教育、科技、文化、卫生投入总量(亿元转换为%),各项数值呈直观比例。右轴曲线:文化、教科卫投入年增指数(上年=1,小于1为负增长,保留4位小数,正文转换为2位小数增长百分比,后同);文化投入占全国份额(%)。后台数据库包含未出现的1999年相关数据,以此测量2000年相应数据变动,后同。标明历年文化投入增长、份额省域排序。

2000～2016年，西藏文化投入总量由2.01亿元增至34.85亿元，总增长1633.83%，年均增长19.52%，省域间增长位次排序第3位。其中，"十五"期间年增13.52%，"十一五"期间年增26.92%，"十二五"以来年均增长18.67%。最高增长年度为2007年，增长70.17%；最低增长年度为2013年，负增长6.93%。

相比之下，西藏文化投入总量年均增长高于产值年增4.21个百分点，其中"十五"期间低于产值年增2.83个百分点，"十一五"期间高于产值年增11.82个百分点，"十二五"以来高于产值年增4.04个百分点；同时低于财政收入年增3.90个百分点，其中"十五"期间低于财政收入年增3.94个百分点，"十一五"期间高于财政收入年增1.96个百分点，"十二五"以来低于财政收入年增8.63个百分点；低于财政支出年增3.20个百分点，其中"十五"期间低于财政支出年增11.81个百分点，"十一五"期间高于财政支出年增2.59个百分点，"十二五"以来低于财政支出年增0.62个百分点。

认真对比，西藏文化投入总量年均增长低于教科卫三项投入年增2.29个百分点，其中"十五"期间低于教科卫投入年增8.19个百分点，"十一五"期间低于教科卫投入年增1.12个百分点，"十二五"以来高于教科卫投入年增1.72个百分点。在2000年以来西藏教科文卫综合投入高增长当中，文化投入增长处于明显失衡状态。

从图2亦可清楚、直观地看出，文化投入所占面积呈逐渐收窄之势，表明其在教科文卫综合投入中的比例份额持续降低。

与此同时，全国文化投入总量总增长953.34%，年增15.85%。2000年以来，西藏文化投入总量年均增长高于全国年增3.67个百分点，占全国份额从2000年的0.67%上升至2016年的1.10%，省域间份额位次前后保持在第28位。

（三）人均值增长及其地区差变动状况

2000年以来西藏文化投入人均值及其地区差变动态势见图3。

2000～2016年，西藏文化投入人均值由78.13元增至1064.17元，总增

西藏：2016年度综合指数排名第1位

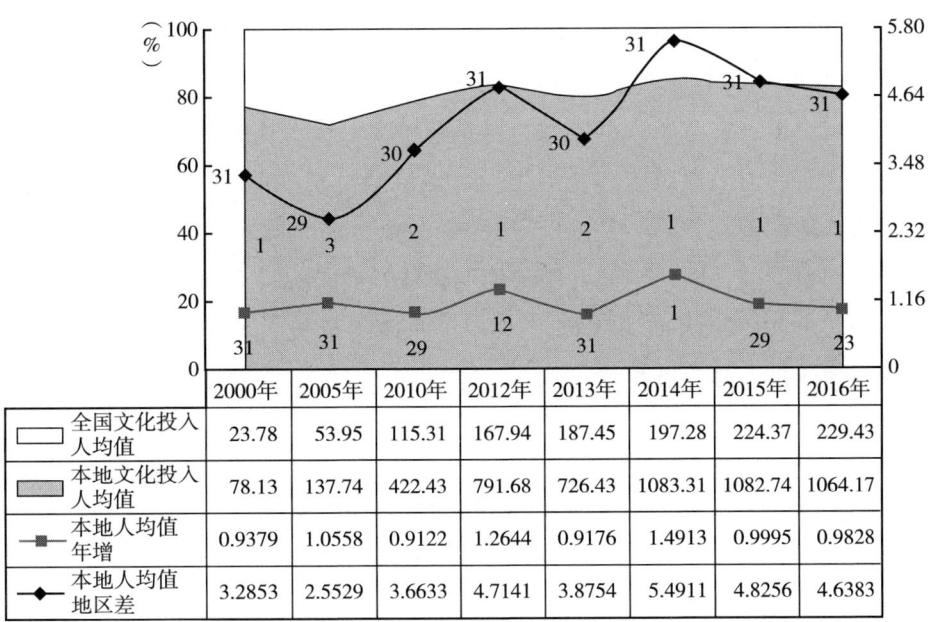

图3 2000年以来西藏文化投入人均值及其地区差变动态势

左轴面积：本地、全国文化投入人均值（元转换为%），二者历年变动呈直观比例。右轴曲线：本地人均值年增指数（上年=1，小于1为负增长，由于历年人口增长，人均值年增指数略低于总量年增指数）；本地人均值地区差指数（无差距=1，保留4位小数检测细微差异）。标明历年本地人均值及其增长、地区差省域排序。

长1262.05%，年均增长17.73%，省域间增长位次排序第7位。其中，"十五"期间年增12.01%，"十一五"期间年增25.12%，"十二五"以来年均增长16.65%。最高增长年度为2007年，增长68.06%；最低增长年度为2010年，负长8.78%。

与此同时，全国文化投入人均值总增长864.80%，年均增长15.22%。2000年以来，西藏文化投入人均值年均增长高于全国年增2.51个百分点，人均绝对数值从2000年为全国人均值的328.55%上升至2016年为全国人均值的463.83%，省域间人均绝对值高低位次前后保持在第1位。

同期，西藏文化投入人均值地区差由3.2853扩大至4.6383，扩大41.18%，省域间地区差扩减变化位次排序第30位，地区差指数大小（倒序）位次前后保持在第31位。其中，"十五"期间缩小22.29%，"十一五"期间扩大43.50%,"十二五"以来地区差扩大26.62%。最小地区差为2006年的2.3713,最大地区差为2014年的5.4911。

西藏产值、财政收入和支出,以及教科文卫投入各类人均值地区差变动检测:仅有产值、财政收入、卫生投入地区差呈现为缩小态势;仅有产值、财政收入地区差在2016年缩减至历年最小值。这无疑表明,可以用人均值差异来衡量的公共财政、公共服务均等化成效尚未取得全面进展。

按照本项检测的推演测算,2020年西藏文化投入地区差应为5.0155,相比当前将进一步显著扩增。

二 文化投入相关协调性态势

(一)相关背景变动状况

2000年以来西藏文化投入相关背景比值变动态势见图4。

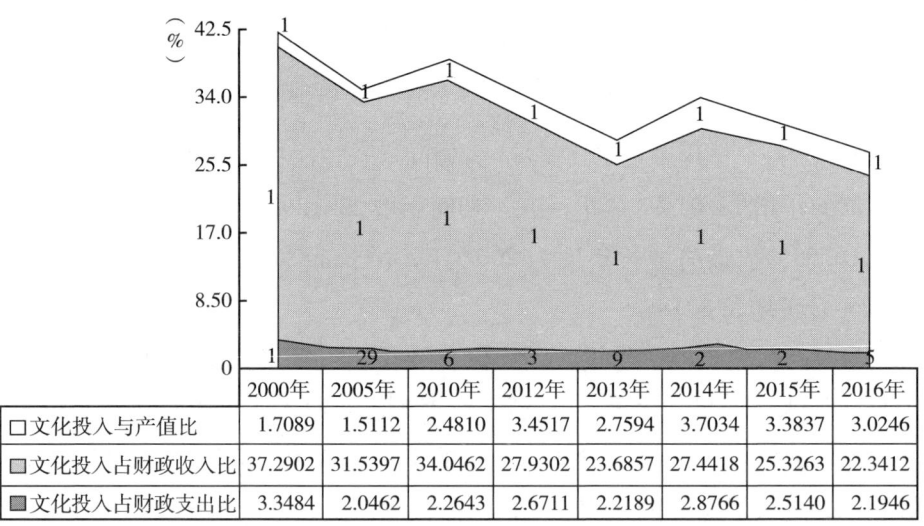

图4 2000年以来西藏文化投入相关背景比值变动态势

左轴面积:文化投入与产值比、占财政收入和支出比(%),各项比值历年升降呈直观比例叠加。比值过小保留4位小数演算,正文按惯例保留2位小数。标明历年各项比值省域排序。

1. 文化投入与产值比

2000~2016年,西藏文化投入总量年均增长高于产值年增4.21个百分点,其中"十五"期间年增偏低2.83个百分点,"十一五"期间年增偏高11.82个百分点,"十二五"以来年均增长偏高4.04个百分点。由于二者历年不同增长,西藏文化投入与产值比从1.71%增高至3.02%,上升程度为76.99%,上升1.32个百分点,省域间升降变化位次排序第5位,比值高低位次前后保持在第1位。最高比值为2014年的3.70%,最低比值为2006年的1.46%。

2. 文化投入占财政收入比

2000~2016年,西藏文化投入总量年均增长低于财政收入年增3.90个百分点,其中"十五"期间年增偏低3.94个百分点,"十一五"期间年增偏高1.96个百分点,"十二五"以来年均增长偏低8.63个百分点。由于二者历年不同增长,西藏文化投入占财政收入比从37.29%降低至22.34%,下降程度为40.09%,下降14.95个百分点,省域间升降变化位次排序第30位,比值高低位次前后保持在第1位。最高比值为2002年的44.50%,最低比值为2016年的22.34%。

3. 文化投入占财政支出比

2000~2016年,西藏文化投入总量年均增长低于财政支出年增3.20个百分点,其中"十五"期间年增偏低11.81个百分点,"十一五"期间年增偏高2.59个百分点,"十二五"以来年均增长偏低0.62个百分点。由于二者历年不同增长,西藏文化投入占财政支出比从3.35%降低至2.19%,下降程度为34.46%,下降1.15个百分点,省域间升降变化位次排序第19位,比值高低位次从第1位下降为第5位。最高比值为2000年的3.35%,最低比值为2005年的2.05%。

(二)相邻关系变动状况

2000年以来西藏文化投入相邻关系比值变动态势见图5。

1. 文化投入与教育投入比

2000~2016年,西藏文化投入总量年均增长低于教育投入年增2.55个

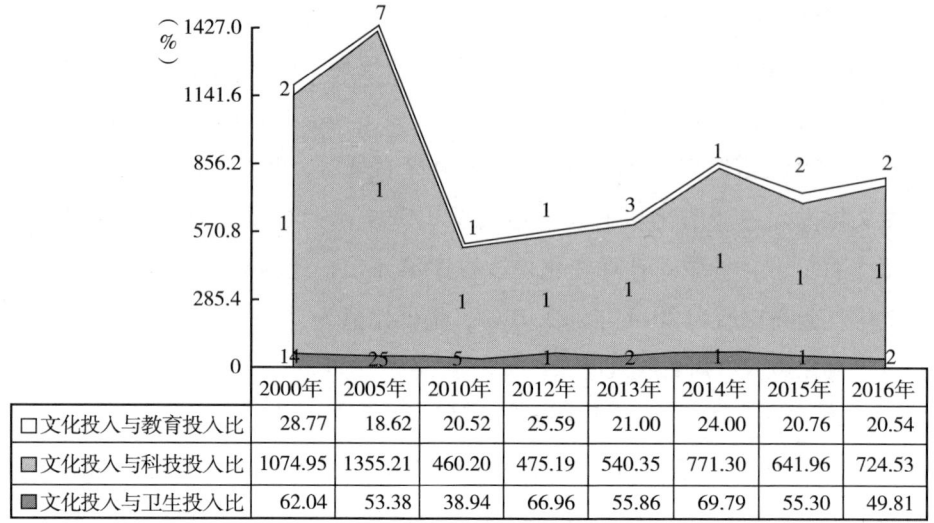

图5 2000年以来西藏文化投入相邻关系比值变动态势

左轴面积：文化投入与教育、科技、卫生投入比（%），各项比值历年升降呈直观比例叠加。标明历年各项比值省域排序。

百分点，其中"十五"期间年增偏低10.38个百分点，"十一五"期间年增偏高2.49个百分点，"十二五"以来年均增长偏高0.02个百分点。由于二者历年不同增长，西藏文化投入与教育投入比从28.77%降低至20.54%，下降程度为28.61%，下降8.23个百分点，省域间升降变化位次排序第15位，比值高低位次前后保持在第2位。最高比值为2000年的28.77%，最低比值为2005年的18.62%。

2. 文化投入与科技投入比

2000~2016年，西藏文化投入总量年均增长低于科技投入年增2.86个百分点，其中"十五"期间年增偏高5.46个百分点，"十一五"期间年增偏低30.54个百分点，"十二五"以来年均增长偏高8.64个百分点。由于二者历年不同增长，西藏文化投入与科技投入比从1074.95%降低至724.53%，下降程度为32.60%，下降350.42个百分点，省域间升降变化位次排序第1位，比值高低位次前后保持在第1位。最高比值为2003年的1410.33%，最低比值为2008年的317.34%。

3. 文化投入与卫生投入比

2000~2016年，西藏文化投入总量年均增长低于卫生投入年增1.65个百分点，其中"十五"期间年增偏低3.50个百分点，"十一五"期间年增偏低8.21个百分点，"十二五"以来年均增长偏高4.77个百分点。由于二者历年不同增长，西藏文化投入与卫生投入比从62.04%降低为49.81%，下降程度为19.71%，下降12.23个百分点，省域间升降变化位次排序第3位。由于各地不同变动，西藏比值高低位次从第14位上升为第2位。最高比值为2014年的69.79%，最低比值为2010年的38.94%。

（三）同构占比变动状况

2000年以来西藏文化消费与投入同构占比倍差变动态势见图6。

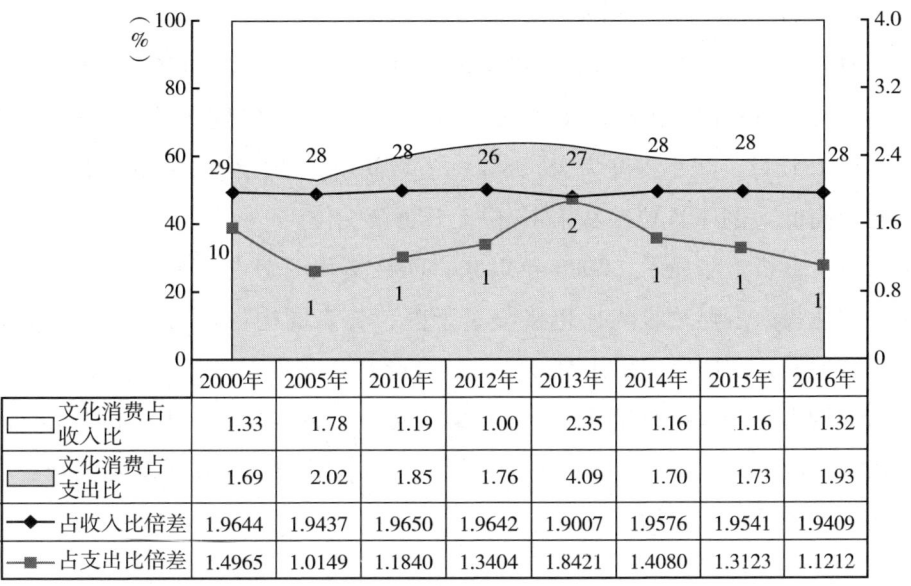

图6　2000年以来西藏文化消费与投入同构占比倍差变动态势

左轴面积：文化消费占居民收入、居民总消费支出比（%），两项比值历年升降呈直观比例叠加。右轴曲线：文化消费占居民收入比与文化投入占财政收入比、文化消费占居民支出比与文化投入占财政支出比倍差指数（无差距=1，保留4位小数检测细微差异）。标明历年各项倍差省域排序。另需说明，2014年以来年鉴始发布城乡人均值民生数据，与总量数据之间存在演算误差，与对应产值人均值和总量分别演算居民收入比、消费率有出入，本文恢复采用自行演算城乡人均值展开文化消费占居民收入、支出比测算。

1. 文化消费与投入占收入比

2000~2016年,西藏城乡居民文化消费占居民收入比从1.33%降低至1.32%,下降程度为0.75%。逐年比较,最高比值为2013年的2.35%,最低比值为2006年的0.90%。

对照图4,同期,西藏文化投入占财政收入比下降40.09%,2016年比值高于文化消费占居民收入比21.02个百分点。二者之间占比倍差由1.9644减小至1.9409,减小程度为1.20%,省域间增减变化位次排序第21位,倍差指数高低(倒序)位次从第29位上升为第28位。

2. 文化消费与投入占支出比

2000~2016年,西藏城乡居民文化消费占居民支出比从1.69%增高至1.93%,上升程度为14.20%。逐年比较,最高比值为2013年的4.09%,最低比值为2006年的1.20%。

对照图4,同期,西藏文化投入占财政支出比下降34.46%,2016年比值高于文化消费占居民支出比0.26个百分点。二者之间占比倍差由1.4965减小至1.1212,减小程度为25.08%,省域间增减变化位次排序第2位,倍差指数高低(倒序)位次从第10位上升为第1位。

以上分析检测显示,2000年以来,西藏文化消费占居民收入比略微下降,文化投入占财政收入比也极显著下降,二者同构占比倍差指数略微减小;文化消费占居民支出比明显上升,文化投入占财政支出比却显著下降,二者同构占比倍差指数显著减小。西藏文化投入占财政收入比远高于文化消费占居民收入比,占支出比则较为接近,公共文化投入与居民文化消费需求同构占比关系严重失衡。

三 2016年文化投入纵横向双重测评

综合以上分析,2000年以来西藏文化投入总量年均增长19.52%,明显高于全国平均水平3.67个百分点,人均值地区差扩大41.18%;文化投入增长明显高于产值增长,但明显低于财政收入、财政支出增长;同时较明显低于教育、科技、卫生投入增长；文化投入占财政收入比极显著高于文化消费占居民收入比，占财政支出比也略微高于文化消费占居民支出比。

这些都集中体现在文化投入增长综合指数测评演算之中。2000年以来西藏文化投入增长综合指数变动态势见图7。

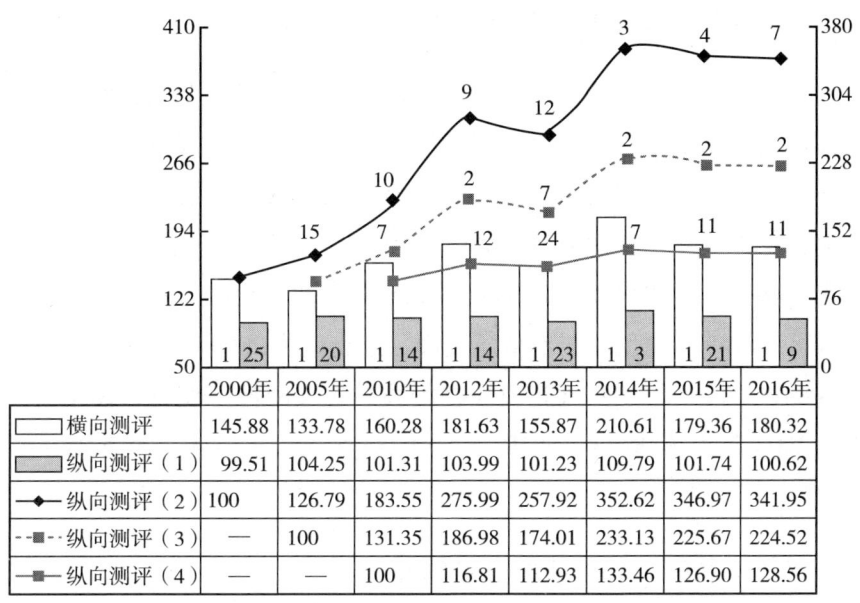

图7　2000年以来西藏文化投入增长综合指数变动态势

左轴柱形：横向测评（无差距理想值＝100）；纵向测评（1），上年＝100。右轴曲线：纵向测评（起点年基数值＝100），（2）以2000年为起点，（3）以2005年为起点，（4）以2010年为起点。标明历年各项测评指数省域排行。

（一）各年度理想值横向测评

以文化投入人均值地区无差距、文化消费与投入同构占比无差距状态为"理想值"100，2016年西藏文化投入增长状况此项综合指数为180.32，处于省域间第1位，高于无差距理想值80.32%，也高于上年测评指数0.96个点。

各年度此项综合指数对比，全部各个年度均高于无差距理想值100；

2002年、2007年、2009年、2011年、2014年、2016年6个年度高于上年指数值。其中，最高值为2014年的210.61，最低值为2006年的128.60。西藏此项综合指数在省域间排行变化，2000年为第1位，2005年与之持平，2010年与之持平，2016年与上年持平，皆为第1位。

（二）逐年度基数值纵向测评

以上一年2015年为起点基数值100，2016年西藏文化投入增长状况此项综合指数为100.62，处于省域间第9位，高出2015年起点基数0.62%，但低于上年基于2014年基数值的测评指数1.12个点。

逐年度此项景气指数对比，2001~2016年16个年度高于自身上年起点基数值100；2001~2002年、2004~2005年、2007年、2009年、2011年、2014年8个年度高于上年指数值。其中，最高值为2009年的110.17，最低值为2000年的99.51。西藏此项综合指数在省域间排行变化，2000年为第25位，2005年为第20位，2010年为第14位，2016年从上年第21位上升为第9位。

（三）"十五"以来基数值纵向测评

以"九五"末年2000年为起点基数值100，2016年西藏文化投入增长状况此项综合指数为341.95，处于省域间第7位，高出2000年起点基数241.95%，但低于上年测评指数5.02个点。

"十五"以来各年度此项综合指数对比，全部各个年度均高于2000年起点基数值100；2002~2009年、2011~2012年、2014年11个年度高于上年指数值。其中，最高值为2014年的352.62，最低值为2001年的106.58。西藏此项综合指数在省域间排行变化，2000年起点不计，2005年为第15位，2010年为第10位，2016年从上年第4位下降为第7位。

（四）"十一五"以来基数值纵向测评

以"十五"末年2005年为起点基数值100，2016年西藏文化投入增长状况此项综合指数为224.52，处于省域间第2位，高出2005年起点基数124.52%，但低于上年测评指数1.15个点。

"十一五"以来各年度此项综合指数对比，全部各个年度均高于2005年起点基数值100；2007~2009年、2011~2012年、2014年6个年度高于上年指数值。其中，最高值为2014年的233.13，最低值为2006年的104.43。西藏此项综合指数在省域间排行变化，2005年起点不计，2010年为第7位，2016年与上年持平，皆为第2位。

（五）"十二五"以来基数值纵向测评

以"十一五"末年2010年为起点基数值100，2016年西藏文化投入增长状况此项综合指数为128.56，处于省域间第11位，高出2010年起点基数28.56%，也高出上年测评指数1.66个点。

"十二五"以来各年度此项综合指数对比，全部各个年度均高于2010年起点基数值100；2012年、2014年、2016年3个年度高于上年指数值。其中，最高值为2014年的133.46，最低值为2013年的112.93。西藏此项综合指数在省域间排行变化，2010年起点不计，2012年为第12位，2016年与上年持平，皆为第11位。

B.7 青海：2000~2016年综合指数提升第1位

李汶娟*

摘　要： 2000~2016年，青海文化投入总量由1.39亿元增至33.32亿元，年均增长21.96%，显著高于全国平均水平6.11个百分点。青海综合评价排行：在省域横向测评中，处于2016年度综合指数排名第3位；在自身纵向测评中，处于2000~2016年综合指数提升第1位，2005~2016年综合指数提升第1位，2010~2016年综合指数提升第5位，2015~2016年综合指数提升第11位。

关键词： 青海　文化投入　综合评价

一　文化投入及其相关背景基本态势

（一）经济财政基本面背景状况

2000年以来青海文化投入总量增长及相关背景关系态势见图1。

2000~2016年，青海产值总量总增长875.54%，年均增长15.30%；财政收入总量总增长1338.54%，年均增长18.13%；财政支出总量总增长

---

* 李汶娟，云南省社会科学院国际学术交流中心主任、研究员，主要从事民族文化研究。

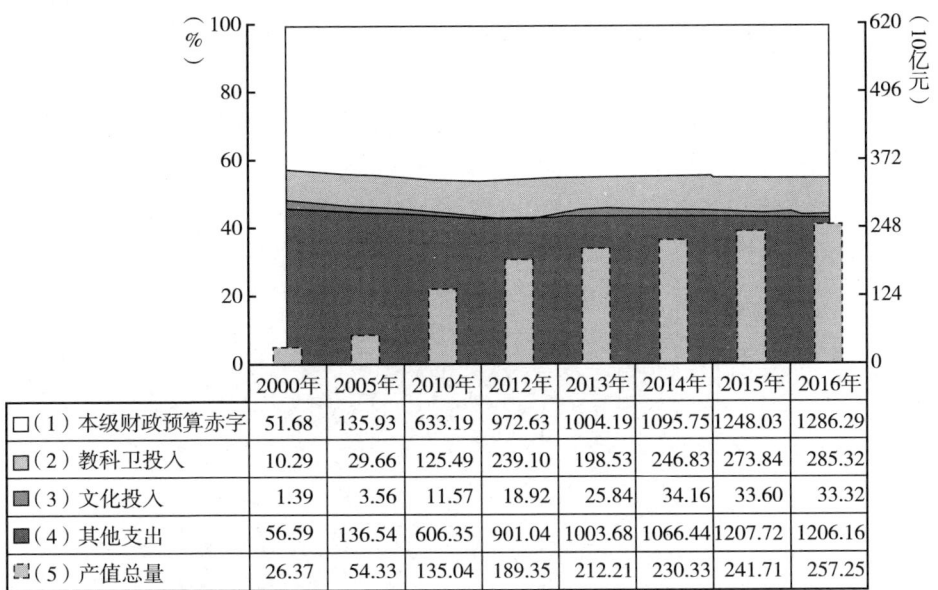

图 1　2000 年以来青海文化投入总量增长及相关背景关系态势

左轴面积：本级财政预算赤字（中央财政税收返还和转移支付等，"财政包干"地区可为国债份额）、教科卫投入、文化投入、其他支出总量（亿元转换为%），（2）+（3）+（4）=财政支出总量，（2）+（3）+（4）-（1）=财政收入总量，各项数值呈直观比例。右轴柱形：产值总量（10 亿元，增长演算取亿元）。图中省略若干年度，后台演算历年增长变化包括省略年度，后同。

2133.81%，年均增长 21.43%；教科文卫综合投入（图中教科卫投入与文化投入之和，后同）总量总增长 2630.42%，年均增长 22.96%；教科文卫综合投入之外财政支出统归为"其他支出"，其总量总增长 2031.40%，年均增长 21.07%。

在此期间，青海教科文卫综合投入总量年均增长高于产值年增 7.66 个百分点，高于财政收入年增 4.83 个百分点，高于财政支出年增 1.53 个百分点，高于其他支出年增 1.89 个百分点。

"十五"以来，青海教科文卫建设作为公共服务的一个重要方面，确实处于一种极为特殊的优先发展地位。"十一五"以来，青海教科文卫综合投入增长反超明显高于其他支出增长。在教科文卫综合投入优先增长格局中，文化投入究竟处于什么位置？

（二）文化投入总量增长状况

2000年以来青海文化投入总量及相邻关系、占全国份额变动态势见图2。

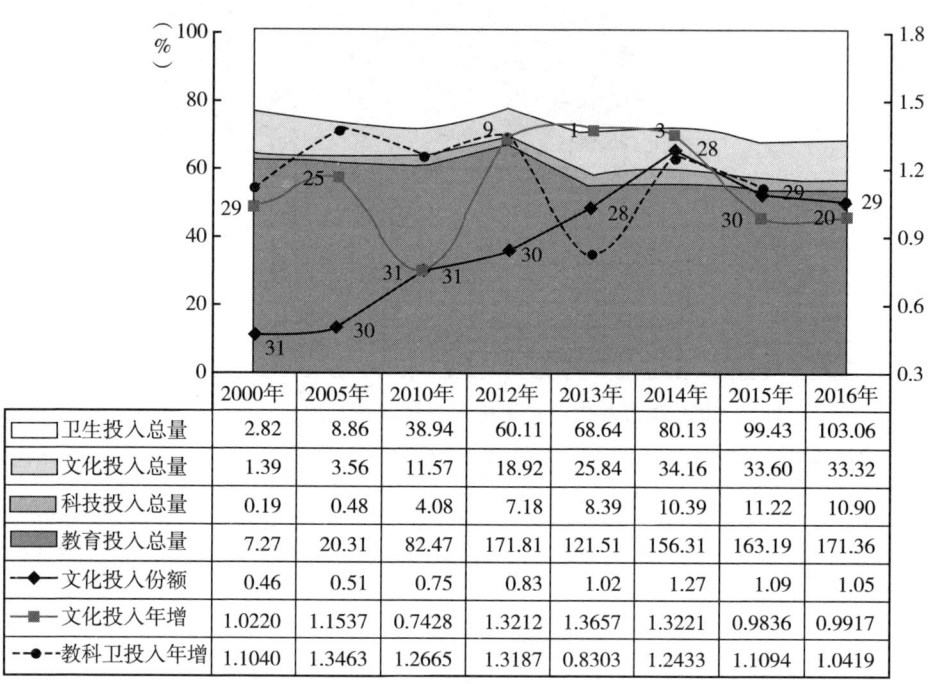

图2　2000年以来青海文化投入总量及相邻关系、占全国份额变动态势

左轴面积：教育、科技、文化、卫生投入总量（亿元转换为%），各项数值呈直观比例。右轴曲线：文化、教科卫投入年增指数（上年=1，保留4位小数，正文转换为2位小数增长百分比，后同）；文化投入占全国份额（%）。后台数据库包含未出现的1999年相关数据，以此测量2000年相应数据变动，后同。标明历年文化投入增长、份额省域排序。

2000~2016年，青海文化投入总量由1.39亿元增至33.32亿元，总增长2297.12%，年均增长21.96%，省域间增长位次排序第1位。其中，"十五"期间年增20.69%，"十一五"期间年增26.58%，"十二五"以来年均增长19.28%。最高增长年度为2009年，增长57.52%；最低增长年度为2010年，负增长25.72%。

相比之下，青海文化投入总量年均增长高于产值年增6.66个百分点，其中"十五"期间高于产值年增5.14个百分点，"十一五"期间高于产值年增6.61个百分点，"十二五"以来高于产值年增7.94个百分点；同时高于财政收入年增3.83个百分点，其中"十五"期间高于财政收入年增5.37个百分点，"十一五"期间低于财政收入年增0.07个百分点，"十二五"以来高于财政收入年增5.55个百分点；高于财政支出年增0.53个百分点，其中"十五"期间高于财政支出年增0.70个百分点，"十一五"期间低于财政支出年增7.78个百分点，"十二五"以来高于财政支出年增6.56个百分点。

认真对比，青海文化投入总量年均增长低于教科卫三项投入年增1.12个百分点，其中"十五"期间低于教科卫投入年增2.89个百分点，"十一五"期间低于教科卫投入年增6.86个百分点，"十二五"以来高于教科卫投入年增4.61个百分点。在2000年以来青海教科文卫综合投入优先高增长当中，文化投入增长处于相对失衡状态。

从图2亦可清楚、直观地看出，文化投入所占面积大体上呈保持之势，表明其在教科文卫综合投入中的比例份额基本稳定。

与此同时，全国文化投入总量总增长953.34%，年增15.85%。2000年以来，青海文化投入总量年均增长高于全国年增6.11个百分点，占全国份额从2000年的0.46%上升至2016年的1.05%，省域间份额位次从第31位上升为第29位。

（三）人均值增长及其地区差变动状况

2000年以来青海文化投入人均值及其地区差变动态势见图3。

2000~2016年，青海文化投入人均值由27.00元增至564.06元，总增长1989.11%，年均增长20.92%，省域间增长位次排序第1位。其中，"十五"期间年增19.48%，"十一五"期间年增25.74%，"十二五"以来年均增长18.22%。最高增长年度为2009年，增长56.81%；最低增长年度为2010年，负增长26.32%。

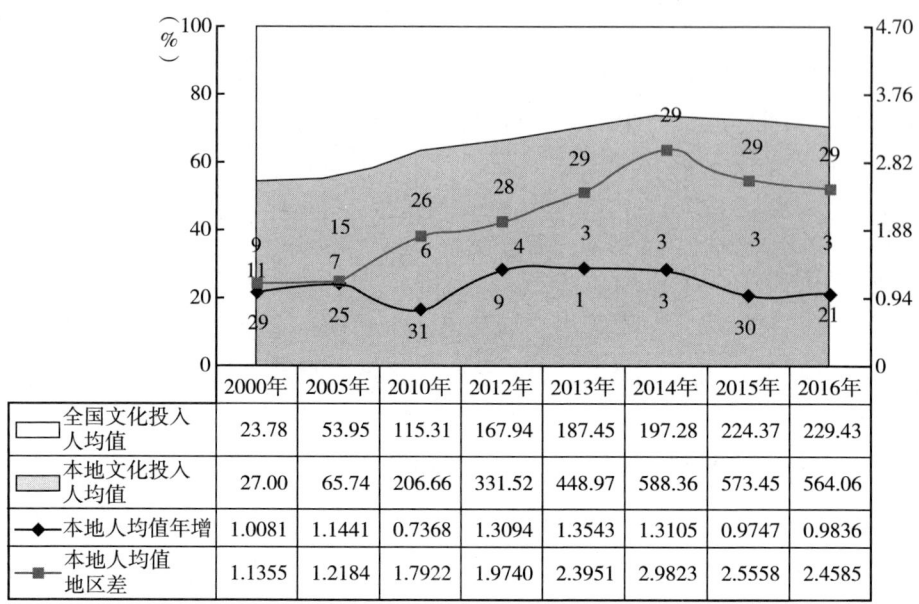

图 3　2000 年以来青海文化投入人均值及其地区差变动态势

左轴面积：本地、全国文化投入人均值（元转换为%），二者历年变动呈直观比例。右轴曲线：本地人均值年增指数（上年=1，小于 1 为负增长，由于历年人口增长，人均值年增指数略低于总量年增指数）；本地人均值地区差指数（无差距=1，保留 4 位小数检测细微差异）。标明历年本地人均值及其增长、地区差省域排序。

与此同时，全国文化投入人均值总增长 864.80%，年均增长 15.22%。2000 年以来，青海文化投入人均值年均增长高于全国年增 5.70 个百分点，人均绝对数值从 2000 年为全国人均值的 113.55% 上升至 2016 年为全国人均值的 245.85%，省域间人均绝对值高低位次从第 11 位上升为第 3 位。

同期，青海文化投入人均值地区差由 1.1355 扩大至 2.4585，扩大 116.51%，省域间地区差扩减变化位次排序第 31 位，地区差指数大小（倒序）位次从第 9 位下降为第 29 位。其中，"十五"期间扩大 7.30%，"十一五"期间扩大 47.09%，"十二五"以来地区差扩大 37.18%。最小地区差为 2000 年的 1.1355，最大地区差为 2014 年的 2.9823。

青海产值、财政收入和支出，以及教科文卫投入各类人均值地区差变动检测：仅有产值、财政收入、科技投入地区差呈现为缩小态势。这无疑表明，可以用人均值差异来衡量的公共财政、公共服务均等化成效尚未取得全面进展。

按照本项检测的推演测算，2020年青海文化投入地区差应为2.9878，相比当前将进一步显著扩增。

二 文化投入相关协调性态势

（一）相关背景变动状况

2000年以来青海文化投入相关背景比值变动态势见图4。

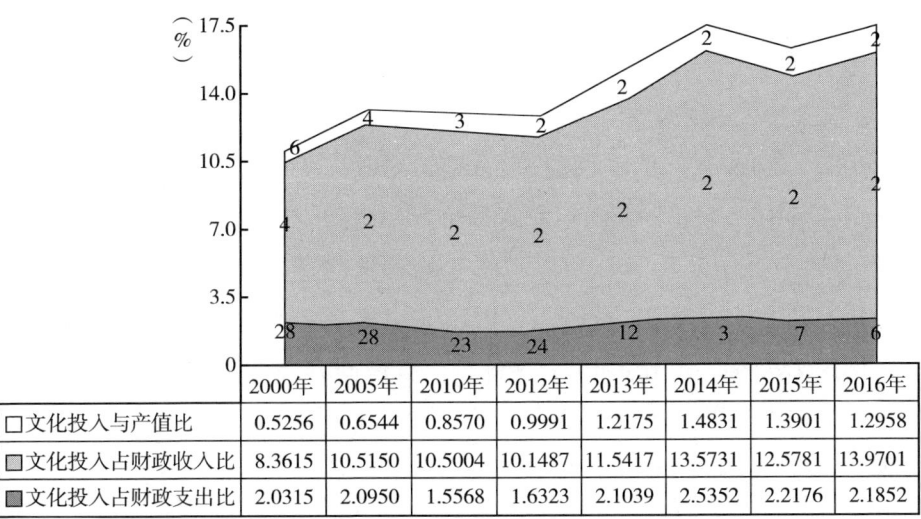

图4　2000年以来青海文化投入相关背景比值变动态势

左轴面积：文化投入与产值比、占财政收入和支出比（%），各项比值历年升降呈直观比例叠加。比值过小保留4位小数演算，正文按惯例保留2位小数。标明历年各项比值省域排序。

1. 文化投入与产值比

2000~2016年，青海文化投入总量年均增长高于产值年增6.66个百分点，其中"十五"期间年增偏高5.14个百分点，"十一五"期间年增偏高6.61个百分点，"十二五"以来年均增长偏高7.94个百分点。由于二者历年不同增长，青海文化投入与产值比从0.53%增高至1.30%，上升程度为146.54%，上升0.77个百分点，省域间升降变化位次排序第2位，比值高低位次从第6位上升为第2位。最高比值为2014年的1.48%，最低比值为2000年的0.53%。

2. 文化投入占财政收入比

2000~2016年，青海文化投入总量年均增长高于财政收入年增3.83个百分点，其中"十五"期间年增偏高5.37个百分点，"十一五"期间年增偏低0.07个百分点，"十二五"以来年均增长偏高5.55个百分点。由于二者历年不同增长，青海文化投入占财政收入比从8.36%增高至13.97%，上升程度为67.08%，上升5.61个百分点，省域间升降变化位次排序第1位，比值高低位次从第4位上升为第2位。最高比值为2009年的17.76%，最低比值为2000年的8.36%。

3. 文化投入占财政支出比

2000~2016年，青海文化投入总量年均增长高于财政支出年增0.53个百分点，其中"十五"期间年增偏高0.70个百分点，"十一五"期间年增偏低7.78个百分点，"十二五"以来年均增长偏高6.56个百分点。由于二者历年不同增长，青海文化投入占财政支出比从2.03%增高至2.19%，上升程度为7.57%，上升0.15个百分点，省域间升降变化位次排序第2位，比值高低位次从第28位上升为第6位。最高比值为2009年的3.20%，最低比值为2011年的1.48%。

（二）相邻关系变动状况

2000年以来青海文化投入相邻关系比值变动态势见图5。

1. 文化投入与教育投入比

2000~2016年，青海文化投入总量年均增长高于教育投入年增0.12个百分点，其中"十五"期间年增偏低2.12个百分点，"十一五"期间年增偏低5.77个百分点，"十二五"以来年均增长偏高6.32个百分点。由于二者历年不同增长，青海文化投入与教育投入比从19.07%增高至19.44%，

青海：2000~2016年综合指数提升第1位

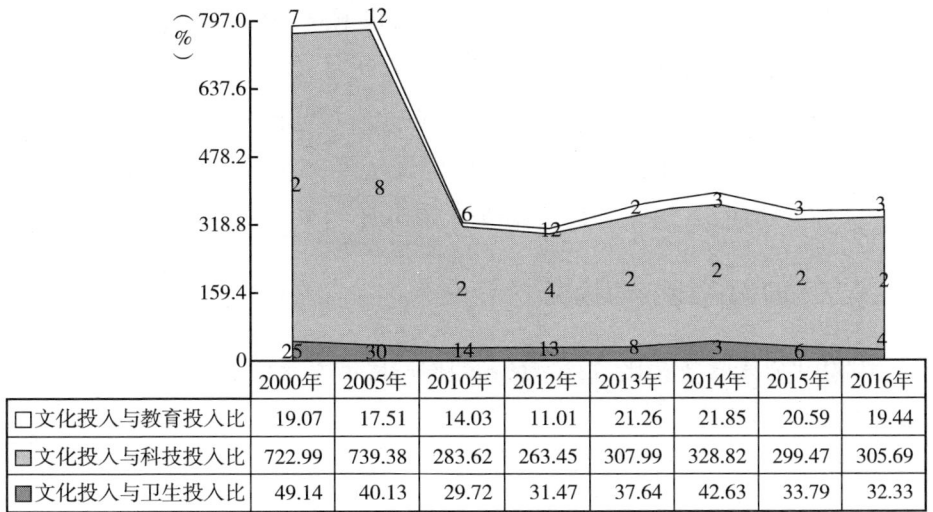

图5　2000年以来青海文化投入相邻关系比值变动态势

左轴面积：文化投入与教育、科技、卫生投入比（%），各项比值历年升降呈直观比例叠加。标明历年各项比值省域排序。

上升程度为1.94%，上升0.37个百分点，省域间升降变化位次排序第3位，比值高低位次从第7位上升为第3位。最高比值为2009年的25.20%，最低比值为2011年的11.01%。

2. 文化投入与科技投入比

2000~2016年，青海文化投入总量年均增长低于科技投入年增6.84个百分点，其中"十五"期间年增偏高0.33个百分点，"十一五"期间年增偏低26.84个百分点，"十二五"以来年均增长偏高1.48个百分点。由于二者历年不同增长，青海文化投入与科技投入比从722.99%降低至305.69%，下降程度为57.72%，下降417.30个百分点，省域间升降变化位次排序第9位，比值高低位次前后保持在第2位。最高比值为2006年的846.88%，最低比值为2008年的249.37%。

3. 文化投入与卫生投入比

2000~2016年，青海文化投入总量年均增长低于卫生投入年增3.26个百分点，其中"十五"期间年增偏低5.04个百分点，"十一五"期间年增偏低7.88个百分点,"十二五"以来年均增长偏高1.67个百分点。由于二者历年不同增长,青海文化投入与卫生投入比从49.14%降低为32.33%,下降程度为34.21%,下降16.81个百分点,省域间升降变化位次排序第4位。由于各地不同变动,青海比值高低位次从第25位上升为第4位。最高比值为2001年的52.51%,最低比值为2010年的29.72%。

(三)同构占比变动状况

2000年以来青海文化消费与投入同构占比倍差变动态势见图6。

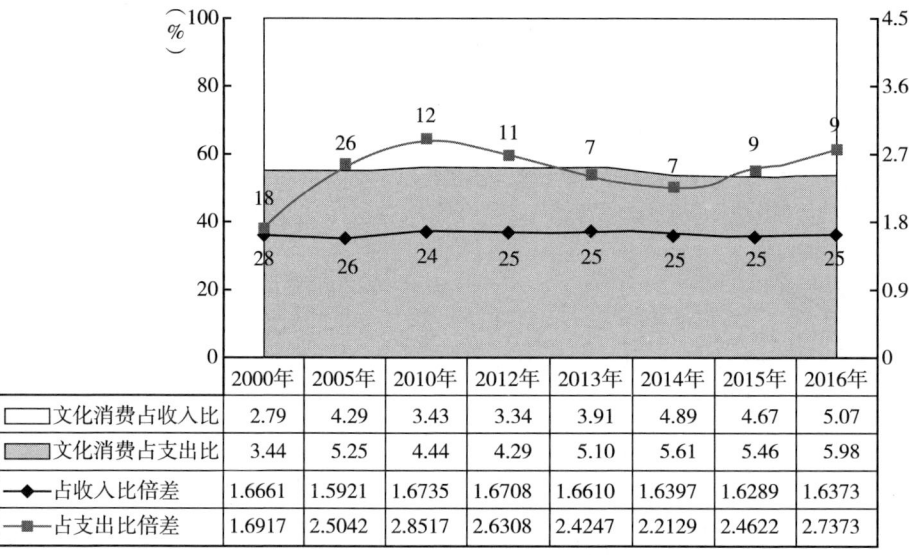

图6 2000年以来青海文化消费与投入同构占比倍差变动态势

左轴面积:文化消费占居民收入、居民总消费支出比(%),两项比值历年升降呈直观比例叠加。右轴曲线:文化消费占居民收入比与文化投入占财政收入比、文化消费占居民支出比与文化投入占财政支出比倍差指数(无差距=1,保留4位小数检测细微差异)。标明历年各项倍差省域排序。另需说明,2014年以来年鉴始发布城乡人均值民生数据,与总量数据之间存在演算误差,与对应产值人均值和总量分别演算居民收入比、消费率有出入,本文恢复采用自行演算城乡人均值展开文化消费占居民收入、支出比测算。

1. 文化消费与投入占收入比

2000~2016年,青海城乡居民文化消费占居民收入比从2.79%增高至

5.07%，上升程度为81.72%。逐年比较，最高比值为2016年的5.07%，最低比值为2000年的2.79%。

对照图4，同期，青海文化投入占财政收入比上升67.08%，2016年比值高于文化消费占居民收入比8.90个百分点。二者之间占比倍差由1.6661减小至1.6373，减小程度为1.73%，省域间增减变化位次排序第20位，倍差指数高低（倒序）位次从第28位上升为第25位。

2. 文化消费与投入占支出比

2000~2016年，青海城乡居民文化消费占居民支出比从3.44%增高至5.98%，上升程度为73.84%。逐年比较，最高比值为2016年的5.98%，最低比值为2000年的3.44%。

对照图4，同期，青海文化投入占财政支出比上升7.57%，2016年比值低于文化消费占居民支出比3.79个百分点。二者之间占比倍差由1.6917增大至2.7373，增大程度为61.81%，省域间增减变化位次排序第10位。由于各地不同变动，青海倍差指数高低（倒序）位次从第18位上升为第9位。

以上分析检测显示，2000年以来，青海文化消费占居民收入比极显著上升，文化投入占财政收入比也极显著上升，二者同构占比倍差指数略微减小；文化消费占居民支出比极显著上升，文化投入占财政支出比也较明显上升，二者同构占比倍差指数极显著增大。青海文化投入占财政收入比远高于文化消费占居民收入比，占支出比则明显相反，公共文化投入与居民文化消费需求同构占比关系严重失衡。

三 2016年文化投入纵横向双重测评

综合以上分析，2000年以来青海文化投入总量年均增长21.96%，显著高于全国平均水平6.11个百分点，人均值地区差扩大116.51%；文化投入增长显著高于产值增长，也明显高于财政收入增长，亦略微高于财政支出增长；同时略微高于教育投入增长，但显著低于科技投入增长，也明显低于卫生投入增长；文化投入占财政收入比显著高于文化消费占居民收入比，占财政支出比却明显低于文化消费占居民支出比。

这些都集中体现在文化投入增长综合指数测评演算之中。2000年以来青海文化投入增长综合指数变动态势见图7。

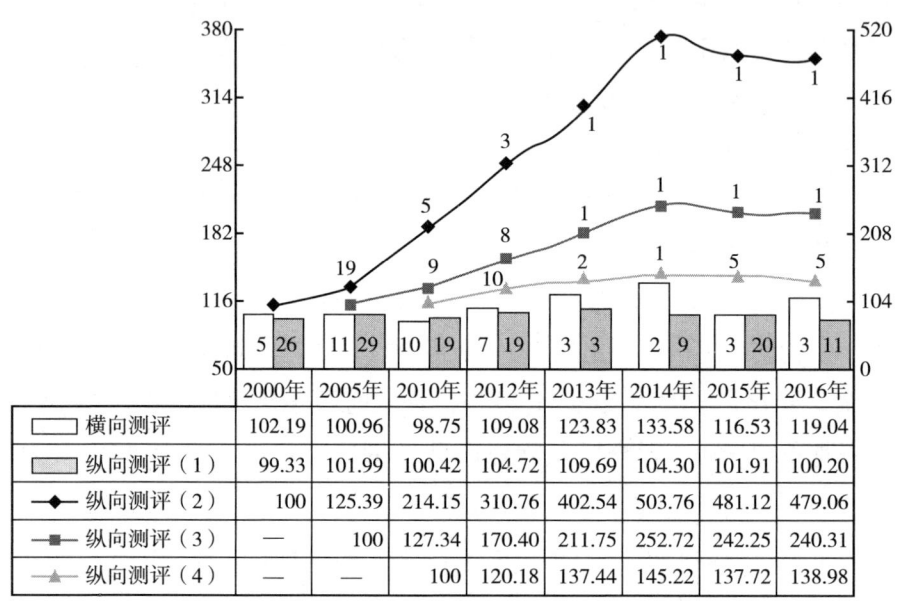

图7 2000年以来青海文化投入增长综合指数变动态势

左轴柱形：横向测评（无差距理想值＝100）；纵向测评（1），上年＝100。右轴曲线：纵向测评（起点年基数值＝100），（2）以2000年为起点，（3）以2005年为起点，（4）以2010年为起点。标明历年各项测评指数省域排行。

（一）各年度横向测评综合指数

以文化投入人均值地区无差距、文化消费与投入同构占比无差距状态为"理想值"100，2016年青海文化投入增长状况此项综合指数为119.04，处于省域间第3位，高于无差距理想值19.04%，也高于上年测评指数2.51个点。

各年度此项综合指数对比，2000～2001年、2003～2009年、2011～2016年15个年度高于无差距理想值100；2001年、2003年、2006～2009

年、2011~2014年、2016年11个年度高于上年指数值。其中，最高值为2009年的135.38，最低值为2002年的98.58。青海此项综合指数在省域间排行变化，2000年为第5位，2005年为第11位，2010年为第10位，2016年与上年持平，皆为第3位。

（二）逐年度基数值纵向测评

以上一年2015年为起点基数值100，2016年青海文化投入增长状况此项综合指数为100.20，处于省域间第11位，高出2015年起点基数0.20%，但低于上年基于2014年基数值的测评指数1.71个点。

逐年度此项景气指数对比，2001~2006年、2008~2016年15个年度高于自身上年起点基数值100；2001年、2003年、2006年、2008~2009年、2011~2013年8个年度高于上年指数值。其中，最高值为2009年的112.65，最低值为2000年的99.33。青海此项综合指数在省域间排行变化，2000年为第26位，2005年为第29位，2010年为第19位，2016年从上年第20位上升为第11位。

（三）"十五"以来基数值纵向测评

以"九五"末年2000年为起点基数值100，2016年青海文化投入增长状况此项综合指数为479.06，处于省域间第1位，高出2000年起点基数379.06%，但低于上年测评指数2.06个点。

"十五"以来各年度此项综合指数对比，全部各个年度均高于2000年起点基数值100；2003~2009年、2011~2014年11个年度高于上年指数值。其中，最高值为2014年的503.76，最低值为2002年的106.25。青海此项综合指数在省域间排行变化，2000年起点不计，2005年为第19位，2010年为第5位，2016年与上年持平，皆为第1位。

（四）"十一五"以来基数值纵向测评

以"十五"末年2005年为起点基数值100，2016年青海文化投入增长状况此项综合指数为240.31，处于省域间第1位，高出2005年起点基数140.31%，但低于上年测评指数1.94个点。

"十一五"以来各年度此项综合指数对比，全部各个年度均高于2005年起点基数值100；2007~2009年、2011~2014年7个年度高于上年指数值。其中，最高值为2014年的252.72，最低值为2006年的108.10。青海此项综合指数在省域间排行变化，2005年起点不计，2010年为第9位，2016年与上年持平，皆为第1位。

（五）"十二五"以来基数值纵向测评

以"十一五"末年2010年为起点基数值100，2016年青海文化投入增长状况此项综合指数为138.98，处于省域间第5位，高出2010年起点基数38.98%，也高出上年测评指数1.26个点。

"十二五"以来各年度此项综合指数对比，全部各个年度均高于2010年起点基数值100；2012~2014年、2016年4个年度高于上年指数值。其中，最高值为2014年的145.22，最低值为2011年的113.13。青海此项综合指数在省域间排行变化，2010年起点不计，2012年为第10位，2016年与上年持平，皆为第5位。

B.8 湖南：2010~2016年综合指数提升第1位

王国爱*

摘　要： 2000~2016年，湖南文化投入总量由9.03亿元增至140.68亿元，年均增长18.72%，较明显高于全国平均水平2.87个百分点。湖南综合评价排行：在省域横向测评中，处于2016年度综合指数排名第7位；在自身纵向测评中，处于2000~2016年综合指数提升第2位，2005~2016年综合指数提升第5位，2010~2016年综合指数提升第1位，2015~2016年综合指数提升第1位。

关键词： 湖南　文化投入　综合评价

一　文化投入及其相关背景基本态势

（一）经济财政基本面背景状况

2000年以来湖南文化投入总量增长及相关背景关系态势见图1。

2000~2016年，湖南产值总量总增长788.40%，年均增长14.63%；财政收入总量总增长1423.88%，年均增长18.56%；财政支出总量总增长

---

* 王国爱，云南省社会科学院科研处副研究员，主要从事民族文化、社会学研究。

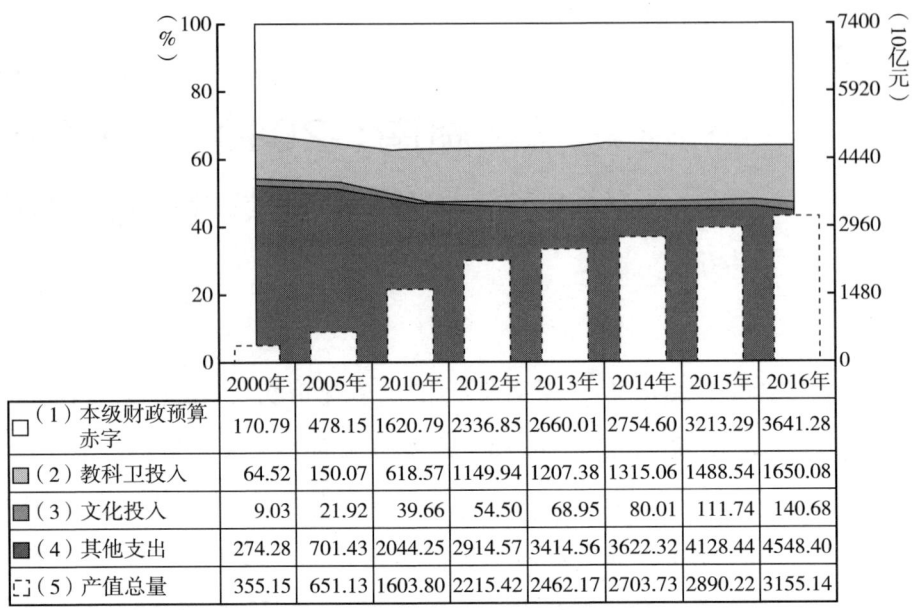

图1　2000年以来湖南文化投入总量增长及相关背景关系态势

左轴面积：本级财政预算赤字（中央财政税收返还和转移支付等，"财政包干"地区可为国债份额）、教科卫投入、文化投入、其他支出总量（亿元转换为%），（2）+（3）+（4）=财政支出总量，（2）+（3）+（4）-（1）=财政收入总量，各项数值呈直观比例。右轴柱形：产值总量（10亿元，增长演算取亿元）。图中省略若干年度，后台演算历年增长变化包括省略年度，后同。

1722.49%，年均增长19.89%；教科文卫综合投入（图中教科卫投入与文化投入之和，后同）总量总增长2334.75%，年均增长22.08%；教科文卫综合投入之外财政支出统归为"其他支出"，其总量总增长1558.31%，年均增长19.19%。

在此期间，湖南教科文卫综合投入总量年均增长高于产值年增7.45个百分点，高于财政收入年增3.52个百分点，高于财政支出年增2.19个百分点，高于其他支出年增2.89个百分点。

"十五"以来，湖南教科文卫建设作为公共服务的一个重要方面，确实处于一种极为特殊的优先发展地位。"十一五"以来，湖南教科文卫综合投入增长高于其他支出增长的情况更加明显。在教科文卫综合投入优先增长格局中，文化投入究竟处于什么位置？

(二) 文化投入总量增长状况

2000年以来湖南文化投入总量及相邻关系、占全国份额变动态势见图2。

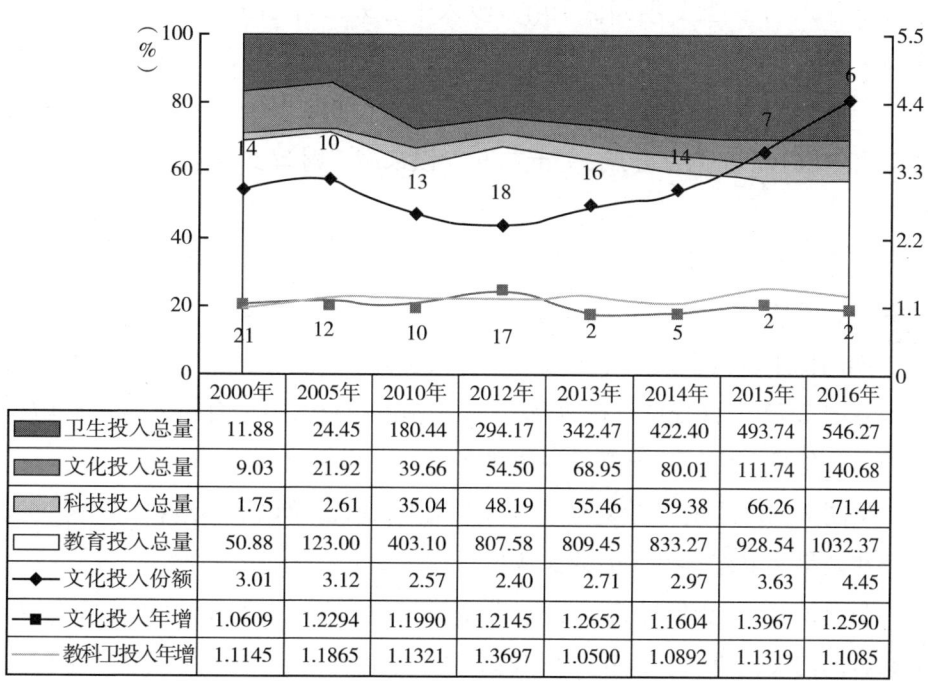

图2 2000年以来湖南文化投入总量及相邻关系、占全国份额变动态势

左轴面积：教育、科技、文化、卫生投入总量（亿元转换为%），各项数值呈直观比例。右轴曲线：文化、教科卫投入年增指数（上年=1，保留4位小数，正文转换为2位小数增长百分比，后同）；文化投入占全国份额（%）。后台数据库包含未出现的1999年相关数据，以此测量2000年相应数据变动，后同。标明历年文化投入增长、份额省域排序。

2000～2016年，湖南文化投入总量由9.03亿元增至140.68亿元，总增长1457.92%，年均增长18.72%，省域间增长位次排序第6位。其中，"十五"期间年增19.41%，"十一五"期间年增12.59%，"十二五"以来年均增长23.49%。最高增长年度为2015年，增长39.67%；最低增长年度为2007年，负增长22.40%。

相比之下，湖南文化投入总量年均增长高于产值年增4.09个百分点，其中"十五"期间高于产值年增6.52个百分点，"十一五"期间低于产值年增7.17个百分点，"十二五"以来高于产值年增11.55个百分点；同时高于财政收入年增0.16个百分点，其中"十五"期间高于财政收入年增1.98个百分点，"十一五"期间低于财政收入年增9.71个百分点，"十二五"以来高于财政收入年增7.04个百分点；低于财政支出年增1.17个百分点，其中"十五"期间低于财政支出年增0.81个百分点，"十一五"期间低于财政支出年增12.76个百分点，"十二五"以来高于财政支出年增8.22个百分点。

认真对比，湖南文化投入总量年均增长低于教科卫三项投入年增3.74个百分点，其中"十五"期间高于教科卫投入年增1.02个百分点，"十一五"期间低于教科卫投入年增20.16个百分点，"十二五"以来高于教科卫投入年增5.72个百分点。在2000年以来湖南教科文卫综合投入优先高增长当中，文化投入增长处于严重失衡状态。

从图2亦可清楚、直观地看出，文化投入所占面积呈逐渐收窄之势，表明其在教科文卫综合投入中的比例份额持续降低。

与此同时，全国文化投入总量总增长953.34%，年增15.85%。2000年以来，湖南文化投入总量年均增长高于全国年增2.87个百分点，占全国份额从2000年的3.01%上升至2016年的4.45%，省域间份额位次从第14位上升为第6位。

（三）人均值增长及其地区差变动状况

2000年以来湖南文化投入人均值及其地区差变动态势见图3。

2000~2016年，湖南文化投入人均值由13.80元增至206.81元，总增长1398.62%，年均增长18.44%，省域间增长位次排序第3位。其中，"十五"期间年增19.52%，"十一五"期间年增12.68%，"十二五"以来年均增长22.52%。最高增长年度为2015年，增长38.71%；最低增长年度为2007年，负增长22.58%。

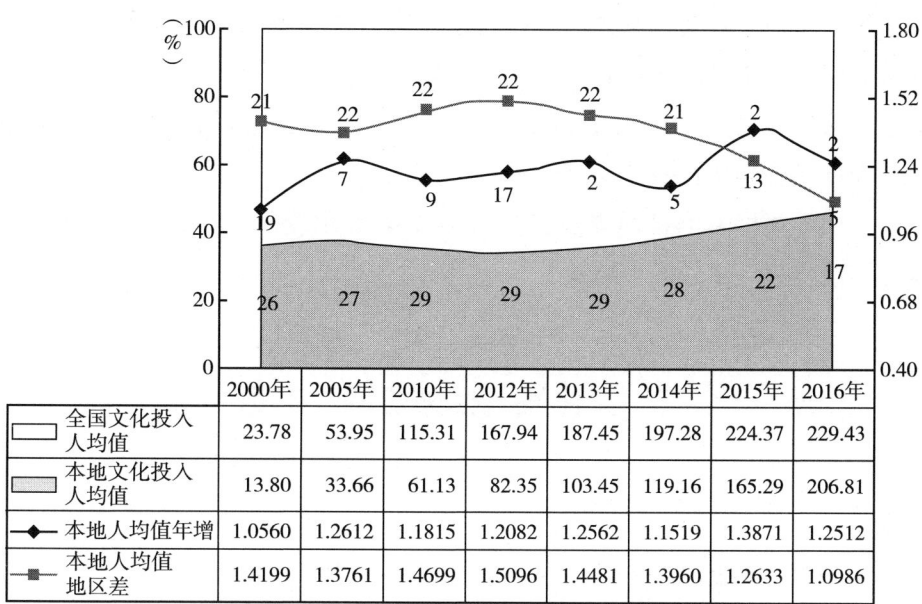

图 3　2000 年以来湖南文化投入人均值及其地区差变动态势

左轴面积：本地、全国文化投入人均值（元转换为%），二者历年变动呈直观比例。右轴曲线：本地人均值年增指数（上年=1，小于1为负增长，由于历年人口增长，人均值年增指数略低于总量年增指数）；本地人均值地区差指数（无差距=1，保留4位小数检测细微差异）。标明历年本地人均值及其增长、地区差省域排序。

与此同时，全国文化投入人均值总增长864.80%，年均增长15.22%。2000年以来，湖南文化投入人均值年均增长高于全国年增3.22个百分点，人均绝对数值从2000年为全国人均值的58.03%上升至2016年为全国人均值的90.14%，省域间人均绝对值高低位次从第26位上升至第17位。

同期，湖南文化投入人均值地区差由1.4199缩小至1.0986，缩小22.63%，省域间地区差扩减变化位次排序第3位，地区差指数大小（倒序）位次从第21位上升为第5位。其中，"十五"期间缩小3.08%，"十一五"期间扩大6.82%，"十二五"以来地区差缩小25.26%。最小地区差为2016年的1.0986，最大地区差为2007年的1.5345。

湖南产值、财政收入和支出，以及教科文卫投入各类人均值地区差变动检测：各类数据的地区差全都呈现为缩小态势；除了教育投入、科技投入、卫生投入以外，其余各类数据的地区差皆在2016年缩减至历年最小值。这无疑表明，文化投入增长的差距不但表现在数量的可比性之上，而且表现在质量的可比性之上。可以用人均值来衡量的公共文化投入均等化进展尚待时日，而这是公共文化服务均等化的基础。

按照本项检测的推演测算，2020年湖南文化投入地区差应为1.0121，相比当前将进一步较明显缩减。

二 文化投入相关协调性态势

（一）相关背景变动状况

2000年以来湖南文化投入相关背景比值变动态势见图4。

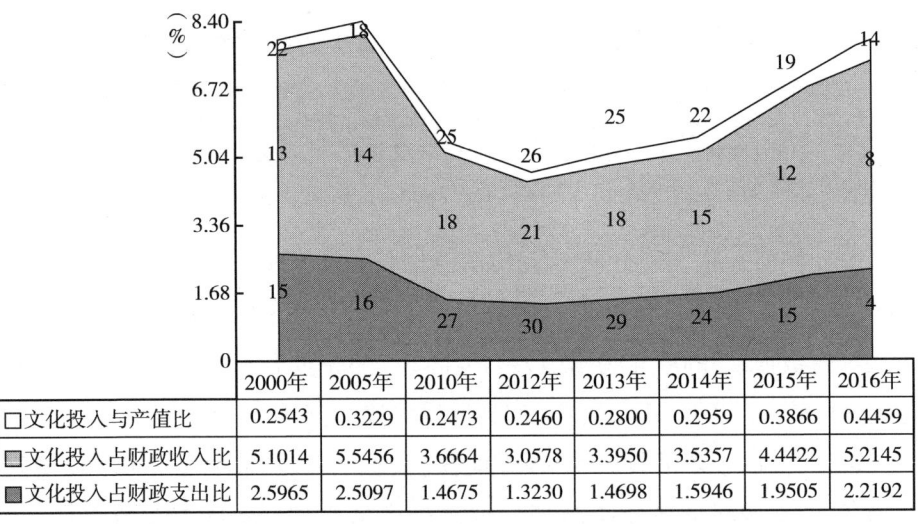

图4 2000年以来湖南文化投入相关背景比值变动态势

左轴面积：文化投入与产值比、占财政收入和支出比（%），各项比值历年升降呈直观比例叠加。比值过小保留4位小数演算，正文按惯例保留2位小数。标明历年各项比值省域排序。

1. 文化投入与产值比

2000～2016年，湖南文化投入总量年均增长高于产值年增4.09个百分点,其中"十五"期间年增偏高6.52个百分点,"十一五"期间年增偏低7.17个百分点,"十二五"以来年均增长偏高11.55个百分点。由于二者历年不同增长,湖南文化投入与产值比从0.25%增高至0.45%,上升程度为75.34%,上升0.19个百分点,省域间升降变化位次排序第7位,比值高低位次从第22位上升为第14位。最高比值为2016年的0.45%,最低比值为2007年的0.22%。

2. 文化投入占财政收入比

2000~2016年,湖南文化投入总量年均增长高于财政收入年增0.16个百分点,其中"十五"期间年增偏高1.98个百分点,"十一五"期间年增偏低9.71个百分点,"十二五"以来年均增长偏高7.04个百分点。由于二者历年不同增长,湖南文化投入占财政收入比从5.10%增高至5.21%,上升程度为2.22%,上升0.11个百分点,省域间升降变化位次排序第5位,比值高低位次从第13位上升为第8位。最高比值为2003年的5.77%,最低比值为2011年的2.96%。

3. 文化投入占财政支出比

2000~2016年,湖南文化投入总量年均增长低于财政支出年增1.17个百分点,其中"十五"期间年增偏低0.81个百分点,"十一五"期间年增偏低12.76个百分点,"十二五"以来年均增长偏高8.22个百分点。由于二者历年不同增长,湖南文化投入占财政支出比从2.60%降低至2.22%,下降程度为14.53%,下降0.38个百分点,省域间升降变化位次排序第6位。由于各地不同变动,湖南比值高低位次从第15位上升为第4位。最高比值为2003年的2.70%,最低比值为2011年的1.27%。

(二)相邻关系变动状况

2000年以来湖南文化投入相邻关系比值变动态势见图5。

1. 文化投入与教育投入比

2000~2016年,湖南文化投入总量年均增长低于教育投入年增1.98个百分点,其中"十五"期间年增偏高0.10个百分点,"十一五"期间年增

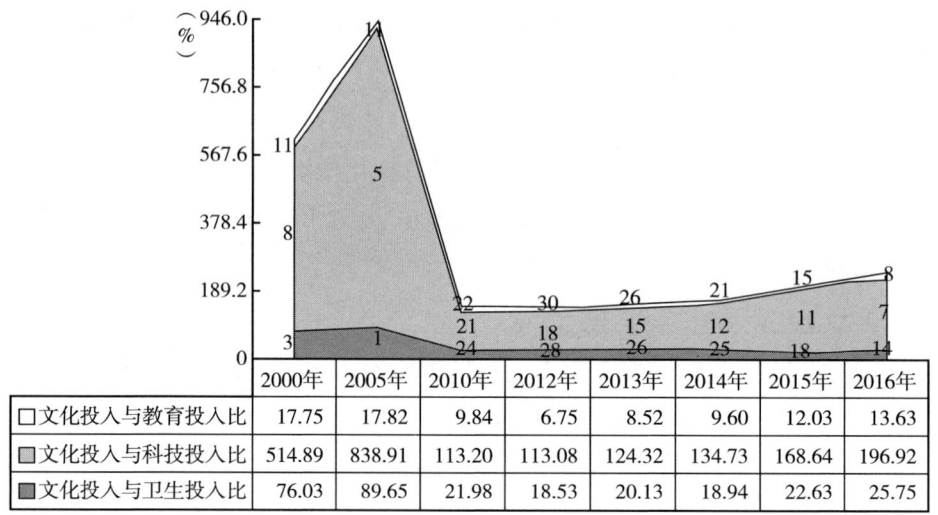

图 5　2000 年以来湖南文化投入相邻关系比值变动态势

左轴面积：文化投入与教育、科技、卫生投入比（%），各项比值历年升降呈直观比例叠加。标明历年各项比值省域排序。

偏低14.20个百分点，"十二五"以来年均增长偏高6.52个百分点。由于二者历年不同增长，湖南文化投入与教育投入比从17.75%降低至13.63%，下降程度为23.21%，下降4.12个百分点，省域间升降变化位次排序第8位。由于各地不同变动，湖南比值高低位次从第11位上升为第8位。最高比值为2006年的18.25%，最低比值为2012年的6.75%。

2. 文化投入与科技投入比

2000~2016年，湖南文化投入总量年均增长低于科技投入年增7.37个百分点，其中"十五"期间年增偏高11.09个百分点，"十一五"期间年增偏低55.52个百分点，"十二五"以来年均增长偏高10.88个百分点。由于二者历年不同增长，湖南文化投入与科技投入比从514.89%降低至196.92%，下降程度为61.75%，下降317.97个百分点，省域间升降变化位次排序第13位。由于各地不同变动，湖南比值高低位次从第8位上升为第7位。最高比值为2006年的850.81%，最低比值为2008年的95.32%。

3. 文化投入与卫生投入比

2000~2016年，湖南文化投入总量年均增长低于卫生投入年增8.31个百分点，其中"十五"期间年增偏高3.88个百分点，"十一五"期间年增偏低36.56个百分点，"十二五"以来年均增长偏高3.21个百分点。由于二者历年不同增长，湖南文化投入与卫生投入比从76.03%降低为25.75%，下降程度为66.13%，下降50.28个百分点，省域间升降变化位次排序第21位，比值高低位次从第3位下降为第14位。最高比值为2003年的92.16%，最低比值为2011年的17.48%。

（三）同构占比变动状况

2000年以来湖南文化消费与投入同构占比倍差变动态势见图6。

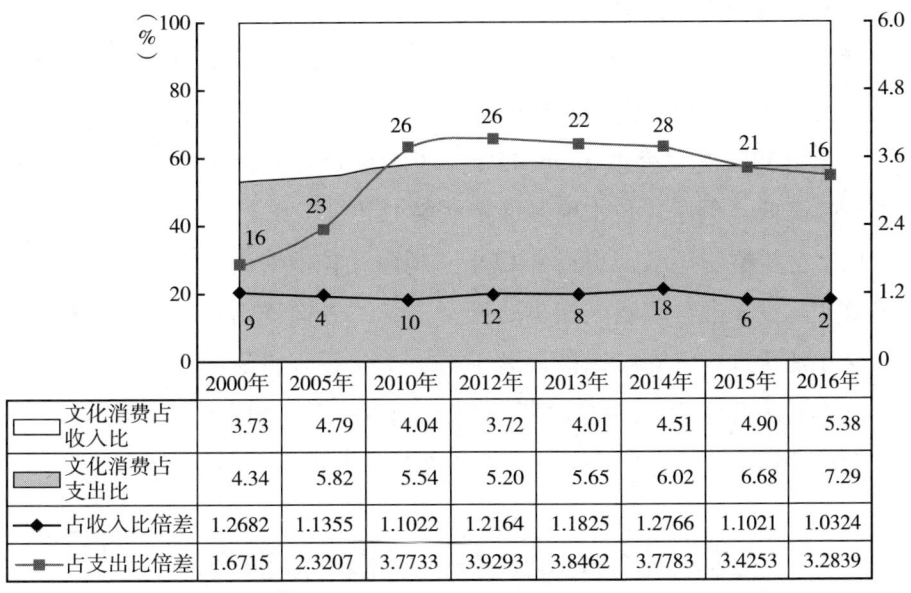

图6　2000年以来湖南文化消费与投入同构占比倍差变动态势

左轴面积：文化消费占居民收入、居民总消费支出比（%），两项比值历年升降呈直观比例叠加。右轴曲线：文化消费占居民收入比与文化投入占财政收入比、文化消费占居民支出比与文化投入占财政支出比倍差指数（无差距=1，保留4位小数检测细微差异）。标明历年各项倍差省域排序。另需说明，2014年以来年鉴始发布城乡人均值民生数据，与总量数据之间存在演算误差，与对应产人均值和总量分别演算居民收入比、消费率有出入，本文恢复采用自行演算城乡人均值展开文化消费占居民收入、支出比测算。

1. 文化消费与投入占收入比

2000~2016年，湖南城乡居民文化消费占居民收入比从3.73%增高至5.38%，上升程度为44.24%。逐年比较，最高比值为2016年的5.38%，最低比值为2001年的3.48%。

对照图4，同期，湖南文化投入占财政收入比上升2.22%，2016年比值低于文化消费占居民收入比0.17个百分点。二者之间占比倍差由1.2682减小至1.0324，减小程度为18.59%，省域间增减变化位次排序第9位，倍差指数高低（倒序）位次从第9位上升为第2位。

2. 文化消费与投入占支出比

2000~2016年，湖南城乡居民文化消费占居民支出比从4.34%增高至7.29%，上升程度为67.97%。逐年比较，最高比值为2016年的7.29%，最低比值为2001年的4.15%。

对照图4，同期，湖南文化投入占财政支出比下降14.53%，2016年比值低于文化消费占居民支出比5.07个百分点。二者之间占比倍差由1.6715增大至3.2839，增大程度为96.46%，省域间增减变化位次排序第16位，倍差指数高低（倒序）位次前后保持在第16位。

以上分析检测显示，2000年以来，湖南文化消费占居民收入比极显著上升，文化投入占财政收入比也略微上升，二者同构占比倍差指数明显减小；文化消费占居民支出比极显著上升，文化投入占财政支出比却明显下降，二者同构占比倍差指数极显著增大。这意味着，湖南公共文化投入增长占比变动滞后于居民文化消费需求变化态势的差距已有部分缩小。

三 2016年文化投入纵横向双重测评

综合以上分析，2000年以来湖南文化投入总量年均增长18.72%，较明显高于全国平均水平2.87个百分点，人均值地区差缩小22.63%；文化投入增长明显高于产值增长，也略微高于财政收入增长，但较明显低于财政支出增长；同时较明显低于教育投入增长，也显著低于科技、卫生投入增长；

文化投入占财政收入比略微低于文化消费占居民收入比，占财政支出比更明显低于文化消费占居民支出比。

这些都集中体现在文化投入增长综合指数测评演算之中。2000年以来湖南文化投入增长综合指数变动态势见图7。

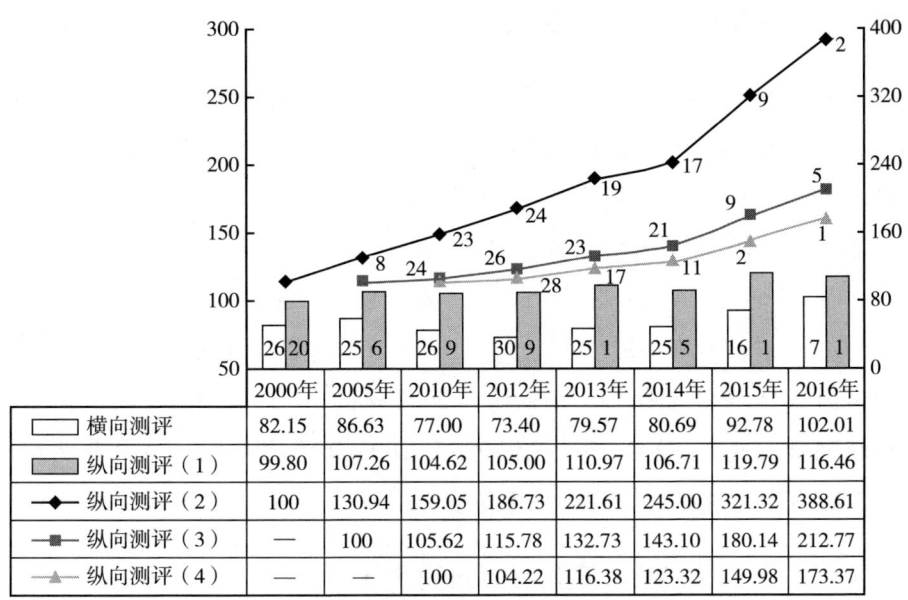

图7　2000年以来湖南文化投入增长综合指数变动态势

左轴柱形：横向测评（无差距理想值＝100）；纵向测评（1），上年＝100。右轴曲线：纵向测评（起点年基数值＝100），（2）以2000年为起点，（3）以2005年为起点，（4）以2010年为起点。标明历年各项测评指数省域排行。

（一）各年度横向测评综合指数

以文化投入人均值地区无差距、文化消费与投入同构占比无差距状态为"理想值"100，2016年湖南文化投入增长状况此项综合指数为102.01，处于省域间第7位，高于无差距理想值2.01%，也高于上年测评指数9.23个点。

各年度此项综合指数对比，2016年1个年度高于无差距理想值100；

2002~2003年、2005年、2008~2010年、2012~2016年11个年度高于上年指数值。其中，最高值为2016年的102.01，最低值为2007年的62.32。湖南此项综合指数在省域间排行变化，2000年为第26位，2005年为第25位，2010年为第26位，2016年从上年第16位上升为第7位。

（二）逐年度基数值纵向测评

以上一年2015年为起点基数值100，2016年湖南文化投入增长状况此项综合指数为116.46，处于省域间第1位，高出2015年起点基数16.46%，但低于上年基于2014年基数值的测评指数3.33个点。

逐年度此项景气指数对比，2001~2006年、2008~2010年、2012~2016年14个年度高于自身上年起点基数值100；2001~2003年、2005年、2008~2009年、2012~2013年、2015年9个年度高于上年指数值。其中，最高值为2015年的119.79，最低值为2007年的75.23。湖南此项综合指数在省域间排行变化，2000年为第20位，2005年为第6位，2010年为第9位，2016年与上年持平，皆为第1位。

（三）"十五"以来基数值纵向测评

以"九五"末年2000年为起点基数值100，2016年湖南文化投入增长状况此项综合指数为388.61，处于省域间第2位，高出2000年起点基数288.61%，也高出上年测评指数67.29个点。

"十五"以来各年度此项综合指数对比，全部各个年度均高于2000年起点基数值100；2002~2006年、2008~2016年14个年度高于上年指数值。其中，最高值为2016年的388.61，最低值为2001年的103.41。湖南此项综合指数在省域间排行变化，2000年起点不计，2005年为第8位，2010年为第23位，2016年从上年第9位上升为第2位。

（四）"十一五"以来基数值纵向测评

以"十五"末年2005年为起点基数值100，2016年湖南文化投入增长状况此项综合指数为212.77，处于省域间第5位，高出2005年起点基数112.77%，也高出上年测评指数32.63个点。

"十一五"以来各年度此项综合指数对比，2006年、2010~2016年8个年度高于2005年起点基数值100；2008~2010年、2012~2016年8个年度高于上年指数值。其中，最高值为2016年的212.77，最低值为2007年的78.37。湖南此项综合指数在省域间排行变化，2005年起点不计，2010年为第24位，2016年从上年第9位上升为第5位。

（五）"十二五"以来基数值纵向测评

以"十一五"末年2010年为起点基数值100，2016年湖南文化投入增长状况此项综合指数为173.37，处于省域间第1位，高出2010年起点基数73.37%，也高出上年测评指数23.39个点。

"十二五"以来各年度此项综合指数对比，2012~2016年5个年度高于2010年起点基数值100；全部各个年度均高于上年指数值。其中，最高值为2016年的173.37，最低值为2011年的96.84。湖南此项综合指数在省域间排行变化，2010年起点不计，2012年为第28位，2016年从上年第2位上升为第1位。

B.9
北京：2016年度综合指数排名第2位

官 珏*

摘　要： 2000~2016年，北京文化投入总量由9.26亿元增至198.35亿元，年均增长21.11%，明显高于全国平均水平5.26个百分点。北京综合评价排行：在省域横向测评中，处于2016年度综合指数排名第2位；在自身纵向测评中，处于2000~2016年综合指数提升第8位，2005~2016年综合指数提升第6位，2010~2016年综合指数提升第12位，2015~2016年综合指数提升第12位。

关键词： 北京　文化投入　综合评价

一　文化投入及其相关背景基本态势

（一）经济财政基本面背景状况

2000年以来北京文化投入总量增长及相关背景关系态势见图1。

2000~2016年，北京产值总量总增长712.06%，年均增长13.99%；财政收入总量总增长1372.83%，年均增长18.31%；财政支出总量总增长1346.22%，年均增长18.17%；教科文卫综合投入（图中教科卫投入与文

---

* 官珏，云南省社会科学院科研处副研究员，主要从事民族、文化相关研究。

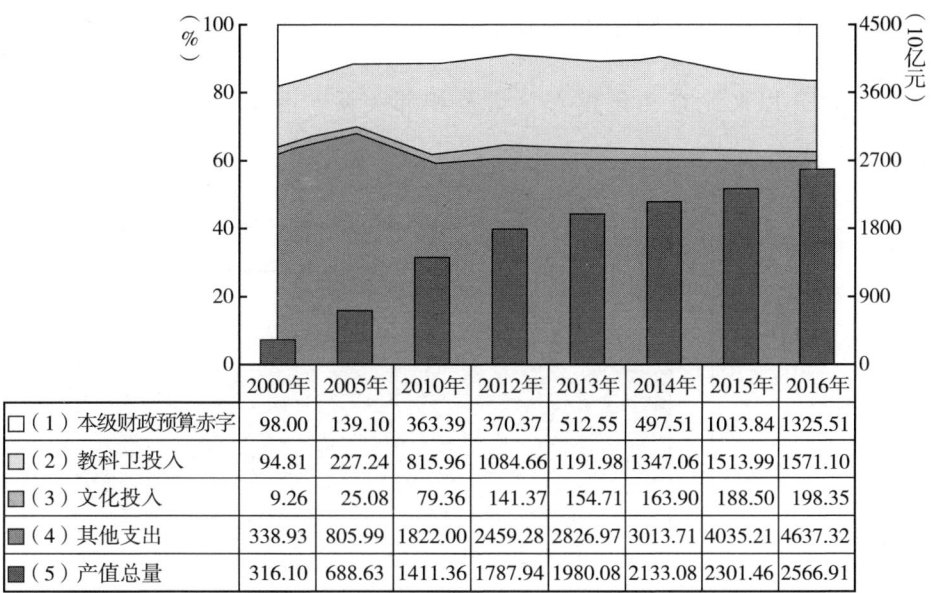

图1 2000年以来北京文化投入总量增长及相关背景关系态势

左轴面积：本级财政预算赤字（中央财政税收返还和转移支付等，"财政包干"地区可为国债份额）、教科卫投入、文化投入、其他支出总量（亿元转换为%），(2)＋(3)＋(4)＝财政支出总量，(2)＋(3)＋(4)－(1)＝财政收入总量，各项数值呈直观比例。右轴柱形：产值总量（10亿元，增长演算取亿元）。图中省略若干年度，后台演算历年增长变化包括省略年度，后同。

化投入之和，后同）总量总增长1600.25%，年均增长19.37%；教科文卫综合投入之外财政支出统归为"其他支出"，其总量总增长1268.22%，年均增长17.76%。

在此期间，北京教科文卫综合投入总量年均增长高于产值年增5.38个百分点，高于财政收入年增1.06个百分点，高于财政支出年增1.20个百分点，高于其他支出年增1.61个百分点。

"十五"以来，北京教科文卫建设作为公共服务的一个重要方面，确实处于一种极为特殊的优先发展地位。"十一五"以来，北京教科文卫综合投入增长高于其他支出增长的情况更加明显。在教科文卫综合投入优先增长格局中，文化投入究竟处于什么位置？

（二）文化投入总量增长状况

2000年以来北京文化投入总量及相邻关系、占全国份额变动态势见图2。

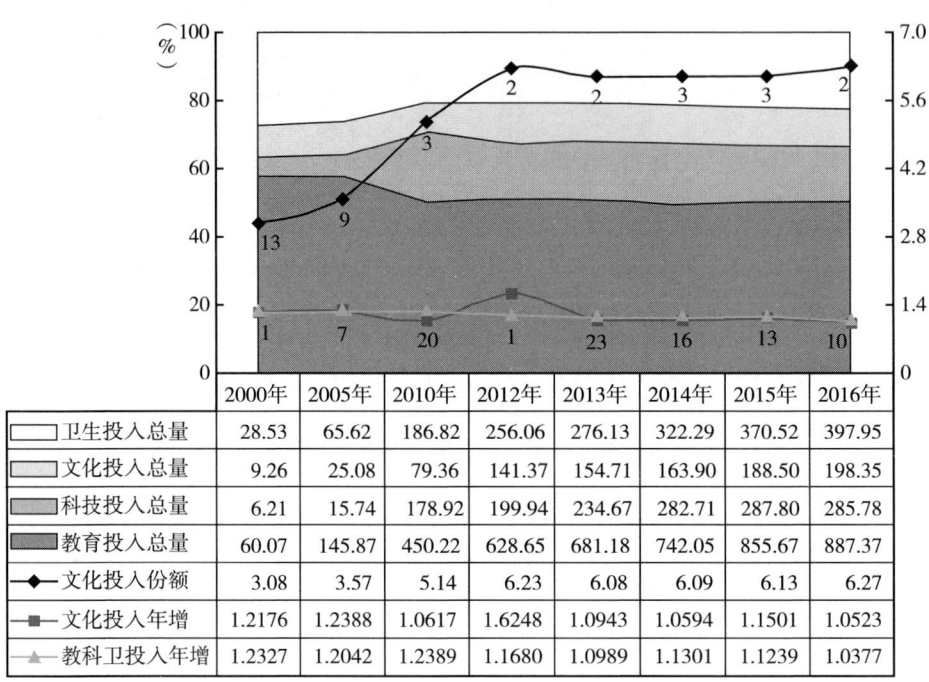

图2　2000年以来北京文化投入总量及相邻关系、占全国份额变动态势

左轴面积：教育、科技、文化、卫生投入总量（亿元转换为%），各项数值呈直观比例。右轴曲线：文化、教科卫投入年增指数（上年=1，保留4位小数，正文转换为2位小数增长百分比，后同）；文化投入占全国份额（%）。后台数据库包含未出现的1999年相关数据，以此测量2000年相应数据变动，后同。标明历年文化投入增长、份额省域排序。

2000~2016年，北京文化投入总量由9.26亿元增至198.35亿元，总增长2042.01%，年均增长21.11%，省域间增长位次排序第2位。其中，"十五"期间年增22.05%，"十一五"期间年增25.91%，"十二五"以来年均增长16.49%。最高增长年度为2007年，增长72.74%；最低增长年度为2016年，增长5.23%。

相比之下，北京文化投入总量年均增长高于产值年增7.12个百分点，其中"十五"期间高于产值年增5.20个百分点，"十一五"期间高于产值年增10.48个百分点，"十二五"以来高于产值年增6.01个百分点；同时高于财政收入年增2.80个百分点，其中"十五"期间高于财政收入年增0.40个百分点，"十一五"期间高于财政收入年增5.22个百分点，"十二五"以来高于财政收入年增2.81个百分点；高于财政支出年增2.94个百分点，其中"十五"期间高于财政支出年增3.02个百分点，"十一五"期间高于财政支出年增5.15个百分点，"十二五"以来高于财政支出年增1.12个百分点。

认真对比，北京文化投入总量年均增长高于教科卫三项投入年增1.93个百分点，其中"十五"期间高于教科卫投入年增2.95个百分点，"十一五"期间低于教科卫投入年增3.22个百分点，"十二五"以来高于教科卫投入年增4.95个百分点。在2000年以来北京教科文卫综合投入优先高增长当中，文化投入增长处于良性平衡状态。

从图2亦可清楚、直观地看出，文化投入所占面积呈逐渐拓宽之势，表明其在教科文卫综合投入中的比例份额持续增高。

与此同时，全国文化投入总量总增长953.34%，年增15.85%。2000年以来，北京文化投入总量年均增长高于全国年增5.26个百分点，占全国份额从2000年的3.08%上升至2016年的6.27%，省域间份额位次从第13位上升为第2位。

（三）人均值增长及其地区差变动状况

2000年以来北京文化投入人均值及其地区差变动态势见图3。

2000~2016年，北京文化投入人均值由70.87元增至913.32元，总增长1188.73%，年均增长17.32%，省域间增长位次排序第8位。其中，"十五"期间年增18.49%，"十一五"期间年增20.87%，"十二五"以来年均增长13.51%。最高增长年度为2007年，增长67.63%；最低增长年度为2010年，负增长1.46%。

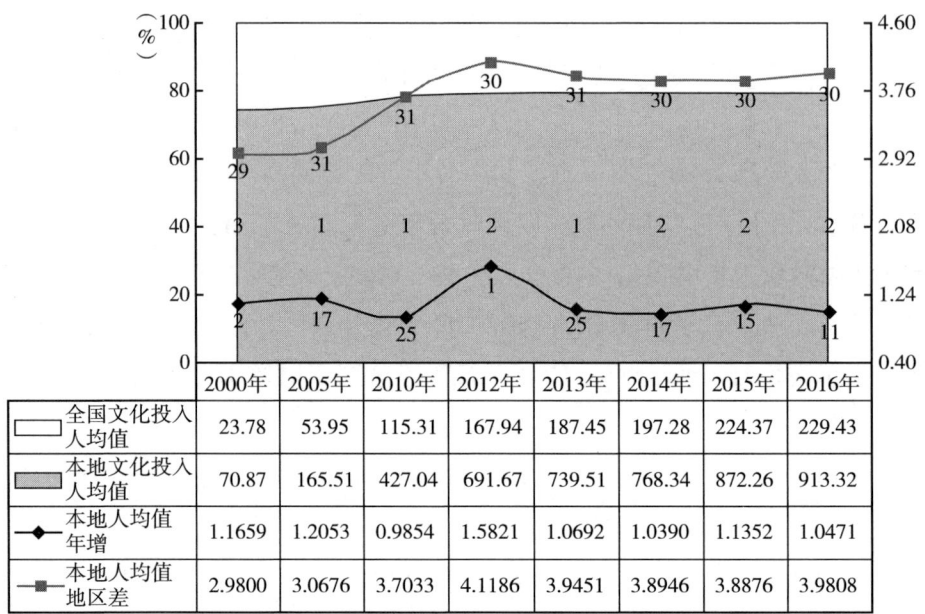

图3 2000年以来北京文化投入人均值及其地区差变动态势

左轴面积：本地、全国文化投入人均值（元转换为%），二者历年变动呈直观比例。右轴曲线：本地人均值年增指数（上年=1，小于1为负增长，由于历年人口增长，人均值年增指数略低于总量年增指数）；本地人均值地区差指数（无差距=1，保留4位小数检测细微差异）。标明历年本地人均值及其增长、地区差省域排序。

与此同时，全国文化投入人均值总增长864.80%，年均增长15.22%。2000年以来，北京文化投入人均值年均增长高于全国年增2.10个百分点，人均绝对数值从2000年为全国人均值的298.02%上升至2016年为全国人均值的398.08%，省域间人均绝对值高低位次从第3位上升为第2位。

同期，北京文化投入人均值地区差由2.9800扩大至3.9808，扩大33.58%，省域间地区差扩减变化位次排序第29位，地区差指数大小（倒序）位次从第29位下降为第30位。其中，"十五"期间扩大2.94%，"十一五"期间扩大20.72%，"十二五"以来地区差扩大7.49%。最小地区差为2001年的2.9478，最大地区差为2007年的4.8933。

北京产值、财政收入和支出，以及教科文卫投入各类人均值地区差变动检测：除了文化投入以外，其余各类数据的地区差皆呈现为缩小态势；仅有科技投入、卫生投入地区差在2016年缩减至历年最小值。这无疑表明，文化投入增长的差距不但表现在数量的可比性之上，而且表现在质量的可比性之上。可以用人均值来衡量的公共文化投入均等化进展尚待时日，而这是公共文化服务均等化的基础。

按照本项检测的推演测算，2020年北京文化投入地区差应为4.3444，相比当前将进一步显著扩增。

二 文化投入相关协调性态势

（一）相关背景变动状况

2000年以来北京文化投入相关背景比值变动态势见图4。

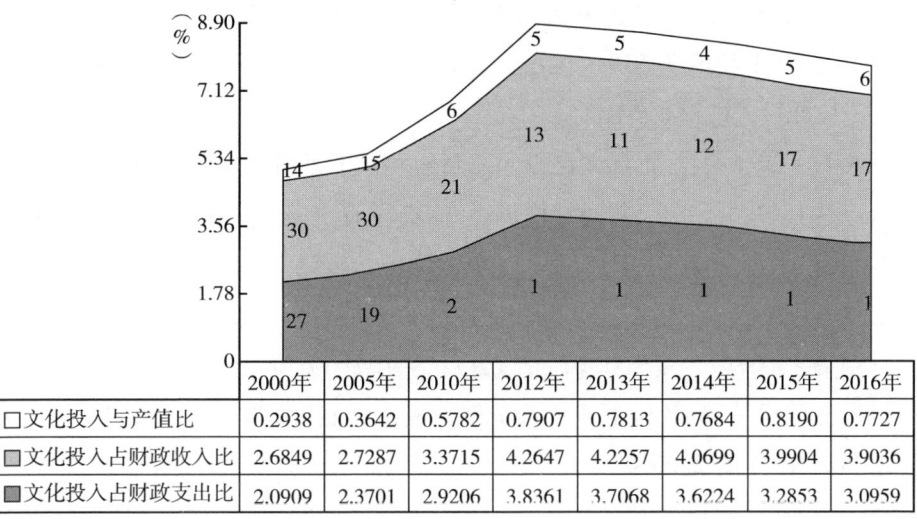

图4　2000年以来北京文化投入相关背景比值变动态势

左轴面积：文化投入与产值比、占财政收入和支出比（％），各项比值历年升降呈直观比例叠加。比值过小保留4位小数演算，正文按惯例保留2位小数。标明历年各项比值省域排序。

1. 文化投入与产值比

2000～2016年，北京文化投入总量年均增长高于产值年增7.12个百分点,其中"十五"期间年增偏高5.20个百分点,"十一五"期间年增偏高10.48个百分点,"十二五"以来年均增长偏高6.01个百分点。由于二者历年不同增长,北京文化投入与产值比从0.29%增高至0.77%,上升程度为163.00%,上升0.48个百分点,省域间升降变化位次排序第1位,比值高低位次从第14位上升为第6位。最高比值为2015年的0.82%,最低比值为2000年的0.29%。

2. 文化投入占财政收入比

2000~2016年,北京文化投入总量年均增长高于财政收入年增2.80个百分点,其中"十五"期间年增偏高0.40个百分点,"十一五"期间年增偏高5.22个百分点,"十二五"以来年均增长偏高2.81个百分点。由于二者历年不同增长,北京文化投入占财政收入比从2.68%增高至3.90%,上升程度为45.39%,上升1.22个百分点,省域间升降变化位次排序第2位,比值高低位次从第30位上升为第17位。最高比值为2012年的4.26%,最低比值为2001年的2.53%。

3. 文化投入占财政支出比

2000~2016年,北京文化投入总量年均增长高于财政支出年增2.94个百分点,其中"十五"期间年增偏高3.02个百分点,"十一五"期间年增偏高5.15个百分点,"十二五"以来年均增长偏高1.12个百分点。由于二者历年不同增长,北京文化投入占财政支出比从2.09%增高至3.10%,上升程度为48.07%,上升1.01个百分点,省域间升降变化位次排序第1位,比值高低位次从第27位上升为第1位。最高比值为2012年的3.84%,最低比值为2001年的2.05%。

(二)相邻关系变动状况

2000年以来北京文化投入相邻关系比值变动态势见图5。

1. 文化投入与教育投入比

2000~2016年,北京文化投入总量年均增长高于教育投入年增2.78个百分点,其中"十五"期间年增偏高2.63个百分点,"十一五"期间年增

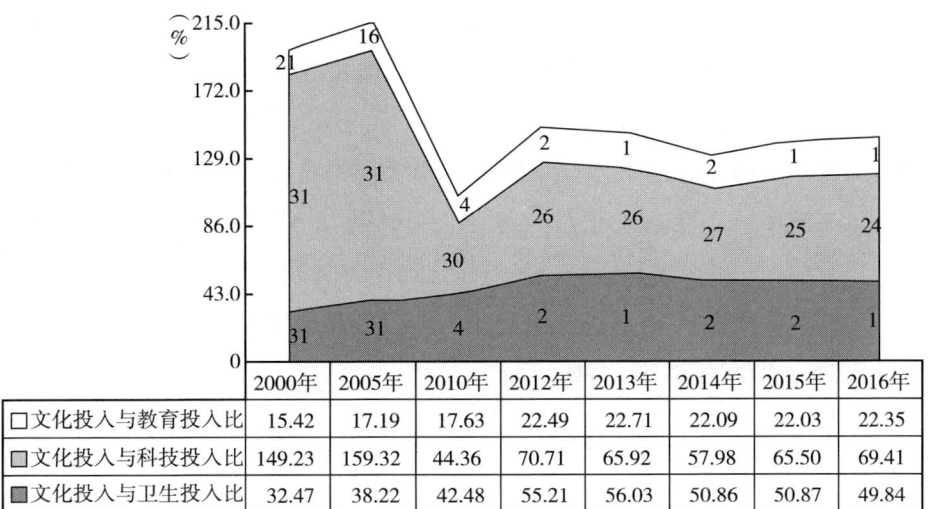

图 5　2000 年以来北京文化投入相邻关系比值变动态势

左轴面积：文化投入与教育、科技、卫生投入比（%），各项比值历年升降呈直观比例叠加。标明历年各项比值省域排序。

偏高 0.63 个百分点，"十二五"以来年均增长偏高 4.52 个百分点。由于二者历年不同增长，北京文化投入与教育投入比从 15.42% 增高至 22.35%，上升程度为 44.94%，上升 6.93 个百分点，省域间升降变化位次排序第 2 位，比值高低位次从第 21 位上升为第 1 位。最高比值为 2013 年的 22.71%，最低比值为 2000 年的 15.42%。

2. 文化投入与科技投入比

2000~2016 年，北京文化投入总量年均增长低于科技投入年增 5.93 个百分点，其中"十五"期间年增偏高 1.61 个百分点，"十一五"期间年增偏低 36.69 个百分点，"十二五"以来年均增长偏高 8.37 个百分点。由于二者历年不同增长，北京文化投入与科技投入比从 149.23% 降低至 69.41%，下降程度为 53.49%，下降 79.82 个百分点，省域间升降变化位次排序第 6 位。由于各地不同变动，北京比值高低位次从第 31 位上升为第 24 位。最高比值为 2002 年的 161.58%，最低比值为 2010 年的 44.36%。

3. 文化投入与卫生投入比

2000~2016年，北京文化投入总量年均增长高于卫生投入年增3.20个百分点，其中"十五"期间年增偏高3.92个百分点，"十一五"期间年增偏高2.63个百分点，"十二五"以来年均增长偏高3.06个百分点。由于二者历年不同增长，北京文化投入与卫生投入比从32.47%增高为49.84%，上升程度为53.50%，上升17.37个百分点，省域间升降变化位次排序第1位，比值高低位次从第31位上升为第1位。最高比值为2013年的56.03%，最低比值为2000年的32.47%。

（三）同构占比变动状况

2000年以来北京文化消费与投入同构占比倍差变动态势见图6。

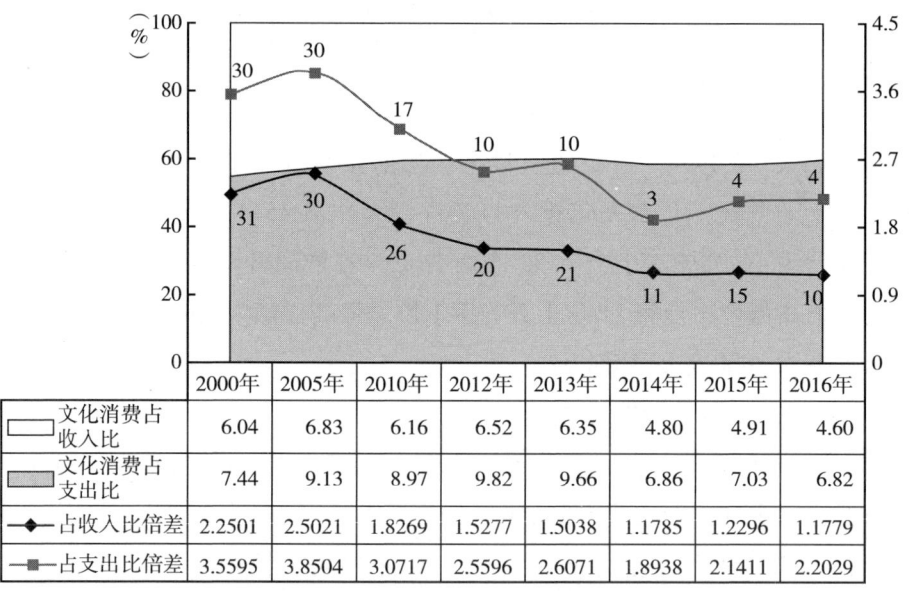

图6 2000年以来北京文化消费与投入同构占比倍差变动态势

左轴面积：文化消费占居民收入、居民总消费支出比（%），两项比值历年升降呈直观比例叠加。右轴曲线：文化消费占居民收入比与文化投入占财政收入比、文化消费占居民支出比与文化投入占财政支出比倍差指数（无差距=1，保留4位小数检测细微差异）。标明历年各项倍差省域排序。另需说明，2014年以来年鉴始发布城乡均值民生数据，与总量数据之间存在演算误差，与对应产值人均值和总量分别演算居民收入比、消费率有出入，本文恢复采用自行演算城乡人均值展开文化消费占居民收入、支出比测算。

1. 文化消费与投入占收入比

2000~2016年，北京城乡居民文化消费占居民收入比从6.04%降低至4.60%，下降程度为23.84%。逐年比较，最高比值为2006年的7.37%，最低比值为2016年的4.60%。

对照图4，同期，北京文化投入占财政收入比上升45.39%，2016年比值低于文化消费占居民收入比0.70个百分点。二者之间占比倍差由2.2501减小至1.1779，减小程度为47.65%，省域间增减变化位次排序第1位，倍差指数高低（倒序）位次从第31位上升为第10位。

2. 文化消费与投入占支出比

2000~2016年，北京城乡居民文化消费占居民支出比从7.44%降低至6.82%，下降程度为8.33%。逐年比较，最高比值为2006年的9.98%，最低比值为2016年的6.82%。

对照图4，同期，北京文化投入占财政支出比上升48.07%，2016年比值低于文化消费占居民支出比3.72个百分点。二者之间占比倍差由3.5595减小至2.2029，减小程度为38.11%，省域间增减变化位次排序第1位，倍差指数高低（倒序）位次从第30位上升为第4位。

以上分析检测显示，2000年以来，北京文化消费占居民收入比显著下降，文化投入占财政收入比却极显著上升，二者同构占比倍差指数极显著减小；文化消费占居民支出比较明显下降，文化投入占财政支出比却极显著上升，二者同构占比倍差指数显著减小。这意味着，北京公共文化投入增长占比变动滞后于居民文化消费需求变化态势的差距已经明显缩小。

三 2016年文化投入纵横向双重测评

综合以上分析，2000年以来北京文化投入总量年均增长21.11%，明显高于全国平均水平5.26个百分点，人均值地区差扩大33.58%；文化投入增长显著高于产值增长，也较明显高于财政收入、财政支出增长；同时较明显高于教育投入增长，但明显低于科技投入增长，而明显高于卫生投入增长；文化投入占财政收入比略微低于文化消费占居民收入比，占财政支出比更明显低于文化消费占居民支出比。

这些都集中体现在文化投入增长综合指数测评演算之中。2000年以来北京文化投入增长综合指数变动态势见图7。

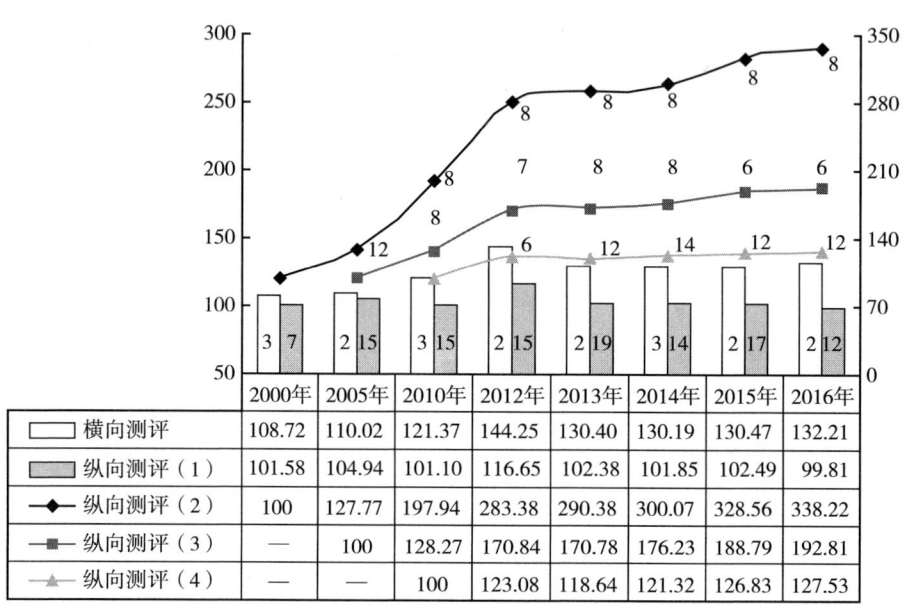

	2000年	2005年	2010年	2012年	2013年	2014年	2015年	2016年
横向测评	108.72	110.02	121.37	144.25	130.40	130.19	130.47	132.21
纵向测评（1）	101.58	104.94	101.10	116.65	102.38	101.85	102.49	99.81
纵向测评（2）	100	127.77	197.94	283.38	290.38	300.07	328.56	338.22
纵向测评（3）	—	100	128.27	170.84	170.78	176.23	188.79	192.81
纵向测评（4）	—	—	100	123.08	118.64	121.32	126.83	127.53

图7 2000年以来北京文化投入增长综合指数变动态势

左轴柱形：横向测评（无差距理想值＝100）；纵向测评（1），上年＝100。右轴曲线：纵向测评（起点年基数值＝100），（2）以2000年为起点，（3）以2005年为起点，（4）以2010年为起点。标明历年各项测评指数省域排行。

（一）各年度横向测评综合指数

以文化投入人均值地区无差距、文化消费与投入同构占比无差距状态为"理想值"100，2016年北京文化投入增长状况此项综合指数为132.21，处于省域间第2位，高于无差距理想值32.21%，也高于上年测评指数1.74个点。

各年度此项综合指数对比，全部各个年度均高于无差距理想值100；

2002年、2004~2007年、2012年、2015~2016年8个年度高于上年指数值。其中,最高值为2007年的153.20,最低值为2001年的107.87。北京此项综合指数在省域间排行变化,2000年为第3位,2005年为第2位,2010年为第3位,2016年与上年持平,皆为第2位。

(二)逐年度基数值纵向测评

以上一年2015年为起点基数值100,2016年北京文化投入增长状况此项综合指数为99.81,处于省域间第12位,低于2015年起点基数0.19%,也低于上年基于2014年基数值的测评指数2.68个点。

逐年度此项景气指数对比,2000~2015年16个年度高于自身上年起点基数值100;2001年、2004~2005年、2007年、2009年、2011~2012年、2015年8个年度高于上年指数值。其中,最高值为2012年的116.65,最低值为2016年的99.81。北京此项综合指数在省域间排行变化,2000年为第7位,2005年为第15位,2010年与之持平,2016年从上年第17位上升为第12位。

(三)"十五"以来基数值纵向测评

以"九五"末年2000年为起点基数值100,2016年北京文化投入增长状况此项综合指数为338.22,处于省域间第8位,高出2000年起点基数238.22%,也高出上年测评指数9.66个点。

"十五"以来各年度此项综合指数对比,全部各个年度均高于2000年起点基数值100;2002~2009年、2011~2016年14个年度高于上年指数值。其中,最高值为2016年的338.22,最低值为2001年的104.94。北京此项综合指数在省域间排行变化,2000年起点不计,2005年为第12位,2010年为第8位,2016年与上年持平,皆为第8位。

(四)"十一五"以来基数值纵向测评

以"十五"末年2005年为起点基数值100,2016年北京文化投入增长状况此项综合指数为192.81，处于省域间第6位，高出2005年起点基数92.81%，也高出上年测评指数4.02个点。

"十一五"以来各年度此项综合指数对比，全部各个年度均高于2005年起点基数值100；2007～2009年、2011～2012年、2014～2016年8个年度高于上年指数值。其中，最高值为2016年的192.81，最低值为2006年的103.24。北京此项综合指数在省域间排行变化，2005年起点不计，2010年为第8位，2016年与上年持平，皆为第6位。

（五）"十二五"以来基数值纵向测评

以"十一五"末年2010年为起点基数值100，2016年北京文化投入增长状况此项综合指数为127.53，处于省域间第12位，高出2010年起点基数27.53%，也高出上年测评指数0.70个点。

"十二五"以来各年度此项综合指数对比，全部各个年度均高于2010年起点基数值100；2012年、2014～2016年4个年度高于上年指数值。其中，最高值为2016年的127.53，最低值为2011年的107.07。北京此项综合指数在省域间排行变化，2010年起点不计，2012年为第6位，2016年与上年持平，皆为第12位。

B.10
福建：2010～2016年综合指数提升第2位

李 雪*

摘 要： 2000～2016年，福建文化投入总量由10.05亿元增至81.26亿元，年均增长13.95%，较明显低于全国平均水平1.90个百分点。福建综合评价排行：在省域横向测评中，处于2016年度综合指数排名第19位；在自身纵向测评中，处于2000～2016年综合指数提升第26位，2005～2016年综合指数提升第26位，2010～2016年综合指数提升第2位，2015～2016年综合指数提升第28位。

关键词： 福建 文化投入 综合评价

一 文化投入及其相关背景基本态势

（一）经济财政基本面背景状况

2000年以来福建文化投入总量增长及相关背景关系态势见图1。

2000～2016年，福建产值总量总增长665.32%，年均增长13.56%；财政收入总量总增长1034.01%，年均增长16.39%；财政支出总量总增长

---
* 李雪，云南省社会科学院哲学研究所助理研究员，主要从事文学、伦理学研究。

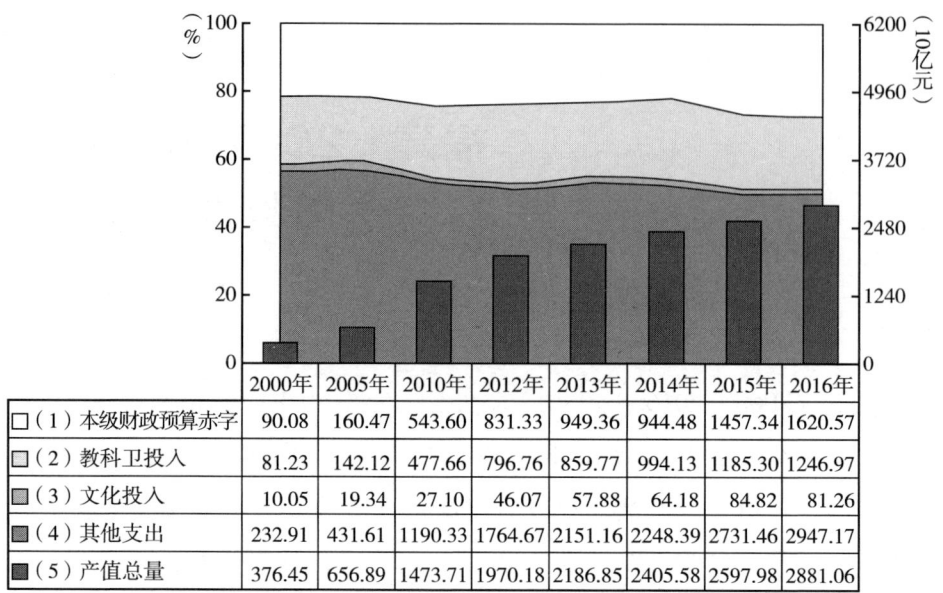

图1　2000年以来福建文化投入总量增长及相关背景关系态势

左轴面积：本级财政预算赤字（中央财政税收返还和转移支付等，"财政包干"地区可为国债份额）、教科卫投入、文化投入、其他支出总量（亿元转换为%），（2）+（3）+（4）=财政支出总量，（2）+（3）+（4）-（1）=财政收入总量，各项数值呈直观比例。右轴柱形：产值总量（10亿元，增长演算取亿元）。图中省略若干年度，后台演算历年增长变化包括省略年度，后同。

1218.84%，年均增长17.49%；教科文卫综合投入（图中教科卫投入与文化投入之和，后同）总量总增长1355.12%，年均增长18.22%；教科文卫综合投入之外财政支出统归为"其他支出"，其总量总增长1165.37%，年均增长17.19%。

在此期间，福建教科文卫综合投入总量年均增长高于产值年增4.66个百分点，高于财政收入年增1.83个百分点，高于财政支出年增0.73个百分点，高于其他支出年增1.03个百分点。

"十五"以来，福建教科文卫建设作为公共服务的一个重要方面，确实处于一种极为特殊的优先发展地位。"十一五"以来，福建教科文卫综合投入增长高于其他支出增长的情况更加明显。在教科文卫综合投入优先增长格局中，文化投入究竟处于什么位置？

（二）文化投入总量增长状况

2000年以来福建文化投入总量及相邻关系、占全国份额变动态势见图2。

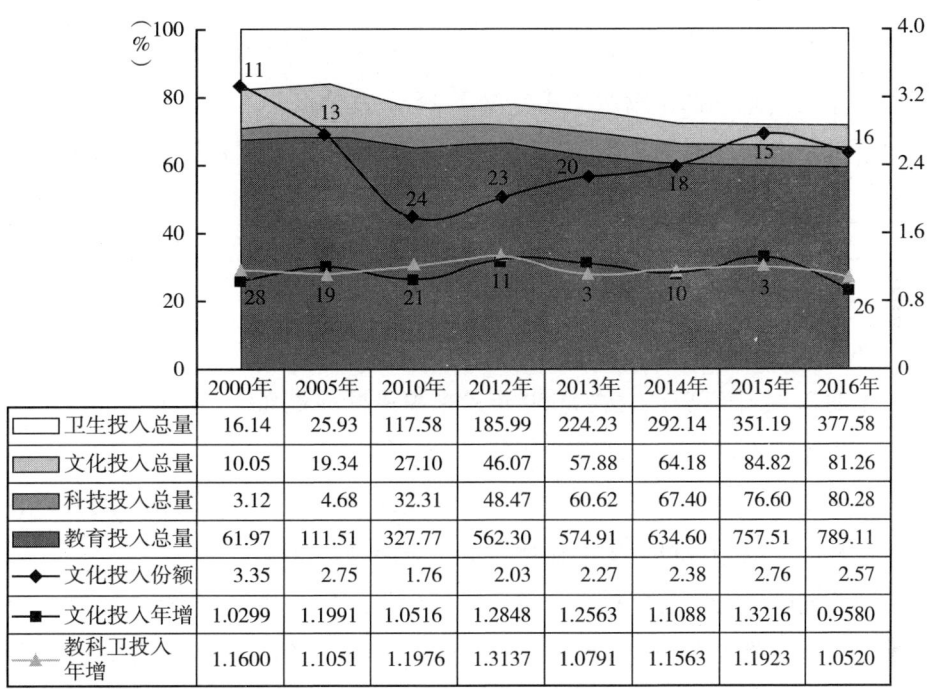

图2 2000年以来福建文化投入总量及相邻关系、占全国份额变动态势

左轴面积：教育、科技、文化、卫生投入总量（亿元转换为%），各项数值呈直观比例。右轴曲线：文化、教科卫投入年增指数（上年=1，保留4位小数，正文转换为2位小数增长百分比，后同）；文化投入占全国份额（%）。后台数据库包含未出现的1999年相关数据，以此测量2000年相应数据变动，后同。标明历年文化投入增长、份额省域排序。

2000~2016年，福建文化投入总量由10.05亿元增至81.26亿元，总增长708.56%，年均增长13.95%，省域间增长位次排序第28位。其中，"十五"期间年增13.99%，"十一五"期间年增6.98%，"十二五"以来年均增长20.08%。最高增长年度为2011年，增长32.32%；最低增长年度为2007年，负增长23.74%。

相比之下，福建文化投入总量年均增长高于产值年增0.39个百分点，其中"十五"期间高于产值年增2.21个百分点，"十一五"期间低于产值年增10.56个百分点，"十二五"以来高于产值年增8.26个百分点；同时低于财政收入年增2.44个百分点，其中"十五"期间高于财政收入年增0.92个百分点，"十一五"期间低于财政收入年增14.65个百分点，"十二五"以来高于财政收入年增5.14个百分点；低于财政支出年增3.54个百分点，其中"十五"期间高于财政支出年增1.15个百分点，"十一五"期间低于财政支出年增16.39个百分点，"十二五"以来高于财政支出年增3.41个百分点。

认真对比，福建文化投入总量年均增长低于教科卫三项投入年增4.66个百分点，其中"十五"期间高于教科卫投入年增2.15个百分点，"十一五"期间低于教科卫投入年增20.46个百分点，"十二五"以来高于教科卫投入年增2.74个百分点。在2000年以来福建教科文卫综合投入优先高增长当中，文化投入增长处于严重失衡状态。

从图2亦可清楚、直观地看出，文化投入所占面积呈逐渐收窄之势，表明其在教科文卫综合投入中的比例份额持续降低。

与此同时，全国文化投入总量总增长953.34%，年增15.85%。2000年以来，福建文化投入总量年均增长低于全国年增1.90个百分点，占全国份额从2000年的3.35%下降至2016年的2.57%，省域间份额位次从第11位下降为第16位。

（三）人均值增长及其地区差变动状况

2000年以来福建文化投入人均值及其地区差变动态势见图3。

2000～2016年，福建文化投入人均值由29.88元增至210.71元，总增长605.19%，年均增长12.98%，省域间增长位次排序第27位。其中，"十五"期间年增12.93%，"十一五"期间年增6.17%，"十二五"以来年均增长19.04%。最高增长年度为2015年，增长31.04%；最低增长年度为2007年，负增长24.23%。

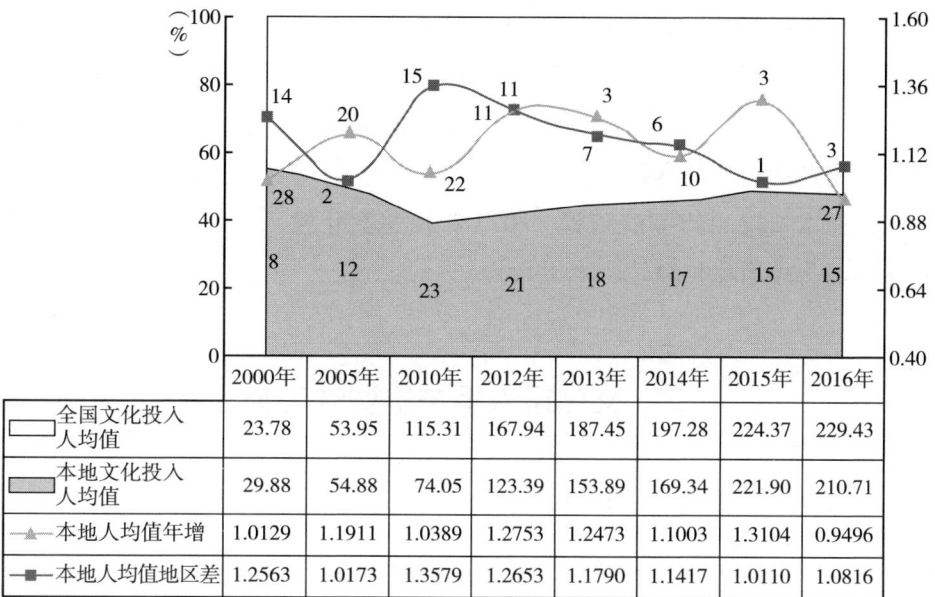

图3 2000年以来福建文化投入人均值及其地区差变动态势

左轴面积：本地、全国文化投入人均值（元转换为%），二者历年变动呈直观比例。右轴曲线：本地人均值年增指数（上年=1，小于1为负增长，由于历年人口增长，人均值年增指数略低于总量年增指数）；本地人均值地区差指数（无差距=1，保留4位小数检测细微差异）。标明历年本地人均值及其增长、地区差省域排序。

与此同时，全国文化投入人均值总增长864.80%，年均增长15.22%。2000年以来，福建文化投入人均值年均增长低于全国年增2.24个百分点，人均绝对数值从2000年为全国人均值的125.65%下降至2016年为全国人均值的91.84%，省域间人均绝对值高低位次从第8位下降为第15位。

同期，福建文化投入人均值地区差由1.2563缩小至1.0816，缩小13.91%，省域间地区差扩减变化位次排序第7位，地区差指数大小（倒序）位次从第14位上升至第3位。其中，"十五"期间缩小19.02%，"十一五"期间扩大33.48%，"十二五"以来地区差缩小20.35%。最小地区差为2015年的1.0110，最大地区差为2010年的1.3579。

福建产值、财政收入和支出，以及教科文卫投入各类人均值地区差变动检测：除了财政收入、科技投入以外，其余各类数据的地区差皆呈现为缩小态势；仅有教育投入地区差在2016年缩减至历年最小值。这无疑表明，文化投入增长的差距不但表现在数量的可比性之上，而且表现在质量的可比性之上。可以用人均值来衡量的公共文化投入均等化进展尚待时日，而这是公共文化服务均等化的基础。

按照本项检测的推演测算，2020年福建文化投入地区差应为1.1514，相比当前将较明显扩增。

二 文化投入相关协调性态势

（一）相关背景变动状况

2000年以来福建文化投入相关背景比值变动态势见图4。

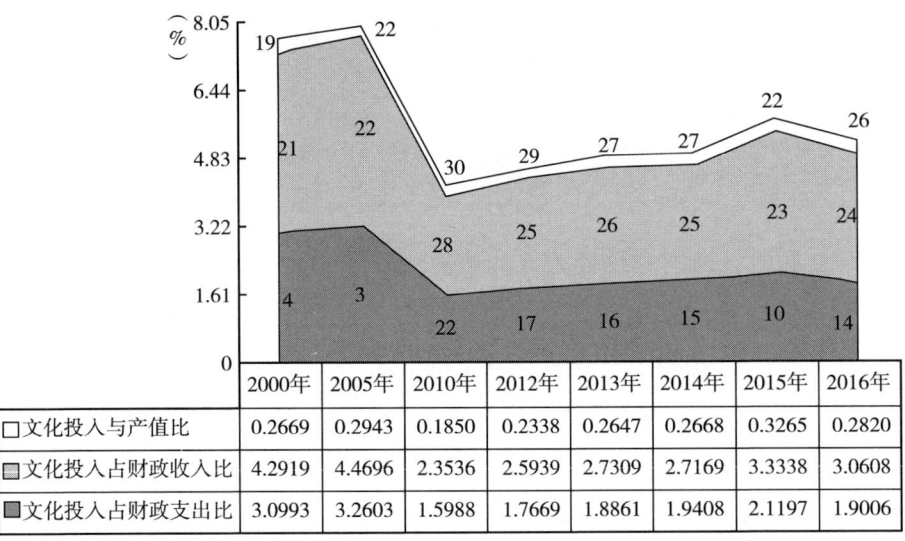

图4 2000年以来福建文化投入相关背景比值变动态势

左轴面积：文化投入与产值比、占财政收入和支出比（%），各项比值历年升降呈直观比例叠加。比值过小保留4位小数演算，正文按惯例保留2位小数。标明历年各项比值省域排序。

1. 文化投入与产值比

2000～2016年，福建文化投入总量年均增长高于产值年增0.39个百分点,其中"十五"期间年增偏高2.21个百分点,"十一五"期间年增偏低10.56个百分点,"十二五"以来年均增长偏高8.26个百分点。由于二者历年不同增长,福建文化投入与产值比从0.27%增高至0.28%,上升程度为5.66%,上升0.02个百分点,省域间升降变化位次排序第27位。由于各地不同变动,福建比值高低位次从第19位下降为第26位。最高比值为2015年的0.33%,最低比值为2010年的0.19%。

2. 文化投入占财政收入比

2000~2016年,福建文化投入总量年均增长低于财政收入年增2.44个百分点,其中"十五"期间年增偏高0.92个百分点,"十一五"期间年增偏低14.65个百分点,"十二五"以来年均增长偏高5.14个百分点。由于二者历年不同增长,福建文化投入占财政收入比从4.29%降低至3.06%,下降程度为28.68%,下降1.23个百分点,省域间升降变化位次排序第19位,比值高低位次从第21位下降为第24位。最高比值为2004年的4.83%,最低比值为2010年的2.35%。

3. 文化投入占财政支出比

2000~2016年,福建文化投入总量年均增长低于财政支出年增3.54个百分点,其中"十五"期间年增偏高1.15个百分点,"十一五"期间年增偏低16.39个百分点,"十二五"以来年均增长偏高3.41个百分点。由于二者历年不同增长,福建文化投入占财政支出比从3.10%降低至1.90%,下降程度为38.68%,下降1.20个百分点,省域间升降变化位次排序第23位,比值高低位次从第4位下降为第14位。最高比值为2006年的3.29%,最低比值为2010年的1.60%。

(二)相邻关系变动状况

2000年以来福建文化投入相邻关系比值变动态势见图5。

1. 文化投入与教育投入比

2000~2016年,福建文化投入总量年均增长低于教育投入年增3.29个百分点,其中"十五"期间年增偏高1.52个百分点,"十一五"期间年增

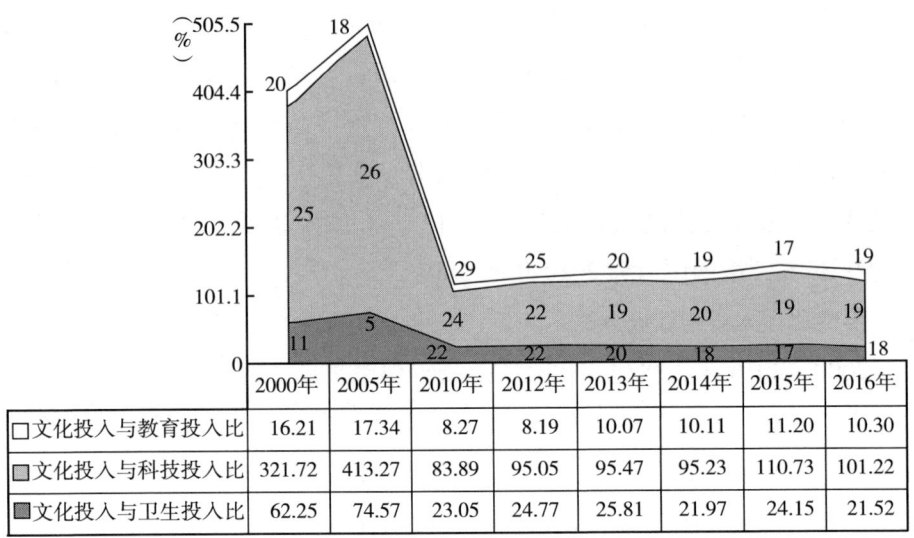

图 5　2000 年以来福建文化投入相邻关系比值变动态势

左轴面积：文化投入与教育、科技、卫生投入比（%），各项比值历年升降呈直观比例叠加。标明历年各项比值省域排序。

偏低 17.09 个百分点，"十二五"以来年均增长偏高 4.31 个百分点。由于二者历年不同增长，福建文化投入与教育投入比从 16.21% 降低至 10.30%，下降程度为 36.46%，下降 5.91 个百分点，省域间升降变化位次排序第 18 位。由于各地不同变动，福建比值高低位次从第 20 位上升为第 19 位。最高比值为 2006 年的 17.61%，最低比值为 2012 年的 8.19%。

2. 文化投入与科技投入比

2000~2016 年，福建文化投入总量年均增长低于科技投入年增 8.55 个百分点，其中"十五"期间年增偏高 5.54 个百分点，"十一五"期间年增偏低 40.19 个百分点，"十二五"以来年均增长偏高 3.70 个百分点。由于二者历年不同增长，福建文化投入与科技投入比从 321.72% 降低至 101.22%，下降程度为 68.54%，下降 220.50 个百分点，省域间升降变化位次排序第 18 位。由于各地不同变动，福建比值高低位次从第 25 位上升为第 19 位。最高比值为 2006 年的 458.54%，最低比值为 2010 年的 83.89%。

3. 文化投入与卫生投入比

2000~2016年，福建文化投入总量年均增长低于卫生投入年增7.83个百分点，其中"十五"期间年增偏高4.04个百分点，"十一五"期间年增偏低28.32个百分点，"十二五"以来年均增长偏低1.38个百分点。由于二者历年不同增长，福建文化投入与卫生投入比从62.25%降低为21.52%，下降程度为65.43%，下降40.73个百分点，省域间升降变化位次排序第19位，比值高低位次从第11位下降为第18位。最高比值为2005年的74.57%，最低比值为2016年的21.52%。

（三）同构占比变动状况

2000年以来福建文化消费与投入同构占比倍差变动态势见图6。

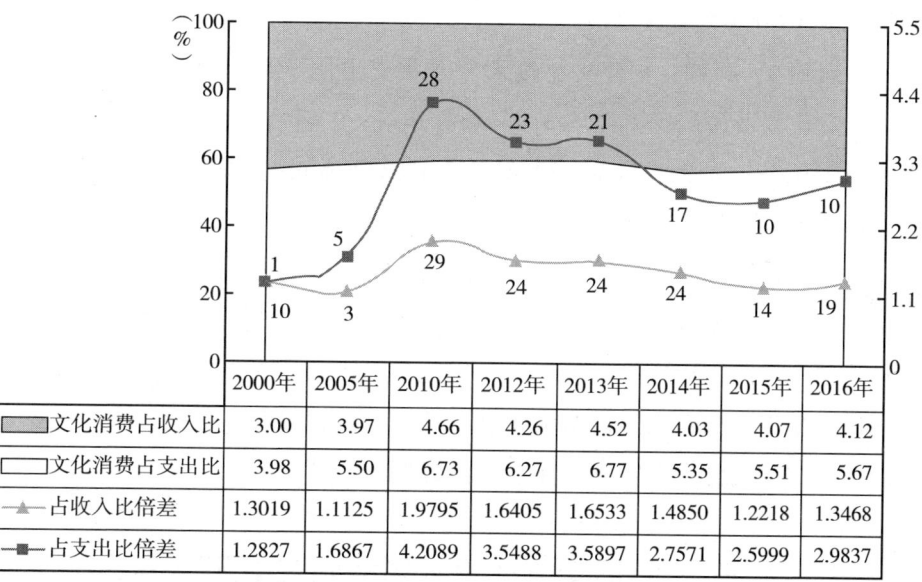

图6 2000年以来福建文化消费与投入同构占比倍差变动态势

左轴面积：文化消费占居民收入、居民总消费支出比（%），两项比值历年升降呈直观比例叠加。右轴曲线：文化消费占居民收入比与文化投入占财政收入比、文化消费占居民支出比与文化投入占财政支出比倍差指数（无差距=1，保留4位小数检测细微差异）。标明历年各项倍差省域排序。另需说明，2014年以来年鉴始发布城乡人均值民生数据，与总量数据之间存在演算误差，与对应产值人均值和总量分别演算居民收入比、消费率有出入，本文恢复采用自行演算城乡人均值展开文化消费占居民收入、支出比测算。

1. 文化消费与投入占收入比

2000~2016年,福建城乡居民文化消费占居民收入比从3.00%增高至4.12%,上升程度为37.33%。逐年比较,最高比值为2010年的4.66%,最低比值为2001年的2.73%。

对照图4,同期,福建文化投入占财政收入比下降28.68%,2016年比值低于文化消费占居民收入比1.06个百分点。二者之间占比倍差由1.3019增大至1.3468,增大程度为3.45%,省域间增减变化位次排序第24位,倍差指数高低(倒序)位次从第10位下降为第19位。

2. 文化消费与投入占支出比

2000~2016年,福建城乡居民文化消费占居民支出比从3.98%增高至5.67%,上升程度为42.46%。逐年比较,最高比值为2013年的6.77%,最低比值为2001年的3.74%。

对照图4,同期,福建文化投入占财政支出比下降38.68%,2016年比值低于文化消费占居民支出比3.77个百分点。二者之间占比倍差由1.2827增大至2.9837,增大程度为132.61%,省域间增减变化位次排序第23位,倍差指数高低(倒序)位次从第1位下降为第10位。

以上分析检测显示,2000年以来,福建文化消费占居民收入比显著上升,文化投入占财政收入比却显著下降,二者同构占比倍差指数略微增大;文化消费占居民支出比极显著上升,文化投入占财政支出比却显著下降,二者同构占比倍差指数极显著增大。这意味着,福建公共文化投入增长占比变动滞后于居民文化消费需求变化态势的差距继续明显扩大。

三 2016年文化投入纵横向双重测评

综合以上分析,2000年以来福建文化投入总量年均增长13.95%,较明显低于全国平均水平1.90个百分点,人均值地区差缩小13.91%;文化投入增长略微高于产值增长,但较明显低于财政收入增长,也明显低于财政支出增长;同时明显低于教育投入增长,也显著低于科技、卫生投入增长;文化投入占财政收入比较明显低于文化消费占居民收入比，占财政支出比更明显低于文化消费占居民支出比。

这些都集中体现在文化投入增长综合指数测评演算之中。2000年以来福建文化投入增长综合指数变动态势见图7。

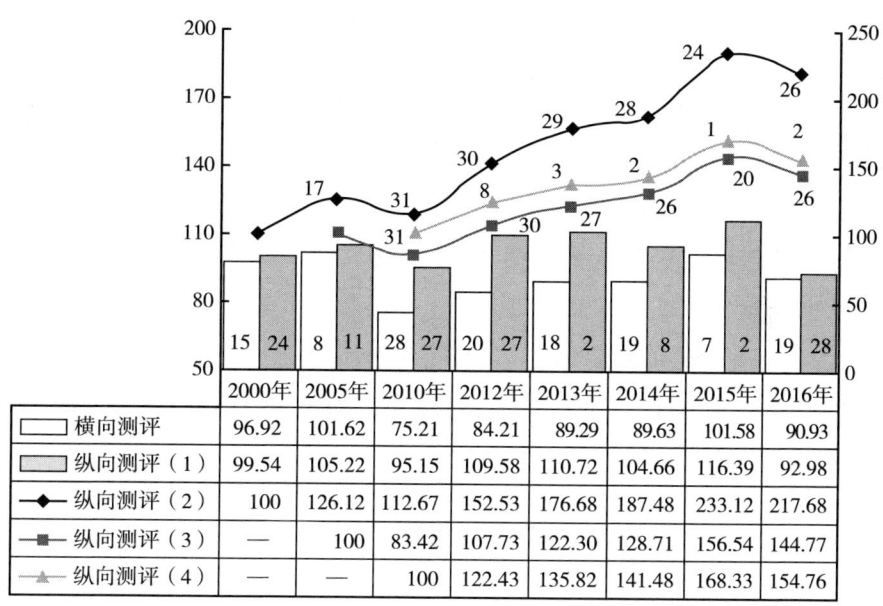

图7　2000年以来福建文化投入增长综合指数变动态势

左轴柱形：横向测评（无差距理想值=100）；纵向测评（1），上年=100。右轴曲线：纵向测评（起点年基数值=100），（2）以2000年为起点，（3）以2005年为起点，（4）以2010年为起点。标明历年各项测评指数省域排行。

（一）各年度横向测评综合指数

以文化投入人均值地区无差距、文化消费与投入同构占比无差距状态为"理想值"100，2016年福建文化投入增长状况此项综合指数为90.93，处于省域间第19位，低于无差距理想值9.07%，也低于上年测评指数10.65个点。

各年度此项综合指数对比，2004~2006年、2015年4个年度高于无差距理想值100；2001年、2003~2005年、2008年、2011~2015年10个年度高于上年指数值。其中，最高值为2005年的101.62，最低值为2007年的73.96。福建此项综合指数在省域间排行变化，2000年为第15位，2005年为第8位，2010年为第28位，2016年从上年第7位下降为第19位。

（二）逐年度基数值纵向测评

以上一年2015年为起点基数值100，2016年福建文化投入增长状况此项综合指数为92.98，处于省域间第28位，低于2015年起点基数7.02%，也低于上年基于2014年基数值的测评指数23.41个点。

逐年度此项景气指数对比，2001~2006年、2008年、2011~2015年12个年度高于自身上年起点基数值100；2001年、2003~2005年、2008年、2011~2013年、2015年9个年度高于上年指数值。其中，最高值为2015年的116.39，最低值为2007年的73.58。福建此项综合指数在省域间排行变化，2000年为第24位，2005年为第11位，2010年为第27位，2016年从上年第2位下降为第28位。

（三）"十五"以来基数值纵向测评

以"九五"末年2000年为起点基数值100，2016年福建文化投入增长状况此项综合指数为217.68，处于省域间第26位，高出2000年起点基数117.68%，但低于上年测评指数15.44个点。

"十五"以来各年度此项综合指数对比，2001~2006年、2008~2016年15个年度高于2000年起点基数值100；2002~2006年、2008~2009年、2011~2015年12个年度高于上年指数值。其中，最高值为2015年的233.12，最低值为2007年的97.66。福建此项综合指数在省域间排行变化，2000年起点不计，2005年为第17位，2010年为第31位，2016年从上年第24位下降为第26位。

（四）"十一五"以来基数值纵向测评

以"十五"末年2005年为起点基数值100，2016年福建文化投入增长状况此项综合指数为144.77，处于省域间第26位，高出2005年起点基数44.77%，但低于上年测评指数11.77个点。

"十一五"以来各年度此项综合指数对比，2006年、2012~2016年6个年度高于2005年起点基数值100；2008年、2011~2015年6个年度高于上年指数值。其中，最高值为2015年的156.54，最低值为2007年的75.68。福建此项综合指数在省域间排行变化，2005年起点不计，2010年为第31位，2016年从上年第20位下降为第26位。

（五）"十二五"以来基数值纵向测评

以"十一五"末年2010年为起点基数值100，2016年福建文化投入增长状况此项综合指数为154.76，处于省域间第2位，高出2010年起点基数54.76%，但低于上年测评指数13.57个点。

"十二五"以来各年度此项综合指数对比，全部各个年度均高于2010年起点基数值100；2012~2015年4个年度高于上年指数值。其中，最高值为2015年的168.33，最低值为2011年的111.53。福建此项综合指数在省域间排行变化，2010年起点不计，2012年为第8位，2016年从上年第1位下降为第2位。

B.11 云南：2015~2016年综合指数提升第2位

代丽*

摘　要： 2000~2016年，云南文化投入总量由10.63亿元增至77.93亿元，年均增长13.26%，较明显低于全国平均水平2.59个百分点。云南综合评价排行：在省域横向测评中，处于2016年度综合指数排名第18位；在自身纵向测评中，处于2000~2016年综合指数提升第30位，2005~2016年综合指数提升第27位，2010~2016年综合指数提升第13位，2015~2016年综合指数提升第2位。

关键词： 云南　文化投入　综合评价

一　文化投入及其相关背景基本态势

（一）经济财政基本面背景状况

2000年以来云南文化投入总量增长及相关背景关系态势见图1。

2000~2016年，云南产值总量总增长635.30%，年均增长13.28%；财政收入总量总增长902.65%，年均增长15.50%；财政支出总量总增长

---

* 代丽，云南省社会科学院信息中心助理研究员，主要从事文化消费、社会福利和社会保障研究。

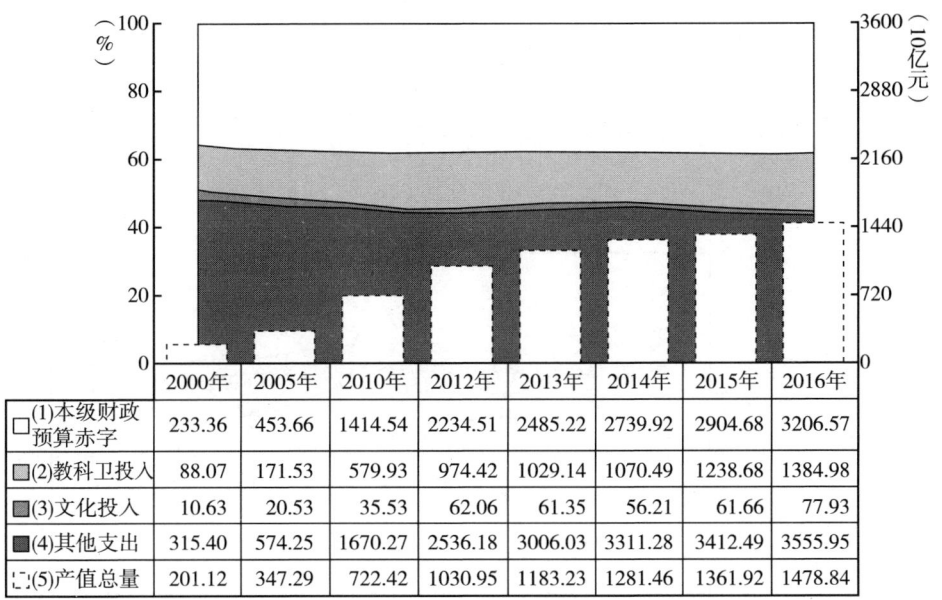

图1　2000年以来云南文化投入总量增长及相关背景关系态势

左轴面积：本级财政预算赤字（中央财政税收返还和转移支付等，"财政包干"地区可为国债份额）、教科卫投入、文化投入、其他支出总量（亿元转换为%），（2）+（3）+（4）=财政支出总量，（2）+（3）+（4）-（1）=财政收入总量，各项数值呈直观比例。右轴柱形：产值总量（10亿元，增长演算取亿元）。图中省略若干年度，后台演算历年增长变化包括省略年度，后同。

1111.96%，年均增长16.87%；教科文卫综合投入（图中教科卫投入与文化投入之和，后同）总量总增长1382.18%，年均增长18.35%；教科文卫综合投入之外财政支出统归为"其他支出"，其总量总增长1027.44%，年均增长16.35%。

在此期间，云南教科文卫综合投入总量年均增长高于产值年增5.07个百分点，高于财政收入年增2.85个百分点，高于财政支出年增1.48个百分点，高于其他支出年增2.00个百分点。

"十五"以来，云南教科文卫建设作为公共服务的一个重要方面，确实处于一种极为特殊的优先发展地位。"十一五"以来，云南教科文卫综合投入增长高于其他支出增长的情况更加明显。在教科文卫综合投入优先增长格局中，文化投入究竟处于什么位置？

（二）文化投入总量增长状况

2000年以来云南文化投入总量及相邻关系、占全国份额变动态势见图2。

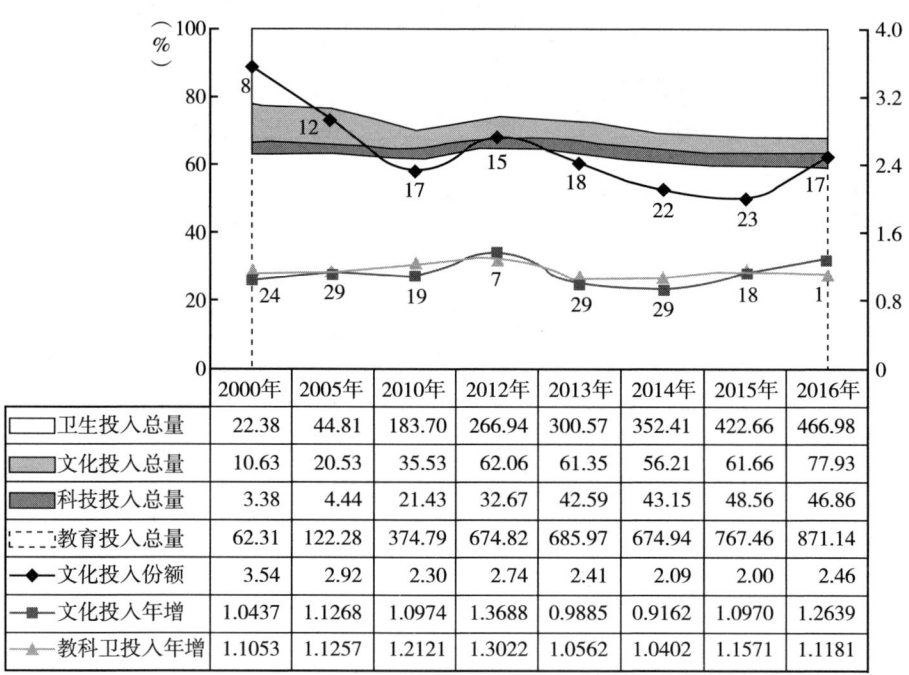

图2　2000年以来云南文化投入总量及相邻关系、占全国份额变动态势

左轴面积：教育、科技、文化、卫生投入总量（亿元转换为%），各项数值呈直观比例。右轴曲线：文化、教科卫投入年增指数（上年=1，保留4位小数，正文转换为2位小数增长百分比，后同）；文化投入占全国份额（%）。后台数据库包含未出现的1999年相关数据，以此测量2000年相应数据变动，后同。标明历年文化投入增长、份额省域排序。

2000～2016年，云南文化投入总量由10.63亿元增至77.93亿元，总增长633.11%，年均增长13.26%，省域间增长位次排序第30位。其中，"十五"期间年增14.07%，"十一五"期间年增11.59%，"十二五"以来年均增长13.99%。最高增长年度为2008年，增长41.04%；最低增长年度为2007年，负增长16.92%。

相比之下，云南文化投入总量年均增长低于产值年增0.02个百分点，其中"十五"期间高于产值年增2.53个百分点，"十一五"期间低于产值年增4.19个百分点，"十二五"以来高于产值年增1.31个百分点；同时低于财政收入年增2.24个百分点，其中"十五"期间高于财政收入年增2.49个百分点，"十一五"期间低于财政收入年增11.16个百分点，"十二五"以来高于财政收入年增1.01个百分点；低于财政支出年增3.61个百分点，其中"十五"期间高于财政支出年增0.97个百分点，"十一五"期间低于财政支出年增12.84个百分点，"十二五"以来低于财政支出年增0.02个百分点。

认真对比，云南文化投入总量年均增长低于教科卫三项投入年增5.53个百分点，其中"十五"期间低于教科卫投入年增0.19个百分点，"十一五"期间低于教科卫投入年增16.00个百分点，"十二五"以来低于教科卫投入年增1.62个百分点。在2000年以来云南教科文卫综合投入优先高增长当中，文化投入增长处于严重失衡状态。

从图2亦可清楚、直观地看出，文化投入所占面积呈逐渐收窄之势，表明其在教科文卫综合投入中的比例份额持续降低。

与此同时，全国文化投入总量总增长953.34%，年增15.85%。2000年以来，云南文化投入总量年均增长低于全国年增2.59个百分点，占全国份额从2000年的3.54%下降至2016年的2.46%，省域间份额位次从第8位下降为第17位。

（三）人均值增长及其地区差变动状况

2000年以来云南文化投入人均值及其地区差变动态势见图3。

2000~2016年，云南文化投入人均值由25.22元增至163.84元，总增长549.64%，年均增长12.41%，省域间增长位次排序第28位。其中，"十五"期间年增12.93%，"十一五"期间年增10.83%，"十二五"以来年均增长13.30%。最高增长年度为2008年，增长40.11%；最低增长年度为2007年，负增长17.52%。

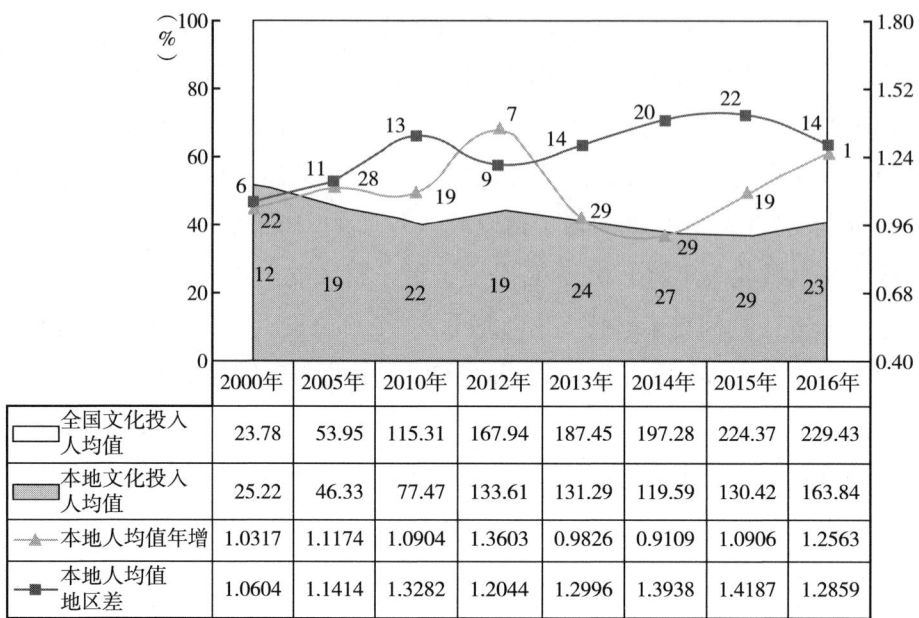

图3 2000年以来云南文化投入人均值及其地区差变动态势

左轴面积：本地、全国文化投入人均值（元转换为%），二者历年变动呈直观比例。右轴曲线：本地人均值年增指数（上年＝1，小于1为负增长，由于历年人口增长，人均值年增指数略低于总量年增指数）；本地人均值地区差指数（无差距＝1，保留4位小数检测细微差异）。标明历年本地人均值及其增长、地区差省域排序。

与此同时，全国文化投入人均值总增长864.80%，年均增长15.22%。2000年以来，云南文化投入人均值年均增长低于全国年增2.81个百分点，人均绝对数值从2000年为全国人均值的106.06%下降至2016年为全国人均值的71.41%，省域间人均绝对值高低位次从第12位下降为第23位。

同期，云南文化投入人均值地区差由1.0604扩大至1.2859，扩大21.27%，省域间地区差扩减变化位次排序第25位，地区差指数大小（倒序）位次从第6位下降为第14位。其中，"十五"期间扩大7.64%，"十一五"期间扩大16.37%，"十二五"以来地区差缩小3.18%。最小地区差为2001年的1.0235，最大地区差为2015年的1.4187。

云南产值、财政收入和支出，以及教科文卫投入各类人均值地区差变动检测：仅有卫生投入地区差呈现为缩小态势。这无疑表明，可以用人均值差异来衡量的公共财政、公共服务均等化成效尚未取得全面进展。

按照本项检测的推演测算，2020年云南文化投入地区差应为1.3507，相比当前将进一步较明显扩增。

二 文化投入相关协调性态势

（一）相关背景变动状况

2000年以来云南文化投入相关背景比值变动态势见图4。

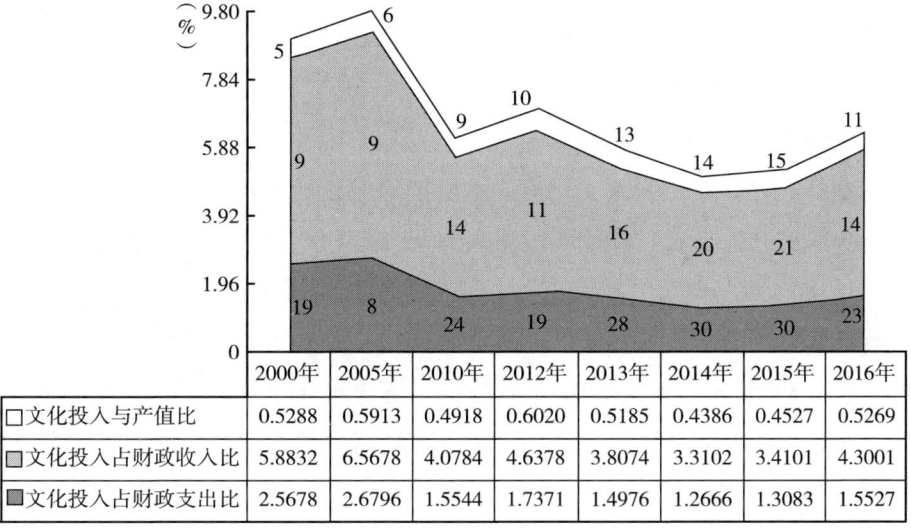

图4 2000年以来云南文化投入相关背景比值变动态势

左轴面积：文化投入与产值比、占财政收入和支出比（%），各项比值历年升降呈直观比例叠加。比值过小保留4位小数演算，正文按惯例保留2位小数。标明历年各项比值省域排序。

1. 文化投入与产值比

2000~2016年，云南文化投入总量年均增长低于产值年增0.02个百分点，其中"十五"期间年增偏高2.53个百分点，"十一五"期间年增偏低

4.19个百分点,"十二五"以来年均增长偏高1.31个百分点。由于二者历年不同增长,云南文化投入与产值比从0.5288%降低至0.5269%,下降程度为0.36%,下降0.0019个百分点,省域间升降变化位次排序第29位,比值高低位次从第5位下降为第11位。最高比值为2012年的0.60%,最低比值为2007年的0.42%。

2. 文化投入占财政收入比

2000~2016年,云南文化投入总量年均增长低于财政收入年增2.24个百分点,其中"十五"期间年增偏高2.49个百分点,"十一五"期间年增偏低11.16个百分点,"十二五"以来年均增长偏高1.01个百分点。由于二者历年不同增长,云南文化投入占财政收入比从5.88%降低至4.30%,下降程度为26.91%,下降1.58个百分点,省域间升降变化位次排序第18位,比值高低位次从第9位下降为第14位。最高比值为2004年的6.92%,最低比值为2014年的3.31%。

3. 文化投入占财政支出比

2000~2016年,云南文化投入总量年均增长低于财政支出年增3.61个百分点,其中"十五"期间年增偏高0.97个百分点,"十一五"期间年增偏低12.84个百分点,"十二五"以来年均增长偏低0.02个百分点。由于二者历年不同增长,云南文化投入占财政支出比从2.57%降低至1.55%,下降程度为39.53%,下降1.02个百分点,省域间升降变化位次排序第24位,比值高低位次从第19位下降为第23位。最高比值为2004年的2.75%,最低比值为2014年的1.27%。

(二)相邻关系变动状况

2000年以来云南文化投入相邻关系比值变动态势见图5。

1. 文化投入与教育投入比

2000~2016年,云南文化投入总量年均增长低于教育投入年增4.66个百分点,其中"十五"期间年增偏低0.37个百分点,"十一五"期间年增偏低13.52个百分点,"十二五"以来年均增长偏低1.10个百分点。由于二

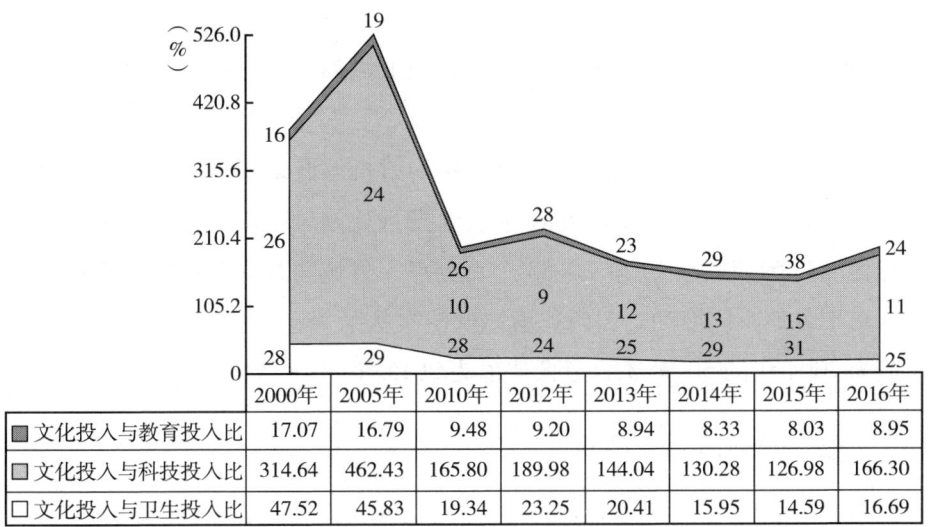

图 5　2000 年以来云南文化投入相邻关系比值变动态势

左轴面积：文化投入与教育、科技、卫生投入比（%），各项比值历年升降呈直观比例叠加。标明历年各项比值省域排序。

者历年不同增长，云南文化投入与教育投入比从 17.07% 降低至 8.95%，下降程度为 47.57%，下降 8.12 个百分点，省域间升降变化位次排序第 26 位，比值高低位次从第 16 位下降为第 24 位。最高比值为 2000 年的 17.07%，最低比值为 2015 年的 8.03%。

2. 文化投入与科技投入比

2000~2016 年，云南文化投入总量年均增长低于科技投入年增 4.60 个百分点，其中"十五"期间年增偏高 8.46 个百分点，"十一五"期间年增偏低 25.41 个百分点，"十二五"以来年均增长偏高 0.06 个百分点。由于二者历年不同增长，云南文化投入与科技投入比从 314.64% 降低至 166.30%，下降程度为 47.15%，下降 148.34 个百分点，省域间升降变化位次排序第 3 位。由于各地不同变动，云南比值高低位次从第 26 位上升为第 11 位。最高比值为 2006 年的 501.14%，最低比值为 2015 年的 126.98%。

3. 文化投入与卫生投入比

2000~2016年，云南文化投入总量年均增长低于卫生投入年增7.65个百分点，其中"十五"期间年增偏低0.83个百分点，"十一五"期间年增偏低21.01个百分点，"十二五"以来年均增长偏低2.83个百分点。由于二者历年不同增长，云南文化投入与卫生投入比从47.52%降低为16.69%，下降程度为64.88%，下降30.83个百分点，省域间升降变化位次排序第18位。由于各地不同变动，云南比值高低位次从第28位上升为第25位。最高比值为2004年的50.35%，最低比值为2015年的14.59%。

（三）同构占比变动状况

2000年以来云南文化消费与投入同构占比倍差变动态势见图6。

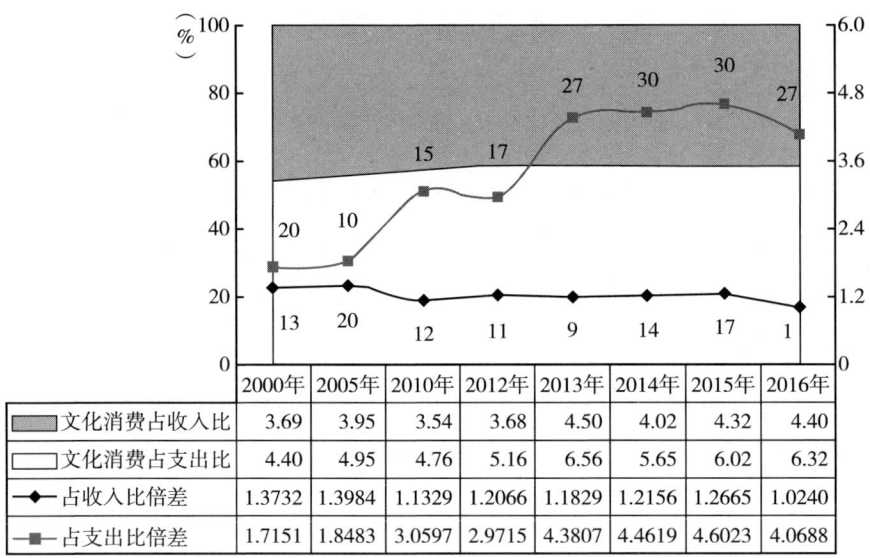

图6　2000年以来云南文化消费与投入同构占比倍差变动态势

左轴面积：文化消费占居民收入、居民总消费支出比（%），两项比值历年升降呈直观比例叠加。右轴曲线：文化消费占居民收入比与文化投入占财政收入比、文化消费占居民支出比与文化投入占财政支出比倍差指数（无差距=1，保留4位小数检测细微差异）。标明历年各项倍差省域排序。另需说明，2014年以来年鉴始发布城乡人均值民生数据，与总量数据之间存在演算误差，与对应产值人均值和总量分别演算居民收入比、消费率有出入，本文恢复采用自行演算城乡人均值展开文化消费占居民收入、支出比测算。

1. 文化消费与投入占收入比

2000~2016年，云南城乡居民文化消费占居民收入比从3.69%增高至4.40%，上升程度为19.24%。逐年比较，最高比值为2013年的4.50%，最低比值为2008年的2.85%。

对照图4，同期，云南文化投入占财政收入比下降26.91%，2016年比值低于文化消费占居民收入比0.10个百分点。二者之间占比倍差由1.3732减小至1.0240，减小程度为25.43%，省域间增减变化位次排序第4位，倍差指数高低（倒序）位次从第13位上升为第1位。

2. 文化消费与投入占支出比

2000~2016年，云南城乡居民文化消费占居民支出比从4.40%增高至6.32%，上升程度为43.64%。逐年比较，最高比值为2013年的6.56%，最低比值为2008年的3.66%。

对照图4，同期，云南文化投入占财政支出比下降39.53%，2016年比值低于文化消费占居民支出比4.77个百分点。二者之间占比倍差由1.7151增大至4.0688，增大程度为137.23%，省域间增减变化位次排序第24位，倍差指数高低（倒序）位次从第20位下降为第27位。

以上分析检测显示，2000年以来，云南文化消费占居民收入比明显上升，文化投入占财政收入比却显著下降，二者同构占比倍差指数显著减小；文化消费占居民支出比极显著上升，文化投入占财政支出比却显著下降，二者同构占比倍差指数极显著增大。这意味着，云南公共文化投入增长占比变动滞后于居民文化消费需求变化态势的差距已有部分缩小。

三 2016年文化投入纵横向双重测评

综合以上分析，2000年以来云南文化投入总量年均增长13.26%，较明显低于全国平均水平2.59个百分点，人均值地区差扩大21.27%；文化投入增长略微低于产值增长，也较明显低于财政收入增长，亦明显低于财政支出增长；同时明显低于教育、科技投入增长，亦显著低于卫生投入增长；文化投入占财政收入比略微低于文化消费占居民收入比,占财政支出比更明显低于文化消费占居民支出比。

这些都集中体现在文化投入增长综合指数测评演算之中。2000年以来云南文化投入增长综合指数变动态势见图7。

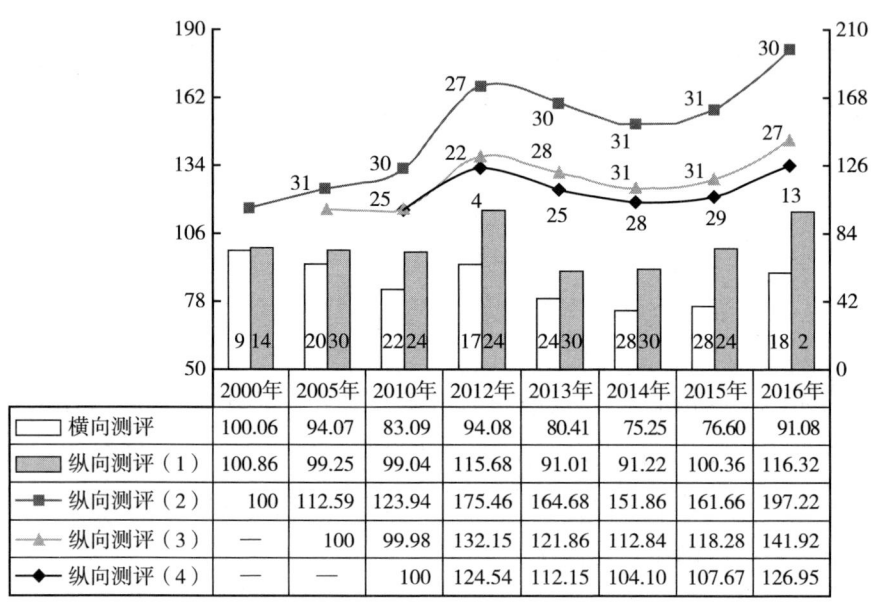

图7 2000年以来云南文化投入增长综合指数变动态势

左轴柱形:横向测评(无差距理想值=100);纵向测评(1),上年=100。右轴曲线:纵向测评(起点年基数值=100),(2)以2000年为起点,(3)以2005年为起点,(4)以2010年为起点。标明历年各项测评指数省域排行。

(一)各年度横向测评综合指数

以文化投入人均值地区无差距、文化消费与投入同构占比无差距状态为"理想值"100,2016年云南文化投入增长状况此项综合指数为91.08,处于省域间第18位,低于无差距理想值8.92%,但高于上年测评指数14.48个点。

各年度此项综合指数对比,2000~2001年、2004年3个年度高于无差距理想值100；2001年、2004年、2008年、2011~2012年、2015~2016年7个年度高于上年指数值。其中，最高值为2004年的101.59，最低值为2014年的75.25。云南此项综合指数在省域间排行变化，2000年为第9位，2005年为第20位，2010年为第22位，2016年从上年第28位上升为第18位。

（二）逐年度基数值纵向测评

以上一年2015年为起点基数值100，2016年云南文化投入增长状况此项综合指数为116.32，处于省域间第2位，高出2015年起点基数16.32%，也高出上年基于2014年基数值的测评指数15.96个点。

逐年度此项景气指数对比，2000~2001年、2004年、2006年、2008年、2011~2012年、2015~2016年9个年度高于自身上年起点基数值100；2001年、2004年、2006年、2008年、2010~2012年、2014~2016年10个年度高于上年指数值。其中，最高值为2016年的116.32，最低值为2007年的79.23。云南此项综合指数在省域间排行变化，2000年为第14位，2005年为第30位，2010年为第24位，2016年从上年第24位上升为第2位。

（三）"十五"以来基数值纵向测评

以"九五"末年2000年为起点基数值100，2016年云南文化投入增长状况此项综合指数为197.22，处于省域间第30位，高出2000年起点基数97.22%，也高出上年测评指数35.56个点。

"十五"以来各年度此项综合指数对比，2001~2002年、2004~2006年、2008~2016年14个年度高于2000年起点基数值100；2004年、2006年、2008~2012年、2015~2016年9个年度高于上年指数值。其中，最高值为2016年的197.22，最低值为2007年的93.20。云南此项综合指数在省域间排行变化，2000年起点不计，2005年为第31位，2010年为第30位，2016年从上年第31位上升为第30位。

（四）"十一五"以来基数值纵向测评

以"十五"末年2005年为起点基数值100，2016年云南文化投入增长状况此项综合指数为141.92，处于省域间第27位，高出2005年起点基数41.92%，也高出上年测评指数23.64个点。

"十一五"以来各年度此项综合指数对比，2006年、2008年、2011~2016年8个年度高于2005年起点基数值100；2008年、2010~2012年、2015~2016年6个年度高于上年指数值。其中，最高值为2016年的141.92，最低值为2007年的81.10。云南此项综合指数在省域间排行变化，2005年起点不计，2010年为第25位，2016年从上年第31位上升为第27位。

（五）"十二五"以来基数值纵向测评

以"十一五"末年2010年为起点基数值100，2016年云南文化投入增长状况此项综合指数为126.95，处于省域间第13位，高出2010年起点基数26.95%，也高出上年测评指数19.28个点。

"十二五"以来各年度此项综合指数对比，全部各个年度均高于2010年起点基数值100；2012年、2015~2016年3个年度高于上年指数值。其中，最高值为2016年的126.95，最低值为2014年的104.10。云南此项综合指数在省域间排行变化，2010年起点不计，2012年为第4位，2016年从上年第29位上升为第13位。

B.12
广东：2015～2016年综合指数提升第3位

殷思华*

摘　要： 2000～2016年，广东文化投入总量由26.33亿元增至229.71亿元，年均增长14.50%，较明显低于全国平均水平1.35个百分点。广东综合评价排行：在省域横向测评中，处于2016年度综合指数排名第17位；在自身纵向测评中，处于2000～2016年综合指数提升第28位，2005～2016年综合指数提升第22位，2010～2016年综合指数提升第29位，2015～2016年综合指数提升第3位。

关键词： 广东　文化投入　综合评价

一　文化投入及其相关背景基本态势

（一）经济财政基本面背景状况

2000年以来广东文化投入总量增长及相关背景关系态势见图1。

2000～2016年，广东产值总量总增长652.75%，年均增长13.45%；财政收入总量总增长1041.09%，年均增长16.43%；财政支出总量总增长

---

* 殷思华，云南师范大学教育科学与管理学院讲师，主要从事文化教育学研究。

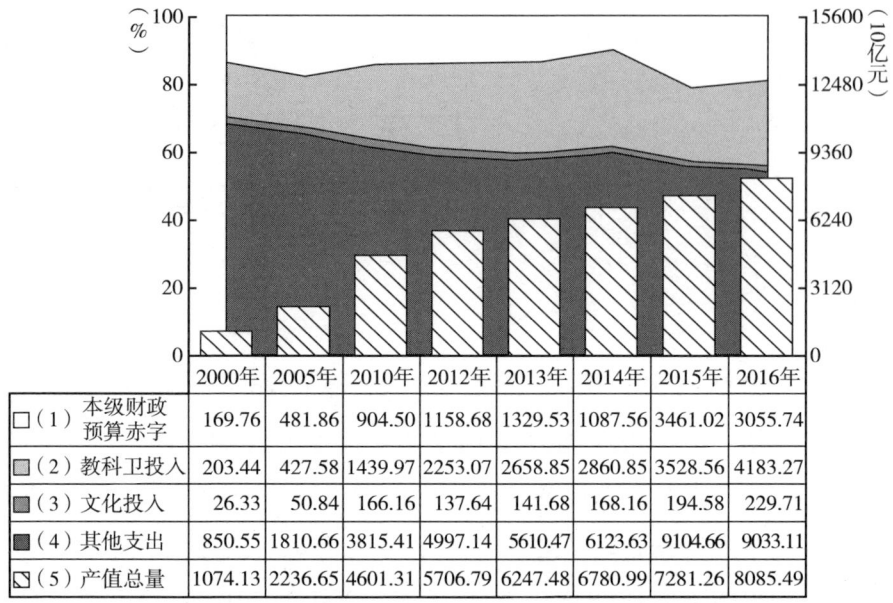

图1　2000年以来广东文化投入总量增长及相关背景关系态势

左轴面积：本级财政预算赤字（中央财政税收返还和转移支付等，"财政包干"地区可为国债份额）、教科卫投入、文化投入、其他支出总量（亿元转换为%），（2）+（3）+（4）=财政支出总量，（2）+（3）+（4）-（1）=财政收入总量，各项数值呈直观比例。右轴柱形：产值总量（10亿元，增长演算取亿元）。图中省略若干年度，后台演算历年增长变化包括省略年度，后同。

1144.64%，年均增长17.07%；教科文卫综合投入（图中教科卫投入与文化投入之和，后同）总量总增长1820.61%，年均增长20.29%；教科文卫综合投入之外财政支出统归为"其他支出"，其总量总增长962.03%，年均增长15.91%。

在此期间，广东教科文卫综合投入总量年均增长高于产值年增6.84个百分点，高于财政收入年增3.86个百分点，高于财政支出年增3.22个百分点，高于其他支出年增4.38个百分点。

"十五"以来，广东教科文卫建设作为公共服务的一个重要方面，确实处于一种极为特殊的优先发展地位。"十一五"以来，广东教科文卫综合投入增长高于其他支出增长的情况更加明显。在教科文卫综合投入优先增长格局中，文化投入究竟处于什么位置？

（二）文化投入总量增长状况

2000年以来广东文化投入总量及相邻关系、占全国份额变动态势见图2。

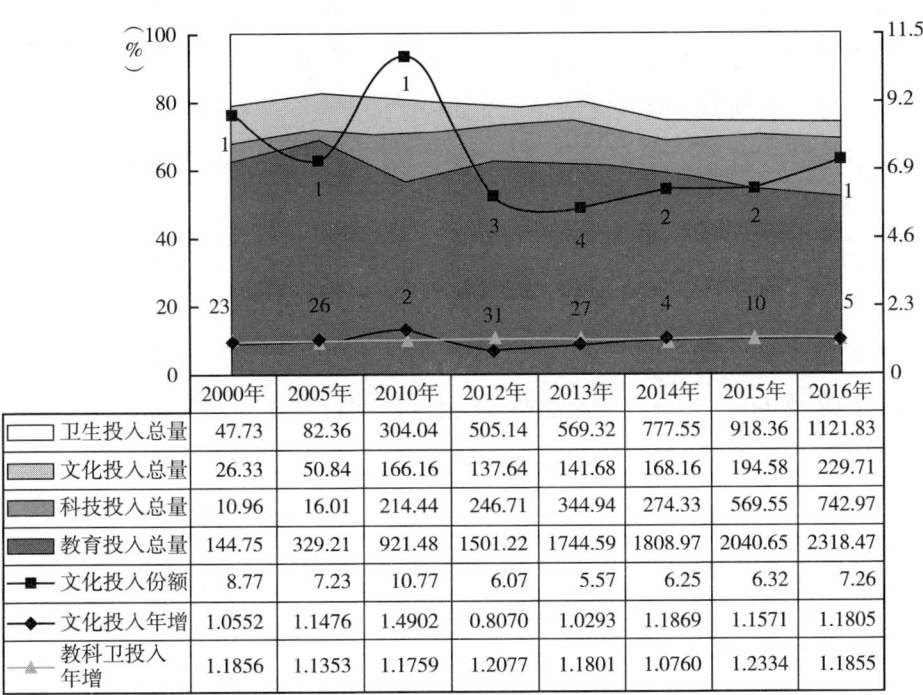

图2　2000年以来广东文化投入总量及相邻关系、占全国份额变动态势

左轴面积：教育、科技、文化、卫生投入总量（亿元转换为%），各项数值呈直观比例。右轴曲线：文化、教科卫投入年增指数（上年=1，保留4位小数，正文转换为2位小数增长百分比，后同）；文化投入占全国份额（%）。后台数据库包含未出现的1999年相关数据，以此测量2000年相应数据变动，后同。标明历年文化投入增长、份额省域排序。

2000~2016年，广东文化投入总量由26.33亿元增至229.71亿元，总增长772.43%，年均增长14.50%，省域间增长位次排序第23位。其中，"十五"期间年增14.06%，"十一五"期间年增26.73%，"十二五"以来年均增长5.55%。最高增长年度为2009年，增长67.13%；最低增长年度为2012年，负增长19.30%。

相比之下，广东文化投入总量年均增长高于产值年增1.05个百分点，其中"十五"期间低于产值年增1.74个百分点，"十一五"期间高于产值年增11.21个百分点，"十二五"以来低于产值年增4.30个百分点；同时低于财政收入年增1.93个百分点，其中"十五"期间低于财政收入年增0.63个百分点，"十一五"期间高于财政收入年增6.62个百分点，"十二五"以来低于财政收入年增9.34个百分点；低于财政支出年增2.57个百分点，其中"十五"期间低于财政支出年增2.14个百分点，"十一五"期间高于财政支出年增7.91个百分点，"十二五"以来低于财政支出年增10.79个百分点。

认真对比，广东文化投入总量年均增长低于教科卫三项投入年增6.30个百分点，其中"十五"期间低于教科卫投入年增1.96个百分点，"十一五"期间低于教科卫投入年增0.76个百分点，"十二五"以来低于教科卫投入年增13.90个百分点。在2000年以来广东教科文卫综合投入优先高增长当中，文化投入增长处于严重失衡状态。

从图2亦可清楚、直观地看出，文化投入所占面积呈逐渐收窄之势，表明其在教科文卫综合投入中的比例份额持续降低。

与此同时，全国文化投入总量总增长953.34%，年增15.85%。2000年以来，广东文化投入总量年均增长低于全国年增1.35个百分点，占全国份额从2000年的8.77%下降至2016年的7.26%，省域间份额位次前后保持在第1位。

（三）人均值增长及其地区差变动状况

2000年以来广东文化投入人均值及其地区差变动态势见图3。

2000~2016年，广东文化投入人均值由35.16元增至210.28元，总增长498.07%，年均增长11.83%，省域间增长位次排序第31位。其中，"十五"期间年增10.57%，"十一五"期间年增23.29%，"十二五"以来年均增长4.07%。最高增长年度为2009年，增长65.48%；最低增长年度为2012年，负增长19.88%。

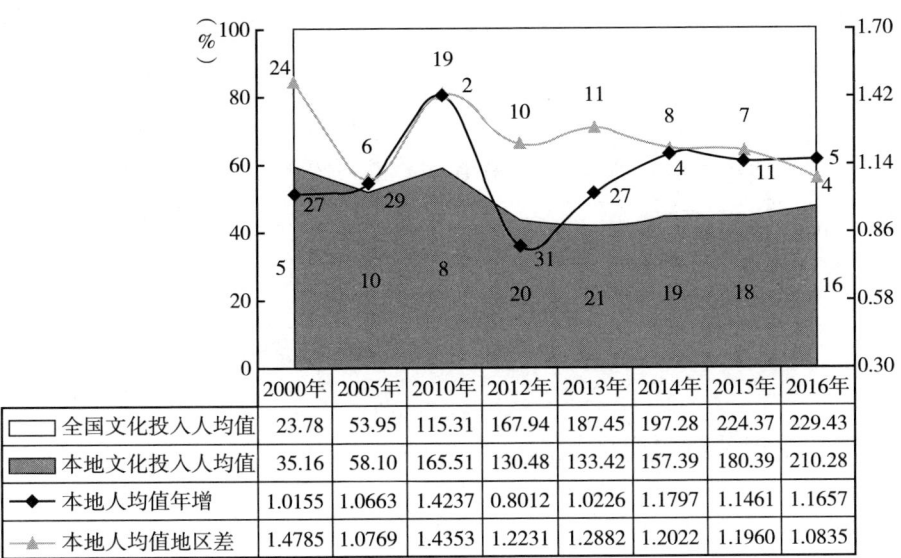

图3 2000年以来广东文化投入人均值及其地区差变动态势

左轴面积：本地、全国文化投入人均值（元转换为%），二者历年变动呈直观比例。右轴曲线：本地人均值年增指数（上年=1，小于1为负增长，由于历年人口增长，人均值年增指数略低于总量年增指数）；本地人均值地区差指数（无差距=1，保留4位小数检测细微差异）。标明历年本地人均值及其增长、地区差省域排序。

与此同时，全国文化投入人均值总增长864.80%，年均增长15.22%。2000年以来，广东文化投入人均值年均增长低于全国年增3.39个百分点，人均绝对数值从2000年为全国人均值的147.86%下降至2016年为全国人均值的91.65%，省域间人均绝对值高低位次从第5位下降为第16位。

同期，广东文化投入人均值地区差由1.4785缩小至1.0835，缩小26.72%，省域间地区差扩减变化位次排序第2位，地区差指数大小（倒序）位次从第24位上升为第4位。其中，"十五"期间缩小27.16%，"十一五"期间扩大33.28%，"十二五"以来地区差缩小24.51%。最小地区差为2006年的1.0031，最大地区差为2001年的1.5220。

广东产值、财政收入和支出，以及教科文卫投入各类人均值地区差变动检测：除了财政收入、科技投入以外，其余各类数据的地区差皆呈现为缩小态势。这无疑表明,文化投入增长的差距不但表现在数量的可比性之上,而且表现在质量的可比性之上。可以用人均值来衡量的公共文化投入均等化进展尚待时日,而这是公共文化服务均等化的基础。

按照本项检测的推演测算,2020年广东文化投入地区差应为1.1626,相比当前将较明显扩增。

二 文化投入相关协调性态势

(一)相关背景变动状况

2000年以来广东文化投入相关背景比值变动态势见图4。

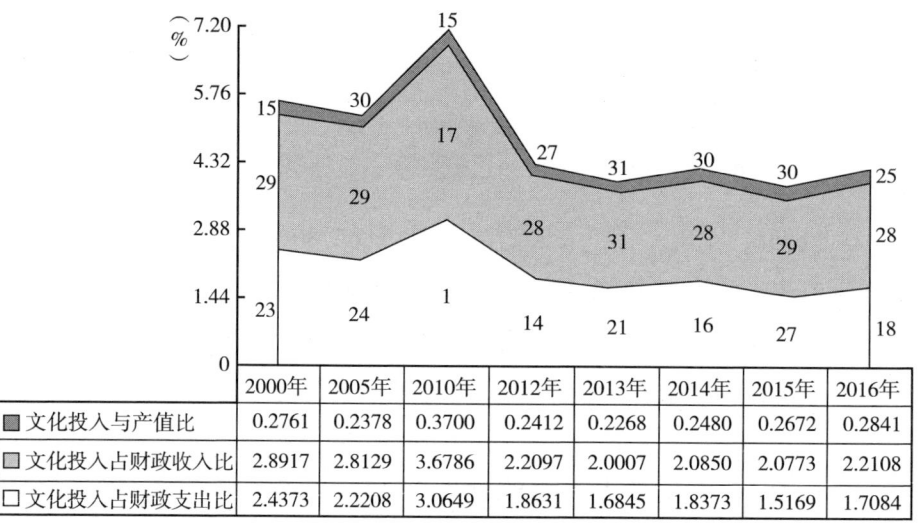

图4 2000年以来广东文化投入相关背景比值变动态势

左轴面积:文化投入与产值比、占财政收入和支出比(%),各项比值历年升降呈直观比例叠加。比值过小保留4位小数演算,正文按惯例保留2位小数。标明历年各项比值省域排序。

1. 文化投入与产值比

2000~2016年,广东文化投入总量年均增长高于产值年增1.05个百分点,其中"十五"期间年增偏低1.74个百分点,"十一五"期间年增偏高11.21个百分点,"十二五"以来年均增长偏低4.30个百分点。由于二者历年不同增长,广东文化投入与产值比从0.2761%增高至0.2841%,上升程度为2.90%,上升0.01个百分点,省域间升降变化位次排序第23位。由于各地不同变动,广东比值高低位次从第15位下降为第25位。最高比值为2010年的0.37%,最低比值为2007年的0.17%。

2. 文化投入占财政收入比

2000~2016年,广东文化投入总量年均增长低于财政收入年增1.93个百分点,其中"十五"期间年增偏低0.63个百分点,"十一五"期间年增偏高6.62个百分点,"十二五"以来年均增长偏低9.34个百分点。由于二者历年不同增长,广东文化投入占财政收入比从2.89%降低至2.21%,下降程度为23.55%,下降0.68个百分点,省域间升降变化位次排序第14位。由于各地不同变动,广东比值高低位次从第29位上升为第28位。最高比值为2010年的3.68%,最低比值为2007年的1.90%。

3. 文化投入占财政支出比

2000~2016年,广东文化投入总量年均增长低于财政支出年增2.57个百分点,其中"十五"期间年增偏低2.14个百分点,"十一五"期间年增偏高7.91个百分点,"十二五"以来年均增长偏低10.79个百分点。由于二者历年不同增长,广东文化投入占财政支出比从2.44%降低至1.71%,下降程度为29.91%,下降0.73个百分点,省域间升降变化位次排序第13位。由于各地不同变动,广东比值高低位次从第23位上升为第18位。最高比值为2010年的3.06%,最低比值为2015年的1.52%。

(二)相邻关系变动状况

2000年以来广东文化投入相邻关系比值变动态势见图5。

1. 文化投入与教育投入比

2000~2016年,广东文化投入总量年均增长低于教育投入年增4.43个百分点,其中"十五"期间年增偏低3.80个百分点,"十一五"期间年增

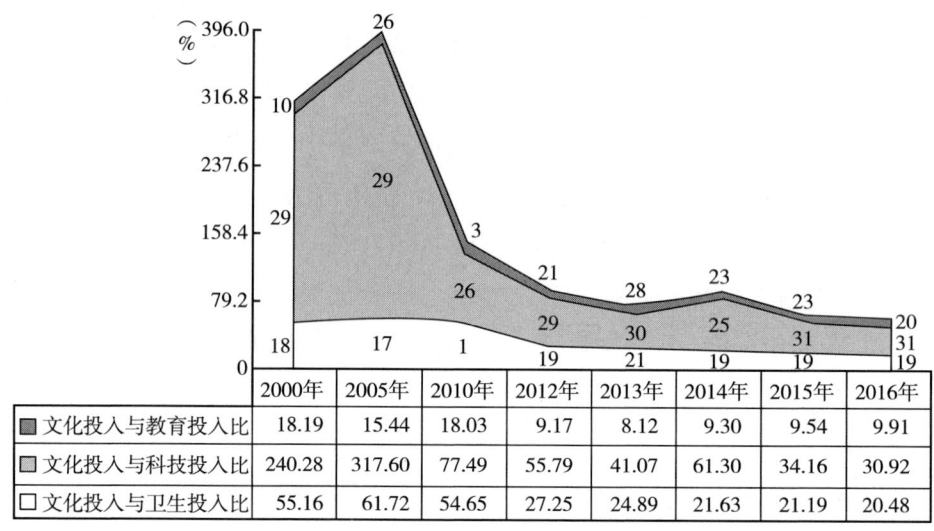

图 5　2000 年以来广东文化投入相邻关系比值变动态势

左轴面积：文化投入与教育、科技、卫生投入比（%），各项比值历年升降呈直观比例叠加。标明历年各项比值省域排序。

偏高 3.87 个百分点，"十二五"以来年均增长偏低 11.07 个百分点。由于二者历年不同增长，广东文化投入与教育投入比从 18.19% 降低至 9.91%，下降程度为 45.52%，下降 8.28 个百分点，省域间升降变化位次排序第 22 位，比值高低位次从第 10 位下降为第 20 位。最高比值为 2001 年的 18.58%，最低比值为 2013 年的 8.12%。

2. 文化投入与科技投入比

2000~2016 年，广东文化投入总量年均增长低于科技投入年增 15.65 个百分点，其中"十五"期间年增偏高 6.19 个百分点，"十一五"期间年增偏低 41.30 个百分点，"十二五"以来年均增长偏低 17.46 个百分点。由于二者历年不同增长，广东文化投入与科技投入比从 240.28% 降低至 30.92%，下降程度为 87.13%，下降 209.36 个百分点，省域间升降变化位次排序第 29 位，比值高低位次从第 29 位下降为第 31 位。最高比值为 2006 年的 344.97%，最低比值为 2016 年的 30.92%。

3. 文化投入与卫生投入比

2000～2016年，广东文化投入总量年均增长低于卫生投入年增7.31个百分点，其中"十五"期间年增偏高2.53个百分点，"十一五"期间年增偏低3.12个百分点，"十二五"以来年均增长偏低18.76个百分点。由于二者历年不同增长，广东文化投入与卫生投入比从55.16%降低为20.48%，下降程度为62.87%，下降34.68个百分点，省域间升降变化位次排序第16位，比值高低位次从第18位下降为第19位。最高比值为2001年的62.04%，最低比值为2016年的20.48%。

（三）同构占比变动状况

2000年以来广东文化消费与投入同构占比倍差变动态势见图6。

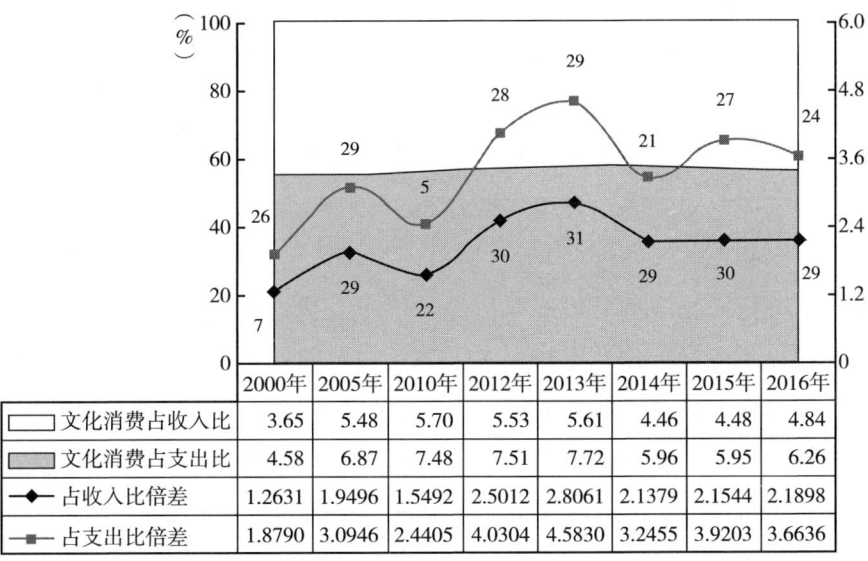

图6　2000年以来广东文化消费与投入同构占比倍差变动态势

左轴面积：文化消费占居民收入、居民总消费支出比（%），两项比值历年升降呈直观比例叠加。右轴曲线：文化消费占居民收入比与文化投入占财政收入比、文化消费占居民支出比与文化投入占财政支出比倍差指数（无差距＝1，保留4位小数检测细微差异）。标明历年各项倍差省域排序。另需说明，2014年以来年鉴始发布城乡人均值民生数据，与总量数据之间存在演算误差，与对应产值人均值和总量分别演算居民收入比、消费率有出入，本文恢复采用自行演算城乡人均值展开文化消费占居民收入、支出比测算。

1. 文化消费与投入占收入比

2000~2016年，广东城乡居民文化消费占居民收入比从3.65%增高至4.84%，上升程度为32.60%。逐年比较，最高比值为2007年的5.87%，最低比值为2001年的3.46%。

对照图4，同期，广东文化投入占财政收入比下降23.55%，2016年比值低于文化消费占居民收入比2.63个百分点。二者之间占比倍差由1.2631增大至2.1898，增大程度为73.37%，省域间增减变化位次排序第30位，倍差指数高低（倒序）位次从第7位下降为第29位。

2. 文化消费与投入占支出比

2000~2016年，广东城乡居民文化消费占居民支出比从4.58%增高至6.26%，上升程度为36.68%。逐年比较，最高比值为2013年的7.72%，最低比值为2001年的4.53%。

对照图4，同期，广东文化投入占财政支出比下降29.91%，2016年比值低于文化消费占居民支出比4.55个百分点。二者之间占比倍差由1.8790增大至3.6636，增大程度为94.98%，省域间增减变化位次排序第15位。由于各地不同变动，广东倍差指数高低（倒序）位次从第26位上升为第24位。

以上分析检测显示，2000年以来，广东文化消费占居民收入比显著上升，文化投入占财政收入比却显著下降，二者同构占比倍差指数极显著增大；文化消费占居民支出比显著上升，文化投入占财政支出比却显著下降，二者同构占比倍差指数极显著增大。这意味着，广东公共文化投入增长占比变动滞后于居民文化消费需求变化态势的差距继续明显扩大。

三 2016年文化投入纵横向双重测评

综合以上分析，2000年以来广东文化投入总量年均增长14.50%，较明显低于全国平均水平1.35个百分点，人均值地区差缩小26.72%；文化投入增长较明显高于产值增长，但较明显低于财政收入、财政支出增长；同时明显低于教育投入增长,也极显著低于科技投入增长,亦显著低于卫生投入增长;文化投入占财政收入比较明显低于文化消费占居民收入比,占财政支出比更明显低于文化消费占居民支出比。

这些都集中体现在文化投入增长综合指数测评演算之中。2000年以来广东文化投入增长综合指数变动态势见图7。

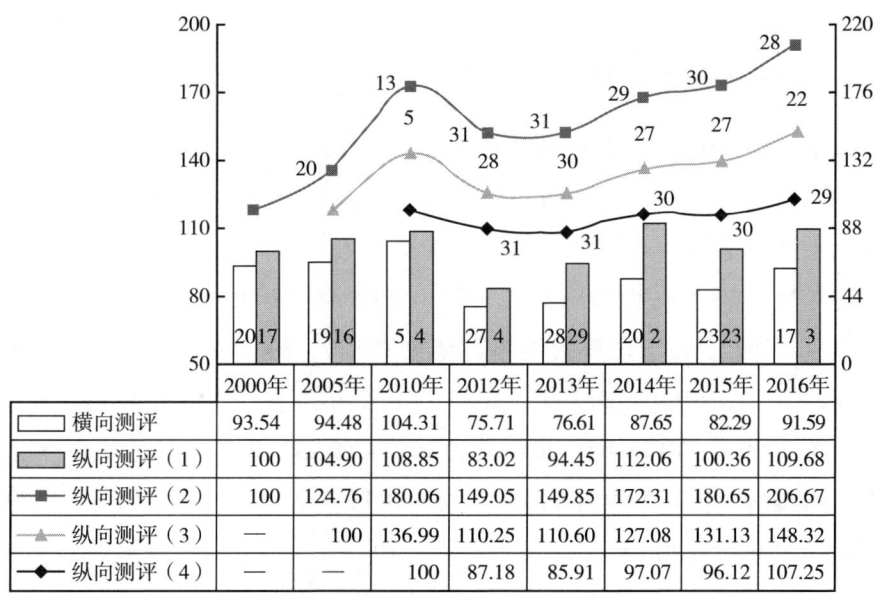

图7 2000年以来广东文化投入增长综合指数变动态势

左轴柱形:横向测评(无差距理想值=100);纵向测评(1),上年=100。右轴曲线:纵向测评(起点年基数值=100),(2)以2000年为起点,(3)以2005年为起点,(4)以2010年为起点。标明历年各项测评指数省域排行。

(一)各年度横向测评综合指数

以文化投入人均值地区无差距、文化消费与投入同构占比无差距状态为"理想值"100,2016年广东文化投入增长状况此项综合指数为91.59,处于省域间第17位,低于无差距理想值8.41%,但高于上年测评指数9.30个点。

各年度此项综合指数对比,2009~2010年2个年度高于无差距理想值100;2001年、2003~2004年、2006年、2008~2009年、2013~2014年、2016年9个年度高于上年指数值。其中,最高值为2009年的105.20,最低值为2012年的75.71。广东此项综合指数在省域间排行变化,2000年为第20位,2005年为第19位,2010年为第5位,2016年从上年第23位上升为第17位。

(二)逐年度基数值纵向测评

以上一年2015年为起点基数值100,2016年广东文化投入增长状况此项综合指数为109.68,处于省域间第3位,高出2015年起点基数9.68%,也高出上年基于2014年基数值的测评指数9.32个点。

逐年度此项景气指数对比,2001~2006年、2008~2011年、2014~2016年13个年度高于自身上年起点基数值100;2001年、2003~2004年、2008~2009年、2013~2014年、2016年8个年度高于上年指数值。其中,最高值为2009年的128.65,最低值为2007年的80.40。广东此项综合指数在省域间排行变化,2000年为第17位,2005年为第16位,2010年为第4位,2016年从上年第23位上升为第3位。

(三)"十五"以来基数值纵向测评

以"九五"末年2000年为起点基数值100,2016年广东文化投入增长状况此项综合指数为206.67,处于省域间第28位,高出2000年起点基数106.67%,也高出上年测评指数26.02个点。

"十五"以来各年度此项综合指数对比,全部各个年度均高于2000年起点基数值100;2003~2006年、2008~2010年、2013~2016年11个年度高于上年指数值。其中,最高值为2016年的206.67,最低值为2002年的106.55。广东此项综合指数在省域间排行变化,2000年起点不计,2005年为第20位,2010年为第13位,2016年从上年第30位上升为第28位。

（四）"十一五"以来基数值纵向测评

以"十五"末年2005年为起点基数值100，2016年广东文化投入增长状况此项综合指数为148.32，处于省域间第22位，高出2005年起点基数48.32%，也高出上年测评指数17.19个点。

"十一五"以来各年度此项综合指数对比，2006年、2009~2016年9个年度高于2005年起点基数值100；2008~2010年、2013~2016年7个年度高于上年指数值。其中，最高值为2016年的148.32，最低值为2007年的84.84。广东此项综合指数在省域间排行变化，2005年起点不计，2010年为第5位，2016年从上年第27位上升为第22位。

（五）"十二五"以来基数值纵向测评

以"十一五"末年2010年为起点基数值100，2016年广东文化投入增长状况此项综合指数为107.25，处于省域间第29位，高出2010年起点基数7.25%，也高出上年测评指数11.13个点。

"十二五"以来各年度此项综合指数对比，2011年、2016年2个年度高于2010年起点基数值100；2014年、2016年2个年度高于上年指数值。其中，最高值为2016年的107.25，最低值为2013年的85.91。广东此项综合指数在省域间排行变化，2010年起点不计，2012年为第31位，2016年从上年第30位上升为第29位。

B.13
重庆：2000~2016年综合指数提升第4位

刘娟娟*

摘　要： 2000~2016年，重庆文化投入总量由3.37亿元增至47.98亿元，年均增长18.06%，较明显高于全国平均水平2.21个百分点。重庆综合评价排行：在省域横向测评中，处于2016年度综合指数排名第27位；在自身纵向测评中，处于2000~2016年综合指数提升第4位，2005~2016年综合指数提升第16位，2010~2016年综合指数提升第26位，2015~2016年综合指数提升第22位。

关键词： 重庆　文化投入　综合评价

一　文化投入及其相关背景基本态势

（一）经济财政基本面背景状况

2000年以来重庆文化投入总量增长及相关背景关系态势见图1。

2000~2016年，重庆产值总量总增长1006.57%，年均增长16.21%；财政收入总量总增长2453.77%，年均增长22.45%；财政支出总量总增长

---

* 刘娟娟，云南农业职业技术学院工程学院讲师，主要从事民族文化研究。

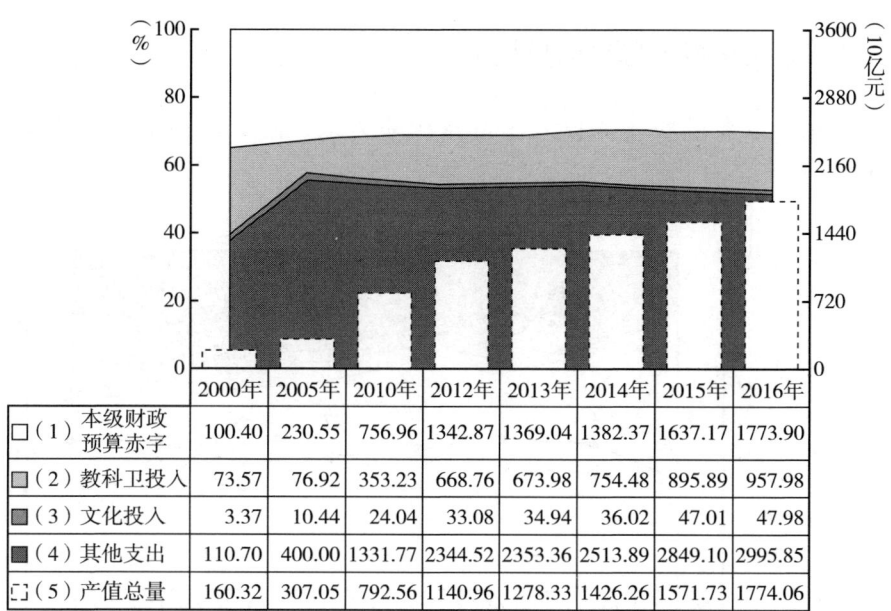

图1 2000年以来重庆文化投入总量增长及相关背景关系态势

左轴面积：本级财政预算赤字（中央财政税收返还和转移支付等，"财政包干"地区可为国债份额）、教科卫投入、文化投入、其他支出总量（亿元转换为%），（2）+（3）+（4）=财政支出总量，（2）+（3）+（4）-（1）=财政收入总量，各项数值呈直观比例。右轴柱形：产值总量（10亿元，增长演算取亿元）。图中省略若干年度，后台演算历年增长变化包括省略年度，后同。

2032.71%，年均增长21.08%；教科文卫综合投入（图中教科卫投入与文化投入之和，后同）总量总增长1207.29%，年均增长17.43%；教科文卫综合投入之外财政支出统归为"其他支出"，其总量总增长2606.28%，年均增长22.89%。

在此期间，重庆教科文卫综合投入总量年均增长高于产值年增1.22个百分点，低于财政收入年增5.02个百分点，低于财政支出年增3.65个百分点，低于其他支出年增5.46个百分点。

"十五"以来，重庆教科文卫建设作为公共服务的一个重要方面，确实处于一种高增长状态。"十一五"以来，重庆教科文卫综合投入增长反超明显高于其他支出增长。那么，文化投入在其中处于什么位置？

（二）文化投入总量增长状况

2000年以来重庆文化投入总量及相邻关系、占全国份额变动态势见图2。

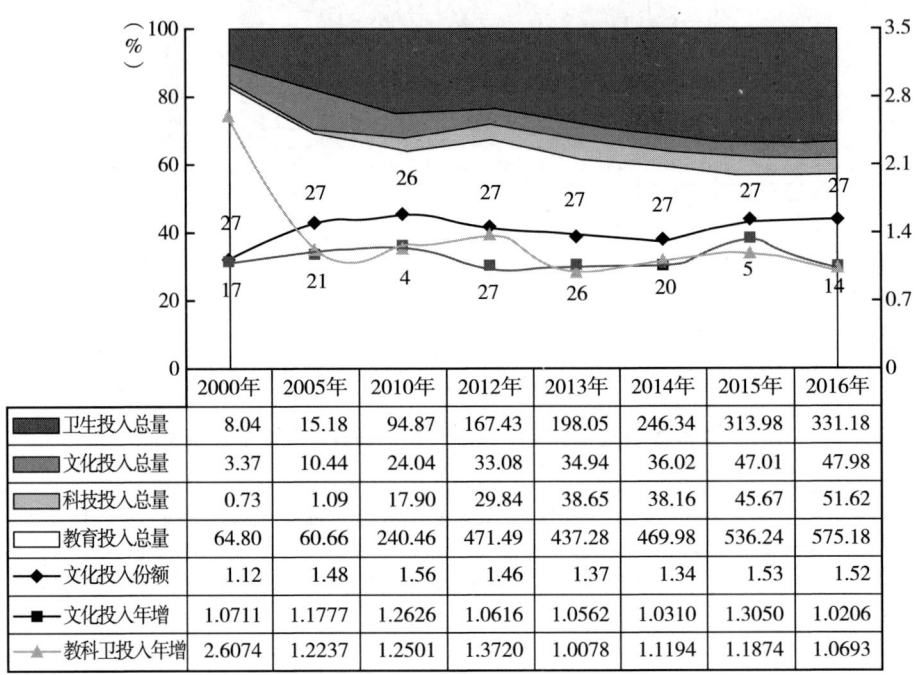

图2 2000年以来重庆文化投入总量及相邻关系、占全国份额变动态势

左轴面积：教育、科技、文化、卫生投入总量（亿元转换为%），各项数值呈直观比例。右轴曲线：文化、教科卫投入年增指数（上年=1，保留4位小数，正文转换为2位小数增长百分比，后同）；文化投入占全国份额（%）。后台数据库包含未出现的1999年相关数据，以此测量2000年相应数据变动，后同。标明历年文化投入增长、份额省域排序。

2000~2016年，重庆文化投入总量由3.37亿元增至47.98亿元，总增长1323.74%，年均增长18.06%，省域间增长位次排序第8位。其中，"十五"期间年增25.38%，"十一五"期间年增18.15%，"十二五"以来年均增长12.21%。最高增长年度为2008年，增长56.35%；最低增长年度为2007年，负增长12.84%。

相比之下，重庆文化投入总量年均增长高于产值年增1.85个百分点，其中"十五"期间高于产值年增11.50个百分点，"十一五"期间低于产值年增2.73个百分点，"十二五"以来低于产值年增2.16个百分点；同时低于财政收入年增4.39个百分点，其中"十五"期间高于财政收入年增1.28个百分点，"十一五"期间低于财政收入年增11.81个百分点，"十二五"以来低于财政收入年增3.01个百分点；低于财政支出年增3.02个百分点，其中"十五"期间高于财政支出年增4.35个百分点，"十一五"期间低于财政支出年增10.37个百分点，"十二五"以来低于财政支出年增3.02个百分点。

认真对比，重庆文化投入总量年均增长高于教科卫三项投入年增0.66个百分点，其中"十五"期间高于教科卫投入年增24.49个百分点，"十一五"期间低于教科卫投入年增17.49个百分点，"十二五"以来低于教科卫投入年增5.88个百分点。在2000年以来重庆教科文卫综合投入高增长当中，文化投入增长处于良性平衡状态。

从图2亦可清楚、直观地看出，文化投入所占面积大体上呈保持之势，表明其在教科文卫综合投入中的比例份额基本稳定。

与此同时，全国文化投入总量总增长953.34%，年增15.85%。2000年以来，重庆文化投入总量年均增长高于全国年增2.21个百分点，占全国份额从2000年的1.12%上升至2016年的1.52%，省域间份额位次前后保持在第27位。

（三）人均值增长及其地区差变动状况

2000年以来重庆文化投入人均值及其地区差变动态势见图3。

2000~2016年，重庆文化投入人均值由10.94元增至158.23元，总增长1346.34%，年均增长18.17%，省域间增长位次排序第4位。其中，"十五"期间年增26.37%，"十一五"期间年增18.87%，"十二五"以来年均增长11.20%。最高增长年度为2008年，增长55.50%；最低增长年度为2007年，负增长13.12%。

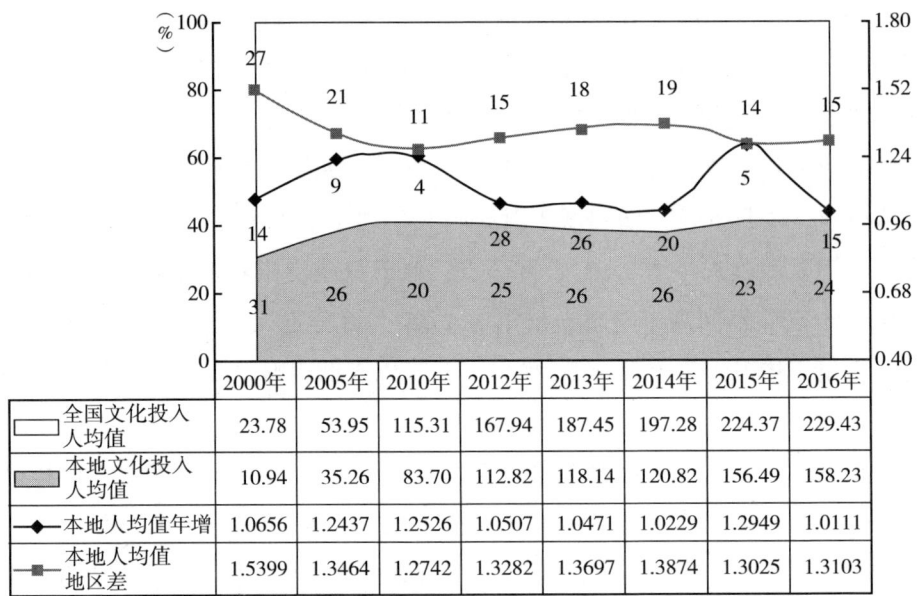

图 3　2000 年以来重庆文化投入人均值及其地区差变动态势

左轴面积：本地、全国文化投入人均值（元转换为%），二者历年变动呈直观比例。右轴曲线：本地人均值年增指数（上年＝1，小于1为负增长，由于历年人口增长，人均值年增指数略低于总量年增指数）；本地人均值地区差指数（无差距＝1，保留4位小数检测细微差异）。标明历年本地人均值及其增长、地区差省域排序。

与此同时，全国文化投入人均值总增长864.80%，年均增长15.22%。2000年以来，重庆文化投入人均值年均增长高于全国年增2.95个百分点，人均绝对数值从2000年为全国人均值的46.01%上升至2016年为全国人均值的68.97%，省域间人均绝对值高低位次从第31位上升为第24位。

同期，重庆文化投入人均值地区差由1.5399缩小至1.3103，缩小14.91%，省域间地区差扩减变化位次排序第6位，地区差指数大小（倒序）位次从第27位上升为第15位。其中，"十五"期间缩小12.57%，"十一五"期间缩小5.36%，"十二五"以来地区差扩大2.83%。最小地区差为2011年的1.2377，最大地区差为2000年的1.5399。

重庆产值、财政收入和支出，以及教科文卫投入各类人均值地区差变动检测：各类数据的地区差全都呈现为缩小态势；仅有科技投入地区差在

2016年缩减至历年最小值。这无疑表明，文化投入增长的差距不但表现在数量的可比性之上，而且表现在质量的可比性之上。可以用人均值来衡量的公共文化投入均等化进展尚待时日，而这是公共文化服务均等化的基础。

按照本项检测的推演测算，2020年重庆文化投入地区差应为1.2652，相比当前将进一步略微缩减。

二 文化投入相关协调性态势

（一）相关背景变动状况

2000年以来重庆文化投入相关背景比值变动态势见图4。

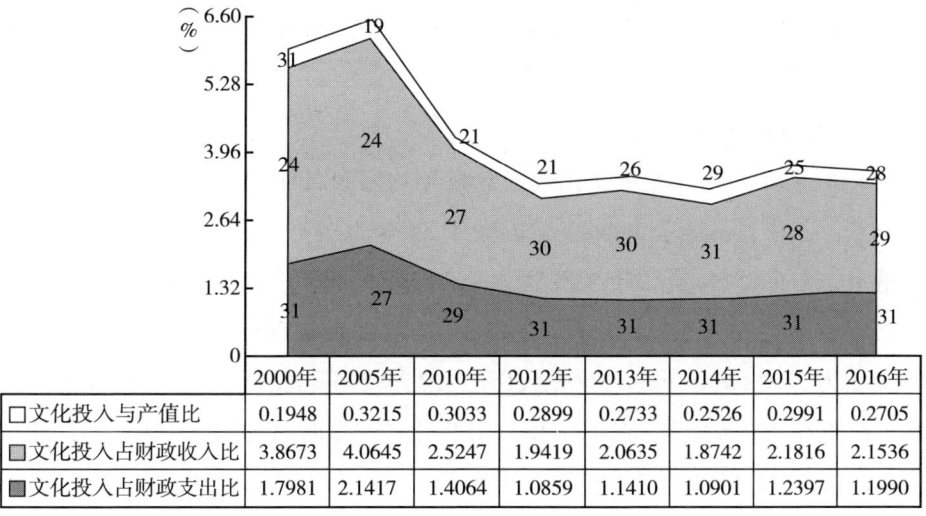

图4　2000年以来重庆文化投入相关背景比值变动态势

左轴面积：文化投入与产值比、占财政收入和支出比（%），各项比值历年升降呈直观比例叠加。比值过小保留4位小数演算，正文按惯例保留2位小数。标明历年各项比值省域排序。

1. 文化投入与产值比

2000~2016年，重庆文化投入总量年均增长高于产值年增1.85个百分点，其中"十五"期间年增偏高11.50个百分点，"十一五"期间年增偏低2.73个百分点，"十二五"以来年均增长偏低2.16个百分点。由于二者历年不同增长，重庆文化投入与产值比从0.19%增高至0.27%，上升程度为38.86%，上升0.08个百分点，省域间升降变化位次排序第17位，比值高低位次从第31位上升为第28位。最高比值为2006年的0.35%，最低比值为2000年的0.19%。

2. 文化投入占财政收入比

2000~2016年，重庆文化投入总量年均增长低于财政收入年增4.39个百分点，其中"十五"期间年增偏高1.28个百分点，"十一五"期间年增偏低11.81个百分点，"十二五"以来年均增长偏低3.01个百分点。由于二者历年不同增长，重庆文化投入占财政收入比从3.87%降低至2.15%，下降程度为44.31%，下降1.71个百分点，省域间升降变化位次排序第31位，比值高低位次从第24位下降为第29位。最高比值为2002年的4.67%，最低比值为2014年的1.87%。

3. 文化投入占财政支出比

2000~2016年，重庆文化投入总量年均增长低于财政支出年增3.02个百分点，其中"十五"期间年增偏高4.35个百分点，"十一五"期间年增偏低10.37个百分点，"十二五"以来年均增长偏低3.02个百分点。由于二者历年不同增长，重庆文化投入占财政支出比从1.80%降低至1.20%，下降程度为33.32%，下降0.60个百分点，省域间升降变化位次排序第17位，比值高低位次前后保持在第31位。最高比值为2004年的2.24%，最低比值为2012年的1.09%。

（二）相邻关系变动状况

2000年以来重庆文化投入相邻关系比值变动态势见图5。

1. 文化投入与教育投入比

2000~2016年，重庆文化投入总量年均增长高于教育投入年增3.44个百分点，其中"十五"期间年增偏高26.69个百分点，"十一五"期间年增

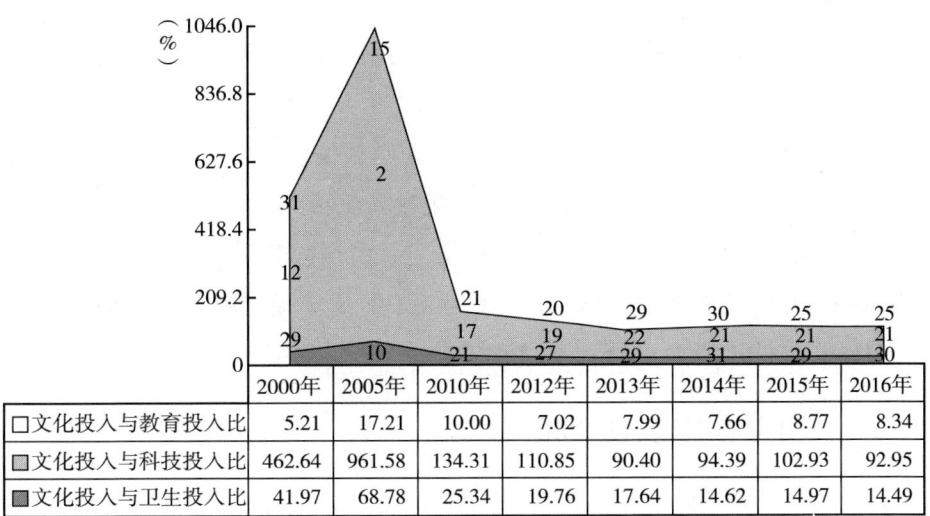

图 5 2000 年以来重庆文化投入相邻关系比值变动态势

左轴面积：文化投入与教育、科技、卫生投入比（％），各项比值历年升降呈直观比例叠加。标明历年各项比值省域排序。

偏低 13.56 个百分点，"十二五"以来年均增长偏低 3.43 个百分点。由于二者历年不同增长，重庆文化投入与教育投入比从 5.21％ 增高至 8.34％，上升程度为 60.08％，上升 3.13 个百分点，省域间升降变化位次排序第 1 位，比值高低位次从第 31 位上升为第 25 位。最高比值为 2004 年的 17.80％，最低比值为 2000 年的 5.21％。

2. 文化投入与科技投入比

2000～2016 年，重庆文化投入总量年均增长低于科技投入年增 12.43 个百分点，其中"十五"期间年增偏高 17.03 个百分点，"十一五"期间年增偏低 56.87 个百分点，"十二五"以来年均增长偏低 7.10 个百分点。由于二者历年不同增长，重庆文化投入与科技投入比从 462.64％ 降低至 92.95％，下降程度为 79.91％，下降 369.69 个百分点，省域间升降变化位次排序第 23 位，比值高低位次从第 12 位下降为第 21 位。最高比值为 2005 年的 961.58％，最低比值为 2013 年的 90.40％。

3. 文化投入与卫生投入比

2000~2016年，重庆文化投入总量年均增长低于卫生投入年增8.10个百分点，其中"十五"期间年增偏高11.83个百分点，"十一五"期间年增偏低26.12个百分点，"十二五"以来年均增长偏低10.96个百分点。由于二者历年不同增长，重庆文化投入与卫生投入比从41.97%降低为14.49%，下降程度为65.48%，下降27.48个百分点，省域间升降变化位次排序第20位，比值高低位次从第29位下降为第30位。最高比值为2004年的73.51%，最低比值为2016年的14.49%。

（三）同构占比变动状况

2000年以来重庆文化消费与投入同构占比倍差变动态势见图6。

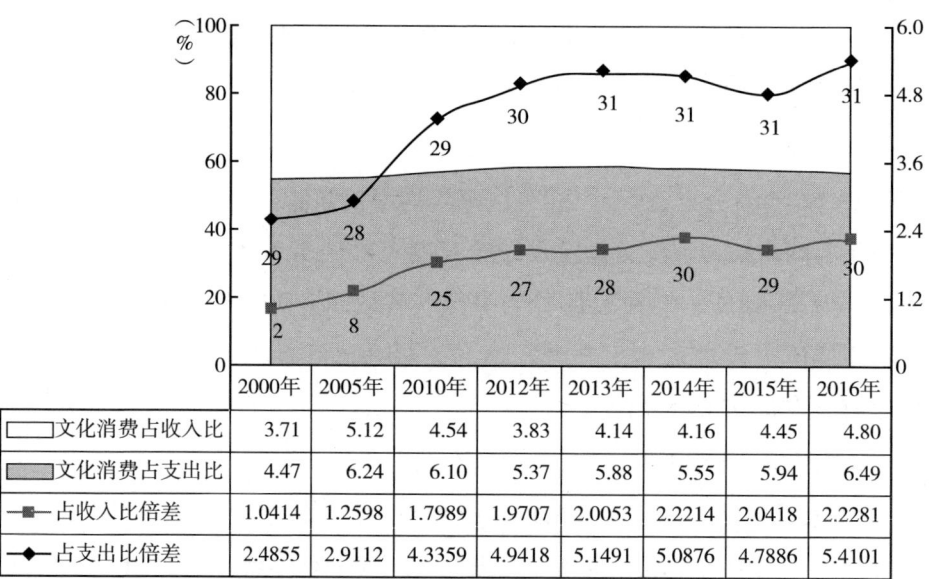

图6 2000年以来重庆文化消费与投入同构占比倍差变动态势

左轴面积：文化消费占居民收入、居民总消费支出比（%），两项比值历年升降呈直观比例叠加。右轴曲线：文化消费占居民收入比与文化投入占财政收入比、文化消费占居民支出比与文化投入占财政支出比倍差指数（无差距=1，保留4位小数检测细微差异）。标明历年各项倍差省域排序。另需说明，2014年以来年鉴始发布城乡人均值民生数据，与总量数据之间存在演算误差，与对应产值人均值和总量分别演算居民收入比、消费率有出入，本文恢复采用自行演算城乡人均值展开文化消费占居民收入、支出比测算。

1. 文化消费与投入占收入比

2000~2016年,重庆城乡居民文化消费占居民收入比从3.71%增高至4.80%,上升程度为29.38%。逐年比较,最高比值为2005年的5.12%,最低比值为2000年的3.71%。

对照图4,同期,重庆文化投入占财政收入比下降44.31%,2016年比值低于文化消费占居民收入比2.65个百分点。二者之间占比倍差由1.0414增大至2.2281,增大程度为113.95%,省域间增减变化位次排序第31位,倍差指数高低(倒序)位次从第2位下降为第30位。

2. 文化消费与投入占支出比

2000~2016年,重庆城乡居民文化消费占居民支出比从4.47%增高至6.49%,上升程度为45.19%。逐年比较,最高比值为2016年的6.49%,最低比值为2000年的4.47%。

对照图4,同期,重庆文化投入占财政支出比下降33.32%,2016年比值低于文化消费占居民支出比5.29个百分点。二者之间占比倍差由2.4855增大至5.4101,增大程度为117.67%,省域间增减变化位次排序第22位,倍差指数高低(倒序)位次从第29位下降为第31位。

以上分析检测显示,2000年以来,重庆文化消费占居民收入比显著上升,文化投入占财政收入比却极显著下降,二者同构占比倍差指数极显著增大;文化消费占居民支出比极显著上升,文化投入占财政支出比却显著下降,二者同构占比倍差指数极显著增大。这意味着,重庆公共文化投入增长占比变动滞后于居民文化消费需求变化态势的差距继续明显扩大。

三 2016年文化投入纵横向双重测评

综合以上分析,2000年以来重庆文化投入总量年均增长18.06%,较明显高于全国平均水平2.21个百分点,人均值地区差缩小14.91%;文化投入增长较明显高于产值增长,但明显低于财政收入、财政支出增长;同时明显高于教育投入增长,但极显著低于科技投入增长,也显著低于卫生投入增长；文化投入占财政收入比较明显低于文化消费占居民收入比，占财政支出比更明显低于文化消费占居民支出比。

这些都集中体现在文化投入增长综合指数测评演算之中。2000年以来重庆文化投入增长综合指数变动态势见图7。

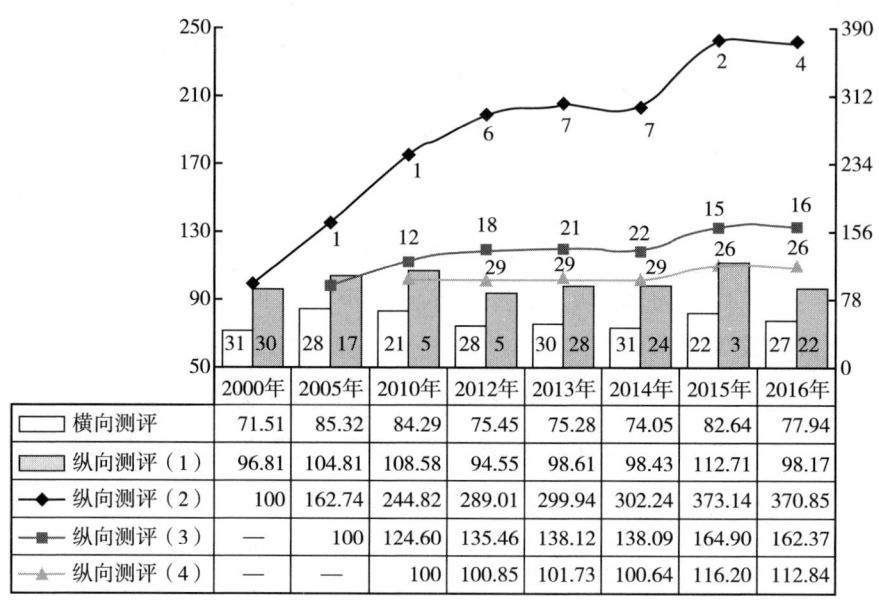

图7　2000年以来重庆文化投入增长综合指数变动态势

左轴柱形：横向测评（无差距理想值＝100）；纵向测评（1），上年＝100。右轴曲线：纵向测评（起点年基数值＝100），（2）以2000年为起点，（3）以2005年为起点，（4）以2010年为起点。标明历年各项测评指数省域排行。

（一）各年度横向测评综合指数

以文化投入人均值地区无差距、文化消费与投入同构占比无差距状态为"理想值"100，2016年重庆文化投入增长状况此项综合指数为77.94，处于省域间第27位，低于无差距理想值22.06%，也低于上年测评指数4.70个点。

各年度此项综合指数对比，全部各个年度均低于无差距理想值100；

2001年、2003年、2005年、2008年、2010年、2015年6个年度高于上年指数值。其中,最高值为2003年的88.44,最低值为2007年的65.92。重庆此项综合指数在省域间排行变化,2000年为第31位,2005年为第28位,2010年为第21位,2016年从上年第22位下降为第27位。

(二)逐年度基数值纵向测评

以上一年2015年为起点基数值100,2016年重庆文化投入增长状况此项综合指数为98.17,处于省域间第22位,低于2015年起点基数1.83%,也低于上年基于2014年基数值的测评指数14.54个点。

逐年度此项景气指数对比,2001~2006年、2008年、2010~2011年、2015年10个年度高于自身上年起点基数值100;2001年、2003年、2005年、2008年、2010年、2013年、2015年7个年度高于上年指数值。其中,最高值为2008年的122.96,最低值为2007年的80.76。重庆此项综合指数在省域间排行变化,2000年为第30位,2005年为第17位,2010年为第5位,2016年从上年第3位下降为第22位。

(三)"十五"以来基数值纵向测评

以"九五"末年2000年为起点基数值100,2016年重庆文化投入增长状况此项综合指数为370.85,处于省域间第4位,高出2000年起点基数270.85%,但低于上年测评指数2.29个点。

"十五"以来各年度此项综合指数对比,全部各个年度均高于2000年起点基数值100;2003~2006年、2008~2015年12个年度高于上年指数值。其中,最高值为2015年的373.14,最低值为2002年的130.64。重庆此项综合指数在省域间排行变化,2000年起点不计,2005年为第1位,2010年与之持平,2016年从上年第2位下降为第4位。

(四)"十一五"以来基数值纵向测评

以"十五"末年2005年为起点基数值100,2016年重庆文化投入增长状况此项综合指数为162.37，处于省域间第16位，高出2005年起点基数62.37%，但低于上年测评指数2.53个点。

"十一五"以来各年度此项综合指数对比，2006年、2008~2016年10个年度高于2005年起点基数值100；2008年、2010~2011年、2013年、2015年5个年度高于上年指数值。其中，最高值为2015年的164.90，最低值为2007年的85.02。重庆此项综合指数在省域间排行变化，2005年起点不计，2010年为第12位，2016年从上年第15位下降为第16位。

（五）"十二五"以来基数值纵向测评

以"十一五"末年2010年为起点基数值100，2016年重庆文化投入增长状况此项综合指数为112.84，处于省域间第26位，高出2010年起点基数12.84%，但低于上年测评指数3.36个点。

"十二五"以来各年度此项综合指数对比，全部各个年度均高于2010年起点基数值100；2013年、2015年2个年度高于上年指数值。其中，最高值为2015年的116.20，最低值为2014年的100.64。重庆此项综合指数在省域间排行变化，2010年起点不计，2012年为第29位，2016年与上年持平，皆为第26位。

B.14
湖北：2010~2016年综合指数提升第4位

朱可*

摘　要： 2000~2016年，湖北文化投入总量由9.88亿元增至96.61亿元，年均增长15.32%，略微低于全国平均水平0.53个百分点。湖北综合评价排行：在省域横向测评中，处于2016年度综合指数排名第23位；在自身纵向测评中，处于2000~2016年综合指数提升第19位，2005~2016年综合指数提升第11位，2010~2016年综合指数提升第4位，2015~2016年综合指数提升第4位。

关键词： 湖北　文化投入　综合评价

一　文化投入及其相关背景基本态势

（一）经济财政基本面背景状况

2000年以来湖北文化投入总量增长及相关背景关系态势见图1。

2000~2016年，湖北产值总量总增长821.35%，年均增长14.89%；财政收入总量总增长1347.19%，年均增长18.18%；财政支出总量总增长

---

*　朱可，云南白药集团健康品事业部市场分析人员，主要从事消费品市场分析与营销研究（互联网方向）。

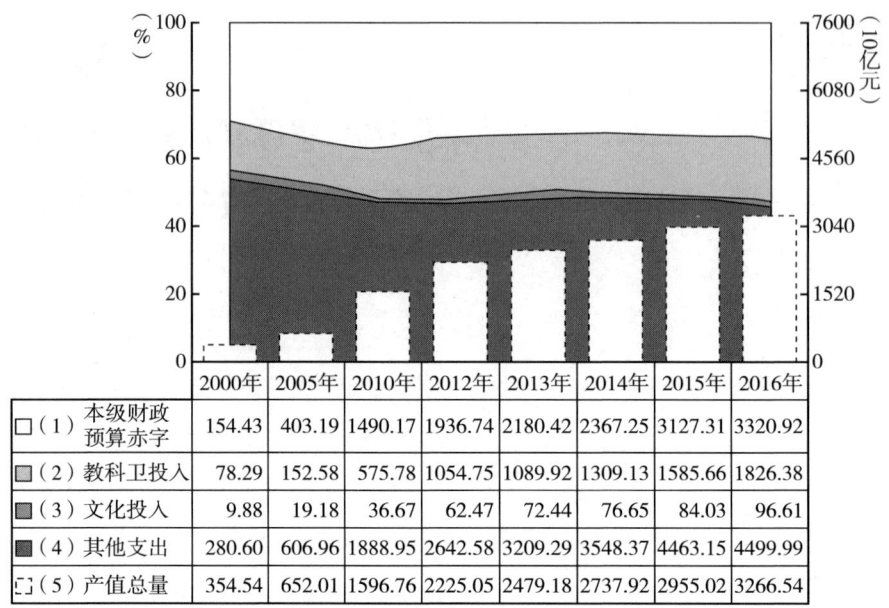

图1 2000年以来湖北文化投入总量增长及相关背景关系态势

左轴面积：本级财政预算赤字（中央财政税收返还和转移支付等，"财政包干"地区可为国债份额）、教科卫投入、文化投入、其他支出总量（亿元转换为%），（2）+（3）+（4）=财政支出总量，（2）+（3）+（4）-（1）=财政收入总量，各项数值呈直观比例。右轴柱形：产值总量（10亿元，增长演算取亿元）。图中省略若干年度，后台演算历年增长变化包括省略年度，后同。

1641.73%，年均增长19.55%；教科文卫综合投入（图中教科卫投入与文化投入之和，后同）总量总增长2081.00%，年均增长21.25%；教科文卫综合投入之外财政支出统归为"其他支出"，其总量总增长1503.70%，年均增长18.94%。

在此期间，湖北教科文卫综合投入总量年均增长高于产值年增6.36个百分点，高于财政收入年增3.07个百分点，高于财政支出年增1.70个百分点，高于其他支出年增2.31个百分点。

"十五"以来，湖北教科文卫建设作为公共服务的一个重要方面，确实处于一种极为特殊的优先发展地位。"十一五"以来，湖北教科文卫综合投入增长高于其他支出增长的情况更加明显。在教科文卫综合投入优先增长格局中，文化投入究竟处于什么位置？

（二）文化投入总量增长状况

2000年以来湖北文化投入总量及相邻关系、占全国份额变动态势见图2。

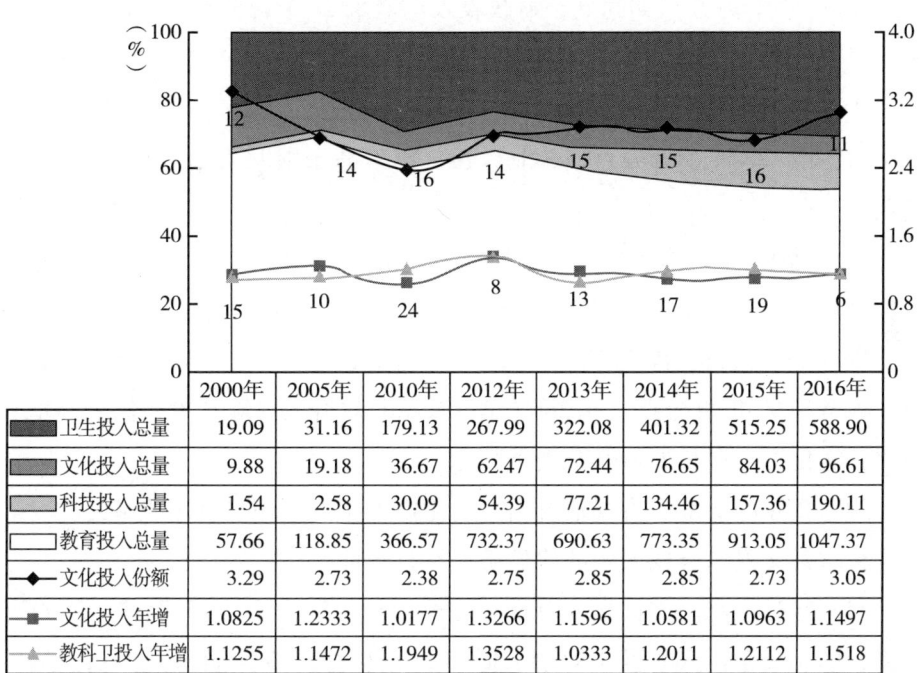

图2　2000年以来湖北文化投入总量及相邻关系、占全国份额变动态势

左轴面积：教育、科技、文化、卫生投入总量（亿元转换为%），各项数值呈直观比例。右轴曲线：文化、教科卫投入年增指数（上年=1，保留4位小数，正文转换为2位小数增长百分比，后同）；文化投入占全国份额（%）。后台数据库包含未出现的1999年相关数据，以此测量2000年相应数据变动，后同。标明历年文化投入增长、份额省域排序。

2000~2016年，湖北文化投入总量由9.88亿元增至96.61亿元，总增长877.83%，年均增长15.32%，省域间增长位次排序第21位。其中，"十五"期间年增14.19%，"十一五"期间年增13.84%，"十二五"以来年均增长17.52%。最高增长年度为2009年，增长42.71%；最低增长年度为2008年，增长1.32%。

相比之下，湖北文化投入总量年均增长高于产值年增0.43个百分点，其中"十五"期间高于产值年增1.23个百分点，"十一五"期间低于产值年增5.78个百分点，"十二五"以来高于产值年增4.85个百分点；同时低于财政收入年增2.86个百分点，其中"十五"期间高于财政收入年增2.32个百分点，"十一五"期间低于财政收入年增8.07个百分点，"十二五"以来低于财政收入年增3.02个百分点；低于财政支出年增4.23个百分点，其中"十五"期间低于财政支出年增1.93个百分点，"十一五"期间低于财政支出年增12.45个百分点，"十二五"以来高于财政支出年增0.50个百分点。

认真对比，湖北文化投入总量年均增长低于教科卫三项投入年增6.44个百分点，其中"十五"期间低于教科卫投入年增0.09个百分点，"十一五"期间低于教科卫投入年增16.58个百分点，"十二五"以来低于教科卫投入年增3.69个百分点。在2000年以来湖北教科文卫综合投入优先高增长当中，文化投入增长处于严重失衡状态。

从图2亦可清楚、直观地看出，文化投入所占面积呈逐渐收窄之势，表明其在教科文卫综合投入中的比例份额持续降低。

与此同时，全国文化投入总量总增长953.34%，年增15.85%。2000年以来，湖北文化投入总量年均增长低于全国年增0.53个百分点，占全国份额从2000年的3.29%下降至2016年的3.05%。由于各地不同变动，湖北份额位次从第12位上升为第11位。

（三）人均值增长及其地区差变动状况

2000年以来湖北文化投入人均值及其地区差变动态势见图3。

2000~2016年，湖北文化投入人均值由16.61元增至164.63元，总增长891.15%，年均增长15.41%，省域间增长位次排序第18位。其中，"十五"期间年增14.51%，"十一五"期间年增14.39%，"十二五"以来年均增长17.04%。最高增长年度为2009年，增长42.44%；最低增长年度为2008年，增长1.16%。

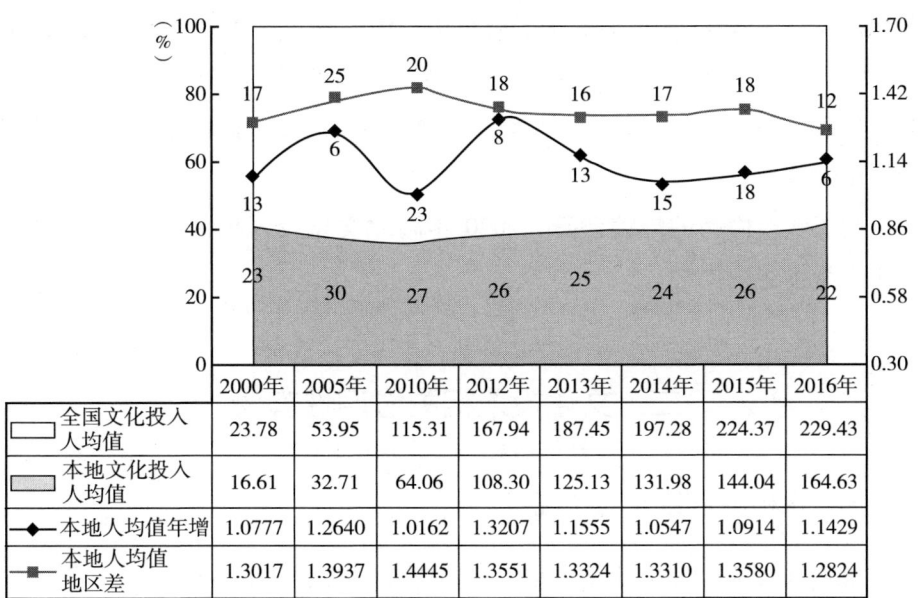

图3 2000年以来湖北文化投入人均值及其地区差变动态势

左轴面积：本地、全国文化投入人均值（元转换为%），二者历年变动呈直观比例。右轴曲线：本地人均值年增指数（上年=1，小于1为负增长，由于历年人口增长，人均值年增指数略低于总量年增指数）；本地人均值地区差指数（无差距=1，保留4位小数检测细微差异）。标明历年本地人均值及其增长、地区差省域排序。

与此同时，全国文化投入人均值总增长864.80%，年均增长15.22%。2000年以来，湖北文化投入人均值年均增长高于全国年增0.19个百分点，人均绝对数值从2000年为全国人均值的69.85%上升至2016年为全国人均值的71.76%，省域间人均绝对值高低位次从第23位上升为第22位。

同期，湖北文化投入人均值地区差由1.3017缩小至1.2824，缩小1.48%，省域间地区差扩减变化位次排序第12位，地区差指数大小（倒序）位次从第17位上升为第12位。其中，"十五"期间扩大7.07%，"十一五"期间扩大3.64%，"十二五"以来地区差缩小11.22%。最小地区差为2016年的1.2824，最大地区差为2008年的1.4650。

湖北产值、财政收入和支出，以及教科文卫投入各类人均值地区差变动检测：各类数据的地区差全都呈现为缩小态势；仅有教育投入、科技投入、文化投入地区差在2016年缩减至历年最小值。这无疑表明，文化投入增长的差距不但表现在数量的可比性之上，而且表现在质量的可比性之上。可以用人均值来衡量的公共文化投入均等化进展尚待时日，而这是公共文化服务均等化的基础。

按照本项检测的推演测算，2020年湖北文化投入地区差应为1.2898，相比当前将略微扩增。

二 文化投入相关协调性态势

（一）相关背景变动状况

2000年以来湖北文化投入相关背景比值变动态势见图4。

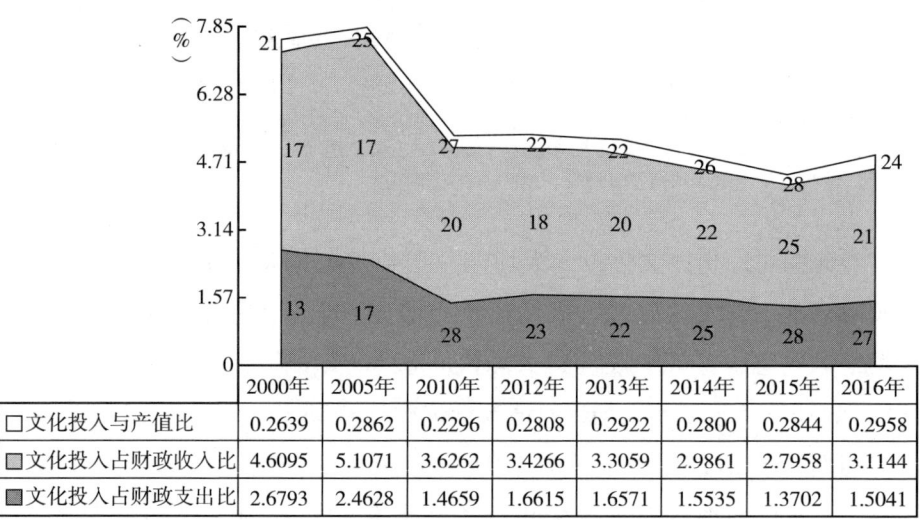

图4　2000年以来湖北文化投入相关背景比值变动态势

左轴面积：文化投入与产值比、占财政收入和支出比（%），各项比值历年升降呈直观比例叠加。比值过小保留4位小数演算，正文按惯例保留2位小数。标明历年各项比值省域排序。

1. 文化投入与产值比

2000~2016年，湖北文化投入总量年均增长高于产值年增0.43个百分点,其中"十五"期间年增偏高1.23个百分点,"十一五"期间年增偏低5.78个百分点,"十二五"以来年均增长偏高4.85个百分点。由于二者历年不同增长,湖北文化投入与产值比从0.26%增高至0.30%,上升程度为12.09%,上升0.03个百分点,省域间升降变化位次排序第25位。由于各地不同变动,湖北比值高低位次从第21位下降为第24位。最高比值为2006年的0.32%,最低比值为2008年的0.22%。

2. 文化投入占财政收入比

2000~2016年,湖北文化投入总量年均增长低于财政收入年增2.86个百分点,其中"十五"期间年增偏高2.32个百分点,"十一五"期间年增偏低8.07个百分点,"十二五"以来年均增长偏低3.02个百分点。由于二者历年不同增长,湖北文化投入占财政收入比从4.61%降低至3.11%,下降程度为32.44%,下降1.50个百分点,省域间升降变化位次排序第22位,比值高低位次从第17位下降为第21位。最高比值为2003年的5.36%,最低比值为2015年的2.80%。

3. 文化投入占财政支出比

2000~2016年,湖北文化投入总量年均增长低于财政支出年增4.23个百分点,其中"十五"期间年增偏低1.93个百分点,"十一五"期间年增偏低12.45个百分点,"十二五"以来年均增长偏高0.50个百分点。由于二者历年不同增长,湖北文化投入占财政支出比从2.68%降低至1.50%,下降程度为43.86%,下降1.18个百分点,省域间升降变化位次排序第25位,比值高低位次从第13位下降为第27位。最高比值为2000年的2.68%,最低比值为2015年的1.37%。

(二)相邻关系变动状况

2000年以来湖北文化投入相邻关系比值变动态势见图5。

1. 文化投入与教育投入比

2000~2016年,湖北文化投入总量年均增长低于教育投入年增4.55个百分点,其中"十五"期间年增偏低1.37个百分点,"十一五"期间年增

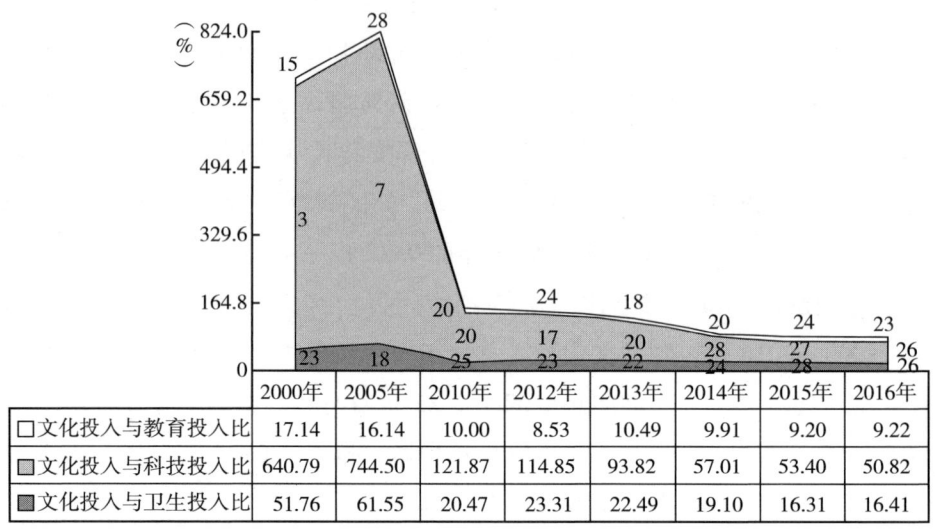

图 5　2000 年以来湖北文化投入相邻关系比值变动态势

左轴面积：文化投入与教育、科技、卫生投入比（%），各项比值历年升降呈直观比例叠加。标明历年各项比值省域排序。

偏低 11.43 个百分点，"十二五"以来年均增长偏低 1.60 个百分点。由于二者历年不同增长，湖北文化投入与教育投入比从 17.14% 降低至 9.22%，下降程度为 46.21%，下降 7.92 个百分点，省域间升降变化位次排序第 24 位，比值高低位次从第 15 位下降为第 23 位。最高比值为 2000 年的 17.14%，最低比值为 2012 年的 8.53%。

2. 文化投入与科技投入比

2000~2016 年，湖北文化投入总量年均增长低于科技投入年增 19.80 个百分点，其中"十五"期间年增偏高 3.32 个百分点，"十一五"期间年增偏低 49.60 个百分点，"十二五"以来年均增长偏低 18.45 个百分点。由于二者历年不同增长，湖北文化投入与科技投入比从 640.79% 降低至 50.82%，下降程度为 92.07%，下降 589.97 个百分点，省域间升降变化位次排序第 30 位，比值高低位次从第 3 位下降为第 26 位。最高比值为 2006 年的 828.14%，最低比值为 2016 年的 50.82%。

3. 文化投入与卫生投入比

2000～2016年,湖北文化投入总量年均增长低于卫生投入年增8.58个百分点,其中"十五"期间年增偏高3.89个百分点,"十一五"期间年增偏低28.04个百分点,"十二五"以来年均增长偏低4.42个百分点。由于二者历年不同增长,湖北文化投入与卫生投入比从51.76%降低为16.41%,下降程度为68.30%,下降35.35个百分点,省域间升降变化位次排序第24位,比值高低位次从第23位下降为第26位。最高比值为2005年的61.55%,最低比值为2015年的16.31%。

(三)同构占比变动状况

2000年以来湖北文化消费与投入同构占比倍差变动态势见图6。

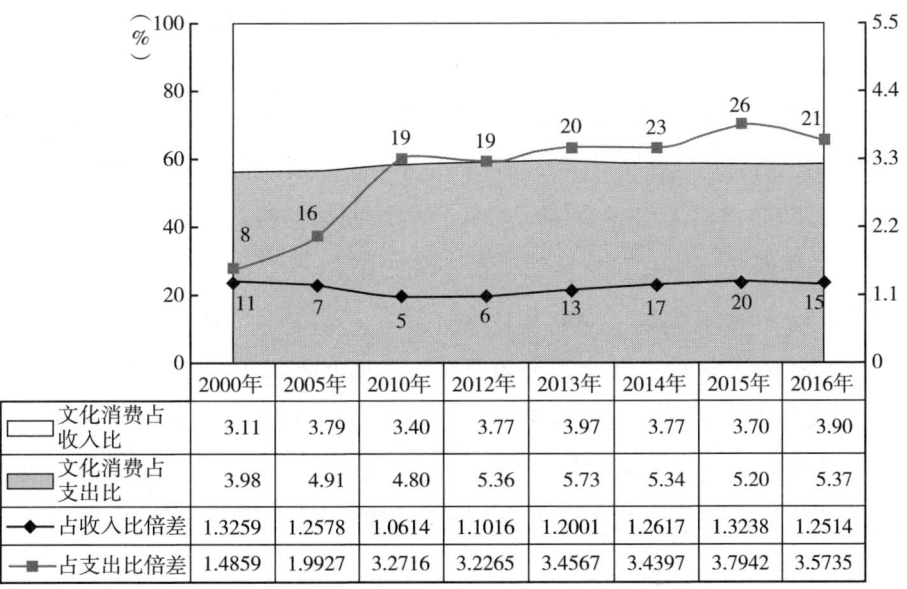

图6 2000年以来湖北文化消费与投入同构占比倍差变动态势

左轴面积:文化消费占居民收入、居民总消费支出比(%),两项比值历年升降呈直观比例叠加。右轴曲线:文化消费占居民收入比与文化投入占财政收入比、文化消费占居民支出比与文化投入占财政支出比倍差指数(无差距=1,保留4位小数检测细微差异)。标明历年各项倍差省域排序。另需说明,2014年以来年鉴始发布城乡人均值民生数据,与总量数据之间存在演算误差,与对应产值人均值和总量分别演算居民收入比、消费率有出入,本文恢复采用自行演算城乡人均值展开文化消费占居民收入、支出比测算。

1. 文化消费与投入占收入比

2000~2016年，湖北城乡居民文化消费占居民收入比从3.11%增高至3.90%，上升程度为25.40%。逐年比较，最高比值为2002年的4.29%，最低比值为2008年的3.08%。

对照图4，同期，湖北文化投入占财政收入比下降32.44%，2016年比值低于文化消费占居民收入比0.79个百分点。二者之间占比倍差由1.3259减小至1.2514，减小程度为5.62%，省域间增减变化位次排序第18位。由于各地不同变动，湖北倍差指数高低（倒序）位次从第11位下降为第15位。

2. 文化消费与投入占支出比

2000~2016年，湖北城乡居民文化消费占居民支出比从3.98%增高至5.37%，上升程度为34.92%。逐年比较，最高比值为2013年的5.73%，最低比值为2000年的3.98%。

对照图4，同期，湖北文化投入占财政支出比下降43.86%，2016年比值低于文化消费占居民支出比3.87个百分点。二者之间占比倍差由1.4859增大至3.5735，增大程度为140.49%，省域间增减变化位次排序第25位，倍差指数高低（倒序）位次从第8位下降为第21位。

以上分析检测显示，2000年以来，湖北文化消费占居民收入比显著上升，文化投入占财政收入比却显著下降，二者同构占比倍差指数较明显减小；文化消费占居民支出比显著上升，文化投入占财政支出比却极显著下降，二者同构占比倍差指数极显著增大。这意味着，湖北公共文化投入增长占比变动滞后于居民文化消费需求变化态势的差距已有部分缩小。

三 2016年文化投入纵横向双重测评

综合以上分析，2000年以来湖北文化投入总量年均增长15.32%，略微低于全国平均水平0.53个百分点，人均值地区差缩小1.48%；文化投入增长略微高于产值增长，但较明显低于财政收入增长，也明显低于财政支出增长；同时明显低于教育投入增长，也极显著低于科技投入增长，亦显著低于卫生投入增长；文化投入占财政收入比略微低于文化消费占居民收入比，占财政支出比更明显低于文化消费占居民支出比。

这些都集中体现在文化投入增长综合指数测评演算之中。2000年以来湖北文化投入增长综合指数变动态势见图7。

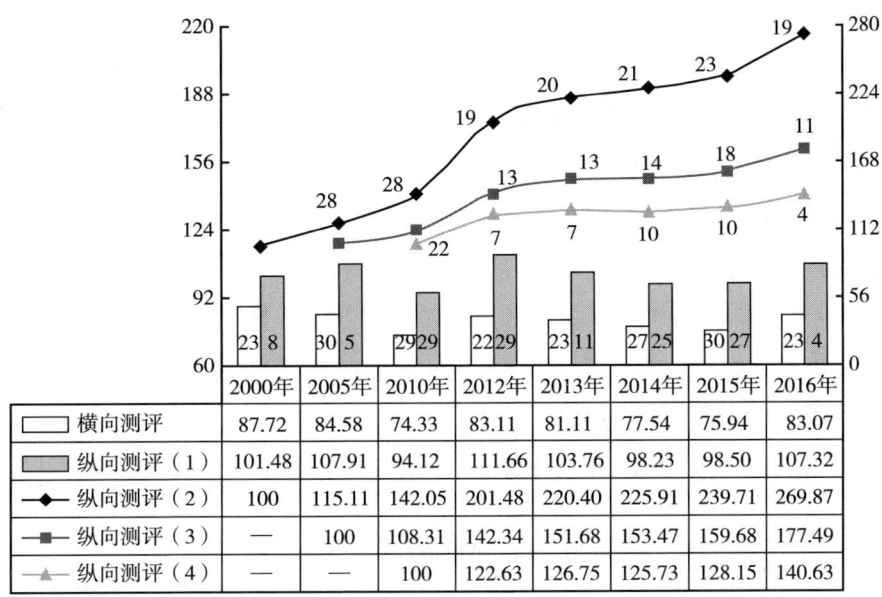

图7　2000年以来湖北文化投入增长综合指数变动态势

左轴柱形：横向测评（无差距理想值＝100）；纵向测评（1），上年＝100。右轴曲线：纵向测评（起点年基数值＝100），（2）以2000年为起点，（3）以2005年为起点，（4）以2010年为起点。标明历年各项测评指数省域排行。

（一）各年度横向测评综合指数

以文化投入人均值地区无差距、文化消费与投入同构占比无差距状态为"理想值"100，2016年湖北文化投入增长状况此项综合指数为83.07，处于省域间第23位，低于无差距理想值16.93%，但高于上年测评指数7.13个点。

各年度此项综合指数对比，全部各个年度均低于无差距理想值100；

2005~2006年、2009年、2011~2012年、2016年6个年度高于上年指数值。其中,最高值为2000年的87.72,最低值为2008年的71.70。湖北此项综合指数在省域间排行变化,2000年为第23位,2005年为第30位,2010年为第29位,2016年从上年第30位上升为第23位。

(二)逐年度基数值纵向测评

以上一年2015年为起点基数值100,2016年湖北文化投入增长状况此项综合指数为107.32,处于省域间第4位,高出2015年起点基数7.32%,也高出上年基于2014年基数值的测评指数8.82个点。

逐年度此项景气指数对比,2000~2003年、2005~2006年、2009年、2011~2013年、2016年11个年度高于自身上年起点基数值100;2002~2003年、2005年、2009年、2011~2012年、2015~2016年8个年度高于上年指数值。其中,最高值为2009年的115.60,最低值为2008年的91.02。湖北此项综合指数在省域间排行变化,2000年为第8位,2005年为第5位,2010年为第29位,2016年从上年第27位上升为第4位。

(三)"十五"以来基数值纵向测评

以"九五"末年2000年为起点基数值100,2016年湖北文化投入增长状况此项综合指数为269.87,处于省域间第19位,高出2000年起点基数169.87%,也高出上年测评指数30.16个点。

"十五"以来各年度此项综合指数对比,全部各个年度均高于2000年起点基数值100;2002~2006年、2009年、2011~2016年12个年度高于上年指数值。其中,最高值为2016年的269.87,最低值为2001年的100.49。湖北此项综合指数在省域间排行变化,2000年起点不计,2005年为第28位,2010年与之持平,2016年从上年第23位上升为第19位。

(四)"十一五"以来基数值纵向测评

以"十五"末年2005年为起点基数值100,2016年湖北文化投入增长状况此项综合指数为177.49，处于省域间第11位，高出2005年起点基数77.49%，也高出上年测评指数17.81个点。

"十一五"以来各年度此项综合指数对比，2006年、2009~2016年9个年度高于2005年起点基数值100；2009年、2011~2016年7个年度高于上年指数值。其中，最高值为2016年的177.49，最低值为2008年的95.43。湖北此项综合指数在省域间排行变化，2005年起点不计，2010年为第22位，2016年从上年第18位上升为第11位。

（五）"十二五"以来基数值纵向测评

以"十一五"末年2010年为起点基数值100，2016年湖北文化投入增长状况此项综合指数为140.63，处于省域间第4位，高出2010年起点基数40.63%，也高出上年测评指数12.48个点。

"十二五"以来各年度此项综合指数对比，全部各个年度均高于2010年起点基数值100；2012~2013年、2015~2016年4个年度高于上年指数值。其中，最高值为2016年的140.63，最低值为2011年的107.87。湖北此项综合指数在省域间排行变化，2010年起点不计，2012年为第7位，2016年从上年第10位上升为第4位。

B.15
宁夏：2016年度综合指数排名第6位

崔 宁*

摘 要： 2000~2016年，宁夏文化投入总量由1.81亿元增至25.23亿元，年均增长17.90%，较明显高于全国平均水平2.05个百分点。宁夏综合评价排行：在省域横向测评中，处于2016年度综合指数排名第6位；在自身纵向测评中，处于2000~2016年综合指数提升第14位，2005~2016年综合指数提升第7位，2010~2016年综合指数提升第24位，2015~2016年综合指数提升第7位。

关键词： 宁夏 文化投入 综合评价

一 文化投入及其相关背景基本态势

（一）经济财政基本面背景状况

2000年以来宁夏文化投入总量增长及相关背景关系态势见图1。

2000~2016年，宁夏产值总量总增长974.10%，年均增长16.00%；财政收入总量总增长1761.96%，年均增长20.05%；财政支出总量总增长1962.03%，年均增长20.82%；教科文卫综合投入（图中教科卫投入与文

---

* 崔宁，云南民族大学民俗学硕士研究生，参与导师主持相关研究工作，学术方向为网络游戏对神话的重述研究。

宁夏：2016年度综合指数排名第6位

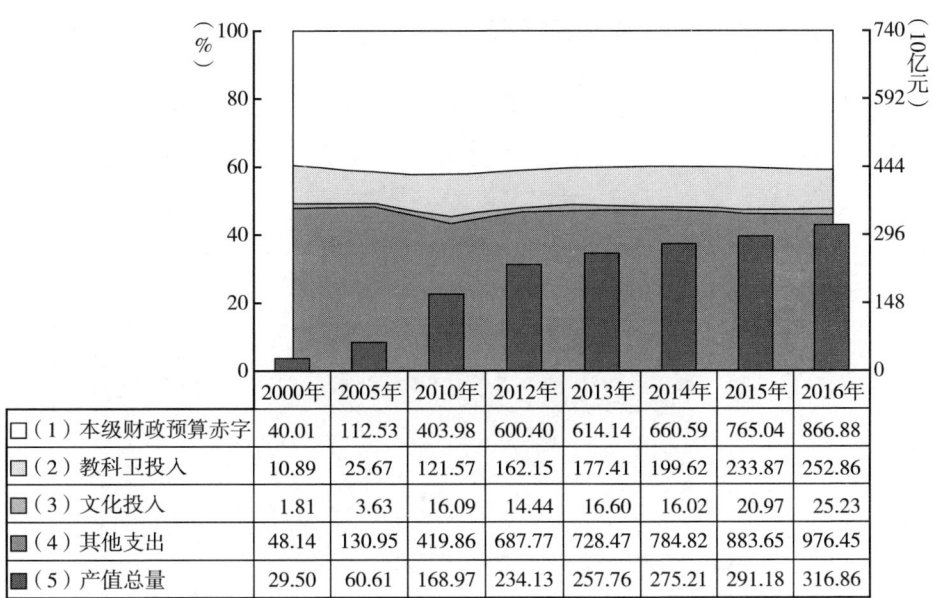

	2000年	2005年	2010年	2012年	2013年	2014年	2015年	2016年
（1）本级财政预算赤字	40.01	112.53	403.98	600.40	614.14	660.59	765.04	866.88
（2）教科卫投入	10.89	25.67	121.57	162.15	177.41	199.62	233.87	252.86
（3）文化投入	1.81	3.63	16.09	14.44	16.60	16.02	20.97	25.23
（4）其他支出	48.14	130.95	419.86	687.77	728.47	784.82	883.65	976.45
（5）产值总量	29.50	60.61	168.97	234.13	257.76	275.21	291.18	316.86

图1　2000年以来宁夏文化投入总量增长及相关背景关系态势

左轴面积：本级财政预算赤字（中央财政税收返还和转移支付等，"财政包干"地区可为国债份额）、教科卫投入、文化投入、其他支出总量（亿元转换为%），（2）+（3）+（4）=财政支出总量，（2）+（3）+（4）−（1）=财政收入总量，各项数值呈直观比例。右轴柱形：产值总量（10亿元，增长演算取亿元）。图中省略若干年度，后台演算历年增长变化包括省略年度，后同。

化投入之和，后同）总量总增长2089.69%，年均增长21.28%；教科文卫综合投入之外财政支出统归为"其他支出"，其总量总增长1928.35%，年均增长20.70%。

在此期间，宁夏教科文卫综合投入总量年均增长高于产值年增5.28个百分点，高于财政收入年增1.23个百分点，高于财政支出年增0.46个百分点，高于其他支出年增0.58个百分点。

"十五"以来，宁夏教科文卫建设作为公共服务的一个重要方面，确实处于一种极为特殊的优先发展地位。"十一五"以来，宁夏教科文卫综合投入增长高于其他支出增长的情况更加明显。在教科文卫综合投入优先增长格局中，文化投入究竟处于什么位置？

(二)文化投入总量增长状况

2000年以来宁夏文化投入总量及相邻关系、占全国份额变动态势见图2。

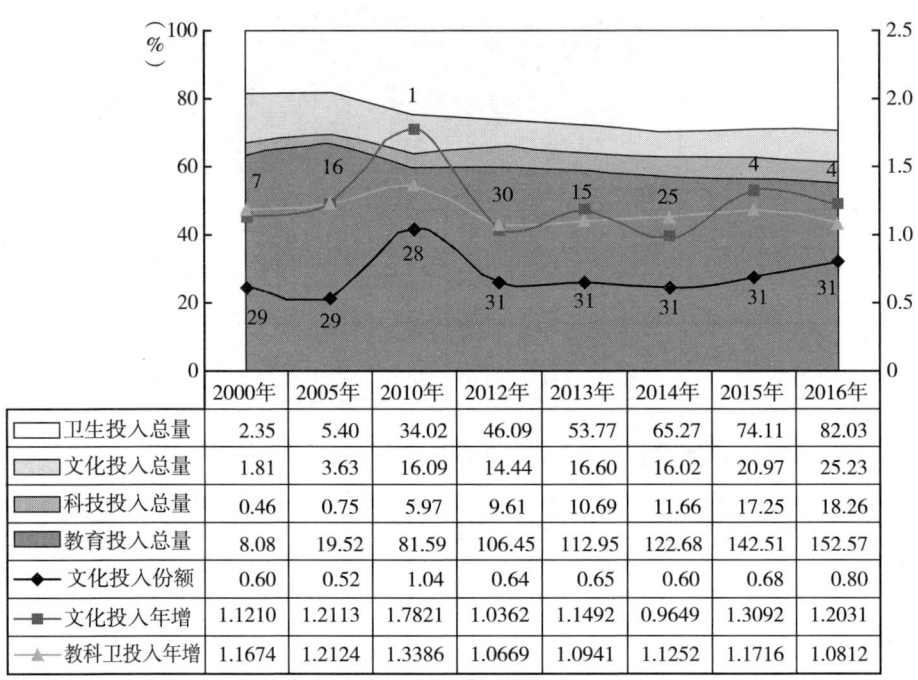

图2 2000年以来宁夏文化投入总量及相邻关系、占全国份额变动态势

左轴面积:教育、科技、文化、卫生投入总量(亿元转换为%),各项数值呈直观比例。右轴曲线:文化、教科卫投入年增指数(上年=1,保留4位小数,正文转换为2位小数增长百分比,后同);文化投入占全国份额(%)。后台数据库包含未出现的1999年相关数据,以此测量2000年相应数据变动,后同。标明历年文化投入增长、份额省域排序。

2000~2016年,宁夏文化投入总量由1.81亿元增至25.23亿元,总增长1293.92%,年均增长17.90%,省域间增长位次排序第9位。其中,"十五"期间年增14.93%,"十一五"期间年增34.69%,"十二五"以来年均增长7.79%。最高增长年度为2010年,增长78.21%;最低增长年度为2011年,负增长13.38%。

相比之下，宁夏文化投入总量年均增长高于产值年增 1.90 个百分点，其中"十五"期间低于产值年增 0.56 个百分点，"十一五"期间高于产值年增 11.93 个百分点，"十二五"以来低于产值年增 3.26 个百分点；同时低于财政收入年增 2.15 个百分点，其中"十五"期间低于财政收入年增 3.11 个百分点，"十一五"期间高于财政收入年增 8.36 个百分点，"十二五"以来低于财政收入年增 8.90 个百分点；低于财政支出年增 2.92 个百分点，其中"十五"期间低于财政支出年增 6.44 个百分点，"十一五"期间高于财政支出年增 6.37 个百分点，"十二五"以来低于财政支出年增 6.68 个百分点。

认真对比，宁夏文化投入总量年均增长低于教科卫三项投入年增 3.82 个百分点，其中"十五"期间低于教科卫投入年增 3.78 个百分点，"十一五"期间低于教科卫投入年增 1.79 个百分点，"十二五"以来低于教科卫投入年增 5.19 个百分点。在 2000 年以来宁夏教科文卫综合投入优先高增长当中，文化投入增长处于严重失衡状态。

从图 2 亦可清楚、直观地看出，文化投入所占面积呈逐渐收窄之势，表明其在教科文卫综合投入中的比例份额持续降低。

与此同时，全国文化投入总量总增长 953.34%，年增 15.85%。2000 年以来，宁夏文化投入总量年均增长高于全国年增 2.05 个百分点，占全国份额从 2000 年的 0.60% 上升至 2016 年的 0.80%。由于各地不同变动，宁夏份额位次从第 29 位下降为第 31 位。

（三）人均值增长及其地区差变动状况

2000 年以来宁夏文化投入人均值及其地区差变动态势见图 3。

2000~2016 年，宁夏文化投入人均值由 32.99 元增至 375.76 元，总增长 1039.01%，年均增长 16.42%，省域间增长位次排序第 14 位。其中，"十五"期间年增 13.22%，"十一五"期间年增 33.04%，"十二五"以来年均增长 6.61%。最高增长年度为 2010 年，增长 76.09%；最低增长年度为 2011 年，负增长 14.36%。

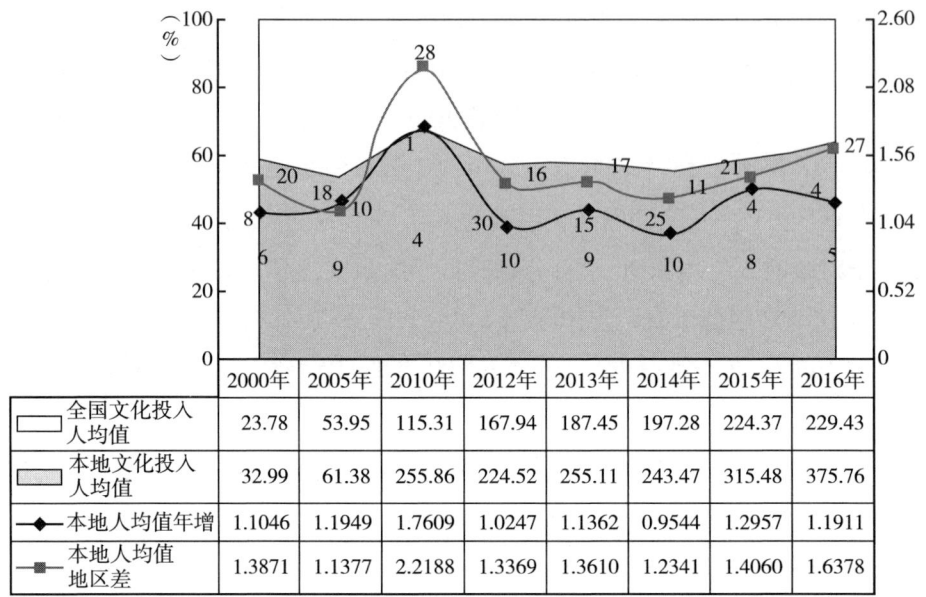

图3　2000年以来宁夏文化投入人均值及其地区差变动态势

左轴面积：本地、全国文化投入人均值（元转换为%），二者历年变动呈直观比例。右轴曲线：本地人均值年增指数（上年=1，小于1为负增长，由于历年人口增长，人均值年增指数略低于总量年增指数）；本地人均值地区差指数（无差距=1，保留4位小数检测细微差异）。标明历年本地人均值及其增长、地区差省域排序。

与此同时，全国文化投入人均值总增长864.80%，年均增长15.22%。2000年以来，宁夏文化投入人均值年均增长高于全国年增1.20个百分点，人均绝对数值从2000年为全国人均值的138.73%上升至2016年为全国人均值的163.78%，省域间人均绝对值高低位次从第6位上升为第5位。

同期，宁夏文化投入人均值地区差由1.3871扩大至1.6378，扩大18.07%，省域间地区差扩减变化位次排序第22位，地区差指数大小（倒序）位次从第20位下降为第27位。其中，"十五"期间缩小17.98%，"十一五"期间扩大95.03%，"十二五"以来地区差缩小26.19%。最小地区差为2004年的1.1339，最大地区差为2010年的2.2188。

宁夏产值、财政收入和支出，以及教科文卫投入各类人均值地区差变动检测：仅有产值、财政收入地区差呈现为缩小态势。这无疑表明，可以用人均值差异来衡量的公共财政、公共服务均等化成效尚未取得全面进展。

按照本项检测的推演测算，2020 年宁夏文化投入地区差应为 1.7148，相比当前将进一步较明显扩增。

二 文化投入相关协调性态势

（一）相关背景变动状况

2000 年以来宁夏文化投入相关背景比值变动态势见图 4。

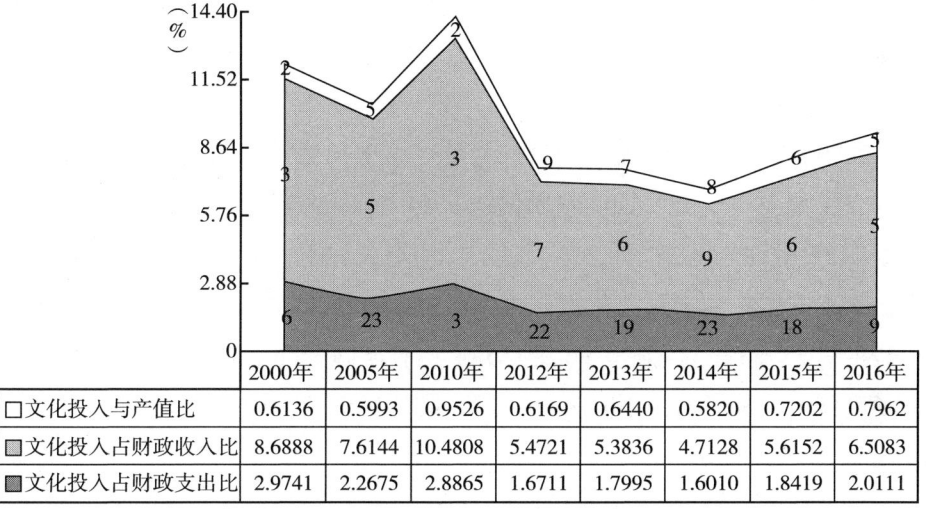

图 4　2000 年以来宁夏文化投入相关背景比值变动态势

左轴面积：文化投入与产值比、占财政收入和支出比（％），各项比值历年升降呈直观比例叠加。比值过小保留 4 位小数演算，正文按惯例保留 2 位小数。标明历年各项比值省域排序。

1. 文化投入与产值比

2000～2016 年，宁夏文化投入总量年均增长高于产值年增 1.90 个百分点，其中"十五"期间年增偏低 0.56 个百分点，"十一五"期间年增偏高 11.93 个百分点，"十二五"以来年均增长偏低 3.26 个百分点。由于二者历年不同增长，宁夏文化投入与产值比从 0.61% 增高至 0.80%，上升程度为

29.76%，上升0.18个百分点，省域间升降变化位次排序第16位。由于各地不同变动，宁夏比值高低位次从第2位下降为第5位。最高比值为2010年的0.95%，最低比值为2004年的0.56%。

2. 文化投入占财政收入比

2000~2016年，宁夏文化投入总量年均增长低于财政收入年增2.15个百分点，其中"十五"期间年增偏低3.11个百分点，"十一五"期间年增偏高8.36个百分点，"十二五"以来年均增长偏低8.90个百分点。由于二者历年不同增长，宁夏文化投入占财政收入比从8.69%降低至6.51%，下降程度为25.10%，下降2.18个百分点，省域间升降变化位次排序第16位，比值高低位次从第3位下降为第5位。最高比值为2003年的10.53%，最低比值为2014年的4.71%。

3. 文化投入占财政支出比

2000~2016年，宁夏文化投入总量年均增长低于财政支出年增2.92个百分点，其中"十五"期间年增偏低6.44个百分点，"十一五"期间年增偏高6.37个百分点，"十二五"以来年均增长偏低6.68个百分点。由于二者历年不同增长，宁夏文化投入占财政支出比从2.97%降低至2.01%，下降程度为32.38%，下降0.96个百分点，省域间升降变化位次排序第15位，比值高低位次从第6位下降为第9位。最高比值为2003年的2.99%，最低比值为2014年的1.60%。

（二）相邻关系变动状况

2000年以来宁夏文化投入相邻关系比值变动态势见图5。

1. 文化投入与教育投入比

2000~2016年，宁夏文化投入总量年均增长低于教育投入年增2.26个百分点，其中"十五"期间年增偏低4.36个百分点，"十一五"期间年增偏高1.57个百分点，"十二五"以来年均增长偏低3.21个百分点。由于二者历年不同增长，宁夏文化投入与教育投入比从22.39%降低至16.54%，下降程度为26.13%，下降5.85个百分点，省域间升降变化位次排序第10

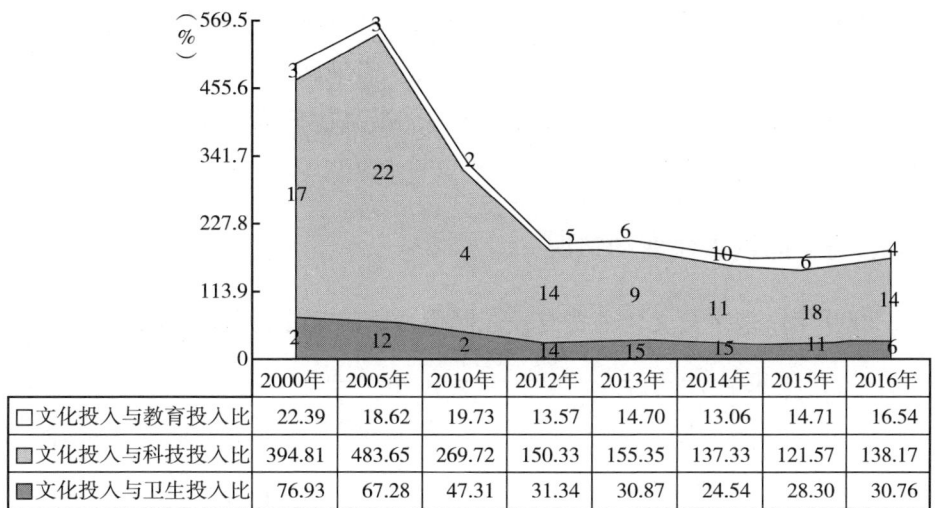

图5　2000年以来宁夏文化投入相邻关系比值变动态势

左轴面积：文化投入与教育、科技、卫生投入比（%），各项比值历年升降呈直观比例叠加。标明历年各项比值省域排序。

位，比值高低位次从第3位下降为第4位。最高比值为2003年的22.94%，最低比值为2014年的13.06%。

2. 文化投入与科技投入比

2000~2016年，宁夏文化投入总量年均增长低于科技投入年增7.97个百分点，其中"十五"期间年增偏高4.66个百分点，"十一五"期间年增偏低16.73个百分点，"十二五"以来年均增长偏低12.69个百分点。由于二者历年不同增长，宁夏文化投入与科技投入比从394.81%降低至138.17%，下降程度为65.00%，下降256.64个百分点，省域间升降变化位次排序第16位。由于各地不同变动，宁夏比值高低位次从第17位上升为第14位。最高比值为2003年的547.89%，最低比值为2015年的121.57%。

3. 文化投入与卫生投入比

2000~2016年，宁夏文化投入总量年均增长低于卫生投入年增6.96个百分点，其中"十五"期间年增偏低3.17个百分点，"十一五"期间年增偏低9.81个百分点，"十二五"以来年均增长偏低8.01个百分点。由于二者历年不同增长，宁夏文化投入与卫生投入比从76.93%降低为30.76%，下降程度为60.02%，下降46.17个百分点，省域间升降变化位次排序第12位，比值高低位次从第2位下降为第6位。最高比值为2000年的76.93%，最低比值为2014年的24.54%。

（三）同构占比变动状况

2000年以来宁夏文化消费与投入同构占比倍差变动态势见图6。

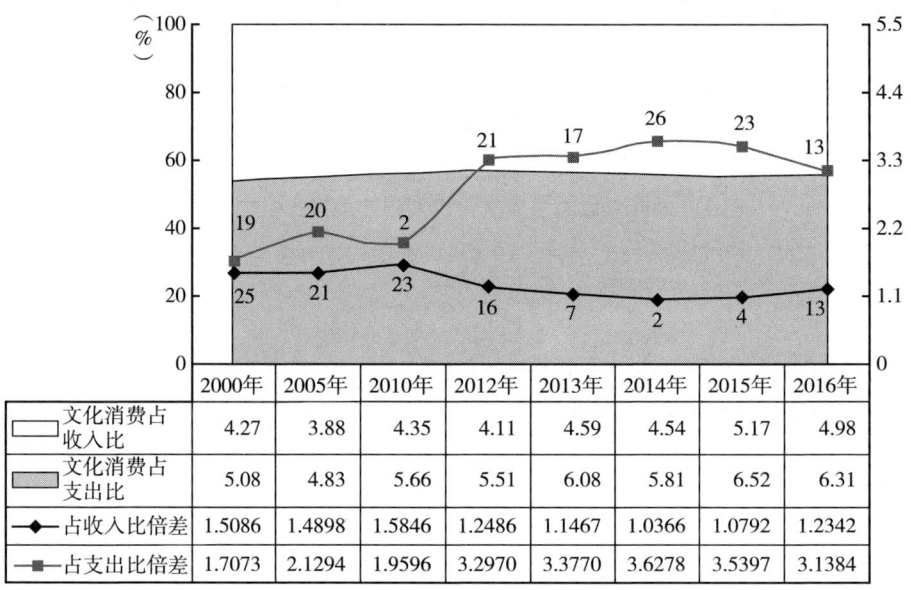

图6　2000年以来宁夏文化消费与投入同构占比倍差变动态势

左轴面积：文化消费占居民收入、居民总消费支出比（%），两项比值历年升降呈直观比例叠加。右轴曲线：文化消费占居民收入比与文化投入占财政收入比、文化消费占居民支出比与文化投入占财政支出比倍差指数（无差距＝1，保留4位小数检测细微差异）。标明历年各项倍差省域排序。另需说明，2014年以来年鉴始发布城乡人均值民生数据，与总量数据之间存在演算误差，与对应产值人均值和总量分别演算居民收入比、消费率有出入，本文恢复采用自行演算城乡人均值展开文化消费占居民收入、支出比测算。

1.文化消费与投入占收入比

2000~2016年，宁夏城乡居民文化消费占居民收入比从4.27%增高至4.98%，上升程度为16.63%。逐年比较，最高比值为2015年的5.17%，最低比值为2001年的3.53%。

对照图4，同期，宁夏文化投入占财政收入比下降25.10%，2016年比值高于文化消费占居民收入比1.53个百分点。二者之间占比倍差由1.5086减小至1.2342，减小程度为18.19%，省域间增减变化位次排序第10位，倍差指数高低（倒序）位次从第25位上升为第13位。

2. 文化消费与投入占支出比

2000~2016年，宁夏城乡居民文化消费占居民支出比从5.08%增高至6.31%，上升程度为24.21%。逐年比较，最高比值为2015年的6.52%，最低比值为2001年的4.39%。

对照图4，同期，宁夏文化投入占财政支出比下降32.38%，2016年比值低于文化消费占居民支出比4.30个百分点。二者之间占比倍差由1.7073增大至3.1384，增大程度为83.82%，省域间增减变化位次排序第13位。由于各地不同变动，宁夏倍差指数高低（倒序）位次从第19位上升为第13位。

以上分析检测显示，2000年以来，宁夏文化消费占居民收入比明显上升，文化投入占财政收入比却显著下降，二者同构占比倍差指数明显减小；文化消费占居民支出比显著上升，文化投入占财政支出比却显著下降，二者同构占比倍差指数极显著增大。这意味着，宁夏公共文化投入增长占比变动滞后于居民文化消费需求变化态势的差距已有部分缩小。

三 2016年文化投入纵横向双重测评

综合以上分析，2000年以来宁夏文化投入总量年均增长17.90%，较明显高于全国平均水平2.05个百分点，人均值地区差扩大18.07%；文化投入增长较明显高于产值增长，但较明显低于财政收入、财政支出增长；同时较明显低于教育投入增长，也显著低于科技、卫生投入增长；文化投入占财政收入比较明显高于文化消费占居民收入比，占财政支出比却明显低于文化消费占居民支出比。

这些都集中体现在文化投入增长综合指数测评演算之中。2000年以来宁夏文化投入增长综合指数变动态势见图7。

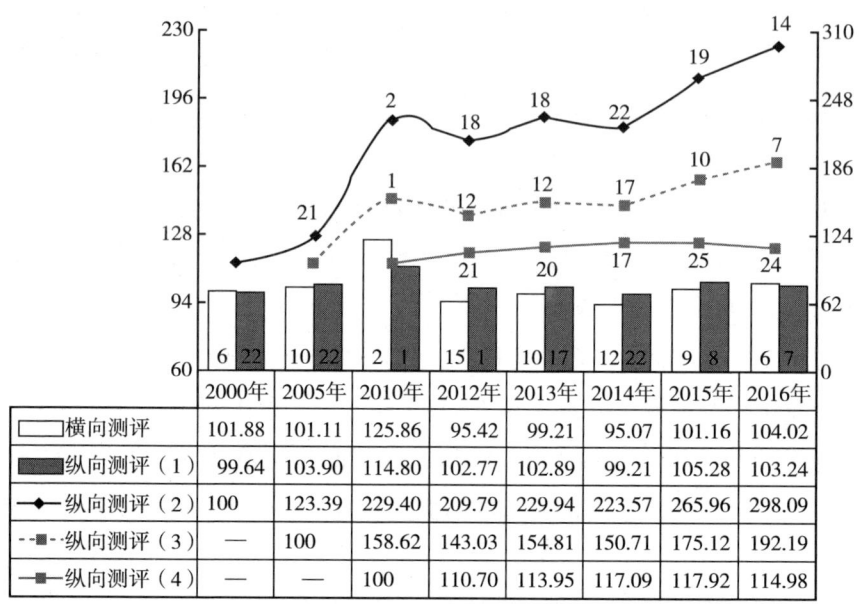

图7 2000年以来宁夏文化投入增长综合指数变动态势

左轴柱形：横向测评（无差距理想值=100）；纵向测评（1），上年=100。右轴曲线：纵向测评（起点年基数值=100），（2）以2000年为起点，（3）以2005年为起点，（4）以2010年为起点。标明历年各项测评指数省域排行。

（一）各年度横向测评综合指数

以文化投入人均值地区无差距、文化消费与投入同构占比无差距状态为"理想值"100，2016年宁夏文化投入增长状况此项综合指数为104.02，处于省域间第6位，高于无差距理想值4.02%，也高于上年测评指数2.86个点。

各年度此项综合指数对比，2000~2003年、2005~2007年、2009~2010年、2015~2016年11个年度高于无差距理想值100；2002~2003年、2005年、2007年、2009~2010年、2012~2013年、2015~2016年10个年

度高于上年指数值。其中，最高值为2010年的125.86，最低值为2011年的93.09。宁夏此项综合指数在省域间排行变化，2000年为第6位，2005年为第10位，2010年为第2位，2016年从上年第9位上升为第6位。

（二）逐年度基数值纵向测评

以上一年2015年为起点基数值100，2016年宁夏文化投入增长状况此项综合指数为103.24，处于省域间第7位，高出2015年起点基数3.24%，但低于上年基于2014年基数值的测评指数2.04个点。

逐年度此项景气指数对比，2001~2013年、2015~2016年15个年度高于自身上年起点基数值100；2001~2003年、2005年、2007年、2009~2010年、2012~2013年、2015年10个年度高于上年指数值。其中，最高值为2010年的114.80，最低值为2014年的99.21。宁夏此项综合指数在省域间排行变化，2000年为第22位，2005年与之持平，2010年为第1位，2016年从上年第8位上升为第7位。

（三）"十五"以来基数值纵向测评

以"九五"末年2000年为起点基数值100，2016年宁夏文化投入增长状况此项综合指数为298.09，处于省域间第14位，高出2000年起点基数198.09%，也高出上年测评指数32.13个点。

"十五"以来各年度此项综合指数对比，全部各个年度均高于2000年起点基数值100；2002~2003年、2005~2010年、2012~2013年、2015~2016年12个年度高于上年指数值。其中，最高值为2016年的298.09，最低值为2001年的102.81。宁夏此项综合指数在省域间排行变化，2000年起点不计，2005年为第21位，2010年为第2位，2016年从上年第19位上升为第14位。

（四）"十一五"以来基数值纵向测评

以"十五"末年2005年为起点基数值100，2016年宁夏文化投入增长状况此项综合指数为192.19，处于省域间第7位，高出2005年起点基数92.19%，也高出上年测评指数17.07个点。

"十一五"以来各年度此项综合指数对比，全部各个年度均高于2005年起点基数值100；2007年、2009~2010年、2012~2013年、2015~2016年7个年度高于上年指数值。其中，最高值为2016年的192.19，最低值为2006年的102.81。宁夏此项综合指数在省域间排行变化，2005年起点不计，2010年为第1位，2016年从上年第10位上升为第7位。

（五）"十二五"以来基数值纵向测评

以"十一五"末年2010年为起点基数值100，2016年宁夏文化投入增长状况此项综合指数为114.98，处于省域间第24位，高出2010年起点基数14.98%，但低于上年测评指数2.94个点。

"十二五"以来各年度此项综合指数对比，全部各个年度均高于2010年起点基数值100；2012~2015年4个年度高于上年指数值。其中，最高值为2015年的117.92，最低值为2011年的100.28。宁夏此项综合指数在省域间排行变化，2010年起点不计，2012年为第21位，2016年从上年第25位上升为第24位。

B.16
吉林：2016年度综合指数排名第9位

李毅亭*

摘　要： 2000~2016年，吉林文化投入总量由6.09亿元增至72.03亿元，年均增长16.70%，略微高于全国平均水平0.85个百分点。吉林综合评价排行：在省域横向测评中，处于2016年度综合指数排名第9位；在自身纵向测评中，处于2000~2016年综合指数提升第12位，2005~2016年综合指数提升第14位，2010~2016年综合指数提升第20位，2015~2016年综合指数提升第19位。

关键词： 吉林　文化投入　综合评价

一　文化投入及其相关背景基本态势

（一）经济财政基本面背景状况

2000年以来吉林文化投入总量增长及相关背景关系态势见图1。

2000~2016年，吉林产值总量总增长657.20%，年均增长13.49%；财政收入总量总增长1117.16%，年均增长16.91%；财政支出总量总增长1275.72%，年均增长17.80%；教科文卫综合投入（图中教科卫投入与文

---

* 李毅亭，云南民族大学民俗学硕士研究生，参与导师主持相关研究工作，学术方向为多样性的民族节庆研究。

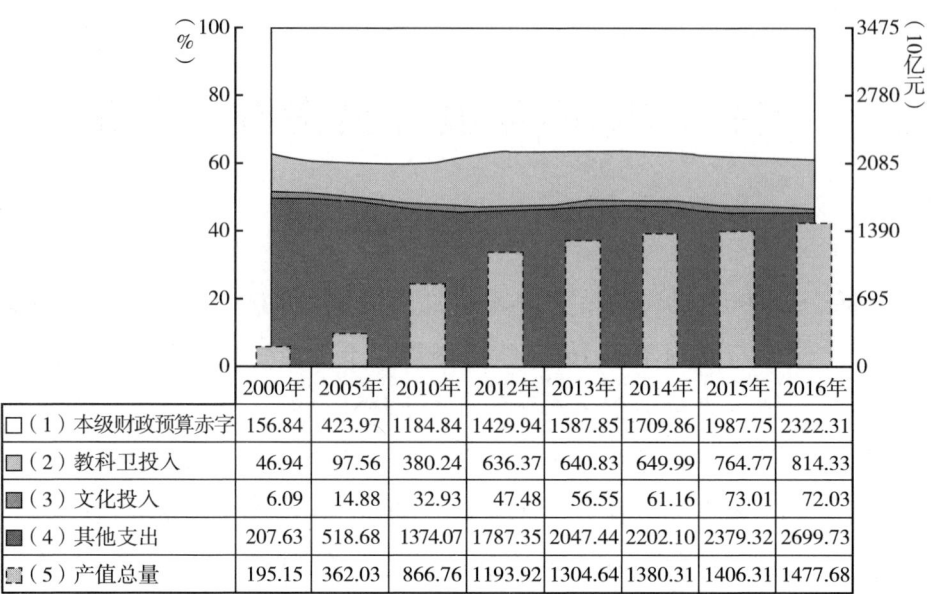

图1 2000年以来吉林文化投入总量增长及相关背景关系态势

左轴面积：本级财政预算赤字（中央财政税收返还和转移支付等，"财政包干"地区可为国债份额）、教科卫投入、文化投入、其他支出总量（亿元转换为%），（2）+（3）+（4）=财政支出总量，（2）+（3）+（4）-（1）=财政收入总量，各项数值呈直观比例。右轴柱形：产值总量（10亿元，增长演算取亿元）。图中省略若干年度，后台演算历年增长变化包括省略年度，后同。

化投入之和，后同）总量总增长1571.12%，年均增长19.24%；教科文卫综合投入之外财政支出统归为"其他支出"，其总量总增长1200.26%，年均增长17.39%。

在此期间，吉林教科文卫综合投入总量年均增长高于产值年增5.75个百分点，高于财政收入年增2.33个百分点，高于财政支出年增1.44个百分点，高于其他支出年增1.85个百分点。

"十五"以来，吉林教科文卫建设作为公共服务的一个重要方面，确实处于一种极为特殊的优先发展地位。"十一五"以来，吉林教科文卫综合投入增长高于其他支出增长的情况更加明显。在教科文卫综合投入优先增长格局中，文化投入究竟处于什么位置？

（二）文化投入总量增长状况

2000年以来吉林文化投入总量及相邻关系、占全国份额变动态势见图2。

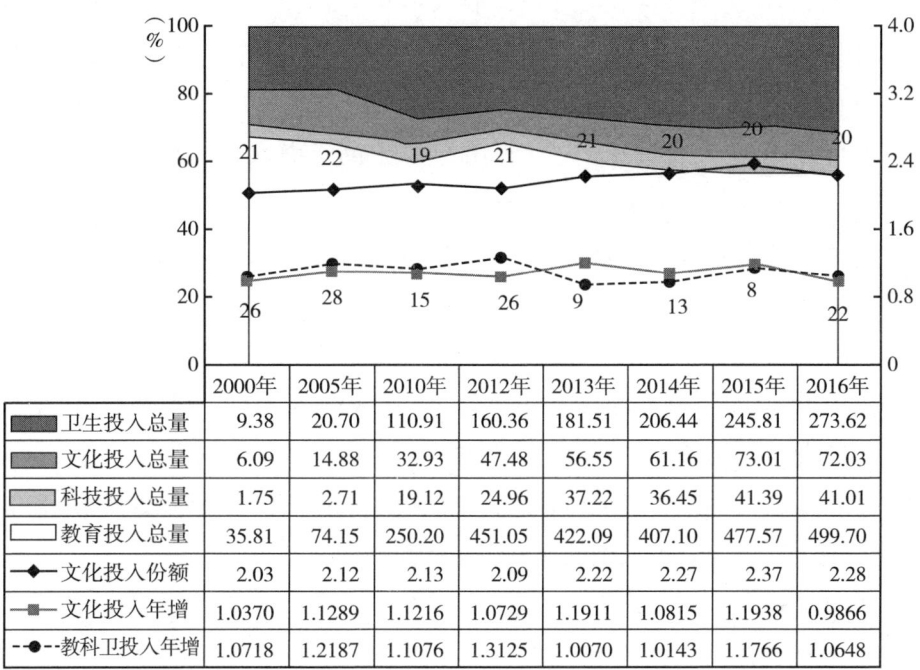

图2 2000年以来吉林文化投入总量及相邻关系、占全国份额变动态势

左轴面积：教育、科技、文化、卫生投入总量（亿元转换为%），各项数值呈直观比例。右轴曲线：文化、教科卫投入年增指数（上年=1，保留4位小数，正文转换为2位小数增长百分比，后同）；文化投入占全国份额（%）。后台数据库包含未出现的1999年相关数据，以此测量2000年相应数据变动，后同。标明历年文化投入增长、份额省域排序。

2000~2016年，吉林文化投入总量由6.09亿元增至72.03亿元，总增长1082.76%，年均增长16.70%，省域间增长位次排序第14位。其中，"十五"期间年增19.56%，"十一五"期间年增17.22%，"十二五"以来年均增长13.93%。最高增长年度为2011年，增长34.36%；最低增长年度为2016年，负增长1.34%。

相比之下，吉林文化投入总量年均增长高于产值年增3.21个百分点，其中"十五"期间高于产值年增6.40个百分点，"十一五"期间低于产值年增1.86个百分点，"十二五"以来高于产值年增4.63个百分点；同时低于财政收入年增0.21个百分点，其中"十五"期间高于财政收入年增4.75个百分点，"十一五"期间低于财政收入年增6.58个百分点，"十二五"以来高于财政收入年增0.79个百分点；低于财政支出年增1.10个百分点，其中"十五"期间高于财政支出年增0.22个百分点，"十一五"期间低于财政支出年增5.92个百分点，"十二五"以来高于财政支出年增1.62个百分点。

认真对比，吉林文化投入总量年均增长低于教科卫三项投入年增2.82个百分点，其中"十五"期间高于教科卫投入年增3.80个百分点，"十一五"期间低于教科卫投入年增14.05个百分点，"十二五"以来高于教科卫投入年增0.40个百分点。在2000年以来吉林教科文卫综合投入优先高增长当中，文化投入增长处于明显失衡状态。

从图2亦可清楚、直观地看出，文化投入所占面积呈逐渐收窄之势，表明其在教科文卫综合投入中的比例份额持续降低。

与此同时，全国文化投入总量总增长953.34%，年增15.85%。2000年以来，吉林文化投入总量年均增长高于全国年增0.85个百分点，占全国份额从2000年的2.03%上升至2016年的2.28%，省域间份额位次从第21位上升为第20位。

（三）人均值增长及其地区差变动状况

2000年以来吉林文化投入人均值及其地区差变动态势见图3。

2000~2016年，吉林文化投入人均值由22.81元增至262.58元，总增长1051.16%，年均增长16.50%，省域间增长位次排序第13位。其中，"十五"期间年增19.19%，"十一五"期间年增16.96%，"十二五"以来年均增长13.93%。最高增长年度为2011年，增长34.13%；最低增长年度为2016年，负增长0.99%。

吉林：2016年度综合指数排名第9位

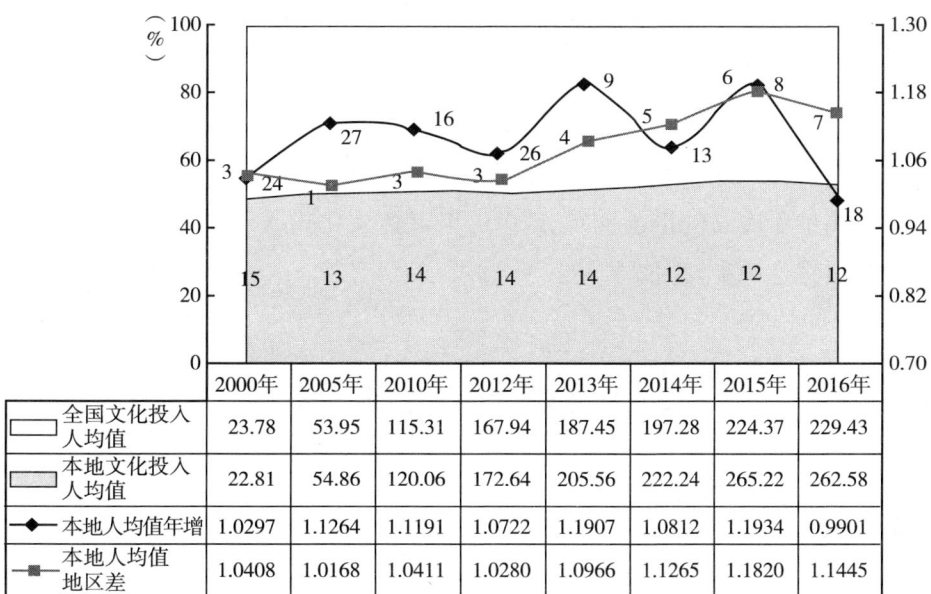

图3 2000年以来吉林文化投入人均值及其地区差变动态势

左轴面积：本地、全国文化投入人均值（元转换为%），二者历年变动呈直观比例。右轴曲线：本地人均值年增指数（上年=1，小于1为负增长，由于历年人口增长，人均值年增指数略低于总量年增指数）；本地人均值地区差指数（无差距=1，保留4位小数检测细微差异）。标明历年本地人均值及其增长、地区差省域排序。

与此同时，全国文化投入人均值总增长864.80%，年均增长15.22%。2000年以来，吉林文化投入人均值年均增长高于全国年增1.28个百分点，人均绝对数值从2000年为全国人均值的95.92%上升至2016年为全国人均值的114.45%，省域间人均绝对值高低位次从第15位上升为第12位。

同期，吉林文化投入人均值地区差由1.0408扩大至1.1445，扩大9.96%，省域间地区差扩减变化位次排序第18位，地区差指数大小（倒序）位次从第3位下降为第7位。其中，"十五"期间缩小2.31%，"十一五"期间扩大2.39%，"十二五"以来地区差扩大9.93%。最小地区差为2005年的1.0168，最大地区差为2008年的1.2483。

吉林产值、财政收入和支出，以及教科文卫投入各类人均值地区差变动检测：除了教育投入、科技投入、文化投入以外，其余各类数据的地区差皆呈现为缩小态势；仅有产值地区差在2016年缩减至历年最小值。这无疑表明，文化投入增长的差距不但表现在数量的可比性之上，而且表现在质量的可比性之上。可以用人均值来衡量的公共文化投入均等化进展尚待时日，而这是公共文化服务均等化的基础。

按照本项检测的推演测算，2020年吉林文化投入地区差应为1.2048，相比当前将进一步较明显扩增。

二 文化投入相关协调性态势

（一）相关背景变动状况

2000年以来吉林文化投入相关背景比值变动态势见图4。

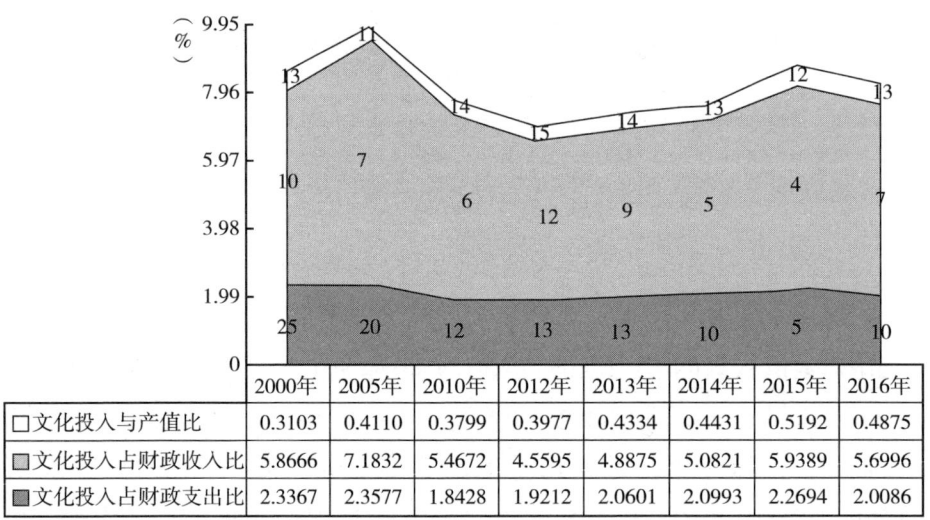

图4 2000年以来吉林文化投入相关背景比值变动态势

左轴面积：文化投入与产值比、占财政收入和支出比（%），各项比值历年升降呈直观比例叠加。比值过小保留4位小数演算，正文按惯例保留2位小数。标明历年各项比值省域排序。

1. 文化投入与产值比

2000~2016年，吉林文化投入总量年均增长高于产值年增3.21个百分点,其中"十五"期间年增偏高6.40个百分点,"十一五"期间年增偏低1.86个百分点,"十二五"以来年均增长偏高4.63个百分点。由于二者历年不同增长,吉林文化投入与产值比从0.31%增高至0.49%,上升程度为57.11%,上升0.18个百分点,省域间升降变化位次排序第12位,比值高低位次前后保持在第13位。最高比值为2015年的0.52%,最低比值为2000年的0.31%。

2. 文化投入占财政收入比

2000~2016年,吉林文化投入总量年均增长低于财政收入年增0.21个百分点,其中"十五"期间年增偏高4.75个百分点,"十一五"期间年增偏低6.58个百分点,"十二五"以来年均增长偏高0.79个百分点。由于二者历年不同增长,吉林文化投入占财政收入比从5.87%降低至5.70%,下降程度为2.85%,下降0.17个百分点,省域间升降变化位次排序第8位。由于各地不同变动,吉林比值高低位次从第10位上升为第7位。最高比值为2004年的7.93%,最低比值为2012年的4.56%。

3. 文化投入占财政支出比

2000~2016年,吉林文化投入总量年均增长低于财政支出年增1.10个百分点,其中"十五"期间年增偏高0.22个百分点,"十一五"期间年增偏低5.92个百分点,"十二五"以来年均增长偏高1.62个百分点。由于二者历年不同增长,吉林文化投入占财政支出比从2.34%降低至2.01%,下降程度为14.04%,下降0.33个百分点,省域间升降变化位次排序第5位。由于各地不同变动,吉林比值高低位次从第25位上升为第10位。最高比值为2004年的2.60%,最低比值为2010年的1.84%。

(二)相邻关系变动状况

2000年以来吉林文化投入相邻关系比值变动态势见图5。

1. 文化投入与教育投入比

2000~2016年,吉林文化投入总量年均增长低于教育投入年增1.21个百分点,其中"十五"期间年增偏高3.89个百分点,"十一五"期间年增

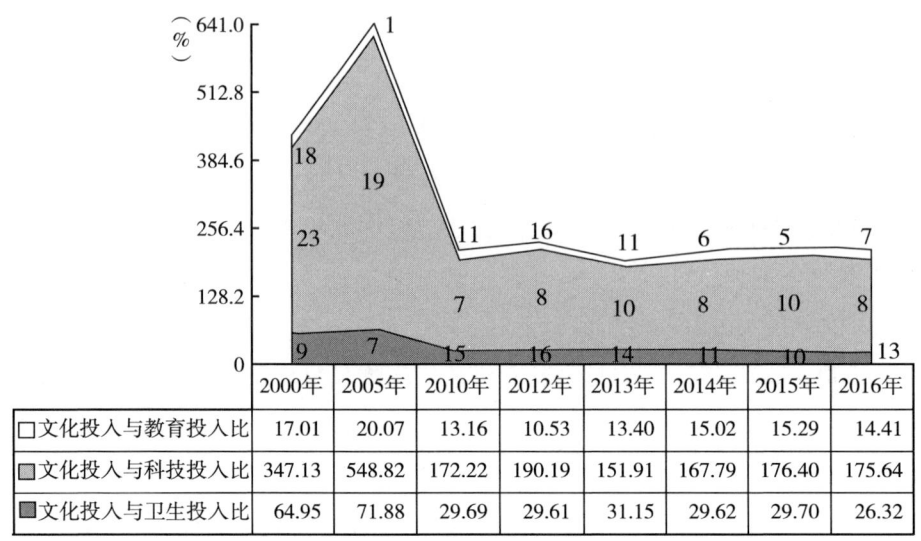

图 5　2000 年以来吉林文化投入相邻关系比值变动态势

左轴面积：文化投入与教育、科技、卫生投入比（%），各项比值历年升降呈直观比例叠加。标明历年各项比值省域排序。

偏低 10.32 个百分点，"十二五"以来年均增长偏高 1.71 个百分点。由于二者历年不同增长，吉林文化投入与教育投入比从 17.01% 降低至 14.41%，下降程度为 15.29%，下降 2.60 个百分点，省域间升降变化位次排序第 6 位。由于各地不同变动，吉林比值高低位次从第 18 位上升为第 7 位。最高比值为 2004 年的 21.70%，最低比值为 2012 年的 10.53%。

2. 文化投入与科技投入比

2000~2016 年，吉林文化投入总量年均增长低于科技投入年增 5.09 个百分点，其中"十五"期间年增偏高 10.42 个百分点，"十一五"期间年增偏低 30.59 个百分点，"十二五"以来年均增长偏高 0.37 个百分点。由于二者历年不同增长，吉林文化投入与科技投入比从 347.13% 降低至 175.64%，下降程度为 49.40%，下降 171.49 个百分点，省域间升降变化位次排序第 4 位。由于各地不同变动，吉林比值高低位次从第 23 位上升为第 8 位。最高比值为 2004 年的 575.40%，最低比值为 2013 年的 151.91%。

3. 文化投入与卫生投入比

2000～2016 年，吉林文化投入总量年均增长低于卫生投入年增 6.77 个百分点，其中"十五"期间年增偏高 2.41 个百分点，"十一五"期间年增偏低 22.67 个百分点，"十二五"以来年均增长偏低 2.31 个百分点。由于二者历年不同增长，吉林文化投入与卫生投入比从 64.95% 降低为 26.32%，下降程度为 59.48%，下降 38.63 个百分点，省域间升降变化位次排序第 11 位，比值高低位次从第 9 位下降为第 13 位。最高比值为 2004 年的 77.45%，最低比值为 2016 年的 26.32%。

（三）同构占比变动状况

2000 年以来吉林文化消费与投入同构占比倍差变动态势见图 6。

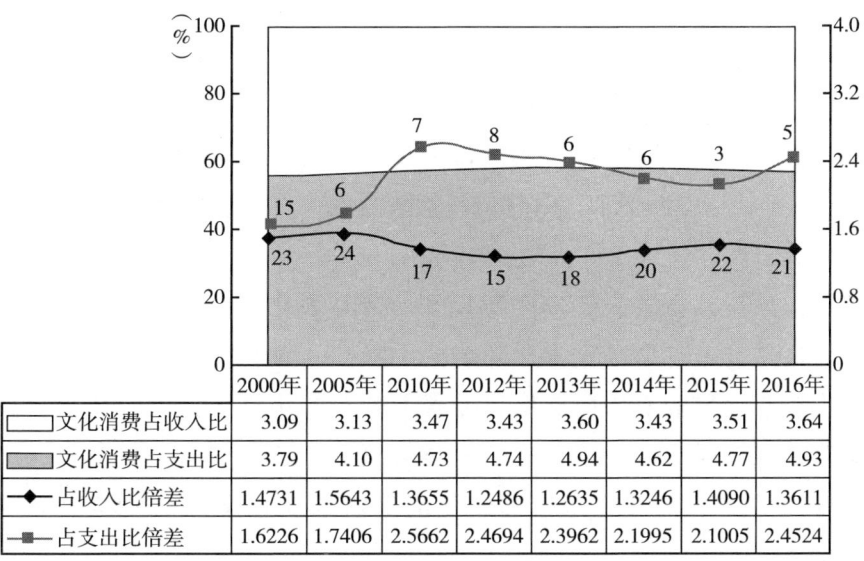

图 6　2000 年以来吉林文化消费与投入同构占比倍差变动态势

左轴面积：文化消费占居民收入、居民总消费支出比（%），两项比值历年升降呈直观比例叠加。右轴曲线：文化消费占居民收入比与文化投入占财政收入比、文化消费占居民支出比与文化投入占财政支出比倍差指数（无差距＝1，保留 4 位小数检测细微差异）。标明历年各项倍差省域排序。另需说明，2014 年以来年鉴始发布城乡人均值民生数据，与总量数据之间存在演算误差，与对应产值人均值和总量分别演算居民收入比、消费率有出入，本文恢复采用自行演算城乡人均值展开文化消费占居民收入、支出比测算。

1. 文化消费与投入占收入比

2000~2016年，吉林城乡居民文化消费占居民收入比从3.09%增高至3.64%，上升程度为17.80%。逐年比较，最高比值为2006年的3.77%，最低比值为2009年的2.60%。

对照图4，同期，吉林文化投入占财政收入比下降2.85%，2016年比值高于文化消费占居民收入比2.06个百分点。二者之间占比倍差由1.4731减小至1.3611，减小程度为7.60%，省域间增减变化位次排序第16位，倍差指数高低（倒序）位次从第23位上升为第21位。

2. 文化消费与投入占支出比

2000~2016年，吉林城乡居民文化消费占居民支出比从3.79%增高至4.93%，上升程度为30.08%。逐年比较，最高比值为2006年的5.03%，最低比值为2009年的3.37%。

对照图4，同期，吉林文化投入占财政支出比下降14.04%，2016年比值低于文化消费占居民支出比2.92个百分点。二者之间占比倍差由1.6226增大至2.4524，增大程度为51.14%，省域间增减变化位次排序第9位。由于各地不同变动，吉林倍差指数高低（倒序）位次从第15位上升为第5位。

以上分析检测显示，2000年以来，吉林文化消费占居民收入比明显上升，文化投入占财政收入比却略微下降，二者同构占比倍差指数较明显减小；文化消费占居民支出比显著上升，文化投入占财政支出比却明显下降，二者同构占比倍差指数极显著增大。这意味着，吉林公共文化投入增长占比变动滞后于居民文化消费需求变化态势的差距已有部分缩小。

三 2016年文化投入纵横向双重测评

综合以上分析，2000年以来吉林文化投入总量年均增长16.70%，略微高于全国平均水平0.85个百分点，人均值地区差扩大9.96%；文化投入增长明显高于产值增长,但略微低于财政收入增长,也较明显低于财政支出增长;同时较明显低于教育投入增长,也明显低于科技投入增长,亦显著低于卫生投入增长;文化投入占财政收入比较明显高于文化消费占居民收入比,占财政支出比却较明显低于文化消费占居民支出比。

这些都集中体现在文化投入增长综合指数测评演算之中。2000 年以来吉林文化投入增长综合指数变动态势见图 7。

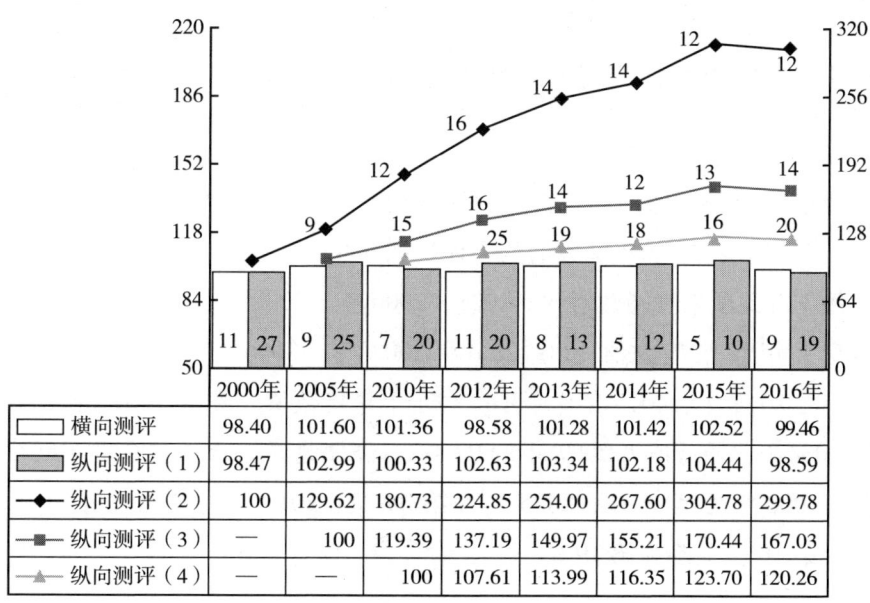

图 7　2000 年以来吉林文化投入增长综合指数变动态势

左轴柱形:横向测评(无差距理想值 = 100);纵向测评(1),上年 = 100。右轴曲线:纵向测评(起点年基数值 = 100),(2)以 2000 年为起点,(3)以 2005 年为起点,(4)以 2010 年为起点。标明历年各项测评指数省域排行。

(一)各年度横向测评综合指数

以文化投入人均值地区无差距、文化消费与投入同构占比无差距状态为"理想值"100,2016 年吉林文化投入增长状况此项综合指数为 99.46,处于省域间第 9 位,低于无差距理想值 0.54%,也低于上年测评指数 3.06

个点。

各年度此项综合指数对比，2002～2008年、2010～2011年、2013～2015年12个年度高于无差距理想值100；2002～2003年、2006年、2008年、2010～2011年、2013～2015年9个年度高于上年指数值。其中，最高值为2003年的105.29，最低值为2001年的96.68。吉林此项综合指数在省域间排行变化，2000年为第11位，2005年为第9位，2010年为第7位，2016年从上年第5位下降为第9位。

（二）逐年度基数值纵向测评

以上一年2015年为起点基数值100，2016年吉林文化投入增长状况此项综合指数为98.59，处于省域间第19位，低于2015年起点基数1.41%，也低于上年基于2014年基数值的测评指数5.85个点。

逐年度此项景气指数对比，2001～2006年、2008～2015年14个年度高于自身上年起点基数值100；2001～2003年、2006年、2008～2009年、2011年、2013年、2015年9个年度高于上年指数值。其中，最高值为2003年的108.20，最低值为2007年的97.06。吉林此项综合指数在省域间排行变化，2000年为第27位，2005年为第25位，2010年为第20位，2016年从上年第10位下降为第19位。

（三）"十五"以来基数值纵向测评

以"九五"末年2000年为起点基数值100，2016年吉林文化投入增长状况此项综合指数为299.78，处于省域间第12位，高出2000年起点基数199.78%，但低于上年测评指数5.00个点。

"十五"以来各年度此项综合指数对比，全部各个年度均高于2000年起点基数值100；2002～2015年14个年度高于上年指数值。其中，最高值为2015年的304.78，最低值为2001年的101.52。吉林此项综合指数在省域间排行变化，2000年起点不计，2005年为第9位，2010年为第12位，2016年与上年持平，皆为第12位。

(四)"十一五"以来基数值纵向测评

以"十五"末年 2005 年为起点基数值 100,2016 年吉林文化投入增长状况此项综合指数为 167.03,处于省域间第 14 位,高出 2005 年起点基数 67.03%,但低于上年测评指数 3.41 个点。

"十一五"以来各年度此项综合指数对比,全部各个年度均高于 2005 年起点基数值 100;2008~2015 年 8 个年度高于上年指数值。其中,最高值为 2015 年的 170.44,最低值为 2007 年的 102.02。吉林此项综合指数在省域间排行变化,2005 年起点不计,2010 年为第 15 位,2016 年从上年第 13 位下降为第 14 位。

(五)"十二五"以来基数值纵向测评

以"十一五"末年 2010 年为起点基数值 100,2016 年吉林文化投入增长状况此项综合指数为 120.26,处于省域间第 20 位,高出 2010 年起点基数 20.26%,但低于上年测评指数 3.44 个点。

"十二五"以来各年度此项综合指数对比,全部各个年度均高于 2010 年起点基数值 100;2012~2015 年 4 个年度高于上年指数值。其中,最高值为 2015 年的 123.70,最低值为 2011 年的 106.10。吉林此项综合指数在省域间排行变化,2010 年起点不计,2012 年为第 25 位,2016 年从上年第 16 位下降为第 20 位。

B.17 河北：2010~2016年综合指数提升第10位

马文慧*

摘　要： 2000~2016年，河北文化投入总量由10.73亿元增至87.54亿元，年均增长14.02%，较明显低于全国平均水平1.83个百分点。河北综合评价排行：在省域横向测评中，处于2016年度综合指数排名第30位；在自身纵向测评中，处于2000~2016年综合指数提升第27位，2005~2016年综合指数提升第28位，2010~2016年综合指数提升第10位，2015~2016年综合指数提升第27位。

关键词： 河北　文化投入　综合评价

一　文化投入及其相关背景基本态势

（一）经济财政基本面背景状况

2000年以来河北文化投入总量增长及相关背景关系态势见图1。

2000~2016年，河北产值总量总增长535.81%，年均增长12.26%；财政收入总量总增长1045.63%，年均增长16.46%；财政支出总量总增长

---

* 马文慧，云南民族大学民俗学硕士研究生，参与导师主持相关研究工作，学术方向为中国传统民居建筑研究。

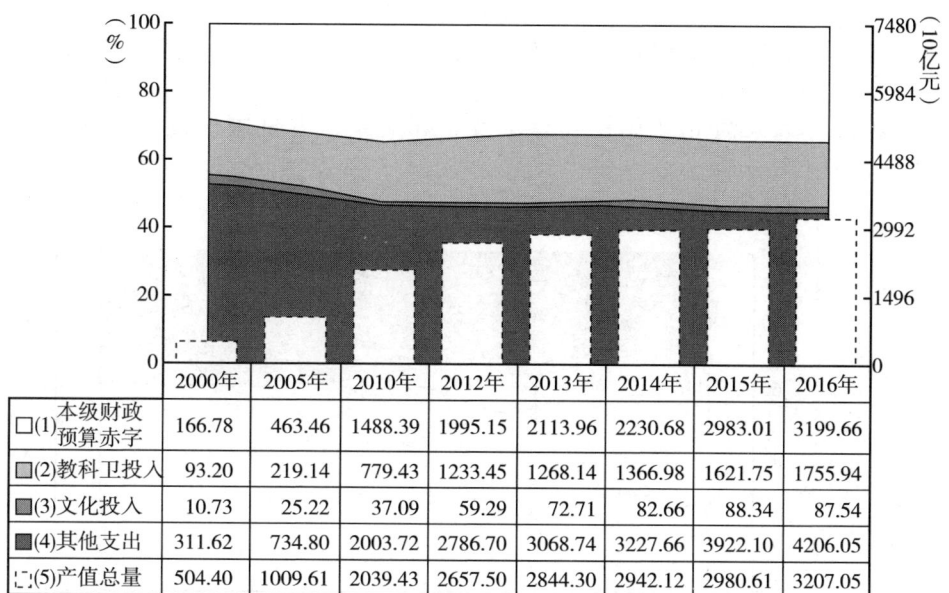

图 1　2000 年以来河北文化投入总量增长及相关背景关系态势

左轴面积：本级财政预算赤字（中央财政税收返还和转移支付等，"财政包干"地区可为国债份额）、教科卫投入、文化投入、其他支出总量（亿元转换为%），（2）+（3）+（4）=财政支出总量，（2）+（3）+（4）-（1）=财政收入总量，各项数值呈直观比例。右轴柱形：产值总量（10 亿元，增长演算取亿元）。图中省略若干年度，后台演算历年增长变化包括省略年度，后同。

1355.82%，年均增长 18.22%；教科文卫综合投入（图中教科卫投入与文化投入之和，后同）总量总增长 1673.94%，年均增长 19.69%；教科文卫综合投入之外财政支出统归为"其他支出"，其总量总增长 1249.74%，年均增长 17.66%。

在此期间，河北教科文卫综合投入总量年均增长高于产值年增 7.43 个百分点，高于财政收入年增 3.23 个百分点，高于财政支出年增 1.47 个百分点，高于其他支出年增 2.03 个百分点。

"十五"以来，河北教科文卫建设作为公共服务的一个重要方面，确实处于一种极为特殊的优先发展地位。"十一五"以来，河北教科文卫综合投入增长高于其他支出增长的情况更加明显。在教科文卫综合投入优先增长格局中，文化投入究竟处于什么位置？

（二）文化投入总量增长状况

2000年以来河北文化投入总量及相邻关系、占全国份额变动态势见图2。

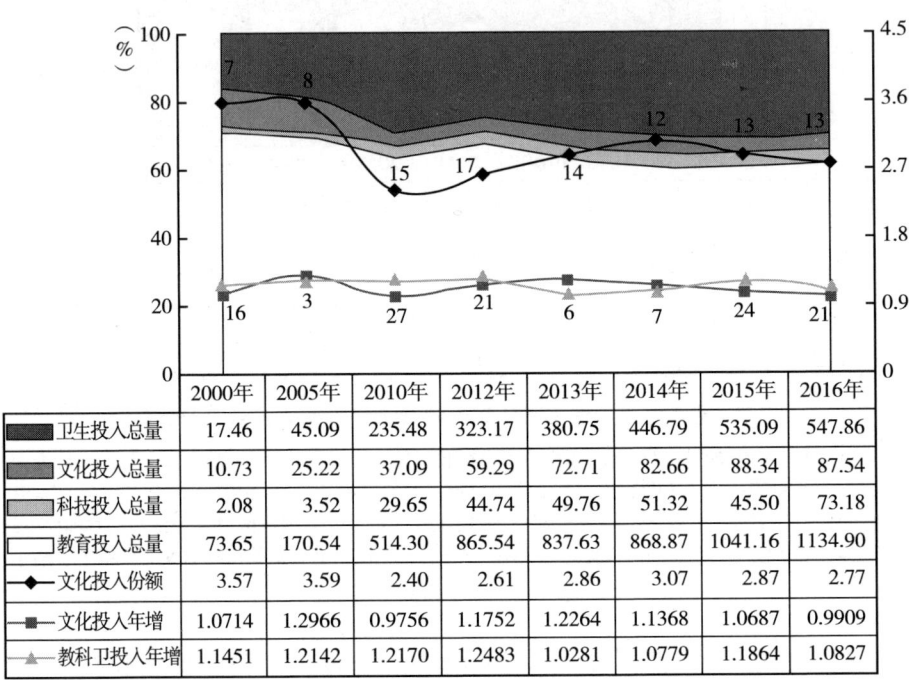

图2 2000年以来河北文化投入总量及相邻关系、占全国份额变动态势

左轴面积：教育、科技、文化、卫生投入总量（亿元转换为%），各项数值呈直观比例。右轴曲线：文化、教科卫投入年增指数（上年=1，保留4位小数，正文转换为2位小数增长百分比，后同）；文化投入占全国份额（%）。后台数据库包含未出现的1999年相关数据，以此测量2000年相应数据变动，后同。标明历年文化投入增长、份额省域排序。

2000～2016年，河北文化投入总量由10.73亿元增至87.54亿元，总增长715.84%，年均增长14.02%，省域间增长位次排序第27位。其中，"十五"期间年增18.64%，"十一五"期间年增8.02%，"十二五"以来年均增长15.39%。最高增长年度为2008年，增长39.74%；最低增长年度为2007年，负增长27.95%。

相比之下，河北文化投入总量年均增长高于产值年增 1.76 个百分点，其中"十五"期间高于产值年增 3.75 个百分点，"十一五"期间低于产值年增 7.08 个百分点，"十二五"以来高于产值年增 7.55 个百分点；同时低于财政收入年增 2.44 个百分点，其中"十五"期间高于财政收入年增 2.94 个百分点，"十一五"期间低于财政收入年增 12.88 个百分点，"十二五"以来高于财政收入年增 1.87 个百分点；低于财政支出年增 4.20 个百分点，其中"十五"期间低于财政支出年增 0.06 个百分点，"十一五"期间低于财政支出年增 15.54 个百分点，"十二五"以来高于财政支出年增 1.83 个百分点。

认真对比，河北文化投入总量年均增长低于教科卫三项投入年增 6.12 个百分点，其中"十五"期间低于教科卫投入年增 0.01 个百分点，"十一五"期间低于教科卫投入年增 20.87 个百分点，"十二五"以来高于教科卫投入年增 0.89 个百分点。在 2000 年以来河北教科文卫综合投入优先高增长当中，文化投入增长处于严重失衡状态。

从图 2 亦可清楚、直观地看出，文化投入所占面积呈逐渐收窄之势，表明其在教科文卫综合投入中的比例份额持续降低。

与此同时，全国文化投入总量总增长 953.34%，年增 15.85%。2000 年以来，河北文化投入总量年均增长低于全国年增 1.83 个百分点，占全国份额从 2000 年的 3.57% 下降至 2016 年的 2.77%，省域间份额位次从第 7 位下降为第 13 位。

（三）人均值增长及其地区差变动状况

2000 年以来河北文化投入人均值及其地区差变动态势见图 3。

2000~2016 年，河北文化投入人均值由 16.14 元增至 117.54 元，总增长 628.25%，年均增长 13.21%，省域间增长位次排序第 25 位。其中，"十五"期间年增 18.00%，"十一五"期间年增 7.15%，"十二五"以来年均增长 14.51%。最高增长年度为 2008 年，增长 38.83%；最低增长年度为 2007 年，负增长 28.43%。

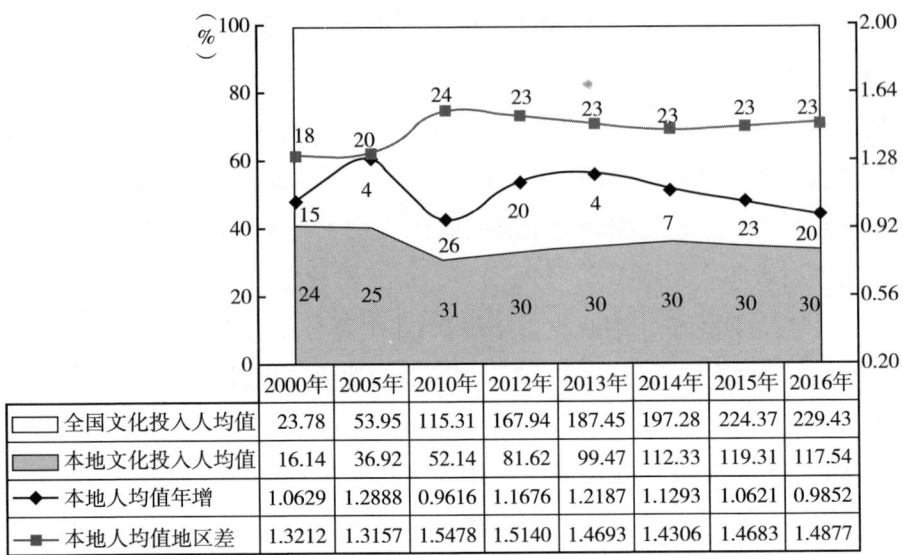

图 3　2000 年以来河北文化投入人均值及其地区差变动态势

左轴面积：本地、全国文化投入人均值（元转换为%），二者历年变动呈直观比例。右轴曲线：本地人均值年增指数（上年＝1，小于 1 为负增长，由于历年人口增长，人均值年增指数略低于总量年增指数）；本地人均值地区差指数（无差距＝1，保留 4 位小数检测细微差异）。标明历年本地人均值及其增长、地区差省域排序。

与此同时，全国文化投入人均值总增长 864.80%，年均增长 15.22%。2000 年以来，河北文化投入人均值年均增长低于全国年增 2.01 个百分点，人均绝对数值从 2000 年为全国人均值的 67.87% 下降至 2016 年为全国人均值的 51.23%，省域间人均绝对值高低位次从第 24 位下降为第 30 位。

同期，河北文化投入人均值地区差由 1.3212 扩大至 1.4877，扩大 12.60%，省域间地区差扩减变化位次排序第 19 位，地区差指数大小（倒序）位次从第 18 位下降为第 23 位。其中，"十五"期间缩小 0.42%，"十一五"期间扩大 17.64%，"十二五"以来地区差缩小 3.88%。最小地区差为 2005 年的 1.3157，最大地区差为 2007 年的 1.5602。

河北产值、财政收入和支出，以及教科文卫投入各类人均值地区差变动检测：仅有财政支出、卫生投入地区差呈现为缩小态势。这无疑表明，可以用人均值差异来衡量的公共财政、公共服务均等化成效尚未取得全面进展。

按照本项检测的推演测算，2020年河北文化投入地区差应为1.5240，相比当前将进一步略微扩增。

二 文化投入相关协调性态势

（一）相关背景变动状况

2000年以来河北文化投入相关背景比值变动态势见图4。

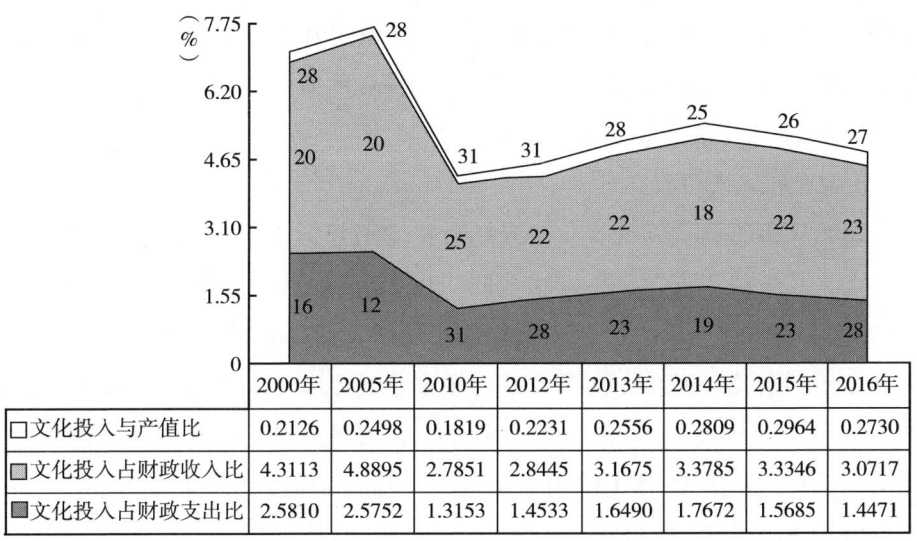

图4 2000年以来河北文化投入相关背景比值变动态势

左轴面积：文化投入与产值比、占财政收入和支出比（%），各项比值历年升降呈直观比例叠加。比值过小保留4位小数演算，正文按惯例保留2位小数。标明历年各项比值省域排序。

1. 文化投入与产值比

2000~2016年，河北文化投入总量年均增长高于产值年增1.76个百分点,其中"十五"期间年增偏高3.75个百分点,"十一五"期间年增偏低7.08个百分点,"十二五"以来年均增长偏高7.55个百分点。由于二者历年不同增长,河北文化投入与产值比从0.21%增高至0.27%,上升程度为28.41%,上升0.06个百分点,省域间升降变化位次排序第18位,比值高低位次从第28位上升为第27位。最高比值为2015年的0.30%,最低比值为2007年的0.15%。

2. 文化投入占财政收入比

2000~2016年,河北文化投入总量年均增长低于财政收入年增2.44个百分点,其中"十五"期间年增偏高2.94个百分点,"十一五"期间年增偏低12.88个百分点,"十二五"以来年均增长偏高1.87个百分点。由于二者历年不同增长,河北文化投入占财政收入比从4.31%降低至3.07%,下降程度为28.75%,下降1.24个百分点,省域间升降变化位次排序第20位,比值高低位次从第20位下降为第23位。最高比值为2003年的5.07%,最低比值为2007年的2.63%。

3. 文化投入占财政支出比

2000~2016年,河北文化投入总量年均增长低于财政支出年增4.20个百分点,其中"十五"期间年增偏低0.06个百分点,"十一五"期间年增偏低15.54个百分点,"十二五"以来年均增长偏高1.83个百分点。由于二者历年不同增长,河北文化投入占财政支出比从2.58%降低至1.45%,下降程度为43.93%,下降1.13个百分点,省域间升降变化位次排序第27位,比值高低位次从第16位下降为第28位。最高比值为2002年的2.64%,最低比值为2010年的1.32%。

(二)相邻关系变动状况

2000年以来河北文化投入相邻关系比值变动态势见图5。

1. 文化投入与教育投入比

2000~2016年,河北文化投入总量年均增长低于教育投入年增4.62个百分点,其中"十五"期间年增偏高0.35个百分点,"十一五"期间年增

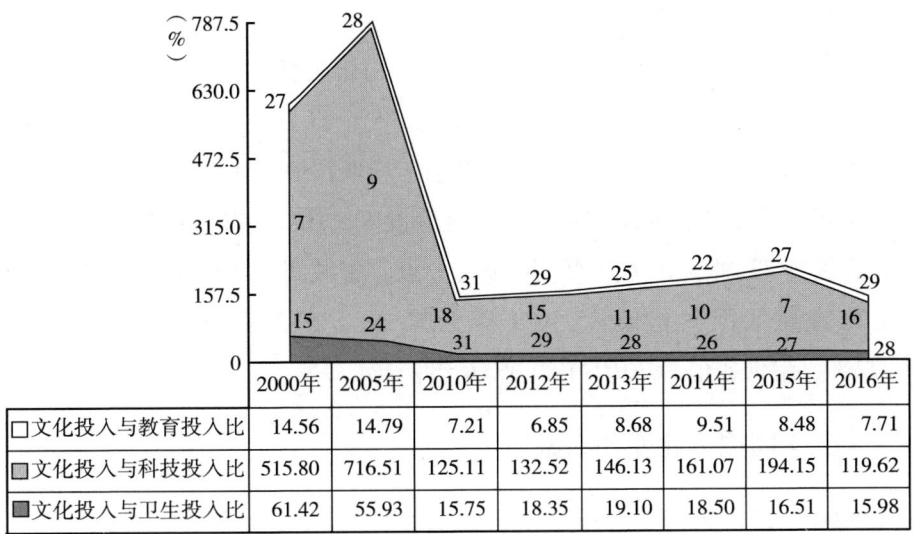

图5　2000年以来河北文化投入相邻关系比值变动态势

左轴面积：文化投入与教育、科技、卫生投入比（%），各项比值历年升降呈直观比例叠加。标明历年各项比值省域排序。

偏低16.68个百分点，"十二五"以来年均增长偏高1.29个百分点。由于二者历年不同增长，河北文化投入与教育投入比从14.56%降低至7.71%，下降程度为47.05%，下降6.85个百分点，省域间升降变化位次排序第25位，比值高低位次从第27位下降为第29位。最高比值为2006年的15.20%，最低比值为2012年的6.85%。

2. 文化投入与科技投入比

2000~2016年，河北文化投入总量年均增长低于科技投入年增10.90个百分点，其中"十五"期间年增偏高7.54个百分点，"十一五"期间年增偏低45.12个百分点，"十二五"以来年均增长偏低0.86个百分点。由于二者历年不同增长，河北文化投入与科技投入比从515.80%降低至119.62%，下降程度为76.81%，下降396.18个百分点，省域间升降变化位次排序第20位，比值高低位次从第7位下降为第16位。最高比值为2006年的724.37%，最低比值为2007年的119.25%。

3. 文化投入与卫生投入比

2000~2016年，河北文化投入总量年均增长低于卫生投入年增10.01个百分点，其中"十五"期间年增偏低2.25个百分点，"十一五"期间年增偏低31.16个百分点，"十二五"以来年均增长偏高0.28个百分点。由于二者历年不同增长，河北文化投入与卫生投入比从61.42%降低为15.98%，下降程度为73.98%，下降45.44个百分点，省域间升降变化位次排序第28位，比值高低位次从第15位下降为第28位。最高比值为2002年的61.72%，最低比值为2010年的15.75%。

（三）同构占比变动状况

2000年以来河北文化消费与投入同构占比倍差变动态势见图6。

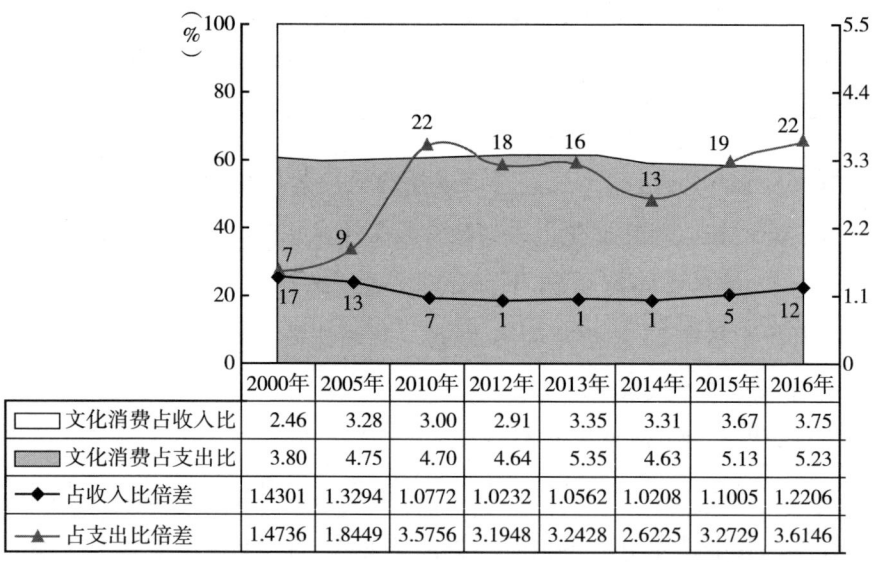

图6 2000年以来河北文化消费与投入同构占比倍差变动态势

左轴面积：文化消费占居民收入、居民总消费支出比（%），两项比值历年升降呈直观比例叠加。右轴曲线：文化消费占居民收入比与文化投入占财政收入比、文化消费占居民支出比与文化投入占财政支出比倍差指数（无差距=1，保留4位小数检测细微差异）。标明历年各项倍差省域排序。另需说明，2014年以来年鉴始发布城乡人均值民生数据，与总量数据之间存在演算误差，与对应产值人均值和总量分别演算居民收入比、消费率有出入，本文恢复采用自行演算城乡人均值展开文化消费占居民收入、支出比测算。

1. 文化消费与投入占收入比

2000~2016年，河北城乡居民文化消费占居民收入比从2.46%增高至3.75%，上升程度为52.44%。逐年比较，最高比值为2016年的3.75%，最低比值为2001年的2.09%。

对照图4，同期，河北文化投入占财政收入比下降28.75%，2016年比值低于文化消费占居民收入比0.68个百分点。二者之间占比倍差由1.4301减小至1.2206，减小程度为14.65%，省域间增减变化位次排序第11位，倍差指数高低（倒序）位次从第17位上升为第12位。

2. 文化消费与投入占支出比

2000~2016年，河北城乡居民文化消费占居民支出比从3.80%增高至5.23%，上升程度为37.63%。逐年比较，最高比值为2013年的5.35%，最低比值为2001年的3.26%。

对照图4，同期，河北文化投入占财政支出比下降43.93%，2016年比值低于文化消费占居民支出比3.78个百分点。二者之间占比倍差由1.4736增大至3.6146，增大程度为145.29%，省域间增减变化位次排序第26位，倍差指数高低（倒序）位次从第7位下降为第22位。

以上分析检测显示，2000年以来，河北文化消费占居民收入比极显著上升，文化投入占财政收入比却显著下降，二者同构占比倍差指数明显减小；文化消费占居民支出比显著上升，文化投入占财政支出比却极显著下降，二者同构占比倍差指数极显著增大。这意味着，河北公共文化投入增长占比变动滞后于居民文化消费需求变化态势的差距已有部分缩小。

三 2016年文化投入纵横向双重测评

综合以上分析，2000年以来河北文化投入总量年均增长14.02%，较明显低于全国平均水平1.83个百分点，人均值地区差扩大12.60%；文化投入增长较明显高于产值增长，但较明显低于财政收入增长，也明显低于财政支出增长；同时明显低于教育投入增长，也极显著低于科技、卫生投入增长；文化投入占财政收入比略微低于文化消费占居民收入比，占财政支出比更明显低于文化消费占居民支出比。

这些都集中体现在文化投入增长综合指数测评演算之中。2000年以来河北文化投入增长综合指数变动态势见图7。

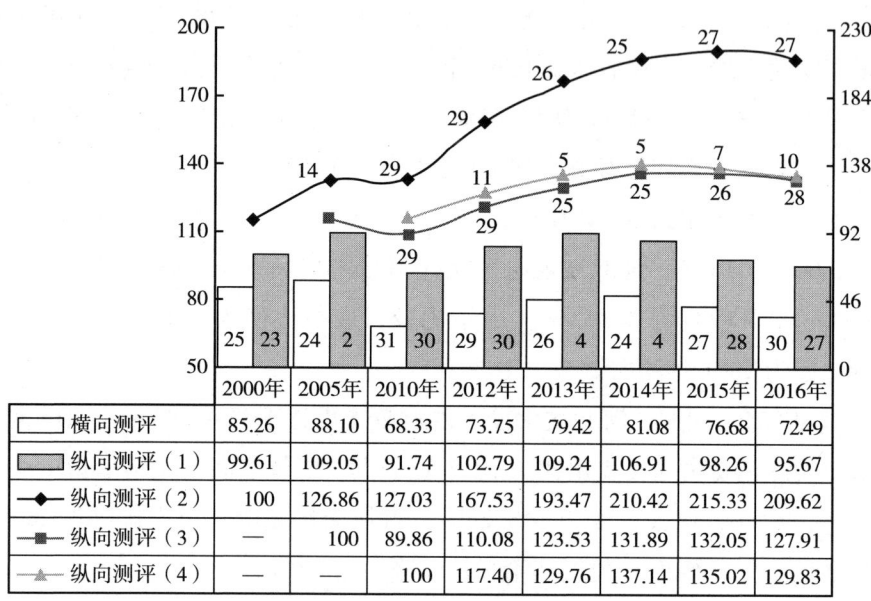

图7　2000年以来河北文化投入增长综合指数变动态势

左轴柱形：横向测评（无差距理想值＝100）；纵向测评（1），上年＝100。右轴曲线：纵向测评（起点年基数值＝100），（2）以2000年为起点，（3）以2005年为起点，（4）以2010年为起点。标明历年各项测评指数省域排行。

（一）各年度横向测评综合指数

以文化投入人均值地区无差距、文化消费与投入同构占比无差距状态为"理想值"100，2016年河北文化投入增长状况此项综合指数为72.49，处于省域间第30位，低于无差距理想值27.51%，也低于上年测评指数4.19个点。

各年度此项综合指数对比，全部各个年度均低于无差距理想值100；2001～2002年、2005年、2008～2009年、2011年、2013～2014年8个年度高于上年指数值。其中，最高值为2005年的88.10，最低值为2007年的60.28。河北此项综合指数在省域间排行变化，2000年为第25位，2005年为第24位，2010年为第31位，2016年从上年第27位下降为第30位。

（二）逐年度基数值纵向测评

以上一年2015年为起点基数值100，2016年河北文化投入增长状况此项综合指数为95.67，处于省域间第27位，低于2015年起点基数4.33%，也低于上年基于2014年基数值的测评指数2.59个点。

逐年度此项景气指数对比，2001~2006年、2008~2009年、2011~2014年12个年度高于自身上年起点基数值100；2001年、2004~2005年、2008年、2011年、2013年6个年度高于上年指数值。其中，最高值为2008年的113.21，最低值为2007年的72.20。河北此项综合指数在省域间排行变化，2000年为第23位，2005年为第2位，2010年为第30位，2016年从上年第28位上升为第27位。

（三）"十五"以来基数值纵向测评

以"九五"末年2000年为起点基数值100，2016年河北文化投入增长状况此项综合指数为209.62，处于省域间第27位，高出2000年起点基数109.62%，但低于上年测评指数5.71个点。

"十五"以来各年度此项综合指数对比，2001~2006年、2008~2016年15个年度高于2000年起点基数值100；2002~2006年、2008~2009年、2011~2015年12个年度高于上年指数值。其中，最高值为2015年的215.33，最低值为2007年的93.81。河北此项综合指数在省域间排行变化，2000年起点不计，2005年为第14位，2010年为第29位，2016年与上年持平，皆为第27位。

（四）"十一五"以来基数值纵向测评

以"十五"末年2005年为起点基数值100，2016年河北文化投入增长状况此项综合指数为127.91，处于省域间第28位，高出2005年起点基数27.91%，但低于上年测评指数4.14个点。

"十一五"以来各年度此项综合指数对比，2006年、2011~2016年7个年度高于2005年起点基数值100；2008~2009年、2011~2015年7个年度高于上年指数值。其中，最高值为2015年的132.05，最低值为2007年的72.53。河北此项综合指数在省域间排行变化，2005年起点不计，2010年为第29位，2016年从上年第26位下降为第28位。

（五）"十二五"以来基数值纵向测评

以"十一五"末年2010年为起点基数值100，2016年河北文化投入增长状况此项综合指数为129.83，处于省域间第10位，高出2010年起点基数29.83%，但低于上年测评指数5.19个点。

"十二五"以来各年度此项综合指数对比，全部各个年度均高于2010年起点基数值100；2012~2014年3个年度高于上年指数值。其中，最高值为2014年的137.14，最低值为2011年的115.28。河北此项综合指数在省域间排行变化，2010年起点不计，2012年为第11位，2016年从上年第7位下降为第10位。

Abstract

From 2000 to 2016, the countrywide total investment into public culture investment from 30.029 billion yuan to 316.308 billion yuan, with a remarkably average annual growth of 15.85%. The culture investment growth is certainly higher than GDP growth, but slightly lower than the fiscal revenue growth, and also slightly lower than the fiscal expenditure growth; At the same time, evidently lower than education investment growth, and also remarkably lower science & technology investment, as well as remarkably lower health investment growth. The ratio of culture investment to fiscal revenues is certainly lower than that of the cultural consumption to the residents' income, that to fiscal expenditure is more evidently lower than that of the cultural consumption to the residents' expenditure. Public cultural investment growth remarkably lags behind the demand changes of the residents' cultural consumption.

In 2016, the total culture investment increased by over 15% in 5 provinces, in 4 of which by over 20%. The per capita value of culture investment increased by over 15% in 5 provinces, in 3 of which by over 20%. Yunnan, Hunan, Shaanxi, Ningxia and Guangdong ranked top 5 in the total growth and the per capita value growth. The ranking of the comprehensive evaluation of the culture investment growth across the provinces is as follows: In the lateral evaluation of ideal value without urban-rural and regional gaps, Tibet, Beijing, Qinghai, Shaanxi and Gansu ranked top five in the "2016 annual composite index leaders"; In the vertical evaluation of own base value throughout the past years, Qinghai, Hunan, Shaanxi, Chongqing and Sichuan ranked top five in the "2000 – 2016 composite index runners-up"; Qinghai, Tibet, Shaanxi, Hainan and Hunan ranked top five in the "2005 – 2016 composite index runners-up"; Hunan, Fujian, Guizhou, Hubei and Qinghai ranked top five in the "2010 – 2016 composite index runners-up"; Hunan, Yunnan, Guangdong, Hubei and Shaanxi ranked top five in the "2015-2016 composite index runners-up".

With the ultimate goal of resolving the unbalanced and inadequate development, the expected growth target of the countrywide culture investment to 2020 are estimated as follows: based upon the average growth rate of "natural growth" from 2000 to 2016, the expected target of the countrywide culture investment growth should be 569.839 billion yuan; if it should get the ought-to-be growth at the best ratio over the years in terms of the productive value, the fiscal expenditure, the E.S.C.H. (education, science & technology, culture, health) investment and the culture investment, it would reach 1009.775 billion yuan; if the balanced isomorphism proportion of culture investment and consumption should come true, it would reach 1395.008 billion yuan; if the ideal growth of the equal culture investment should realize, it would reach 2379.993 billion yuan. By using the required annual growth rate to 2020 to measure the absolute distance of all kinds of growth target, ranking of the various provinces is as follows: Beijing, Liaoning, Shanghai, Hainan and Qinghai rank top five in the best ratio growth target; Tibet, Shaanxi, Jilin, Zhejiang and Xinjiang rank top five in the growth target of isomorphism proportion; Tibet, Beijing, Qinghai, Shanghai and Ningxia rank top five in the equal growth target.

Contents

I General Report

B. 1 The Comprehensive Evaluation on China's Public
Culture Investment and Its Growth Target
——*The Test from 2000 to 2016 and the Measurement to 2020*
Wang Ya'nan, Fang Yu and Yuan Chunsheng / 001

  1. The Countrywide Public Culture Investment and its the
    Relevant Background / 003
  2. The Relevant Coordination Situation of the Countrywide
    Public Culture Investment / 009
  3. The Longitudinal and Lateral Measurement of the Countrywide
    Public Culture Investment to 2016 / 015
  4. The Analysis on the Coordinated Growth Gap of the
    Countrywide Public Culture Investment / 018
  5. The Growth Target Measurement of the Countrywide Public
    Culture Investment to 2020 / 024

Abstract: From 2000 to 2016, the countrywide total investment into public culture investment from 30.029 billion yuan to 316.308 billion yuan, with a remarkably average annual growth of 15.85%. During the three Five-Year Plan periods, the highest index values in lengthways evaluation all appeared in 2016; however it didn't continuously improve but showing ups and downs. In the transverse evaluation, the ideal value gap has always been very clear and the composite index declined slightly from time to time. By in-depth testing the culture investment related to its economical and financial background, the similarities to the investment into education, science & technology and health, the coordination with residents' culture consumption, and the regional balance of all kinds of per capita value calculation, we can reveal the headway and the gaps: (1) The culture investment growth is certainly higher than GDP growth, but slightly lower than the fiscal revenue growth, and also slightly lower than the fiscal expenditure growth; At the same time, evidently lower than education investment growth, and also remarkably lower science & technology investment, as well as remarkably lower health investment growth. (2) Besides the culture investment, the regional disparity of all the other kinds of data has narrowed. It is gradually becoming a reality that the whole country has achieved economical and financial "balanced growth" and "equal growth" in the investment of education, science & technology and health, but the regional disparity of culture investment expands by 6.98%. (3) The ratio of culture investment to fiscal revenues is certainly lower than that of the cultural consumption to the residents' income, that to fiscal expenditure is more evidently lower than that of the cultural consumption to the residents' expenditure. Public cultural investment growth remarkably lags behind the demand changes of the residents' cultural consumption.

Keywords: Culture Investment; Comprehensive Evaluation; Gap Test; Growth Target

Ⅱ Technical Report and Comprehensive Analysis

B.2 Technical Report on The Growth Evaluation System of China's Public Culture Investment
—*Concurring the Analysis of Basic Situation from 2000 to 2016*
　　　　　　　　　　Wang Ya'nan, Liu Ting, Wang Yang and Wei Haiyan / 028

Abstract: This paper is a technical report on "The Growth Evaluation

System of China's Public Culture Investment". Based on the available data from 2000 to 2016, it illustrates the basic data source, the data inference method, the related numerical relationship, evaluation system design and the specific index calculation. By putting the culture investment growth into interrelated background of the economic and financial growth, into the border upon connection of the E. S. C. H. (education, science & technology, culture, health) investment growth, into the proportion of public culture investment and residents' cultural consumption, into the regional differences of the per capita value of culture investment, this evaluation system aims to roundly assess the growth coordination and equalization of culture investment, thus to get the applicable comprehensive evaluation index under the current statistical system meanwhile realizing commensurability, comparability and repeatability.

Keywords: Culture Investment; Growth Trends; Comprehensive Assessments; Index and Method

B. 3 The Gap Measurement for the Ought-to-be Growth of China's Public Culture Investment
—Analysis of Related Coordination and Balance in 2016
Wang Ya'nan, Zhao Juan, Guo Na and Sun Rui / 061

Abstract: In terms of technology and methods, the technical report focuses on the quality assessments of the coordination and balance of the public culture investment growth, the explanation of the method design and calculus technology processing; this paper emphasizes on the gap measurement for the coordination and balance of the public culture investment growth, which measures all the kinds of ought-to-be target and the ideal distance of the growth target. From the data range, the general report and ranking report mainly analyze the dynamic situation since 2000 and the expected growth target to 2020; this paper mainly measures the current annual ought-to-be growth gap and makes comparison among different provinces.

Keywords: Public Culture; Investment Growth; Coordination and Balance; Gap Measurement

B.4 Ranking on Comprehensive Evaluation of the Culture Investment Growth Across the Provinces
—*The Vertical Measure Since 2000 and the Lateral Measure for 2016*

Fang Yu, Wei Haiyan, Deng Yunfei and Wang Ya'nan / 090

Abstract: In the 2016, the total culture investment increased by over 15% in 5 provinces, in 4 of which by over 20%. The per capita value of culture investment increased by over 15% in 5 provinces, in 3 of which by over 20%. Yunnan, Hunan, Shaanxi, Ningxia and Guangdong ranked top 5 in the total growth and the per capita value growth. The ranking of the comprehensive evaluation of the culture investment growth across the provinces is as follows: In the lateral evaluation of ideal value without urban-rural and regional gaps, Tibet, Beijing, Qinghai, Shaanxi and Gansu ranked top five in the "2016 annual composite index leaders"; In the vertical evaluation of own base value throughout the past years, Qinghai, Hunan, Shaanxi, Chongqing and Sichuan ranked top five in the "2000 - 2016 composite index runners-up"; Qinghai, Tibet, Shaanxi, Hainan and Hunan ranked top five in the "2005 - 2016 composite index runners-up"; Hunan, Fujian, Guizhou, Hubei and Qinghai ranked top five in the "2010 - 2016 composite index runners-up"; Hunan, Yunnan, Guangdong, Hubei and Shaanxi ranked top five in the "2015 - 2016 composite index runners-up".

Keywords: Across the Provinces; Culture Investment; Comprehensive Evaluation; The Index Ranked

B. 5 The Ought-to-be Target of Culture Investment
Growth Across Various Provinces
—The Expected Growth Measure from 2017 to 2020

Liu Ting, Zhao Juan, Shen Zongtao and Wang Ya'nan / 125

Abstract: With the ultimate goal of resolving the unbalanced and inadequate development, the expected growth target of the countrywide culture investment to 2020 are estimated as follows: based upon the average growth rate of "natural growth" from 2000 to 2016, the expected target of the countrywide culture investment growth should be 569.839 billion yuan; if it should get the ought-to-be growth at the best ratio over the years in terms of the productive value, the fiscal expenditure, the E.S.C.H. (education, science & technology, culture, health) investment and the culture investment, it would reach 1009.775 billion yuan; if the balanced isomorphism proportion of culture investment and consumption should come true, it would reach 1395.008 billion yuan; if the ideal growth of the equal culture investment should realize, it would reach 2379.993 billion yuan. By using the required annual growth rate to 2020 to measure the absolute distance of all kinds of growth target, ranking of the various provinces is as follows: Beijing, Liaoning, Shanghai, Hainan and Qinghai rank top five in the best ratio growth target; Tibet, Shaanxi, Jilin, Zhejiang and Xinjiang rank top five in the growth target of isomorphism proportion; Tibet, Beijing, Qinghai, Shanghai and Ningxia rank top five in the equal growth target.

Keywords: Across the Provinces; Culture Investment; Growth Target; Ranking Measure

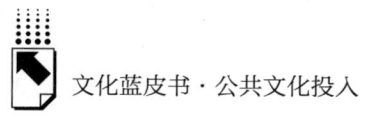

Ⅲ Reports on Provinces

B.6 Tibet: Ranked the 1st in the 2016 Annual
       Composite Index Leaders   *Kong Zhijian* / 159

Abstract: From 2000 to 2016, Tibet's total investment into public culture increased from 0.201 billion yuan to 3.485 billion yuan, with an average annual growth of 19.52%, which was evidently 3.67 percentage point higher than the countrywide average growth. The comprehensive evaluation list of Tibet: In the provincial transverse evaluation, Tibet was ranked 1st in the 2016 annual composite index leaders; In lengthways evaluation itself, Tibet was ranked 7th in the 2000 - 2016 composite index runners-up, 2nd in the 2005 - 2016, 11th in the 2010 - 2016 and 9th in the 2015 - 2016.

Keywords: Tibet; Cultural Investment; Comprehensive Evaluation; Gap Test; Growth Target

B.7 Qinghai: Ranked the 1st in the 2000 - 2016
       Composite Index Runners-up   *Li Wenjuan* / 172

Abstract: From 2000 to 2016, Qinghai's total investment into public culture increased from 0.139 billion yuan to 3.332 billion yuan, with an average annual growth of 21.96%, which was remarkably 6.11 percentage point higher than the countrywide average growth. The comprehensive evaluation list of Qinghai: In the provincial transverse evaluation, Qinghai was ranked 3rd in the 2016 annual composite index leaders; In lengthways evaluation itself, Qinghai was ranked 1st in the 2000 - 2016 composite index runners-up, 1st in the 2005 - 2016, 5th in the 2010 - 2016 and 11th in the 2015 - 2016.

Keywords: Qinghai; Cultural Investment; Comprehensive Evaluation; Gap Test; Growth Target

B. 8   Hunan: Ranked the 1st in the 2010 −2016
Composite Index Runners-up　　　　　*Wang Guoai* / 185

Abstract: From 2000 to 2016, Hunan's total investment into public culture increased from 0.903 billion yuan to 14.068 billion yuan, with an average annual growth of 18.72%, which was certainly 2.87 percentage point higher than the countrywide average growth. The comprehensive evaluation list of Hunan: In the provincial transverse evaluation, Hunan was ranked 7th in the 2016 annual composite index leaders; In lengthways evaluation itself, Hunan was ranked 2nd in the 2000 −2016 composite index runners-up, 5th in the 2005 −2016, 1st in the 2010 −2016 and 1st in the 2015 −2016.

Keywords: Hunan; Cultural Investment; Comprehensive Evaluation; Gap Test; Growth Targe

B. 9   Beijing: Ranked the 2nd in the 2016 Annual
Composite Index Leaders　　　　　*Gong Jue* / 198

Abstract: From 2000 to 2016, Beijing's total investment into public culture increased from 0.926 billion yuan to 19.835 billion yuan, with an average annual growth of 21.11%, which was evidently 5.26 percentage point higher than the countrywide average growth. The comprehensive evaluation list of Beijing: In the provincial transverse evaluation, Beijing was ranked 2nd in the 2016 annual composite index leaders; In lengthways evaluation itself, Beijing was ranked 8th in the 2000 −2016 composite index runners-up, 6th in the 2005 −2016, 12th in the 2010 −2016 and 12th in the 2015 −2016.

Keywords: Beijing; Cultural Investment; Comprehensive Evaluation; Gap Test; Growth Target

B.10　Fujian: Ranked the 2nd in the 2010 -2016
　　　Composite Index Runners-up　　　　　　　　*Li Xue* / 211

Abstract: From 2000 to 2016, Fujian's total investment into public culture increased from 1.005 billion yuan to 8.126 billion yuan, with an average annual growth of 13.95%, which was certainly 1.90 percentage point lower than the countrywide average growth. The comprehensive evaluation list of Fujian: In the provincial transverse evaluation, Fujian was ranked 19th in the 2016 annual composite index leaders; In lengthways evaluation itself, Fujian was ranked 26th in the 2000 -2016 composite index runners-up, 26th in the 2005 -2016, 2nd in the 2010 -2016 and 28th in the 2015 -2016.

Keywords: Fujian; Cultural Investment; Comprehensive Evaluation; Gap Test; Growth Target

B.11　Yunnan: Ranked the 2nd in the 2015 -2016
　　　Composite Index Runners-up　　　　　　　　*Dai li* / 224

Abstract: From 2000 to 2016, Yunnan's total investment into public culture increased from 1.063 billion yuan to 7.793 billion yuan, with an average annual growth of 13.26%, which was certainly 2.59 percentage point lower than the countrywide average growth. The comprehensive evaluation list of Yunnan: In the provincial transverse evaluation, Yunnan was ranked 18th in the 2016 annual composite index leaders; In lengthways evaluation itself, Yunnan was ranked 30th in the 2000 -2016 composite index runners-up, 27th in the 2005 -2016, 13th in the 2010 -2016 and 2nd in the 2015 -2016.

Keywords: Yunnan; Cultural Investment; Comprehensive Evaluation; Gap Test; Growth Target

B. 12　Guangdong: Ranked the 3rd in the 2015 −2016
　　　 Composite Index Runners-up　　　　　　　　Yin Sihua / 237

Abstract: From 2000 to 2016, Guangdong's total investment into public culture increased from 2.633 billion yuan to 22.971 billion yuan, with an average annual growth of 14.50%, which was certainly 1.35 percentage point lower than the countrywide average growth. The comprehensive evaluation list of Guangdong: In the provincial transverse evaluation, Guangdong was ranked 17th in the 2016 annual composite index leaders; In lengthways evaluation itself, Guangdong was ranked 28th in the 2000 − 2016 composite index runners-up, 22nd in the 2005 −2016, 29th in the 2010 −2016 and 3rd in the 2015 −2016.

Keywords: Guangdong; Cultural Investment; Comprehensive Evaluation; Gap Test; Growth Target

B. 13　Chongqing: Ranked the 4th in the 2000 −2016
　　　 Composite Index Runners-up　　　　　　　　Liu Juanjuan / 250

Abstract: From 2000 to 2016, Chongqing's total investment into public culture increased from 0.337 billion yuan to 4.798 billion yuan, with an average annual growth of 18.06%, which was certainly 2.21 percentage point higher than the countrywide average growth. The comprehensive evaluation list of Chongqing: In the provincial transverse evaluation, Chongqing was ranked 27th in the 2016 annual composite index leaders; In lengthways evaluation itself, Chongqing was ranked 4th in the 2000 −2016 composite index runners-up, 16th in the 2005 −2016, 26th in the 2010 −2016 and 22nd in the 2015 −2016.

Keywords: Chongqing; Cultural Investment; Comprehensive Evaluation; Gap Test; Growth Target

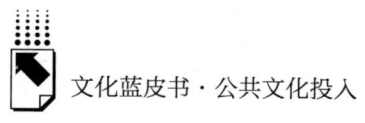

B.14　Hubei: Ranked the 4th in the 2010 −2016 Composite Index Runners-up　　*Zhu Ke* / 263

Abstract: From 2000 to 2016, Hubei's total investment into public culture increased from 0.988 billion yuan to 9.661 billion yuan, with an average annual growth of 15.32%, which was slightly 0.53 percentage point lower than the countrywide average growth. The comprehensive evaluation list of Hubei: In the provincial transverse evaluation, Hubei was ranked 23rd in the 2016 annual composite index leaders; In lengthways evaluation itself, Hubei was ranked 19th in the 2000 −2016 composite index runners-up, 11th in the 2005 −2016, 4th in the 2010 −2016 and 4th in the 2015 −2016.

Keywords: Hubei; Cultural Investment; Comprehensive Evaluation; Gap Test; Growth Target

B.15　Ningxia: Ranked the 6th in the 2016 Annual Composite Index Leaders　　*Cui Ning* / 276

Abstract: From 2000 to 2016, Ningxia's total investment into public culture increased from 0.181 billion yuan to 2.523 billion yuan, with an average annual growth of 17.90%, which was certainly 2.05 percentage point higher than the countrywide average growth. The comprehensive evaluation list of Ningxia: In the provincial transverse evaluation, Ningxia was ranked 6th in the 2016 annual composite index leaders; In lengthways evaluation itself, Ningxia was ranked 14th in the 2000 −2016 composite index runners-up, 7th in the 2005 −2016, 24th in the 2010 −2016 and 7th in the 2015 −2016.

Keywords: Ningxia; Cultural Investment; Comprehensive Evaluation; Gap Test; Growth Target

B.16　Jilin: Ranked the 9th in the 2016 Annual

　　　Composite Index Leaders　　　　　　　　*Li Yiting* / 289

Abstract: From 2000 to 2016, Jilin's total investment into public culture increased from 0.609 billion yuan to 7.203 billion yuan, with an average annual growth of 16.70%, which was slightly 0.85 percentage point higher than the countrywide average growth. The comprehensive evaluation list of Jilin: In the provincial transverse evaluation, Jilin was ranked 9th in the 2016 annual composite index leaders; In lengthways evaluation itself, Jilin was ranked 12th in the 2000 - 2016 composite index runners-up, 14th in the 2005 -2016, 20th in the 2010 - 2016 and 19th in the 2015 -2016.

Keywords: Jilin; Cultural Investment; Comprehensive Evaluation; Gap Test; Growth Target

B.17　Hebei: Ranked the 10th in the 2010 -2016

　　　Composite Index Runners-up　　　　　　*Ma Wenhui* / 302

Abstract: From 2000 to 2016, Hebei's total investment into public culture increased from 1.073 billion yuan to 8.754 billion yuan, with an average annual growth of 14.02%, which was certainly 1.83 percentage point lower than the countrywide average growth. The comprehensive evaluation list of Hebei: In the provincial transverse evaluation, Hebei was ranked 30th in the 2016 annual composite index leaders; In lengthways evaluation itself, Hebei was ranked 27th in the 2000 -2016 composite index runners-up, 28th in the 2005 -2016, 10th in the 2010 -2016 and 27th in the 2015 -2016.

Keywords: Hebei; Cultural Investment; Comprehensive Evaluation; Gap Test; Growth Target

权威报告·一手数据·特色资源

皮书数据库
ANNUAL REPORT(YEARBOOK) DATABASE

当代中国经济与社会发展高端智库平台

所获荣誉

- 2016年,入选"'十三五'国家重点电子出版物出版规划骨干工程"
- 2015年,荣获"搜索中国正能量 点赞2015""创新中国科技创新奖"
- 2013年,荣获"中国出版政府奖·网络出版物奖"提名奖
- 连续多年荣获中国数字出版博览会"数字出版·优秀品牌"奖

成为会员

通过网址www.pishu.com.cn访问皮书数据库网站或下载皮书数据库APP,进行手机号码验证或邮箱验证即可成为皮书数据库会员。

会员福利

- 使用手机号码首次注册的会员,账号自动充值100元体验金,可直接购买和查看数据库内容(仅限PC端)。
- 已注册用户购书后可免费获赠100元皮书数据库充值卡。刮开充值卡涂层获取充值密码,登录并进入"会员中心"—"在线充值"—"充值卡充值",充值成功后即可购买和查看数据库内容(仅限PC端)。
- 会员福利最终解释权归社会科学文献出版社所有。

卡号:573331584243
密码:

数据库服务热线:400-008-6695
数据库服务QQ:2475522410
数据库服务邮箱:database@ssap.cn
图书销售热线:010-59367070/7028
图书服务QQ:1265056568
图书服务邮箱:duzhe@ssap.cn

S 基本子库
SUB DATABASE

中国社会发展数据库（下设12个子库）

全面整合国内外中国社会发展研究成果，汇聚独家统计数据、深度分析报告，涉及社会、人口、政治、教育、法律等12个领域，为了解中国社会发展动态、跟踪社会核心热点、分析社会发展趋势提供一站式资源搜索和数据分析与挖掘服务。

中国经济发展数据库（下设12个子库）

基于"皮书系列"中涉及中国经济发展的研究资料构建，内容涵盖宏观经济、农业经济、工业经济、产业经济等12个重点经济领域，为实时掌控经济运行态势、把握经济发展规律、洞察经济形势、进行经济决策提供参考和依据。

中国行业发展数据库（下设17个子库）

以中国国民经济行业分类为依据，覆盖金融业、旅游、医疗卫生、交通运输、能源矿产等100多个行业，跟踪分析国民经济相关行业市场运行状况和政策导向，汇集行业发展前沿资讯，为投资、从业及各种经济决策提供理论基础和实践指导。

中国区域发展数据库（下设6个子库）

对中国特定区域内的经济、社会、文化等领域现状与发展情况进行深度分析和预测，研究层级至县及县以下行政区，涉及地区、区域经济体、城市、农村等不同维度。为地方经济社会宏观态势研究、发展经验研究、案例分析提供数据服务。

中国文化传媒数据库（下设18个子库）

汇聚文化传媒领域专家观点、热点资讯，梳理国内外中国文化发展相关学术研究成果、一手统计数据，涵盖文化产业、新闻传播、电影娱乐、文学艺术、群众文化等18个重点研究领域。为文化传媒研究提供相关数据、研究报告和综合分析服务。

世界经济与国际关系数据库（下设6个子库）

立足"皮书系列"世界经济、国际关系相关学术资源，整合世界经济、国际政治、世界文化与科技、全球性问题、国际组织与国际法、区域研究6大领域研究成果，为世界经济与国际关系研究提供全方位数据分析，为决策和形势研判提供参考。

法律声明

"皮书系列"（含蓝皮书、绿皮书、黄皮书）之品牌由社会科学文献出版社最早使用并持续至今，现已被中国图书市场所熟知。"皮书系列"的相关商标已在中华人民共和国国家工商行政管理总局商标局注册，如LOGO（ ）、皮书、Pishu、经济蓝皮书、社会蓝皮书等。"皮书系列"图书的注册商标专用权及封面设计、版式设计的著作权均为社会科学文献出版社所有。未经社会科学文献出版社书面授权许可，任何使用与"皮书系列"图书注册商标、封面设计、版式设计相同或者近似的文字、图形或其组合的行为均系侵权行为。

经作者授权，本书的专有出版权及信息网络传播权等为社会科学文献出版社享有。未经社会科学文献出版社书面授权许可，任何就本书内容的复制、发行或以数字形式进行网络传播的行为均系侵权行为。

社会科学文献出版社将通过法律途径追究上述侵权行为的法律责任，维护自身合法权益。

欢迎社会各界人士对侵犯社会科学文献出版社上述权利的侵权行为进行举报。电话：010-59367121，电子邮箱：fawubu@ssap.cn。

社会科学文献出版社